裁判例にみる交通事故物的損害

全損

第3集

事故情報調査会
海道 野守 著

保険毎日新聞社

本シリーズの特長

　昭和61年1月から最近の平成27年9月までの30年間に及ぶ数多くの交通事故の民事裁判例から物的損害に関する裁判例を選び出し、被害者が請求する物的損害を項目別にまとめたのが本シリーズである。

　まとめた項目は、「全損」請求、「修理費」請求、「代車料」請求、「評価損」請求である。これら項目ごとに、30年の時の流れによる裁判例の認定方法の変化や傾向を知ることができる。

　項目別にまとめることによって、項目ごとの固有の問題点、その解決策、損害額算出方法、算出の根拠などが、おのずと浮かび上がり、損害賠償交渉を行う当事者間で、共通して認識することができる。物的損害を請求する立場からも、また、物的損害の請求を受ける立場からも、共通認識をベースにして行う交渉はスムーズに進められ、納得できる解決が図られる。

　さらに、項目ごとに学説も紹介し、一段と幅広い問題点や先端的課題の理解を深めることができる。

これ以外に裁判例がない

　裁判例の収集方法は、『交通事故民事裁判例集』（ぎょうせい）、「自保ジャーナル」（自動車保険ジャーナル）に収録された裁判例から物的損害に関する裁判例を収集した。

　示談交渉において、1つの裁判例を見つけ出し、その裁判例を根拠に請求交渉を開始しても、まったく反対の結論を導き出した別の裁判例を持ち出されれば、請求の根拠が吹っ飛び、自信がぐらつく。交渉の成功もおぼつかない。

　一番重要なことは、ある物的損害に関しては、認否両方の裁判例を含め、「これ以外に裁判例がない」と安心して交渉ができることにある。本書によって、その安心が得られる。

見やすい構成

　紹介する個別裁判例は、すべての事故状況を図で示している。判決文を読んでも即座に事故状況が頭に浮かばないものであるが、本書では、一目で事故状況が理解できるように「事故状況図」を付けた。裁判例の内容を「原告要求」、「被告答弁」、「判決」と並列に示し、原告請求の金額、被告の答弁内容、判決の結論をわかりやすい一覧表にした。

裁判例を読むというよりも眺める感覚で理解できる工夫がされている。裁判例の要点や問題点は、説明文のなかの「解説」欄で的確に解説している。

『全損　第3集』とは

本書は、本シリーズの『全損　第3集』に当たる。ここでは、車両が全損になり車両損害、その他費用損害を請求する事例集である。この場合の車両とは、国産乗用車、外国産乗用車、タクシー・ハイヤー、トラック（タンクローリー、冷凍冷蔵車を含む）に限っている。オートバイや原付の全損請求は、ここでは対象としていない。

本シリーズの基本は、請求者の請求をベースに分類しているから、『全損　第3集』では車両全損を請求した裁判例を対象にしている。したがって、請求者が車両の修理費を請求したが、請求修理費が車両時価を上回るから経済的全損と見なされ、判決が修理費を認めず車両時価を言い渡したという事例は含んでいない。

車両全損を主張する場合、請求者は損害として「車両時価」だけを請求するものではない。車両全損に伴い発生する「車両買替諸費用」、「残存車検費用」、「廃車費用」などを請求してくる。ただ、車両全損請求と同時に請求されるレッカー費用、代車費用、休車損などは、修理費請求などの場面でも請求される損害項目であるので、本書『全損　第3集』では取り上げない。

執筆を振り返って

物損裁判例を車両全損の角度から分析して、事故当時の価格とは、最高裁昭和49年4月15日判決が認定した「中古車市場において取得しうるに要する価額」となるが、では何を根拠に算定すれば、その価額がわかるのかを探ることにあった。

多くの物損裁判例を分析した結果、「中古車市場において取得しうるに要する価額」の根拠は、レッドブックでも、イエローブックでもなく、何と「証拠」と名付ける根拠が、一番多いことがわかった。これには、非常に驚くと同時に、何か根拠がわかるのではないかと期待して作業を続けた筆者に大きな失望をもたらした。

平成30年3月

事故情報調査会

海道　野守

●凡　例●

判例表記

以下の表記を使用。

東京地判平27.1.26.⑴※1ab※2　　→　　東京地方裁判所平成27年1月26日判決

> ※1　東京地裁の判決に平27.1.26.付けの別の物的損害の判決があるため、それと区別するために⑴を付けた。当然⑵もある。本来であれば、裁判所が付す事件番号（たとえば、平成22年(ワ)第25289号）で区別できるが、簡略化のために独自の番号を付けた。⑴の表記がないものもある。これは同一裁判所で同日に物損判決が下されたものが、1つだけの場合には⑴表記を付けていない。

> ※2　「東京地判平27.1.26.⑴」の判決に、本訴として請求する車両aと反訴として請求する車両bがあることを示している。abcdと4つある場合もあり、多重衝突事故などで関係する車両が多くある場合である。

最高裁　　→　　最高裁判所

大阪高裁　　→　　大阪高等裁判所

東京地裁八王子　　→　　東京地方裁判所八王子支部

静岡簡裁　　→　　静岡簡易裁判所

平22(ワ)25289号　　→　　平成22年(ワ)第25289号

文献略語

以下の略語を使用。

交通民集　　→　　交通事故民事裁判例集
34巻1号（平成13年1月・2月）〜
48巻6号（平成27年11月・12月）

判時　　→　　判例時報

自ジャ　　→　　自保ジャーナル
1464号（2002年10月24日）〜
1962号（2016年3月24日）

自保新聞　　→　　自動車保険新聞

既刊本

本シリーズの既刊本として、下記が発行されている。いずれも保険毎日新聞社発行である。

『裁判例にみる交通事故物的損害　車両に関する損害編(1)』（1993）

『裁判例にみる交通事故物的損害　車両に関する損害編(2)』（1992）

『裁判例にみる交通事故物的損害　費用に関する損害編(3)』（1993）

『裁判例にみる交通事故物的損害　その他損害編(4)』（1993）

『裁判例、学説にみる交通事故物的損害　全損第2集1』（1997）

『裁判例、学説にみる交通事故物的損害　修理第2集2』（1999）

『裁判例、学説にみる交通事故物的損害　評価損（格落ち）第2集3』（2002）

『裁判例、学説にみる交通事故物的損害　代車料第2集4』（2010）

　※本『全損第3集』は、『裁判例にみる交通事故物的損害　車両に関する損害編(1)』、『裁判例、学説にみる交通事故物的損害　全損第2集1』に続くものとして位置付けられる。

●目　次●

はじめに

凡　例

第1部　車両全損請求　　*1*

第1章　車両時価の根拠とは ────────────────── *2*

① 車両時価に対する過去の見解……………………………………… *2*

② 最高裁昭和49年4月15日判決とは……………………………… *3*

③ 最高裁昭和49年4月15日判決によって解明されたこと ………… *3*

　⑴ 「被害車両の時価と売却代金の差額を請求できる場合」／*3*

　⑵ 「被害車両の事故当時における取引価格」／*4*

④ 最高裁昭和49年4月15日判決の用語の説明…………………… *4*

　⑴ 被害車両が物理的に修理不能と認められる状態／*4*

　⑵ 被害車両が経済的に修理不能と認められる状態／*4*

　⑶ 社会通念上／*5*

　⑷ 車体の本質的構造部分／*5*

⑤ 本書の目的………………………………………………………… *6*

　⑴ 車両時価算出の根拠は何か／*6*

　⑵ 車両全損に伴い発生する費用損害の範囲と金額／*6*

第2部　国産乗用車全損の場合　　*7*

第1章　車両時価（国産乗用車）──────────────── *8*

① 車両全損の認容・否認件数と認容の種類区分 ………………… *8*

② 車両時価を認定した裁判例の初度登録日と走行距離…………… *10*

③ 車両時価算出の根拠……………………………………………… *11*

④ 初度登録、走行距離の明示と車両時価算出根拠の関係 ………… *14*

⑤ 車両時価算出根拠の結論………………………………………… *15*

第2章　車両買替諸費用（国産乗用車）─────────────── *29*

① 車両買替諸費用の請求の有無…………………………………… *29*

② 車両買替諸費用自体が損害となるのか ………………………… *31*

 ⑴　**裁判例の認容理由（車両買替諸費用自体）／*31***

  認容理由❶（東京地判平成13年12月26日⑷交通民集34巻 6 号1687頁）

   ・*31*

  認容理由❷（東京地判平成17年 2 月 8 日判例集未登載）・*32*

  認容理由❸（横浜地判平成18年11月29日自ジャ1690号13頁）・*32*

 ⑵　**裁判例の否認理由（車両買替諸費用自体）／*32***

  否認理由❶（東京地判平成25年 1 月23日判例集未登載）・*32*

  否認理由❷（名古屋地判平成25年10月24日交通民集46巻 5 号1381頁）・

   32

③　車両買替諸費用では要した費用全部を請求できるか……………………… *33*

  裁判例の見解（東京地判平成13年12月26日⑷交通民集34巻 6 号1687

  頁）・*33*

④　車両買替諸費用の費目別認否状況……………………………………… *34*

 ⑴　**裁判例が否認する費目と理由／*34***

  ①　自動車税、自賠責保険料・*34*

  否認理由❶（大阪地判平成18年 2 月23日交通民集39巻 1 号269頁）・*34*

  否認理由❷（東京地判平成18年 8 月 9 日判例集未登載）・*34*

  否認理由❸（東京地判平成24年 7 月18日⑵判例集未登載）・*34*

  否認理由❹（大阪地判平成26年 1 月21日交通民集47巻 1 号68頁）・*34*

  否認理由❺（東京地判平成26年 4 月23日交通民集47巻 2 号540頁）・*35*

  ②　増加自動車保険料・*35*

  否認理由（東京地判平成13年12月26日⑷交通民集34巻 6 号1687頁）・*35*

  ③　希望ナンバー手続代行費用・*35*

  否認理由❶（大阪地判平成24年 6 月14日自ジャ1883号150頁）・*36*

  否認理由❷（東京地判平成27年 3 月25日判例集未登載）・*36*

  ④　解約定期預金金利差額・*36*

  否認理由（東京地判平成22年 1 月27日⑴交通民集43巻1号48頁）・*36*

 ⑵　**裁判例が認容する費目と理由／*36***

  ①　検査登録（預かり）法定費用、車庫証明（預かり）法定費用・*36*

  認容理由❶（東京地判平成13年12月26日⑷交通民集34巻 6 号1687頁）・

   38

  認容理由❷（福岡地折尾簡判平成16年 1 月22日判例集未登載）・*38*

  認容理由❸（東京高判平成23年12月21日自ジャ1868号166頁）・*38*

  認容理由❹（大阪地判平成24年 6 月14日自ジャ1883号150頁）・*38*

②　リサイクル法関連費用（資金管理料金・フロン券購入費用）・*39*

認容理由❶（大阪地判平成24年 6 月14日自ジャ1883号150頁）・*39*

認容理由❷（大阪地判平成24年 6 月14日同）・*39*

否認理由（大阪地判平成26年 1 月21日交通民集47巻 1 号68頁）・*39*

③　車検整備費用・*40*

認容理由（大阪地判平成25年 6 月25日交通民集46巻 3 号764頁）・*40*

④　買替車両時価に課税される消費税・*41*

認容理由❶（福岡地折尾簡判平成16年 1 月22日判例集未登載）・*41*

認容理由❷（大阪地判平成24年 6 月14日自ジャ1883号150頁）・*41*

⑤　ナンバープレート（標板）代・*42*

認容理由　（大阪地判平成24年 6 月14日自ジャ1883号150頁）・*42*

(3)　**裁判例によって否認または認容に分かれる費目と理由**／*42*

①　自動車取得税・*42*

否認理由❶（大阪地判平成24年 6 月14日自ジャ1883号150頁）・*42*

否認理由❷（東京地判平成26年 4 月23日交通民集47巻 2 号540頁）・*43*

認容理由❶（大阪地判平成15年 7 月16日自ジャ1535号 6 頁）・*43*

認容理由❷（東京高判平成23年12月21日自ジャ1868号166頁）・*43*

②　自動車重量税・*44*

否認理由❶（大阪地判平成15年 7 月16日自ジャ1535号 6 頁）・*45*

否認理由❷（東京地判平成18年10月11日(1)交通民集39巻 5 号1419頁）・

45

否認理由❸（東京地判平成25年 9 月30日(3)自ジャ1911号119頁）・*46*

認容理由❶（東京地判平成17年 2 月 8 日判例集未登載）・*46*

認容理由❷（大阪地判平成24年11月27日(2)自ジャ1889号64頁）・*46*

③　検査登録手続代行費用、車庫証明手続代行費用、納車費用・*47*

否認理由❶（大阪地判平成15年 7 月16日自ジャ1535号 6 頁）・*47*

否認理由❷（福岡地折尾簡判平成16年 1 月22日判例集未登載）・*48*

否認理由❸（東京高判平成23年12月21日自ジャ1868号166頁）・*48*

認容理由❶（東京地判平成13年12月26日(4)交通民集34巻 6 号1687頁）・

48

認容理由❷（大阪地判平成18年 2 月23日交通民集39巻 1 号269頁）・*49*

認容理由❸（東京地判平成24年 3 月27日(1)交通民集45巻 2 号405頁）・

49

認容理由❹（大阪地判平成24年 6 月14日自ジャ1883号150頁）・*50*

認容理由❺(大阪地判平成24年11月27日(2)自ジャ1889号64頁)・*50*

認容理由❻(東京地判平成25年 9 月30日(3)自ジャ1911号119頁)・*50*

④　各種代行費用に対する消費税・*51*

認容理由(東京地判平成17年 2 月 8 日判例集未登載)・*51*

第3章　残存車検費用（国産乗用車）———— 55

① 残存車検費用の請求の有無 ……………………………… *55*

② 残存車検費用の項目・内容と裁判例の認否 …………… *55*

③ 車検残り月数による価値評価 …………………………… *57*

④ 残存車検費用の請求に対する裁判例の認否 ………… *59*

　⑴ **裁判例の否認理由（残存車検費用）** ／ *59*

　　否認理由❶(大阪地判平成15年 7 月16日自ジャ1535号 6 頁)・*59*

　　否認理由❷(東京地判平成27年 3 月25日判例集未登載)・*59*

　⑵ **裁判例の認容理由（残存車検費用）** ／ *60*

　　認容理由❶(東京地判平成14年 9 月 9 日交通民集35巻 6 号1780頁)・*60*

　　認容理由❷(東京地判平成22年 1 月27日交通民集43巻 1 号48頁)・*62*

　　認容理由❸(東京高判平成23年12月21日自ジャ1868号166頁)・*62*

第4章　廃車解体費用　（国産乗用車）———— 66

① 廃車解体費用の請求の有無 ……………………………… *66*

② 裁判例の認容理由——廃車解体費用は認められる ……… *67*

　認容理由❶(大阪地判平成15年 7 月16日自ジャ1535号 6 頁)・*68*

　認容理由❷(東京地判平成18年 3 月29日(2)判例集未登載)・*68*

　認容理由❸(東京地判平成19年 1 月26日判例集未登載)・*68*

　認容理由❹(横浜地判平成24年 6 月21日交通民集45巻 3 号747頁)・*68*

第5章　個別裁判例図　（国産乗用車）———— *71*

① 東京地判平成14年 9 月 9 日 ab ………………………… *71*

② 札幌地判平成14年11月22日 ……………………………… *79*

③ 神戸地姫路支判平成15年 2 月14日 ……………………… *82*

④ 大阪地判平成15年 7 月16日 ……………………………… *90*

⑤ 福岡地折尾簡判平成16年 1 月22日 ……………………… *93*

⑥ 東京地判平成17年11月22日(3) ab ……………………… *97*

⑦ 東京地判平成18年 8 月 9 日 ab ………………………… *102*

⑧ 東京高判平成23年12月21日 ……………………………… *107*

⑨ 大阪地判平成24年 6 月14日 ……………………………… *111*

⑩ 横浜地判平成24年 6 月21日 ……………………………… *117*

⑪　大阪地判平成24年11月27日(2)……………………………………… 121

⑫　大阪地判平成25年 6 月25日 ……………………………………… 124

⑬　東京地判平成25年 9 月30日(3) ab ………………………………… 129

⑭　大阪地判平成26年 1 月21日 ……………………………………… 135

第 3 部　外国産乗用車全損の場合　141

第 1 章　車両時価（外国産乗用車）——————————142

①　車両全損の認容・否認件数と認容の種類区分 ………………… 142

②　国産乗用車と外国産乗用車の全損の種類区分の比較…………… 143

③　車両時価を認定した裁判例の初度登録日と走行距離…………… 144

④　車両時価算出の根拠……………………………………………… 145

⑤　初度登録、走行距離の明示状況 ………………………………… 147

第 2 章　車両買替諸費用（外国産乗用車）——————————153

①　車両買替諸費用の請求の有無…………………………………… 153

②　車両買替諸費用自体が損害となるのか………………………… 154

　　　　否認理由（名古屋地判平成13年12月 7 日判例集未登載）・ 154

　　　　認容理由（東京地判平成14年 9 月 4 日(1)判例集未登載）・ 154

③　車両買替諸費用で要した費用全部を請求できるか …………… 155

④　車両買替諸費用の費目別認否状況……………………………… 156

　⑴　裁判例が否認する費目と理由／ 156

　　①　自動車税・自動車保険料・自賠責保険料・ 156

　　否認理由（京都地判平成15年 2 月28日自ジャ1499号 2 頁）・ 156

　　②　自動車税・自動車保険料の差額・ 156

　　否認理由（京都地判平成15年 2 月28日同）・ 156

　　③　希望ナンバー手続代行費用・ 157

　　否認理由（東京地判平成26年 3 月12日(4)判例集未登載）・ 157

　⑵　裁判例が認容する費目と理由／ 157

　　①　検査登録法定費用、車庫証明法定費用・ 157

　　認容理由（東京地判平成14年 9 月 4 日(1)判例集未登載）・ 157

　　②　自動車取得税・ 157

　　認容理由❶（大阪地判平成14年 3 月26日判例集未登載）・ 157

　　認容理由❷（東京地判平成20年12月22日(2)判例集未登載）・ 158

　　認容理由❸（東京地判平成26年 3 月12日(4)判例集未登載）・ 158

③　リサイクル法関連費用・*159*

認容理由（名古屋地判平成21年2月13日交通民集42巻1号148頁）・*159*

④　検査登録手続代行費用、車庫証明手続代行費用、納車費用・*159*

認容理由❶（東京地判平成14年9月4日(1)判例集未登載）・*160*

認容理由❷（東京地判平成15年9月1日(1)判例集未登載）・*160*

認容理由❸（東京地判平成26年3月12日(4)判例集未登載）・*160*

⑤　買替車両時価に課税される消費税・*161*

認容理由（東京地判平成18年6月14日交通民集39巻3号752頁、自ジャ1661号2頁）・*161*

⑥　登録申請書送料・*161*

認容理由（東京地判平成15年9月1日(1)判例集未登載）・*161*

(3)　裁判例によって認容または否認に分かれる費目と理由／*161*

①　自動車重量税・*161*

認容理由（名古屋地判平成23年2月14日自ジャ1854号79頁）・*161*

否認理由（京都地判平成15年2月28日自ジャ1499号2頁）・*162*

②　納車整備費用・*163*

認容理由（名古屋地判平成21年2月13日交通民集42巻1号148頁）・*163*

否認理由（東京地判平成14年9月4日(1)判例集未登載）・*163*

第3章　残存車検費用（外国産乗用車）————————*165*

①　残存車検費用の請求の有無 ……………………………… *165*

②　事故日と残存車検費用の関係 ……………………………… *166*

③　裁判例の認容理由——残存車検費用は認められる ………………… *167*

認容理由❶（東京地判平成14年9月4日(1)判例集未登載）・*167*

認容理由❷（東京地判平成18年6月14日交通民集39巻3号752頁）・*168*

認容理由❸（東京地判平成23年2月14日自ジャ1854号79頁）・*169*

認容理由❹（東京地判平成26年3月12日(4)判例集未登載）・*170*

第4章　廃車解体費用（外国産乗用車）————————*172*

①　廃車解体費用の請求の有無 ……………………………… *172*

②　裁判例の認容理由——廃車解体費用は認められる ………………… *173*

認容理由❶（東京地判平成14年9月4日(1)判例集未登載）・*173*

認容理由❷（神戸地判平成18年5月16日交通民集39巻3号665頁）・*174*

認容理由❸（名古屋地判平成21年2月13日交通民集42巻1号148頁）・*174*

第5章　個別裁判例図（外国産乗用車）————————*176*

①　東京地判平成14年 9 月 4 日(1)…………………………………… *176*

②　京都地判平成15年 2 月28日 …………………………………… *182*

③　東京地判平成15年 9 月 1 日(1)…………………………………… *186*

④　神戸地判平成18年 5 月16日 …………………………………… *191*

⑤　東京地判平成18年 6 月14日 ab………………………………… *196*

⑥　名古屋地判平成21年 2 月13日 ………………………………… *200*

第 4 部　タクシー・ハイヤー全損の場合　*205*

第 1 章　車両時価（タクシー・ハイヤー）————————————*206*

①　一般乗用車とタクシー・ハイヤーの相違 ……………………… *206*

②　全損認容の種類区分……………………………………………… *207*

③　車両時価を認定した裁判例の初度登録日と走行距離………… *208*

④　車両時価算出の根拠……………………………………………… *209*

⑤　初度登録、走行距離の明示と車両時価算出根拠の関係 ……… *212*

⑥　裁判例にみる時価認定根拠 ……………………………………… *213*

　　　　認容理由❶（京都地判平成18年 4 月28日自ジャ1651号21頁）・*213*

　　　　認容理由❷（神戸地判平成18年11月17日交通民集39巻 6 号1620頁）・

　　　214

　　　　認容理由❸（名古屋地判平成23年 2 月 4 日自ジャ1848号45頁）・*215*

　　　　認容理由❹（東京地判平成25年 7 月29日(3) 判例集未登載）・*215*

　　　　認容理由❺（東京地判平成25年11月 6 日判例集未登載）・*216*

　　　　認容理由❻（東京地判平成27年 2 月25日判例集未登載）・*217*

第 2 章　装備品損害（タクシー・ハイヤー）————————————*222*

①　タクシー・ハイヤーの装備品と損害形態 ……………………… *222*

②　タクシー・ハイヤー装備品の損害請求状況…………………… *223*

③　裁判例にみるタクシー・ハイヤーの装備品損害……………… *224*

　　　　認容理由❶（東京地判平成25年 7 月29日(3)判例集未登載）・*224*

　　　　認容理由❷（東京地判平成25年11月 6 日(1)判例集未登載）・*225*

　　　　認容理由❸（東京地判平成27年 2 月25日判例集未登載）・*225*

第 3 章　車両買替諸費用（タクシー・ハイヤー）————————————*228*

①　車両買替諸費用の請求の有無…………………………………… *228*

②　車両買替諸費用の費目・金額…………………………………… *229*

③　裁判例にみる車両買替諸費用…………………………………… *230*

　　　　　否認理由(神戸地判平成18年11月17日交通民集39巻 6 号1620頁)・*230*

　　　　　認容理由(東京地判平成27年 2 月25日判例集未登載)・*230*

第 4 章　　個別裁判例図（タクシー・ハイヤー）————————*232*

　①　神戸地判平成18年11月17日 ab ……………………………… *232*

　②　東京地判平成25年 7 月29日(3) abc ………………………… *236*

　③　東京地判平成25年11月 6 日(1) ab …………………………… *240*

　④　東京地判平成27年 2 月25日 …………………………………… *244*

第 5 部　トラック全損の場合　　*249*

第 1 章　　トラックの種類と名称————————————————*250*

　①　トラックの種類 ………………………………………………… *250*

　②　裁判例に出てくるトラック構成部の名称 …………………… *251*

第 2 章　　車両時価（トラック）——————————————————*254*

　①　車両全損の認容・否認件数と認容の種類区分 ……………… *254*

　②　車両時価を認定した裁判例の初度登録日と走行距離 ……… *255*

　③　車両時価算出の根拠 …………………………………………… *256*

　④　初度登録、走行距離の明示と車両時価算出根拠の関係 …… *257*

第 3 章　　車両買替諸費用（トラック）——————————————*267*

　①　車両買替諸費用の請求の有無 ………………………………… *267*

　②　車両買替諸費用自体が損害となるのか ……………………… *268*

　　　　　否認理由(横浜地判平成25年 1 月31日(3)交通民集46巻 1 号188頁)・*268*

　③　車両買替諸費用で要した費用全部を請求できるか ………… *268*

　④　車両買替諸費用の費目別認否状況 …………………………… *269*

　　⑴　裁判例が否認する費目と理由／*269*

　　　①　自動車税、自賠責保険料・*269*

　　　否認理由❶(東京地判平成13年 4 月19日(2)交通民集34巻 2 号535頁)・

　　　269

　　　否認理由❷(大阪地判平成13年12月19日交通民集34巻 6 号1642頁)・

　　　270

　　⑵　裁判例が認容する費目と理由／*270*

　　　①　自動車取得税・*270*

　　　認容理由❶(京都地判平成15年 4 月18日自ジャ1526号13頁)・*270*

　　　認容理由❷(大阪地判平成22年 7 月29日交通民集43巻 4 号949頁)・*270*

　　　　　認容理由❸(東京地判平成26年 2 月28日判例集未登載)・*271*

　　　② 自動車重量税・*271*

　　　　　認容理由(東京地判平成22年 2 月10日(1)自ジャ1847号175)・*271*

　　　③ 検査登録手続代行費用・*272*

　　　　　認容理由(京都地判平成24年 8 月29日交通民集45巻 4 号1039頁)・*272*

　　　④ 納車費用・*272*

　　　　　認容理由(東京地判平成25年11月 6 日(1) a 判例集未登載)・*272*

　　　⑤ 資金管理料金、リサイクル預託金・*273*

　　　　　認容理由(東京地判平成24年 9 月18日(2)判例集未登載)・*273*

第 4 章　残存車検費用（トラック）────────────────────*275*

　　① 残存車検費用の請求の有無 ……………………………………………… *275*

　　② 事故日と残存車検費用の関係 …………………………………………… *275*

　　③ 裁判例の認容理由──残存車検費用は認められる …………………… *276*

　　　　　認容理由❶(東京簡判平成13年 2 月14日判例集未登載)・*276*

　　　　　認容理由❷(東京地判平成24年 9 月18日(2)判例集未登載)・*277*

　　　　　認容理由❸(東京地判平成26年 2 月21日(1)判例集未登載)・*278*

第 5 章　廃車解体費用（トラック）────────────────────*281*

　　① 廃車解体費用の請求の有無 ……………………………………………… *281*

　　② 裁判例の認容理由──廃車解体費用は認められる …………………… *282*

　　　　　認容理由❶(東京簡判平成13年 2 月14日判例集未登載)・*282*

　　　　　認容理由❷(東京地判平成13年 6 月29日判例集未登載)・*283*

　　　　　認容理由❸(大阪地判平成13年12月19日 a 交通民集34巻 6 号1642頁)・
　　　　　283

　　　　　認容理由❹(名古屋地判平成14年 3 月 1 日交通民集35巻 2 号336頁)・
　　　　　283

　　　　　認容理由❺(京都地判平成24年 8 月29日交通民集45巻 4 号1039頁)・
　　　　　284

　　　　　認容理由❻(大阪地判平成25年 5 月30日 a 交通民集46巻 3 号698頁)・
　　　　　284

　　　　　認容理由❼(神戸地判平成25年 7 月25日交通民集46巻 4 号1010頁)・
　　　　　284

　　　　　認容理由❽(東京地判平成25年 8 月 6 日(3)判例集未登載)・*285*

第 6 章　個別裁判例図（トラック）────────────────────*287*

　　① 東京簡判平成13年 2 月14日 ……………………………………………… *287*

② 東京地判平成13年 4 月19日(2)······················· *291*

③ 東京地判平成15年 9 月 8 日(2) ab ·············· *295*

④ 大阪地判平成22年 7 月29日 ····················· *299*

⑤ 京都地判平成24年 8 月29日 ····················· *303*

⑥ 岡山地判平成25年 2 月21日 ····················· *306*

⑦ 大阪地判平成25年 5 月30日 ab ·············· *309*

⑧ 東京地判平成26年 2 月28日 ab ·············· *313*

⑨ 東京地判平成27年 1 月26日 ab ·············· *318*

第 6 部　学説・文献にみる車両全損　*325*

第 1 章　車両全損の判断基準————————*326*

① 赤 い 本 ······································ *326*

② 大阪簡易裁判所における民事訴訟の運営と定型訴状モデルの解説··· *326*

③ Q&A ハンドブック交通事故診療 ·················· *327*

④ 交通事故損害算定基準―実務運用と解説― ············· *327*

⑤ 概説 交通事故賠償法 ··························· *327*

⑥ 民事交通訴訟における過失相殺率の認定基準 ··········· *328*

⑦ 交通関係訴訟の実務 ··························· *328*

第 2 章　全損車両の賠償額————————*329*

① 赤 い 本 ······································ *329*

② 交通事故の実務―物損事故― ····················· *329*

③ 交通事故マニュアル――民事交通事件処理 ············· *330*

④ Q&A ハンドブック交通事故診療 ·················· *330*

⑤ 物損交通事故訴訟における要件事実と実務 ············· *330*

⑥ 大阪地裁における交通損害賠償の算定基準 ············· *331*

⑦ 交通事故損害額算定基準―実務運用と解説― ············ *331*

⑧ 概説 交通事故賠償法 ·························· *331*

第 3 章　時価算定根拠————————*332*

① 交通事故賠償の現在(3)物損の価格賠償についての一考察 ········ *332*

② 交通事故の実務―物損事故― ····················· *333*

③ 大阪簡易裁判所における民事訴訟の運営と定型訴状モデルの解説··· *334*

④ 交通事故マニュアル――民事交通事件処理 ············· *334*

⑤ Q&A ハンドブック交通事故診療 ·················· *335*

⑥　物損交通事故訴訟における要件事実と実務……………………………………… *335*

⑦　大阪地裁における交通損害賠償の算定基準…………………………………… *335*

⑧　交通事故損害額算定基準―実務運用と解説―…………………………………… *336*

⑨　概説　交通事故賠償法………………………………………………………………… *336*

⑩　民事交通訴訟における過失相殺率の認定基準………………………………… *337*

⑪　交通関係訴訟の実務………………………………………………………………………… *337*

第4章　車両買替諸費用────────────────────────*338*

①　赤　い　本……………………………………………………………………………………………… *338*

②　交通事故の実務―物損事故―………………………………………………………… *339*

③　大阪簡易裁判所における民事訴訟の運営と定型訴状モデルの解説… *339*

④　交通事故マニュアル――民事交通事件処理………………………………………… *340*

⑤　Ｑ＆Ａハンドブック交通事故診療………………………………………………………… *341*

⑥　物損交通事故訴訟における要件事実と実務……………………………………… *341*

⑦　大阪地裁における交通損害賠償の算定基準…………………………………… *342*

⑧　交通事故損害額算定基準―実務運用と解説―…………………………………… *342*

⑨　概説　交通事故賠償法………………………………………………………………… *342*

⑩　民事交通訴訟における過失相殺率の認定基準………………………………… *343*

⑪　交通関係訴訟の実務………………………………………………………………………… *343*

第5章　残存車検費用────────────────────────*344*

①　交通事故賠償の現在(3)物損の価格賠償についての一考察……………… *344*

②　交通事故損害額算定基準―実務運用と解説―…………………………………… *344*

第6章　廃車解体費用────────────────────────*346*

①　赤　い　本……………………………………………………………………………………………… *346*

②　交通事故の実務―物損事故―………………………………………………………… *347*

③　大阪簡易裁判所における民事訴訟の運営と定型訴状モデルの解説… *347*

④　交通事故マニュアル――民事交通事件処理………………………………………… *347*

⑤　Ｑ＆Ａハンドブック交通事故診療………………………………………………………… *348*

⑥　物損交通事故訴訟における要件事実と実務……………………………………… *348*

⑦　大阪地裁における交通損害賠償の算定基準…………………………………… *348*

⑧　交通事故損害額算定基準―実務運用と解説―…………………………………… *349*

⑨　概説　交通事故賠償法………………………………………………………………… *349*

著者紹介

裁判例一覧表　目次

1　時価認定根拠と修理費（国産乗用車）／*16*

2　車両買替諸費用（国産乗用車）／*52*

3　残存車検費用（国産乗用車）／*64*

4　廃車解体費用（国産乗用車）／*69*

5　時価認定根拠と修理費（外国産乗用車）／*149*

6　車両買替諸費用（外国産乗用車）／*164*

7　残存車検費用（外国産乗用車）／*171*

8　廃車解体費用（外国産乗用車）／*175*

9　時価認定根拠と修理費（タクシー・ハイヤー）／*220*

10　装備品損害（タクシー・ハイヤー）／*227*

11　車両買替諸費用（タクシー・ハイヤー）／*231*

12　時価認定根拠と修理費（トラック）／*259*

13　車両買替諸費用（トラック）／*274*

14　残存車検費用（トラック）／*280*

15　廃車解体費用（トラック）／*286*

Column　目次

1　保険会社の代位請求による弁護士費用は認められない／*6*

2　使用済自動車の再資源化等に関する法律（自動車リサイクル法）／*63*

3　ＳＢＣ／*148*

4　CFRP／*219*

5　弁護士費用認容の変遷／*248*

6　損害一覧表を付けた判決文／*323*

7　高等裁判所はクイズ・メーカー／*345*

第1部

車両全損請求

第1章　車両時価の根拠とは

① 車両時価に対する過去の見解

　車両が全損になった場合、被害者に生じる主な損害は事故当時の車両価格、すなわち車両時価である。損害は車両時価であると言えば、わかったような気分になるが、その実、何によって定める価格なのか、よくわからない。事実、車両時価について、過去の裁判例にさかのぼれば、さまざまな見解があり、その見解に基づいて判決も言い渡されてきた。

　昭和40年ごろは、被害者が車両全損によって失ったのは、被害者が持っていた被害車両の財産的価値であると考えられていた。財産的価値は事故に遭う直前に車両を売却したときに得られる金額、すなわち売却価格であるとしていた。したがって、車両全損による車両損害とは、事故に遭う直前の売却価格と捉えて、自動車保険では、売却価格を支払っていた。

　売却価格とは別に、企業会計上の減価償却法により算出する価格もあった。その価格は、車両の法定耐用年数によって、初度登録日から事故日までの経過年月によって計算される減価償却残存率を新車価格に乗じて算出した。

　さらに、この減価償却法によるとしても、残存率を定額法によるものや、定率法によるものがあった。

　このようにさまざまな見解があり、弁護士間による損害賠償交渉でも、保険会社の査定実務でも、裁判所の判決でも、売却価格、減価償却法の定額法、減価償却法の定率法が混在して使用されるという状態にあった。

　昭和45年代になると、自動車の保有台数も増え、それに伴い交通事故も激増する一方となった。裁判所に提訴される交通事故の民事訴訟件数も激増した。各地の裁判所で次々に言い渡される判決の車両時価もさまざまとなり損害賠償実務は混乱状況にあった。

　この混乱状況を収めるべく登場したのが、札幌地方裁判所から札幌高等裁判所を通じて最高裁判所に上告されてきたカローラ4ドアの追突事故による全損請求事案であった。最高裁判所は昭和49年4月15日に判決を下したが、その内容がその後の地裁判決や保険会社の査定実務に大きな影響を与えることになった（札幌地裁判決、札幌高裁判決の詳細は『裁判例、学説にみる交通事故物的損害　全損第2集1』（保険毎日新聞社、1997）260頁参照）。

②　最高裁昭和49年 4 月15日判決とは

最高裁が言い渡した昭和49年 4 月15日判決の主要部分は、次のとおりである。

> 　思うに、交通事故により自動車が損傷を被った場合において、被害車両の所有者が、これを売却し、事故当時におけるその価格と売却代金との差額を事故と相当因果関係のある損害として加害者に請求しうるのは、被害車両が事故によって、物理的又は経済的に修理不能と認められる状態になったときのほか、被害車両の所有者においてその買替えをすることが社会通念上相当と認められるときをも含むものと解すべきであるが、被害車両を買替えたことを社会通念上相当と認めうるがためには、フレーム等車体の本質的構造部分に重大な損傷の生じたことが客観的に認められることを要するものというべきである。
>
> 　また、いわゆる中古車が損傷を受けた場合、当該自動車の事故当時における取引価格は、原則として、これと同一の車種・年式・型、同程度の使用状態・走行距離等の自動車を中古車市場において取得しうるに要する価額によって定めるべきであり、右価格を課税又は企業会計上の減価償却の方法である定率法又は定額法によって定めることは、加害者及び被害者がこれによることに異議がない等の特段の事情のないかぎり、許されないものというべきである。（下線筆者）

と言い渡して、訴訟を札幌高等裁判所に差し戻した。

③　最高裁昭和49年 4 月15日判決によって解明されたこと

最高裁昭和49年 4 月15日判決を以下のようにまとめてみた。

⑴　「被害車両の時価と売却代金の差額を請求できる場合」

「被害車両の時価と売却代金の差額を請求できる場合」とは、被害車両の修理をせずに、被害車両を売却して、事故直前の時価と、未修理被害車両の売却代金の差額を損害として請求できる場合のことで、要するに、被害車両の全損として請求できる場合のことである。その条件は、

①　被害車両が物理的に修理不能と認められる状態

②　被害車両が経済的に修理不能と認められる状態

③　被害車両の所有者において、被害車両を修理して乗ることをせずに、被害車両を買い替えることが社会通念上相当と認められるとき

④　被害車両を買い替えることが社会通念上相当と認められるためには、フレーム等車体の本質的構造部分に重大な損傷の生じたことが客観的に認められること

である。

　これらの条件の1つに合致すれば、車両時価と被害車両を修理せずに売却したときの売却代金の差額が請求できるということになる。

　なお、条件は4つであるが、実質的には3つである。③と④で1つになる。③の買替えが社会通念上相当と判断する基準として④フレーム等車体の本質的構造部分に重大な損傷が必要になる。したがって、④以外の事情、たとえば、修理をしてもそのうち塗装にムラが出ると修理業者に言われたことを理由にして、買替えが社会通念上相当と主張しても認められないということである。

(2)　「被害車両の事故当時における取引価格」

　「被害車両の事故当時における取引価格」とは、時価のことである。この取引価格をどのようにして決めるかについて、以下の2点があげられる。

　①　原則として、被害車両と同一の車種・年式・型、同程度の使用状態・走行距離等の自動車を中古車市場において取得しうるに要する価額によって定める。

　②　右価格、すなわち、時価を課税または企業会計上の減価償却の方法である定率法または定額法によって定めることは、加害者および被害者がこれによることに異議がない等の特段の事情のないかぎり、許されない。

　以上から、車両時価とは、被害車両と同一の中古車を中古車市場において取得する価格であることが明確になった。これは、中古車市場における価格には「下取価格」、「卸売価格」、「小売価格」の3つがあるなかで、「小売価格」のことである。しかも、減価償却法によって車両時価を算出する方法は、特段の事情がないかぎり許されないことまでわかった。

④　最高裁昭和49年4月15日判決の用語の説明

(1)　被害車両が物理的に修理不能と認められる状態

　一般に、交通事故に遭って損壊した車両は、修理をして元の状態に戻すことができる。損傷程度が酷く、「これは修理ができない」と自動車ユーザーが思う場合でも、整備修復技術者が見れば、十分修理ができる場合が多い。

　ところが整備修復技術者が見て「これは修理ができない」と判断する場合は、全損である。この場合の全損を「物理的全損」という。手の施しようがないほど、激しく損傷している状態や、損傷が修理技術の水準を超えていて技術的に修理ができない場合である。

(2)　被害車両が経済的に修理不能と認められる状態

　技術的に修理が十分可能であるが、その修理見積額が事故直前の車両時価を上回る場合は、これも全損である。なぜなら、修理見積額が150万円、車両時価額が100万円

とすれば、150万円を掛けて修理をするよりも、同程度の中古車を100万円で入手できる方を選ぶのが経済的合理性に従った行動である。

　加害者に賠償をしてもらう場合にも、この経済的合理性の原則が適用される。この全損を「経済的全損」という。

　「経済的全損」になる事例は、被害車両が初度登録から長年月経過した場合に、非常に多く発生する。それは、自動車というものが初度登録からの経過年数に従って、車両の時価額は急激に低下するのに対し、修理費は、新しい車両でも、古い車両でも、同じ損傷程度であれば、ほぼ同じ修理費が掛かるために起こる現象である。

　ここでは、経済的全損の判断基準は、修理費用と車両時価の比較としたが、近年、新しい比較要素(注)が登場してきた。

> ──【注】経済的全損の判断基準における近年の新しい比較要素──
>
> 　**従来の経済的全損認定**：修理見積額＞事故直前の車両時価
>
> 　**新しい経済的全損認定**：修理見積額＞事故直前の車両時価＋車両買替諸費用
>
> 　　　　　　　　　　　　　　　＋残存車検費用＋廃車・解体費用
>
> 　この新しい比較要素は、修理費用要求の中から生まれたもので、修理費と車両時価を比較して修理費が大きければ単純に全損と認定していたが、全損のために生ずる車両買替諸費用等を考慮すれば、全損にするよりも、修理をする方が経済的であるというものである。この考え方を示す裁判例として、東京地判平成14年9月9日（第2部第5章「個別裁判例図（国産乗用車）」①（71頁）を参照）がある。

(3)　社会通念上

　社会通念とは、社会一般で受け容れられている常識または見解のことで、この程度まで損傷すれば車両を買い替えるのは、当然であると世間の多くの人が認める基準のことである。車両所有者の主観的判断、たとえば、事故に遭った車両は縁起が悪く、乗る気にならないといって、車両の買替えを要求しても、この社会通念という尺度で否定されるのである。

(4)　車体の本質的構造部分

　本質的構造部分とは、フレームのほかに、サイドメンバー、クロスメンバー、フロントピラー、センターピラー、リアピラー、ダッシュパネル、ルーフパネル、トランクフロアパネルなどである。これらに重大な損傷が生じたことが客観的に認められてはじめて、修理をせずに買い替えることが社会通念上、相当となる。

⑤ 本書の目的

(1) 車両時価算出の根拠は何か

最高裁昭和49年4月15日判決によって、時価とは、同一の車種・年式・型、同程度の使用状態・走行距離等の自動車を中古車市場で取得するに要する価額であるということになった。しかし、最高裁昭和49年4月15日判決によって、車両時価の問題が、すべて解決したというわけではない。

最高裁昭和49年4月15日判決は、中古車市場で取得するに要する価額、すなわち、同一の車種・年式等の中古車小売価格であるが、この小売価格を何によって、何を根拠に算出するのか、までは規定していない。

そこで、本書では、多くの裁判例を通じて車両時価である同一の車種・年式等の中古車小売価格が何を根拠に算出しているか、を探ることを目的の1つとしている。

(2) 車両全損に伴い発生する費用損害の範囲と金額

車両全損の場合、被害者が加害者に請求する損害は車両時価だけではない。車両全損に伴い発生する諸費用も損害として請求してくる場合も多い。

では、請求して認められる諸費用の費目と認められない費目は何か。認められる費目の金額はいくらぐらいであるか。

これを探るのも本書の2つ目の目的である。

● *Column* ❶

保険会社の代位請求による弁護士費用は認められない

弁護士費用は、不法行為の被害者が、自己の権利擁護のため訴えの提起を余儀なくされ、訴訟追行を弁護士に委任した場合には、それに要する弁護士費用が相当と認められる金額の範囲内で不法行為と相当因果関係のある損害となりうる。

しかし、本件のように、保険会社が商法622条1項ないしこれを同旨を（ママ）定める契約約款により代位取得した損害賠償請求権を行使する場合には、これに要する弁護士費用について、当然に当該不法行為と相当因果関係のある損害として相手方に請求しうるものではないというべきである。

そして、本件においては、弁護士費用が本件事故と相当因果関係のある損害であると認めるべき特段の事情は認められない。したがって、本件においても、弁護士費用は、本件事故と相当因果関係のある損害とは認められない（福岡地判平成19年3月2日交通民集40巻2号359頁）。

第 **2** 部

国産乗用車全損の場合

第1章　車両時価（国産乗用車）

　最高裁昭和49年４月15日判決によって、車両時価とは、同一の車種・年式等の中古車小売価格であることが明確になった。

　では、裁判例が車両時価、すなわち中古車小売価格をどのように算出しているのか。算出根拠を何に求めているのか。この実情を探るため、平成13年から平成27年までの15年間に言い渡された裁判例のなかから車両全損事例を選び出し、国産乗用車、外国産乗用車、タクシー・ハイヤー、トラックに区分して分析した。

　以下は、国産乗用車の車両時価の分析結果である。

① 車両全損の認容・否認件数と認容の種類区分

　国産乗用車全損の請求に対応した裁判例は、平成13年から平成27年の15年間に全部で153件あった。分析の基になる車両全損裁判例（国産乗用車）の一覧表は、**裁判例一覧表１「時価認定根拠と修理費（国産乗用車）」**（16頁）に掲載した。

　153件のうち150件は車両全損を認め、車両時価額を言い渡している。残りの３件は、車両全損を認めず修理可能であると認定して修理費を損害としている（**表１参照**）。

　車両全損を言い渡した150件のうち、最高裁昭和49年４月15日判決によって確定した車両全損として請求できる条件である「物理的全損」、「経済的全損」、「社会通念上相当」の件数は、それぞれ５件、83件、０件であった（**表２参照**）。

　その他の「全損（物理的、経済的の区別なし）」38件は、判決文に「全損」と記載があるが、その全損が物理的全損なのか、経済的全損なのか、区別していない裁判例である。

　さらに、「全損の証拠提示なし」の１件は、被害者が全損を請求するが全損の証拠を提示しないというものである。この裁判例では、被害者が修理費の証拠も提示しないため、車両時価を低めにして認容している。

【表１】国産乗用車全損の認容・否認件数

車両全損認否の別	件　数	
車両全損認容件数	150	車両時価額を認容
車両全損否認件数	3	車両修理費を認容
合　計	153	

【表2】 車両全損を認容した裁判例の全損の種類区分

車両全損の種類区分	件　　数	割　　合（%）
物理的全損	5	3.33
経済的全損	83	55.33
社会通念上相当	0	0
全損（物理的、経済的の区別なし）	38	25.33
全損の証拠提示なし	1	0.67
全損に争いなし（加害者認容）	7	4.67
全損の明示なし	16	10.67
合　　計	150	100.00

　「全損に争いなし（加害者認容）」の7件は、加害者が被害車両の全損を認め、車両時価額だけを争った裁判例である。

　一方、「全損の明示なし」の16件は、判決文中に全損を明示しないまま、車両時価を認定している裁判例である。最高裁昭和49年4月15日判決の車両時価を請求できる条件からすれば、「全損を明示しない」裁判例がこれほどあるというのは意外であった。

　最高裁昭和49年4月15日判決が認めた車両時価を請求できる条件の1つである「社会通念上相当」は、調査期間内の裁判例では、1件もなかった。

　判決が、車両損害を経済的全損と認定した裁判例83件は、すべて車両時価を認定している。そのうち、経済的全損成立の根拠となる修理費を明示している裁判例が53件（63.86％）、修理費を明示しないまま、経済的全損として車両時価を認定している裁判例が28件（33.74％）もあった（表3参照）。その他、見積りを取らず、したがって、修理費がわからないまま、車両時価を認めたものが1件（1.20％）、修理費を証拠によるとするだけで修理金額を判決上明らかにしないものが1件（1.20％）あった。

【表3】 経済的全損言渡しの裁判例分析

経済的全損	件　　数	割　　合（%）
修理費明示し時価額認定	53	63.86
修理費明示せず時価額認定	28	33.74
修理費見積りを取らなかったもの	1	1.20
修理費は証拠によるとしたもの	1	1.20
合　　計	83	100.00

　経済的全損とは、修理費が車両時価を上回る場合に認定される全損である。当然、修理費と車両時価を比較する必要があるのに、修理費を検討しないで、あるいは明示しないで経済的全損と認定できるのであろうか。

　非常に問題のある裁判例である。

② 車両時価を認定した裁判例の初度登録日と走行距離

　車両時価を認定するには、最高裁昭和49年4月15日判決によると、「事故当時における取引価格は、原則として、これと同一の車種・年式・型、同程度の使用状態・走行距離等の自動車を中古車市場において取得しうるに要する価額によって定めるべきであり、……」とある。同程度の使用状態・走行距離は、被害車両と中古車の同一性を判断する重要な要素である。同程度の使用状態では、とくに、初度登録日から事故日までの経過年月が使用期間を表し、重要な要素の1つになっている。

　ところが、調査した裁判例では、物理的・経済的全損を認定したものや、全損と認定したが物理的・経済的全損の区分をしなかったもの、さらに全損なのか、分損なのか明示しないで車両時価を認定したものが合計150件（**表2**参照）あるが、それらのうちで初度登録日を記載している裁判例は54件（36.00%）、初度登録日を明示していない裁判例は96件（64.00%）もある（**表4**参照）。

　次に、走行距離を明示している裁判例は150件中、27件（18.00%）、明示していない裁判例は122件（81.33%）で、走行距離「不明」と明示しているもの1件（0.67%）があった。

　初度登録日を明示しないで、どうして被害車両と同一の年式・同程度の使用状態の中古車の価格を時価として算出できるのであろうか。また、走行距離を記載していないで、どうして同一の走行距離の中古車の価格を時価として算出できるのであろうか。

【表4】車両時価を認定した裁判例の初度登録日、走行距離の記載

車両時価額認定	件　数	割　合(%)
初度登録日明示のもの	54	36.00
初度登録日明示のないもの	96	64.00
合　計	150	100.00

車両時価額認定	件　数	割　合(%)
走行距離数明示のもの	27	18.00
走行距離数明示のないもの	122	81.33
「不明」と明記のもの	1	0.67
合　計	150	100.00

　なお、初度登録日と事故日がわかれば、初度登録からの経過年月は計算できるので、裁判例に経過年月の明示がなくても不問としている。

③ 車両時価算出の根拠

　車両時価とは、中古車市場における小売価格であるが、その中古車小売価格は、何によって算出したのか。本分析で最も知りたいテーマである。分損を言い渡した裁判例3件を除く、全損を言い渡した裁判例150件（**裁判例一覧表1**「時価認定根拠と修理費（国産乗用車）」（16頁）参照）において、認容した車両時価について何を根拠に算出したかを分析した結果が**表5**である。

　件数第1位は、「証拠（原告または被告提出）によるもの」とした裁判例で51件（34.00％）あった。その証拠は原告側提出のもの、被告側提出のものを含んでいる。判決文において、「証拠による」と記載するのみで車両時価額○○万円を認定しているケースである。その証拠とはどのような資料なのか、明確にすることが省略されている。これでは、訴訟記録原本に当たらなければ永久にわからない。「証拠」とは何かを知りたければ、訴訟記録原本を調べよ、というのは酷な話である。一般人が訴訟記録原本にたどり着くには多くの手続と手間を要する。結局、判決文では、「証拠」という根拠によって、車両時価額が決められている。

【表5】 車両時価算出の根拠

順　　位	車両時価認定の根拠	件　　数	割　　合（%）
1位	証拠（原告または被告提出）によるもの	51	34.00
2位	明示のないもの	44	29.34
3位	レッドブックによるもの、レッドブックを参考にしたもの	13	8.67
4位	新車価格の10%としたもの	11	7.34
5位	中古車価格を参考にしたもの	8	5.33
5位	保険会社の調査報告書等によるもの	8	5.33
7位	判決が総合判断、独自判断したもの	5	3.33
7位	被告の反論金額・被告の自認金額	5	3.33
9位	購入価格を参考にしたもの	3	2.00
10位	インターネットによるもの	2	1.33
	合　　計	150	100.00

　件数第2位は、「明示のないもの」で44件（29.34％）あった。車両時価算出の過程など一切無視して、いきなり車両時価額が提示されている。これは非常に乱暴な記述方法である。これで当該の原告、被告は納得したのであろうか。また、裁判例を読んで、参考しようとしても何の足しにもならない代物である。それが全判決の3分の1近くを占めている。

　件数第3位は、「レッドブックによるもの、レッドブックを参考にしたもの」で13件（8.67％）あった。レッドブック表示の価格をそのまま車両時価とする場合や、レッドブック表示の価格に車検残月数や特殊装備品などによって価格を増減して車両時価とした場合がある。レッドブック（後記⑤「車両時価算出根拠の結論」（15頁）の注参照）が車両時価算出の根拠になっている。

　「レッドブックによるもの」が裁判例では、最も多いと予想した。また、本書第6部で紹介している「学説・文献にみる車両全損」の第3章「時価算定根拠」（332頁）でも、全部、レッドブックによると書いている。それが、わずか13件（8.67％）であった。

　なお、加害者がレッドブックによる車両時価算出を主張するのに対し、被害者がレッドブック記載の116万円は、あくまで中古車価格の目安にすぎず、これを本件事故当時の原告車の価格を設定するための基礎とすべきではないと主張したのに対し、裁判例は、

　「前示（オートガイド：筆者注）自動車価格月報は、同車種、同型式の車両に関する数多の取引事例の調査結果が反映したものとして一定の合理性のある有力な証拠資料と評価できる（下線筆者）のであって、本件事故時における原告車それ自体の市場価格を明確に認定するに足りる証拠がない現況下では、これをもとに原告車の再調達価格を認定するのもやむを得ない」（東京地判平成13年12月26日(4)交通民集34巻6号1689頁）と説明している。

　件数第4位は、「新車価格の10％としたもの」11件（7.34％）である。これは、被害車両が古くて、法定耐用年数を大きく超えた場合、レッドブック価格掲載期限を過ぎ、レッドブックに価格が表示されていないことがある。こうした古い車両の時価算出は、最高裁昭和49年4月15日判決にいう「特段の事情」に当たるため、減価償却法を算出根拠にしている。減価償却法では、法定耐用年数が過ぎると、それ以降、どの時点でも、すべて新車価格の10％を車両時価とすることになっている。これを採用したものである。

　件数第5位は、「中古車価格を参考にしたもの」と「保険会社の調査報告書等によるもの」の2つが同数の8件（5.33％）である。「中古車価格を参考にしたもの」とは、まったく、当たり前の表現であって、その中古車価格を何によって算出したかが、問題なのである。中古車雑誌に掲載された広告によったと根拠を明らかにするものが1件あるが、多くは、どのような方法で中古車価格を求めたのかが明確ではない。この

ような説明のもとで車両時価を言い渡す裁判例は、信用できない。

「保険会社の調査報告書等によるもの」では、保険会社が作成する調査報告書によるとか、アジャスター算出によると明確に記載しているものである。判決は、保険会社提出の証拠・資料の金額を認定したものであるが、それでは、保険会社やアジャスターは、提出した金額が何を根拠にしたのか、わからない。ただ、保険会社の名前を信用し、アジャスターという職種に信頼して、その金額を認容したということか。訴訟に登場する保険会社やアジャスターは、訴訟当事者の一方に属する利害関係者である。それなのに、第三者のように扱う裁判例の対応は甘い。

件数第7位は、「判決が総合判断、独自判断したもの」と「被告の反論金額・被告の自認金額」の2つが同数の5件（3.33%）あった。「判決が総合判断、独自判断したもの」とは、判決が、新車販売価格、レッドブックやインターネットのウェブサイトなど、さまざまな中古車価格を見比べて総合判断したものや、原告と被告の対立する価格から独自判断したものである。裁判所ならできる算出方法で車両時価算出の根拠として参考にするには、決め手のない算出方法である。

もう一方の件数第7位である「被告の反論金額・被告の自認金額」とは、被告が自認した金額は、争いがないからその金額でよいとしたものであり、被告が反論した金額は、何を根拠に反論したのかわからないまま、その金額を採用した裁判例である。

件数第9位は、「購入価格を参考にしたもの」で3件（2.00%）あった。これは事故の1か月～2か月前に被害車両を中古車として購入した事実があり、その購入価格を参考に、購入日から事故日までの期間に対して減価して算出する方法である。納得できる算出根拠である。

件数第10位は、「インターネットによるもの」2件（1.33%）である。インターネットで検索して得られた同種同等の中古車数台の価格を平均して車両時価を算出するものである。

現在、パソコンやスマートフォン（スマホ）によって手軽にインターネットに接続できることから、レッドブックに替わり、便利で簡単な算出根拠とされていると予想していたが、意外に少なかった。

もっとも、インターネットに関して、次のような批判がある。原告がインターネットで車両時価を請求したのに対し、被告が「インターネットオークションはかなり変動がある偶然性の高いマーケットであり、また掲載価格と時価との一致は制度的に保証されていない」と反論したのに対し、判決は、「……インターネットオークションの情報は必ずしも当該車両の客観的な時価に一致しているか疑問なしとしないので、採用しない」（福岡地判平成19年3月2日交通民集40巻2号364頁）とした。

その他、「インターネットで個別の中古車の販売のため掲載された価格は、中古車の小売価格の参考とはなるが、必ずしも標準的な現実の小売価格を反映しているとは限

らない」（東京地判平成18年10月11日(1)交通民集39巻5号1443頁）とインターネットによる車両時価算出を否認した。

④ 初度登録、走行距離の明示と車両時価算出根拠の関係

裁判例には、被害車両の初度登録日や走行距離のキロ数が明示されているものや、一方だけが明示されているもの、両方とも明示されていないものがある。被害車両と同一使用状態・走行距離の中古車を把握するためには、初度登録日や走行距離は必須の項目である。

それなのに、両方に明示のないものがある。両方に明示のないものと車両時価算出根拠の関係を探ってみたのが**表6**である。

車両時価認定が「証拠（原告または被告提出）によるもの」と「明示のないもの」では、初度登録と走行距離の両方に明示のない件数が、両方か、一方に明示のある件数を大幅に超えている。これに対し、「新車価格の10%としたもの」、「中古車価格を参考にしたもの」と「判決が総合判断、独自判断したもの」は、初度登録と走行距離の両方か、一方を明示した件数が両方に明示のない件数を大きく超えている。

【表6】 初度登録、走行距離の明示と車両時価算出根拠の関係

車両時価認定の方法	初度登録、走行距離の両方か、一方に明示のある件数	初度登録、走行距離の両方に明示がない件数	合　計
証拠（原告または被告提出）によるもの	7	44	51
明示のないもの	10	34	44
レッドブックによるもの、レッドブックを参考にしたもの	7	6	13
新車価格の10%としたもの	10	1	11
中古車価格を参考にしたもの	8	0	8
保険会社の調査報告書等によるもの	4	4	8
判決が総合判断、独自判断したもの	4	1	5
被告の反論金額・被告の自認金額	5	0	5
購入価格を参考にしたもの	2	1	3
インターネットによるもの	1	1	2
合　　計	58	92	150

　このデータから、車両時価算出根拠を「証拠によるもの」だけで済ませる裁判例や根拠の「明示のないもの」では、初度登録や走行距離を明示しない裁判例が多いことがわかる。

　「証拠によるもの」、「明示のないもの」とする裁判例では、初度登録日や走行距離に注意を払っていない。これでは、43年前に言い渡された最高裁昭和49年4月15日判決から遠ざかるばかりである。

⑤　車両時価算出根拠の結論

　裁判例を分析したうえでの結論は、「証拠によるもの」、「明示のないもの」は論外として、「レッドブック^(注)」を根拠に時価を算出するのが一番よい。ただ、レッドブックに掲載がない車両では、「中古車価格を参考」にするか、「インターネットによる」のが次善の策となる。被害車両が非常に古い場合は、「新車価格の10％」とする減価償却によることもやむを得ない。

> ─【注】レッドブックとは─
>
> 　レッドブックは愛称で、正式には「オートガイド自動車価格月報」のことで、有限会社オートガイドが発行している。裁判例において、「レッドブック」と記述するもの、「オートガイド自動車価格月報」と記述するもの、あるいは、「オートガイド自動車価格月報、いわゆるレッドブック」と記述するものがある。
>
> 　レッドブックの記載様式は、車両メーカー別に車種別、販売年別、仕様別に中古車下取価格、中古車卸売価格、新車発売当時価格、中古車小売価格が表示されている。最高裁昭和49年4月15日判決にいう「中古車市場において取得しうるに要する価額」とは、レッドブックに頼るとすれば、レッドブックにある各種価格のうち、「中古車小売価格」が最も近い価格である。
>
> 　レッドブックには、下記の4種類がある。
>
> 　　A　商用車（トラック・バス）：隔月発行（年6回）
>
> 　　B　国産乗用車：毎月発行（年12回）
>
> 　　C　軽自動車（軽四輪・二輪）：隔月発行（年6回）
>
> 　　D　輸入自動車：隔月発行（年6回）
>
> 　販売は年間購読を基本としているが、1冊のみの分冊にも応じている。価格は2,100円〜1,400円である（電話 03-3263-5238、FAX 03-3263-5240）。

裁判例一覧表1　時価認定根拠と修理費（国産乗用車）

裁判所欄の※印は保険求償事案（以下一覧表同）　調査期間：平成13年～平成27年

番号	裁判所	判決日	事件番号	出典	被害車両	初度登録年月	初度登録からの経過年数	事故時走行距離	被害車情報車両保険	全損種類	修理費（円）	車両認容時価額（円）	時価の根拠
1	大阪a※	平13.2.6.	平11ワ483、平12ワ4628	交通民集34巻1号189頁	乗用車（曽我車）	平7.3.	3年	87,659km	X保険に付保	全損（物理的、経済的全損の区別なし）	明示なし	1,700,000	通常の中古車価格190万円（甲29）よりやや低く認定
2	東京(2)※	平13.3.16.	平12ワ9966	交通民集34巻2号400頁	乗用車	明示なし	明示なし	明示なし	X保険に付保	経済的全損	1,700,202	1,290,000	明示なし
3	東京(1)	平13.4.11.	平11ワ7697	交通民集34巻2号497頁	乗用車	明示なし	明示なし	明示なし		経済的全損	1,872,760	1,800,000	証拠（甲5）による
4	大阪※	平13.5.24.	平12ワ11969	交通民集34巻3号641頁	乗用車（原告車）	明示なし	明示なし	明示なし	X保険に付保	経済的全損	証拠（甲10）	2,100,000	明示なし
5	大阪※	平13.6.26.	平12ワ12261	交通民集34巻3号785頁	乗用車	明示なし	明示なし	明示なし	X保険に付保	全損（物理的、経済的全損の区別なし）	明示なし	400,000	証拠（甲5～12）による
6	東京※	平13.11.7.	平12ワ5050	未公表	軽四乗用車	明示なし	明示なし	明示なし	X保険に付保	経済的全損	902,003	640,000	証拠（甲2～5など）による
7	東京(4)※	平13.12.26.	平13ワ2087	交通民集34巻6号1687頁	マツダ車（原告車）	明示なし	明示なし	明示なし		経済的全損	1,840,944	1,160,000	レッドブック
8	東京	平14.1.28.	平12ワ3820	未公表	乗用車	明示なし	明示なし	明示なし	購入後10か月	全損に争いなし	明示なし	300,000	証拠（乙1の1・2）による
9	名古屋(a)	平14.2.8.	平13ワ2736、3383	交通民集35巻1号229頁	乗用車	明示なし	明示なし	明示なし	車検後3か月	全損に争いなし	明示なし	1,010,000	レッドブックより車106万円につき検残3か月につき5万円減額
10	大阪※	平14.2.27.	平13ワ5813、8587	交通民集35巻1号296頁	乗用車	明示なし	明示なし	明示なし	X保険に付保	経済的全損	明示なし	1,830,000	証拠（乙）による
11	福井・武生簡裁a	平14.3.12.	平11ワ1	判時1793号120頁	乗用車	明示なし	明示なし	明示なし		経済的全損	4,160,242	2,450,000	明示なし

番号	裁判所	判決日	事件番号	出典	車種	初度登録	経過年数	走行距離	その他	全損の態様		時価額	算定根拠
12	東京	平14.3.20.	平13ワ10721、21828	未公表	乗用車（被告車）	明示なし	明示なし	明示なし		全損（物理的、経済的な区別なし）	明示なし	218,000	明示なし
13	大阪	平14.4.30.	平12ワ7460、9028、平13ワ7631	交通民集35巻2号592頁	乗用車	明示なし	明示なし	明示なし		全損（物理的、経済的な区別なし）	明示なし	2,350,000	証拠（丙13、14）による
14	津・伊勢簡裁	平14.5.10.	平12ワ738	交通民集35巻3号667頁	乗用車	明示なし	明示なし	明示なし		全損（物理的、経済的な区別なし）	明示なし	760,000	明示なし
15	東京	平14.7.5.	平13ワ1840、25877	未公表	乗用車	平元.12.	10年6か月	明示なし		経済的全損	明示なし	180,000	新車購入価格の10%
16	東京a	平14.8.14.	平13ワ19657、27095	未公表	乗用車	平6.10.	5年7か月	明示なし		経済的全損	1,469,192	1,040,000	証拠（甲4、乙8の1・2）による
17	東京a	平14.9.9.	平13ワ23505、ハ214、578、平14ワ2770	交通民集35巻6号1780頁	トヨタマークII	平3.9.	9年5か月	48,722km		経済的全損	630,893	380,000	レッドブック
18	札幌	平14.11.22.	平13ワ2083	判時1824号90頁	デリカ・スペースギア	明示なし	明示なし	明示なし		全損（物理的、経済的な区別なし）	明示なし	1,510,000	明示なし
19	神戸・姫路支部	平15.2.14.	平14ワ609	未公表	スバル・レガシィ	明示なし	9年4か月	明示なし	車検残約17か月、新車価格266万円	経済的全損	明示なし	290,000	中古車販売価格（証拠乙1、3）（雑誌による）
20	名古屋	平15.4.28.	平12ワ2510	自ジャ1503号2頁、交通民集36巻2号574頁	乗用車	明示なし	明示なし	明示なし		物理的全損（焼失）	見積不可	200,000	甲第二証による
21	東京楽	平15.6.30.	平14ワ13438	未公表	乗用車	明示なし	明示なし	明示なし	X保険に付保	経済的全損	4,060,067	3,900,000	明示なし
22	大阪	平15.7.16.	平14ワ8319	自ジャ1535号6頁	乗用車	明示なし	明示なし	明示なし	車検から事故まで1年6か月経過	経済的全損	1,400,000	1,290,000	明示なし
23	大阪(2)	平15.7.30.	平15ワ433	交通民集36巻4号1020頁	乗用車（原告車）	明示なし	明示なし	明示なし		全損（物理的、経済的な区分なし）	明示なし	400,000	明示なし

番号	裁判所	判決日	事件番号	出典	被害車両	初度登録年月	初度登録から経過年数	事故時走行距離	被害車情報車両保険	全損種類	修理費（円）	車両認容時価額（円）	時価の根拠
24	福岡・折尾簡裁	平16.1.22.	平15ハ385	未公表	乗用車	明示なし	明示なし	明示なし		全損（物理的、経済的の区分なし）	明示なし	460,000	レッドブック
25	大阪a	平16.2.13.	平15ワ2181、4054	交通民集37巻1号192頁	乗用車（原告車）	明示なし	明示なし	明示なし		全損（物理的、経済的の区分なし）	明示なし	750,000	証拠（甲12）による
26	東京	平16.5.24.	平14ワ9529	交通民集37巻3号648頁	乗用車（乙山車）	明示なし	明示なし	明示なし		明示なし	明示なし	615,000	証拠（甲3、8）による
27	さいたまa	平16.7.13.	平15ワ1221	交通民集37巻4号972頁	ホンダ・トゥディ（甲野車）	平7.	明示なし	82,639km	車検残21か月	全損（物理的、経済的の区分なし）	明示なし	330,000	相手保険会社作成の調査報告書による
28	東京a	平16.8.4.	平13ワ23073、26755	未公表	乗用車	明示なし	明示なし	明示なし	2年6か月前の平8.6.22に中古車として購入	分損（修理可能）	615,810	算出せず	証拠（甲18、19）による
29	東京	平16.9.16.	平16レ128	未公表	乗用車（被控訴人車）	明示なし	明示なし	明示なし		経済的全損	374,840	300,000	明示なし
30	名古屋b※	平16.10.15.	平15ワ2809、4849	交通民集37巻5号1377頁	乗用車（甲野車）	明示なし	明示なし	明示なし	X保険に付保	経済的全損	371,249	250,000	証拠（乙2）による
31	東京a	平17.2.8.	平16ワ3116	未公表	乗用車	明示なし	明示なし	明示なし		経済的全損	5,127,969	4,400,000	証拠（甲2、7）による
32	東京a	平17.3.9.	平15ワ21851	未公表	乗用車（ニッサンラルゴ）	平9.3.	5年7か月	明示なし		全損（物理的、経済的の区別なし）	明示なし	1,190,000	証拠（乙1）による
33	東京b	平17.3.9.	平15ワ21851	未公表	乗用車（ニッサンラルゴ）	平8.10.	6年	明示なし		全損（物理的、経済的の区別なし）	明示なし	950,000	証拠（乙7）による
34	東京※	平17.6.27.	平17ワ6952	未公表	乗用車	明示なし	明示なし	明示なし	X保険に付保	全損（物理的、経済的の区別なし）	明示なし	1,610,000	証拠（甲1ほか）による

				車種								根拠
35 東京b※	平17.7.25.	平16ワ4357、10577、14028	未公表	乗用車（3事件原告車）	明示なし	明示なし	明示なし	Y保険に付保	経済的全損	1,300,000	1,000,000	証拠（丙3、甲17、18）による
36 東京	平17.10.27.	平14ワ20064	自保新聞平18.1.25号、交通民集38巻5号1455頁	乗用車	明示なし	明示なし	明示なし	中古車購入か？	全損（物理的、経済的の区別なし）	明示なし	650,000	事故の2か月前に71万円で購入した事実から
37 東京(1)	平17.11.14.	平16ワ26294	未公表	スズキ・ツイン	平8.	7年	明示なし		全損に争いなし	明示なし	280,000	レッドブック
38 東京3b	平17.11.22.	平16ワ20397	未公表	乗用車（日産180SX・被告車）	平2.	14年	明示なし	新車価格234.8万円	経済的全損	明示なし	230,000	新車価格の10%
39 岡山a	平18.1.19.	平17ワ300、524	交通民集39巻1号40頁	ホンダステップワゴン（甲野車）	平13.6.29.	2年10か月	38,600km		分損（修理可能）	813,155	137万前後	証拠（甲4、10、乙1）による
40 大阪	平18.2.23.	平16ワ11827	交通民集39巻1号269頁	乗用車	明示なし	明示なし	明示なし		全損（物理的、経済的の区別なし）	明示なし	157,500	証拠（甲7）による
41 東京(1)b※	平18.3.27.	平16ワ24393、平17ワ3639	未公表	乗用車	明示なし	明示なし	明示なし	Y保険に付保	経済的全損	350,692	100,000	証拠（乙4～6）による
42 東京(2)	平18.3.29.	平16ワ19844	未公表	軽四乗用車（スズキアルト）	平3.4.	11年10か月	85,278km		明示なし	明示なし	60,000	相手保険会社の資料
43 東京(2)	平18.4.27.	平17レ599	未公表	乗用車	明示なし	明示なし	明示なし		経済的全損	明示なし	270,000	明示なし
44 東京a	平18.8.9.	平17ワ17409、平18ワ5229	未公表	乗用車（日産ウイングロード）	平13.12.28.	3年1か月	明示なし		経済的全損	1,316,406	1,040,000	レッドブック101万円＋車検残3万円
45 大阪a	平18.8.31.	平17ワ11343、平18ワ1050	交通民集39巻4号1215頁	乗用車	明示なし	明示なし	明示なし		全損（物理的、経済的区分なし）	明示なし	650,000	証拠（甲10、14）による
46 東京※	平18.9.27.	平17ワ10041、11761	自ジャ1660号2頁、交通民集39巻5号1321頁	乗用車	明示なし	明示なし	明示なし	X保険に付保	全損（物理的、経済的区分なし）	明示なし	1,800,000	証拠（甲A4、B3の1ほか）による

番号	裁判所	判決日	事件番号	出典	被害車両	初度登録年月	初度登録からの経過年数	事故時走行距離	被害車両情報車両保険	全損種類	修理費(円)	車両認容時価額(円)	時価の根拠
47	東京(1)	平18.10.11.	平16ワ18837	交通民集39巻5号1419頁	乗用車(原告車)	平3.9.29.	8年4か月	44,753km	新車価格278万円	経済的全損	778,953	650,000	判決独自判断
48	東京	平18.10.26.	平18レ185	未公表	乗用車	明示なし	明示なし	明示なし		明示なし	明示なし	814,000	証拠(乙1)による
49	名古屋	平18.11.7.	平15ワ1150	交通民集39巻6号1547頁	日産グロリア	明示なし	明示なし	明示なし		経済的全損	明示なし	582,000	相手保険会社の評価額
50	横浜a	平18.11.29.	平18ワ239、1545	自ジャ1690号13頁	乗用車	明示なし	明示なし	明示なし		経済的全損	1,527,257	1,110,000	明示なし
51	東京	平19.1.26.	平18レ187、257	未公表	乗用車	平2.	13年	明示なし	新車価格164.5万円	経済的全損	明示なし	197,000	新車価格の10%・17万円+車検残2.7万円
52	福岡※	平19.3.2.	平17ワ3252	交通民集40巻2号359頁	トヨタカローラ	平10.4.	5年1か月	34,682km	X保険に付保	経済的全損	明示なし	705,000	レッドブック68万円+車検残2.5万円
53	東京a	平19.3.30.	平15ワ20769、平17ワ3933、9422	交通民集40巻2号485頁	トヨタルシーダ	平4.11.	9年9か月	明示なし		全損(物理的、経済的の区分なし)	明示なし	295,000	証拠(甲2)による
54	東京(2)b	平19.10.31.	平18ワ9373、12931	未公表	乗用車・KB車	明示なし	明示なし	明示なし		明示なし	明示なし	460,000	証拠(甲3)による
55	大阪高裁a※	平19.12.4.	平19ネ840	交通民集40巻6号1461頁	乗用車	明示なし	明示なし	明示なし	Y保険に付保	経済的全損	明示なし	340,000	証拠(乙5、7の1・2、8)による
56	東京(1)a	平20.2.7.	平19レ195	交通民集41巻1号161頁	乗用車	明示なし	明示なし	明示なし		経済的全損	明示なし	670,000	レッドブック
57	千葉	平20.3.19.	平16ワ188	交通民集41巻2号364頁	乗用車	平13.12.27.	8日	明示なし	平成13年12月23日に120万円で購入	物理的全損	見積不可	1,000,000	明示なし
58	札幌	平20.5.29.	平18ワ1834、平19ワ427、425、426	自ジャ1769号5頁	乗用車	明示なし	明示なし	明示なし		経済的全損	1,835,799	1,250,000	明示なし
59	横浜b	平20.8.20.	平19ワ4108、5144	自ジャ1772号20頁	乗用車	明示なし	明示なし	明示なし		経済的全損	明示なし	215,000	明示なし

No.	裁判所	判決日	事件番号	公表	車種	初度登録	使用年数	走行距離	購入価格等	損傷程度	時価額	認容額	備考・証拠
60	東京(1)	平20.9.10.	平20ワ5423	未公表	乗用車（被告車）	明示なし	明示なし	明示なし		経済的全損	1,275,509	1,083,000	証拠（甲2、3）による
61	東京※	平20.10.14.	平20ワ14107	未公表	乗用車	明示なし	明示なし	明示なし	X保険に付保	経済的全損	2,612,183	2,250,000	車両保険金額、車両保険金等を総合判断
62	東京b	平20.11.25.	平19ワ32780、平20ワ23391	未公表	乗用車	明示なし	明示なし	明示なし		全損（物理的、経済的の区別なし）	明示なし	300,000	インターネットオークション価格
63	東京(1)a	平21.1.14.	平19ワ29745、平20ワ2378	未公表	乗用車（反訴原告車）	明示なし	明示なし	明示なし		経済的全損	明示なし	300,000	明示なし
64	東京	平21.1.27.	平19ワ25777	未公表	セルボクーペCXG、スズキE-SS20	昭56.	24年	49,840km	新車価格71万円	全損（物理的、経済的の区別なし）	明示なし	71,000	新車価格の10%
65	東京(1)※	平21.1.28.	平19ワ2378	未公表	マツダMPV	平15.6.24.	2年2か月	「不明」と明記	X保険に付保	経済的全損	1,682,982	1,580,000	証拠（甲2、3）による
66	東京a	平21.2.9.	平19ワ28061	未公表	乗用車	平7.4.	9年8か月	95,000km（平16.10.15.時点）	2か月前に250万円で購入、新車価格880万円	全損（物理的、経済的の区別なし）	明示なし	2,000,000	レッドブック340万、原告120～200万、高性能ナビ付き等から総合判決判断
67	東京b※	平21.2.9.	平19ワ29646	未公表	軽自動車	明示なし	明示なし	明示なし	Y保険に付保	全損（物理的、経済的の区別なし）	明示なし	560,000	証拠（乙4～6）による
68	東京	平21.3.31.	平17ワ7062	交通民集42巻2号506頁、自ジャ1793号18頁	ユーノスロードスター	平2.	約12年	明示なし		全損（物理的、経済的の区分なし）	明示なし	500,000	明示なし
69	東京	平21.6.30.	平18ワ6173	未公表	トヨタ・キミ	平11.5.	3年か月	明示なし	平11.5.新車を156万円で購入	経済的全損	明示なし	950,000	証拠（甲41の1、乙1）による
70	東京(1)c	平21.7.1.	平20ワ15708、28976	未公表	乗用車	明示なし	明示なし	明示なし	2台の衝突のとばっちり被害車	明示なし	明示なし	850,000	対物保険会社支払額を認容

番号	裁判所	判決日	事件番号	出典	被害車両	初度登録年月	初度登録から経過年数	事故時走行距離	被害車情報 車両保険	全損種類	修理費（円）	車両認容時価額（円）	時価の根拠
71	東京(2)b	平21.7.1.	平20ワ21107, 27842	未公表	トヨタ・ラウム	平9.7.	10年8か月	97,000km推認		経済的全損と推測	被害者見積り取らず、代替車購入	250,000	証拠(甲13の1、乙8の1ほか)による
72	東京(1)a	平22.1.27.	平20ワ13105, 平21ワ8683	交通民集43巻1号48頁	乗用車(日産ラシーンE-RF NB14)	明示なし	明示なし	88,868km	車検残約9か月	全損(物理的、経済的の区別なし)	明示なし	618,000	レッドブック73万円を参考
73	東京	平22.2.25.	平21レ602, 675	未公表	日産プレセア	平5.1.	14年8か月	明示なし	新車価格176.7万円	経済的全損	明示なし	176,700	新車価格の10%
74	東京	平22.3.26.	平20ワ1327	交通民集43巻2号455頁	乗用車	明示なし	明示なし	明示なし		全損(物理的、経済的の区分なし)	明示なし	100,000	明示なし
75	京都(1)b※	平22.3.30.	平20ワ3487, 平24ワ308	白ジャ1831号37頁	乗用車(乙山車)	明示なし	明示なし	明示なし	Y保険に付保	明示なし	明示なし	730,000	明示なし
76	名古屋※	平22.4.23.	平21ワ1093, 3029	白ジャ1830号134頁	乗用車(丙川車)	明示なし	明示なし	明示なし	X保険に付保	経済的全損	2,120,905	1,650,000	明示なし
77	金沢	平22.5.28.	平20ワ563	白ジャ1847号28頁	乗用車	明示なし	明示なし	明示なし	新車価格178.3万円	全損(物理的、経済的の区分なし)	明示なし	350,000	明示なし
78	名古屋※	平22.6.18.	平21ワ1295, 7734	白ジャ1843号72頁	乗用車(甲野車)	明示なし	明示なし	明示なし	X保険に付保	経済的全損	5,083,344	4,250,000	明示なし
79	金沢a	平22.7.30.	平20ワ865, 平21ワ344	白ジャ1852号96頁	乗用車	明示なし	明示なし	明示なし		経済的全損	1,671,170	1,500,000	明示なし
80	大阪a	平22.8.27.	平21ワ6266, 7454, 10945	交通民集43巻4号1081頁	乗用車	平17.11.22.	6か月	明示なし		原告より全損の証拠提示なし	修理費を示す証拠なし	9,200,000	被告反論金額1,150万円の80%とした
81	大阪b	平22.8.27.	平21ワ6266, 7454, 10945	交通民集43巻4号1081頁	乗用車	明示なし	明示なし	明示なし	X保険に付保	全損に争いなし	明示なし	895,000	明示なし
82	さいたま※	平22.9.27.	平17ワ2605, 平19ワ2606	交通民集43巻5号1232頁, 白ジャ1840号13頁	乗用車(トヨタRV4)(丁原車)	明示なし	明示なし	明示なし		全損(物理的、経済的の区別なし)	明示なし	400,000	証拠(乙281、282)による

No.													
83	仙台a	平22.10.28.	平20ワ2408、平21ワ1407	自ジャ1857号89頁	乗用車（甲野車）	明示なし	明示なし	明示なし		明示なし	明示なし	366,400	証拠による
84	仙台b	平22.10.28.	平20ワ2408、平21ワ1407	自ジャ1857号89頁	乗用車（乙山車）	明示なし	明示なし	明示なし		明示なし	明示なし	290,000	証拠による
85	東京(1)※	平22.11.26.	平21ワ5504、平22ワ2804	未公表	乗用車・スバルインプレッサLA-GG2	平17.4.	1年8か月	明示なし	Y保険に付保	経済的全損	1,083,690	850,000	中古車市場における販売価格
86	横浜	平22.11.30.	平20ワ4928	自ジャ1850号114頁	乗用車・スバル	平17.1.	1年1か月	明示なし	平成17年1月に363,718円で購入	全損（物理的、経済的の区分なし）	明示なし	112,000	明示なし
87	仙台※	平22.12.28.	平22ワ250	自ジャ1854号118頁	乗用車（丙川車）	明示なし	明示なし	明示なし	X保険に付保	明示なし	明示なし	1,300,000	明示なし
88	東京(1)	平23.1.26.	平21ワ40547	自ジャ1850号138頁	乗用車	明示なし	明示なし	明示なし		全損（物理的、経済的の区分なし）	明示なし	350,000	証拠（甲21）による
89	東京a※	平23.3.15.	平22レ2095	未公表	乗用車・ホンダストリーム（被控訴人車）	平15.3.	6年	明示なし	X保険に付保	経済的全損	964,351	720,000	相手保険会社の査定額
90	大阪a	平23.3.18.	平21ワ18701、平22ワ2274	交通民集44巻2号411頁	乗用車（シーマ）	平11.3.	10年3か月	明示なし		経済的全損	明示なし	900,000	中古車市場小売価格最高でも90万円
91	東京(2)※	平23.3.23.	平22ワ24154	未公表	乗用車	明示なし	明示なし	明示なし	X保険に付保	明示なし	明示なし	900,000	証拠（甲4）による
92	松山・西条簡裁b	平23.3.24.	平21ワ377、平22ワ741	自ジャ1854号159頁	軽四乗用車	明示なし	明示なし	明示なし		経済的全損	明示なし	380,000	レッドブック
93	東京(2)b	平23.7.26.	平22ワ20525、23574	未公表	三菱パジェロ	平15.4.	4年2か月	明示なし		経済的全損	2,813,160	1,770,000	X共済査定額
94	金沢	平23.7.26.	平22ワ213	自ジャ1874号142頁	乗用車	平18.8.	3年2か月	明示なし	X保険に付保	全損（物理的、経済的の区分なし）	明示なし	2,000,000	明示なし
95	東京(1)※	平23.7.27.	平21ワ45922	未公表	トヨタアルファード	明示なし	明示なし	明示なし	X保険に付保	物理的全損	見積不可	2,777,000	証拠（甲3、5ほか）による

番号	裁判所	判決日	事件番号	出典	被害車両	初度登録年月	初度登録から経過年数	事故時走行距離	被害車情報車両保険	全損種類	修理費（円）	車両認容時価額（円）	時価の根拠
96	さいたまb※	平23.11.18.	平22ワ383、3504	自ジャ1865号167頁	乗用車	明示なし	明示なし	明示なし	Z保険に付保	経済的全損	610,848	450,000	明示なし
97	東京高裁	平23.12.21.	平23ネ3259	自ジャ1868号166頁	乗用車・スズキ・エスクード（SUV車）	平18.6.30.	2年7か月	47,357km	購入価格270万円	経済的全損	2,149,266	1,680,000	明示なし
98	京都	平24.1.16.	平22ワ4337	自ジャ1882号128頁	三菱デリカスターワゴンP25WGL X2500	平4.11.	17年	133,649km	平21.12.6.まで車検有効。平15.12.3.に60万円で購入	経済的全損	1,803,870	170,000	中古車価格28万円の約60%
99	東京(5)b※	平24.1.27.	平23ワ9993、18852	交通民集45巻1号85頁	日産ADバン（乙川車）	平16.6.	6年6か月	40,000km余	X保険に付保	経済的全損	1,532,643	440,000	明示なし
100	東京b	平24.2.27.	平21ワ44226、平22ワ19872	未公表	マツダボンゴ	昭63.4.	17年10か月	明示なし		経済的全損	354,660	173,000	新車価格の10%
101	東京(1)	平24.3.13.	平20ワ22103	自ジャ1874号58頁	乗用車・日産セドリック	平15年式	明示なし	明示なし		分損（修理可能）	1,340,707	1,730,000	証拠による
102	大阪	平24.3.26.	平23ワ10545	交通民集45巻2号395頁	日産プレジデント	平6年式	15年	20km超（前回車検時平20.3.）	事故の1か月前に80万円で購入	経済的全損	明示なし	800,000	事故の1か月前に購入した価格80万円
103	東京(1)	平24.3.27.	平22ワ5997	交通民集45巻2号405頁、自ジャ1873号54頁	乗用車	平18.4.20.	5か月	明示なし	新車110万円で購入	全損（物理的、経済的の区分なし）	明示なし	990,000	購入新車価格の90%
104	大阪d※	平24.3.27.	平22ワ7883、8299、11785、平23ワ6193	自ジャ1877号61頁	乗用車（辛田車）	明示なし	明示なし	明示なし	Z保険に付保	経済的全損	明示なし	1,250,000	証拠による
105	東京b	平24.3.30.	平22ワ24786、平23ワ2006	未公表	乗用車ホンダフィット	明示なし	4年6か月以上	62,400km	車検残4か月～5か月	全損（物理的、経済的の区分なし）	明示なし	600,000	中古車小売価格
106	東京※	平24.4.27.	平24ワ3999	未公表	乗用車	明示なし	明示なし	明示なし	X保険に付保	全損（物理的、経済的の区分なし）	明示なし	1,603,000	明示なし

No.	裁判所	判決日	事件番号	出典	車種	初度登録	経過年数	走行距離	保険	全損区分	主張額等	認容額	備考
107	大阪	平24.6.14.	平23ワ9757	自ジャ1883号150頁	乗用車	平13.3.	7年5か月	明示なし		全損に争いなし	明示なし	609,000	被告が原告主張時価認容
108	横浜	平24.6.21.	平23ワ1521	交通民集45巻3号747頁	乗用車	明示なし	明示なし	明示なし		経済的全損	明示なし	420,000	新車価格の10%
109	東京(2)	平24.7.17.	平22ワ45772	交通民集45巻4号820頁、自ジャ1882号13頁	乗用車	明示なし	明示なし	明示なし		経済的全損	明示なし	204,000	証拠(甲5の2)による
110	東京(2)	平24.7.18.	平24ワ9752	未公表	乗用車	平20.10.	2年1か月	明示なし		経済的全損	1,762,236	850,000	レッドブック
111	東京(2)b	平24.7.20.	平23ワ17354、23344	未公表	乗用車	明示なし	明示なし	明示なし		経済的全損	明示なし	908,000	明示なし
112	神戸	平24.7.20.	平22ワ3267	自ジャ1879号112頁	乗用車(マーチ)	平8.7.	11年5か月	92,068km		経済的全損	767,235	104,000	中古車市場価格3台の平均値
113	横浜(2)b※	平24.9.13.	平23ワ5074	自ジャ1885号122頁	乗用車(乙山車)	明示なし	明示なし	明示なし	W保険に付保	経済的全損	明示なし	570,000	明示なし
114	東京(1)b	平24.11.26.	平23ワ31042、平24ワ4352、6588	自ジャ1891号106頁	乗用車(乙山車)	明示なし	明示なし	明示なし		経済的全損	953,684	140,000	証拠(甲47)による
115	大阪(2)	平24.11.27.	平23ワ8224	自ジャ1889号64頁	乗用車	明示なし	明示なし	明示なし		全損に争いなし	明示なし	135,000	被告が原告主張の時価を認容
116	東京(2)※	平24.11.30.	平24ワ4832	未公表	乗用車・トヨタbB	明示なし	明示なし	明示なし	X保険に付保	全損(物理的、経済的区分なし)	明示なし	870,000	証拠(甲)による
117	那覇	平25.1.16.	平22ワ209	自ジャ1892号88頁	乗用車	明示なし	明示なし	明示なし		明示なし	明示なし	1,105,000	証拠による
118	東京a	平25.1.23.	平24ワ16255、18870	未公表	三菱RVR	平11.7.	12年1か月	51,000km		経済的全損	575,371	233,000	明示なし
119	東京(3)	平25.1.29.	平23ワ32214	未公表	乗用車	平15.2.	7年10か月	34,000km		経済的全損	1,027,604	665,000	レッドブック63万円を経過年数と走行距離によって修正
120	東京(1)a※	平25.2.26.	平23ワ9579	自ジャ1895号121頁	乗用車・ホンダライフ(原告車)	明示なし	明示なし	明示なし	X保険に付保	物理的全損	見積不可	700,000	明示なし

番号	裁判所	判決日	事件番号	出典	被害車両	初度登録年月	初度登録からの経過年数	事故時走行距離	被害車情報車両保険	全損種類	修理費（円）	車両認容時価額（円）	時価の根拠
121	横浜(2)a	平25.3.14.	平23ワ5009、平24ワ494、1643、1995	交通民集46巻2号397頁	乗用車（甲山車）	明示なし	明示なし	明示なし		経済的全損	954,765	700,000	証拠（乙B1）による
122	神戸b※	平25.5.23.	平24ワ2079	交通民集46巻3号637頁、自ジャ1906号117頁	乗用車（乙山車）	明示なし	明示なし	明示なし	Z保険に付保	経済的全損	明示なし	3,400,000	明示なし
123	大阪	平25.6.25.	平24ワ3514、8908	交通民集46巻3号764頁	乗用車	平9.4.	14年6か月	68,000km	購入新車価格104万5,000円	経済的全損	755,728	105,000	新車購入価格の10%（レッドブックに記載なし）
124	東京(2)	平25.8.6.	平24ワ24834、平25ワ10917	未公表	乗用車	明示なし	明示なし	明示なし		物理的全損	見積不可	1,400,000	証拠（申17）による
125	東京(3)a	平25.9.30.	平24ワ17649、25183	自ジャ1911号119頁	ニッサンセレナハイウェイスター	平23.10.	2か月	2,204km	新車価格238万円	経済的全損	2,858,571	2,500,000	明示なし
126	東京	平25.10.16.	平25ワ1616	未公表	乗用車（トヨタ車）	明示なし	明示なし	明示なし	トヨペット系乗用車	経済的全損	明示なし	2,250,000	明示なし
127	東京(2)	平25.10.23.	平24ワ24475	交通民集46巻5号1376頁	乗用車	明示なし	明示なし	明示なし		明示なし	明示なし	690,000	明示なし
128	名古屋	平25.10.24.	平23ワ2421、平24ワ7891	交通民集46巻5号1381頁	乗用車	平20.3.	1年8か月	明示なし		明示なし	明示なし	1,775,000	明示なし
129	東京(2)b	平25.11.6.	平24ワ34801、平25ワ6346	未公表	乗用車（被告車）	明示なし	明示なし	明示なし		明示なし	明示なし	296,000	明示なし
130	東京(2)	平25.11.19.	平25レ736	未公表	乗用車・三菱アイオン	平12.4.27.	12年3か月	75,630km		経済的全損	575,463	180,000	新車販売価格、レッドブック20万円、ウェブサイトなど各種価格から総合判断
131	東京(1)b※	平25.12.25.	平24ワ6320、15835、23733	交通民集46巻6号1604頁、自ジャ1917号46頁	乗用車（甲野車）	明示なし	明示なし	明示なし	B保険に付保	全損（物理的、経済的の区分なし）	明示なし	1,060,000	証拠（甲4）による

No.	番号	年月日	事件番号	出典	車種	年式	年数	走行距離	X保険	全損	金額	認定額	X保険主張金額
132	東京1c※	平25.12.25.	平24ワ6320, 15835, 23733	交通民集46巻6号1604頁、自ジャ1917号46頁	乗用車（春子車）	明示なし	明示なし	明示なし	明示なし	明示なし	明示なし	800,000	X保険主張金額を採用
133	大阪	平26.1.21.	平23ワ10262, 平24ワ1123	交通民集47巻1号68頁	レクサスRX	平21.11	1年	明示なし	購入価格650万円	経済的全損	6,142,500	5,244,000	被告主張金額（根拠なし）を採用
134	大阪a※	平26.1.31.	平24ワ4221, 5658	自ジャ1921号119頁	乗用車（乙山車）	明示なし	明示なし	明示なし	X保険に付保	経済的全損	511,256	187,000	明示なし
135	東京(3)a	平26.3.12.	平24ワ20744	交通民集47巻2号308頁	乗用車・ジビック（甲野車）	平12年式	約10年	16万km超	改造車	経済的全損	861,158	252,000	インターネット中古車販売サイトの価格63万円の40%（飛び石損傷を考慮）
136	東京(3)c	平26.3.12.	平24ワ20744	交通民集47巻2号308頁	乗用車・日産ステージア（丁原車）	平12年	約10年	明示なし	新車価格326万円	経済的全損	1,338,850	326,000	新車価格の10%（レッドブックに記載なし）
137	東京(3)d	平26.3.12.	平24ワ20744	交通民集47巻2号308頁	乗用車・スプリンター（戊田車）	平9.	約13年	明示なし	新車価格175万円	経済的全損	約700,000	175,000	新車価格の10%（レッドブックに記載なし）
138	東京(2)	平26.3.27.	平23ワ362, 7642	自ジャ1923号83頁	乗用車・カローラⅡクウィンティ	平8年式	14年	約17万km		経済的全損	約700,000	150,000	原告主張の18万円と被告反論の14万円を総合判断した
139	東京a	平26.4.11.	平25ワ6438, 9281	未公表	トヨタハイエースワゴン（甲野車）	平10.10.	13年8か月	20万km超	新車価格288.9万円	経済的全損	明示なし	342,000	保険会社提出の中古車価格5台の平均値
140	東京	平26.4.23.	平24ワ34983	交通民集47巻2号540頁	乗用車（甲野車）	明示なし	明示なし	明示なし		経済的全損	明示なし	1,460,000	証拠（甲10〜12, 24）による
141	東京a	平26.4.30.	平25ワ32262	未公表	乗用車（原告車）	明示なし	明示なし	明示なし		経済的全損	明示なし	414,050	証拠（甲3、4ほか）による
142	東京b	平26.4.30.	平25ワ32262	未公表	乗用車（被告車）	明示なし	明示なし	明示なし		経済的全損	明示なし	700,000	証拠（乙11の2、3ほか）による

番号	裁判所	判決日	事件番号	出典	被害車両	初度登録年月	初度登録から経過年数	事故時走行距離	被害車情報車両保険	全損種類	修理費（円）	車両認容時価額（円）	時価の根拠
143	名古屋※	平26.10.29.	平25ワ425	自ジャ1938号102頁	乗用車・トヨタクラウン	平13.6.	9年6か月	89,980km	X保険に付保	経済的全損	1,573,572	719,000	明示なし
144	東京b※	平26.11.19.	平25ワ10658、17108	自ジャ1941号146頁	乗用車（乙山車）	明示なし	明示なし	明示なし	X保険に付保	経済的全損	2,051,364	680,000	証拠による
145	東京b	平26.11.20.	平24ワ2632	自ジャ1941号79頁	乗用車・トヨタライトエース・ワゴン車	平5年式	17年以上	131,389km	新車価格211万円	経済的全損	1,858,604（原告）、771,970（被告）	310,000	新車価格の10%・21万円＋10万円（福祉車価増）
146	東京a※	平26.12.3.	平25ワ10634、19346	自ジャ1939号125頁	乗用車	明示なし	明示なし	明示なし	W保険に付保	経済的全損	3,105,218	2,490,000	明示なし
147	東京※	平27.2.4.	平26ワ15820	未公表	乗用車	明示なし	明示なし	明示なし	X保険に付保	全損（物理的、経済的の区別なし）	明示なし	970,000	保険会社の請求額
148	東京b※	平27.2.10.	平25ワ23819、平26ワ17377	未公表	乗用車	明示なし	明示なし	明示なし	X保険に付保	経済的全損	1,515,707	880,000	証拠（乙7、8ほか）による
149	東京※	平27.2.13.	平26ワ14717、28911	未公表	乗用車	明示なし	明示なし	明示なし	Y保険に付保	経済的全損	590,405	224,000	証拠（乙3〜5）による
150	東京b	平27.3.4.	平26ワ6622、13307、13293	未公表	乗用車	明示なし	明示なし	明示なし		経済的全損	明示なし	93,000	レッドブック
151	東京	平27.3.25.	平25ワ7008、22744、22755	未公表	日産セレナ	平19.8.	3年6か月	47,979km	車検期限平24.8.26.	全損に争いなし	明示なし	1,430,000	被告自認金額
152	横浜a	平27.8.31.	平26ワ3053、5203	自ジャ1959号114頁	乗用車	明示なし	明示なし	明示なし		全損（物理的、経済的の区別なし）	明示なし	394,000	証拠による
153	横浜b※	平27.8.31.	平26ワ3053、5203	自ジャ1959号114頁	乗用車	明示なし	明示なし	明示なし	W保険に付保	全損（物理的、経済的の区別なし）	明示なし	585,000	証拠による

（注1）　表中のアミかけ3判例は、全損請求が認められず、分損（修理費認定）となったもの。

（注2）　表中の裁判所は表示以外すべて地裁。以下の裁判例一覧表も同様。

（注3）　表中の全損種類の欄のアミかけは、全損に争いがなく、物理的、経済的の全損種類不明のもの。

第2章　車両買替諸費用（国産乗用車）

① 車両買替諸費用の請求の有無

　被害車両が全損になったとき、被害者は全損になった被害車両の使用を諦めて廃車にしたり、売却したりして、替わりの車両を購入する。車両買替諸費用とは、その替わりの車両を購入する際に必要になる車両本体価格以外の税金や手数料など諸々の費用をいう。

　被害者が買い替える車両は、新車でも、中古車でも、また被害車両とは別の車種でもいいわけであるが、加害者に損害賠償を求める場合の車両買替諸費用は、被害車両と同じ車種の同程度の中古車を買うと仮定して算出することが原則である。新車と中古車では車両本体価格が違い、価格によって決まる費用が違うためであり、車種の違いは、排気量、車体重量、車体の大きさによって決まる費用に影響するためである。

　裁判例のなかには、車両買替諸費用、残存車検費用と廃車費用のいずれに属する費用かを明確に認識しないまま、諸費用を請求する事例がある。とくに自動車重量税、自動車税の請求がその典型である。したがって、被害者のする請求のなかに自動車重量税、自動車税などの車両購入の諸費用の請求がある場合には、その費用は、替わりの車両を購入する際の車両買替諸費用に属する費用か、それとも、被害車両に関して発生する残存車検費用や廃車費用に属する費用かを区分して検討する必要がある（車両買替諸費用に属する費用について、**表11**「被害者の請求する車両買替諸費用に対する裁判例の認否」（33頁）、残存車検費用に属する費用について、**表15**「残存車検費用の費用項目・費用内容と裁判例の認否」（56頁）を参照）。

　被害車両が全損になったとき、被害者が「もう、クルマには乗らない」と替わりの車両を購入しない場合には、車両買替諸費用は発生しないので請求することはできない。

　被害者が、車両は全損になったと主張し、車両時価を請求した153件（裁判例一覧表1「時価認定根拠と修理費（国産乗用車）」（16頁）参照）から、判決によって分損と認定されて損害は修理費であるとされた3件を除いた150件が全損と言い渡され、車両時価を認容された。さらに150件のうち、保険会社が保険代位請求[注]によって車両時価のみを請求した44件を除いた106件をみると、車両時価と併せて車両買替諸費用を請求した件数は33件（31.13%）、残り73件（68.87%）は、車両時価を請求するものの車両買替諸費用を請求していない（次頁**表7**参照）。

【表7】国産乗用車全損請求のうち、車両買替諸費用の請求の有無

車両全損請求	件　　数	割　　合(%)
車両買替諸費用の請求あり	33	31.13
車両買替諸費用の請求なし	73	68.87
合　　　計	106	100.00

> ──【注】保険代位請求──
>
> 　保険会社の保険代位請求を除いた理由は、保険代位請求というのは、保険会社が保険金として支払った金額の範囲内のみの金額を加害者に被害者に代わって請求できて、支払った金額以上の金額を請求できない制度である。保険会社が支払わない車両買替諸費用を訴訟で請求するわけがないので除いた（保険代位請求の裁判例44件は、**裁判例一覧表1**「時価認定根拠と修理費（国産乗用車）」（16頁参照）の裁判所欄に※印を付した）。

　車両が全損になった場合、多くの被害者は、生活上、あるいは仕事の関係から替わりの車両を必要とし、購入するはずである。車両購入に付随して発生する車両買替諸費用を請求していない事例が意外に多い。

　前掲**表7**の「車両買替諸費用の請求あり」の33件の内訳は、被害者が請求した車両時価を加害者も認め、車両時価に関しては争いになっていないが、車両買替諸費用の費目、金額を争ったもの3件、車両全損が認容され、車両全損時価額とともに車両買替諸費用を争ったもの30件の合計33件である（**表8**参照）。

　車両買替諸費用の請求に対し、裁判例の認否では、認容したのが31件、否認したのが2件であった（**表9**参照）。否認した2件の裁判例について、後述②「車両買替諸費用自体が損害となるのか」のなかで、(2)「裁判例の否認理由」❶・❷として紹介した（32頁）。

　裁判例における車両買替諸費用の扱いは、車両買替諸費用を構成する費目と金額を個別に計上して検討するものと、一括して車両買替諸費用の合計額だけを計上するものがある。それを示したのが**表10**である。

【表8】「車両買替諸費用の請求あり」の請求内訳

車両買替諸費用の請求ありの裁判例	件　　数
車両時価に争いがなく車両買替諸費用だけを争ったもの	3
車両全損認容となり車両買替諸費用を争ったもの	30
合　　　計	33

【表 9 】「車両買替諸費用の請求あり」に対する裁判例の認否

車両買替諸費用請求に対する認否	件　　数
車両買替諸費用を認容した裁判例	31
車両買替諸費用を否認した裁判例	2
合　　計	33

【表10】車両買替諸費用の費目・金額

車両買替諸費用請求ありの裁判例	件　　数	割　　合(%)
車両買替諸費用を一括計上した件数	9	27.27
車両買替諸費用の費目を個別に計上した件数	24	72.73
合　　計	33	100.00

　車両買替諸費用の内訳を示さず、費目・金額ともに一括計上する裁判例が 9 件（27.27％）あり、車両買替諸費用の費目・金額を示し、その個々の費目と金額を検討している裁判例が24件（72.73％）あった。

　車両買替諸費用を一括して合計額だけを示すやり方では個々の費目・金額を検討することができない。どのようにして車両買替諸費用を妥当と判断したのか、不思議である。

② 車両買替諸費用自体が損害となるのか

(1)　裁判例の認容理由（車両買替諸費用自体）

認容理由❶（東京地判平成13年12月26日⑷交通民集34巻 6 号1687頁）

被告反論	「買換諸費用は、車両購入時には必要なものであり、いずれ次の買換時期には負担せざるを得ないものであるから、因果関係はない、又は、出費が数年先であるものが本件事故によってその時期が早くなったに過ぎないから損害を計上するとすれば、その金利分相当である。」（1689頁）
判決判断	「本件事故時点において将来の買換の有無、時期、買換予定回数の変動の有無等が明確でない以上、被告の主張は直ちには採用できない。」（1689頁）と、車両買替諸費用それ自体を損害と認定した。

認容理由❷（東京地判平成17年2月8日判例集未登載）

判決判断	「原告車は本件事故により経済的全損の状態となったから、以下の買換えのための登録関係手続費等合計38万7,140円（甲12）は、本件事故と相当因果関係のある損害と認められる。」
コメント	認容した38万7,140円の内訳は、自動車取得税、自動車重量税、検査登録費、検査登録手続代行費用、車庫証明費、車庫証明手続代行費用、納車費用と、代行費用に対する消費税である。

認容理由❸（横浜地判平成18年11月29日自ジャ1690号13頁）

判決判断	「弁論の全趣旨によれば、原告は、原告車両の買換諸費用（登録費用、車庫証明、廃車費用、自動車取得税）として10万円を支出し、かつ、本件事故と相当因果関係のある費用と認められる。」（15頁）

(2)　裁判例の否認理由（車両買替諸費用自体）

否認理由❶（東京地判平成25年1月23日判例集未登載）

判決判断	「原告は、車両買替諸費用として5万円の主張をするが、その内訳は不明である上、それを裏付ける資料も何ら提出しないのであり、原告の主張を認めるに足りる証拠はない。」
コメント	この否認理由は、車両買替諸費用の内訳を示す証拠の提出が被害者からなかったという手続上の不備による否認である。 車両買替諸費用の損害性を否認したものではない。

否認理由❷（名古屋地判平成25年10月24日交通民集46巻5号1381頁）

判決判断	「原告会社が夏子車両の代替車両を購入した事実及びその費用、……を認定するに足りる証拠はないから、原告会社のその余の損害は認められない（別表2Bないし2D）。」（1398頁）
コメント	この裁判例の否認理由は、代替車両を購入した事実とその費用を証明する証拠の提出がなかったことによる。 車両買替諸費用の損害性を否認したものではない。

結　論	車両買替諸費用それ自体は、損害となる。否認した2件の裁判例は、訴訟手続の不備による否認である。

③ 車両買替諸費用では要した費用全部を請求できるか

　被害者が、車両を買い替えたときに要した費用すべてを請求してくることが多い。それら費用全部を請求できるのか、それとも、一部否認される費用があるのか。

裁判例の見解（東京地判平成13年12月26日⑷交通民集34巻 6 号1687頁）

判決判断	「新たに同種同等の車両を購入する場合、それに伴って支出を余儀なくされる買換諸費用は車両の取得行為に付随して通常必要とされる費用の範囲内で損害として認められる。」（1689頁）
コメント	この見解によって、被害者は、車両買替えによって掛かった費用は何でも全部請求できるわけではないことがわかる。あくまでも、「車両の取得行為に付随して通常必要とされる費用の範囲内」でなければならない。 　では、「車両の取得行為に付随して通常必要とされる費用の範囲内」とは、どういう費用であるか。それは、以下の裁判例の認容、否認によって明確になってくる。

　前掲**表10**の「車両買替諸費用の費目を個別に計上した件数」（31頁）の24件を分析したのが**表11**である。被害者が請求する車両買替諸費用の費用には、裁判例が認める費用と、認めない費用があり、さらに、同じ費用でも裁判例によって認めるものと認めないものに分かれるものがある。

　では、これら費用が否認され、あるいは認容された理由を以下、紹介する。

【表11】 被害者の請求する車両買替諸費用に対する裁判例の認否

被害者の請求する車両買替諸費用	裁判例の認否
自動車税、自賠責保険料、増加自動車保険料、希望ナンバー代行費用、解約定期預金金利差額	否認
検査登録法定費用、車庫証明法定費用、リサイクル法関連費用（資金管理料金・フロン券購入費用）、自動車取得税、車検整備費用、買替車両に課税される消費税、ナンバープレート（標板）代	認容
自動車重量税、検査登録手続代行費用、車庫証明手続代行費用、納車費用、各種代行費用に対する消費税	否認または認容

④ 車両買替諸費用の費目別認否状況

(1) 裁判例が否認する費目と理由

① 自動車税、自賠責保険料

　自動車税は、自動車を所有すれば、毎年、徴取される税金であり、自賠責保険料は、強制加入となっている賠償責任保険の保険料である。全損になった被害車両に対して支払済みの自動車税や自賠責保険料は、抹消登録をしたあと運輸支局や契約先保険会社に申請すれば、月割り計算にて還付、返戻される費用である。

否認理由❶（大阪地判平成18年2月23日交通民集39巻1号269頁）

判決判断	「事故車及び新規取得車の自賠責保険料、新規取得車の自動車税については、本件事故と相当因果関係のある損害とは認められない。」（276頁）

否認理由❷（東京地判平成18年8月9日判例集未登載）

判決判断	「原告が新たに取得した車両の自動車税2,800円であると解されるところ（甲8の1及び2）、これについては損害とは認め難く、また、本件事故により全損となった原告車両の車検証有効期限の未経過部分に相当する自動車税については、還付を受けることができるのであるから、やはり損害とは認められない。」
コメント	前半の自動車税は、代替車両を購入したときの車両買替諸費用に属する税金であり、後半の自動車税は、被害車両の車検時に支払ったものであり、残存車検費用に属する税金である。

否認理由❸（東京地判平成24年7月18日(2)判例集未登載）

判決判断	「買替のための自賠責保険料3万1,600円までを本件事故と相当因果関係のある損害と認めることはできない。」

否認理由❹（大阪地判平成26年1月21日交通民集47巻1号68頁）

判決判断	「自動車税及び自賠責保険料については、車両の取得ではなく保持のために必要な費用であり、買換という行為に伴って生じる費用ではないから、本件事故と相当因果関係のある損害とは認められない。」（80頁）

コメント	自動車税、自賠責保険料が「車両の取得ではなく<u>保持のために必要な費用であり、買換という行為に伴って生じる費用ではないから、本件事故と相当因果関係のある損害とは認められない</u>」という本件裁判例の論旨は、他の否認理由よりも説得力がある。（下線筆者）

否認理由❺　（東京地判平成26年 4 月23日交通民集47巻 2 号540頁）

判決判断	「買い替えに伴う費用のうち、自動車税及び自動車取得税はその性質上原告自身が負担すべきものであるから本件事故と相当因果関係のある損害とは認められないが、その余は本件事故と相当因果関係のある損害と認める。」（548頁）
コメント	「自動車税及び自動車取得税はその性質上原告自身が負担すべきもの」とは、これら税金にどのような性質があるのか。 　とくに自動車取得税を本件裁判例は否認しているが、認容している裁判例もあるので、もっと詳しい否認理由の説明が必要である。

> **結　論**　自動車税、自賠責保険料は認められない。

②　増加自動車保険料

　増加自動車保険料とは、事故に遭った被害車両の損害を被害者が付けている保険会社に車両保険金として請求して損害を回収した結果、次年度に「事故有り」となり、保険料等級が下がって保険料が増加するという自動車保険の保険料制度によるものである。

否認理由　（東京地判平成13年12月26日(4)交通民集34巻 6 号1687頁）

判決判断	「原告が自身の加入する車両保険金を受領して早期の被害回復を図るか、被告から適正な損害賠償金を得て被害回復を図るか、は、原告自身の選択の問題であって、前者を選択した結果、保険料が増額したとしても、これをもって、本件事故による損害と認めることはできない。」（1690頁）

> **結　論**　増加自動車保険料は認められない。

③　希望ナンバー手続代行費用

　希望ナンバーとは、ナンバープレートの 4 桁の数字を好みによって選ぶことができる制度で、そのための費用は4,000円〜5,000円を運輸支局に支払う。その希望ナンバ

ーを取得する手続を業者に依頼すれば、さらに業者に代行費用を支払う。

　ナンバーを希望しなければ、登録時に運輸支局が割り振るナンバーのプレートを付け、特別の費用も掛からない。

否認理由❶（大阪地判平成24年 6 月14日自ジャ1883号150頁）

判決判断	「本件証拠（略）によれば、原告らの主張する希望ナンバー代行費用は、車両購入時に通常必要とされる費用とは認められないことから、本件事故と相当因果関係のある損害とは認められない。」（161頁）

否認理由❷（東京地判平成27年 3 月25日判例集未登載）

判決判断	「希望ナンバー申込み手続代行費用3,150円……については、その費目の性質からして本件事故によって負担せざるを得なくなった費用とは認められないから、これを除いた16万8,410円を本件事故との相当因果関係のある買替諸費用と認める。」
コメント	裁判例が認容した16万8,410円の内訳は、自動車取得税 7 万2,200円、自動車重量税 3 万円、検査登録（届出）手続費用6,000円、車庫証明法定費用2,600円、検査登録手続代行費用 1 万9,215円、車庫証明手続代行費用 1 万5,540円、納車費用3,780円、下取車手続代行費用6,825円、販売車両リサイクル料金 1 万2,250円である。

> **結　論**　希望ナンバー手続代行費用は認められない。

④　解約定期預金金利差額

否認理由（東京地判平成22年 1 月27日⑴交通民集43巻 1 号48頁）

判決判断	代替車購入のために定期預金を解約したための金利差額は「本件事故と相当因果関係のある損害とは認められない。」（62頁）

> **結　論**　解約定期預金金利差額は認められない。

(2)　裁判例が認容する費目と理由

①　検査登録（預かり）法定費用、車庫証明（預かり）法定費用

　検査登録（預かり）法定費用は、新規購入時や車検の際に運輸支局に支払う手数料のことで法定費用である。「預かり」というのは、業者が代行する際、顧客から一旦、法定費用相当額を預かり、そののち運輸支局に支払うため、業者から見れば預かり金と

なる。

　運輸支局での支払いは印紙で行う。被害者の要求費目に印紙代とある場合には、これら法定費用のことである。

　表12は、検査登録手数料の一部を表示した。

　車庫証明（預かり）法定費用は、自動車の保管場所を確保していることを証明する書面を取得するため、管轄の警察署に申請する際の費用である。法定費用ではあるが、表13のとおり、都道府県により、その金額は異なる。

【表12】 検査・登録申請手数料（1 台につき）

新規登録	700円
新規検査：小型自動車	2,000円
新規検査：普通自動車	2,100円
新規検査：保安基準適合証がある場合	1,100円
車検（継続検査）：小型自動車	1,700円
車検（継続検査）：普通自動車	1,800円
車検（継続検査）：保安基準適合証がある場合	1,100円

【表13】 都道府県別車庫証明手数料（申請手数料・交付手数料の合計）

北海道	2,750円	青　森	2,750円	秋　田	2,650円
岩　手	2,750円	宮　城	2,600円	山　形	2,700円
福　島	2,500円	栃　木	2,620円	茨　城	2,600円
群　馬	2,500円	埼　玉	2,600円	千　葉	2,750円
東　京	2,600円	神奈川	2,600円	新　潟	2,700円
山　梨	2,500円	長　野	2,600円	富　山	2,700円
石　川	2,500円	福　井	2,600円	愛　知	2,700円
岐　阜	2,700円	三　重	2,700円	静　岡	2,700円
大　阪	2,700円	京　都	2,500円	滋　賀	2,730円
奈　良	2,600円	和歌山	2,600円	兵　庫	2,700円
広　島	2,650円	岡　山	2,830円	山　口	2,700円
鳥　取	2,650円	島　根	2,710円	香　川	2,500円

徳　島	2,600円	愛　媛	2,600円	高　知	2,700円
福　岡	2,750円	佐　賀	2,750円	長　崎	2,750円
熊　本	2,750円	大　分	2,750円	宮　崎	2,750円
鹿児島	2,750円	沖　縄	2,750円		

認容理由❶ （東京地判平成13年12月26日⑷交通民集34巻６号1687頁）

判決判断	「６　検査登録費用、車庫証明　　これらは車両を取得する都度支出を余儀なくされる法定の費用であり、本件事故による損害と認める（甲５、６、18）。」（1690頁）

認容理由❷ （福岡地折尾簡判平成16年１月22日判例集未登載）

判決判断	「車両購入諸費用（非課税分）　　9,040円 検査登録手数料、車庫証明手数料、下取車登録手続費用及び自動車フロン券購入費用等については、車両を購入する都度支出を余儀なくされる法定の費用であり、本件事故による損害と認める。 なお、上記各費用は、新車と中古車とで差異はない。」
コメント	本件裁判例では、検査登録法定費用、車庫証明法定費用のほか、下取車登録手続費用、フロン券購入費用までを認めている。

認容理由❸ （東京高判平成23年12月21日自ジャ1868号166頁）

判決判断	「上記イ〜オの各費用については、自動車を取得するに当たって必要な経費であるから、再取得費用として認められる。」（173頁）
コメント	上記イ〜オの各費用とは、イ車両時価に対する消費税84,000円、ウ自動車取得税84,000円、エ検査登録手続費用として㋐移転登録手数料500円、㋑継続検査費用1,700円、㋒ナンバープレート交付手数料1,440円、それと、オ車庫証明費用2,600円である。

認容理由❹ （大阪地判平成24年６月14日自ジャ1883号150頁）

判決判断	「㋗　検査登録預り法定費用　　1,800円 前記認定事業及び弁護の全趣旨によれば、原告らの主張する検査登録預り法定費用は、車両を購入する際に通常必要とされる費用であると認められることから、本件事故と相当因果関係のある損害と認められる。」（161頁）

| 結　論 | 検査登録法定費用、車庫証明法定費用は認められる。 |

②　リサイクル法関連費用（資金管理料金・フロン券購入費用）

　平成17年1月1日から「使用済自動車の再資源化等に関する法律」（以下「自動車リサイクル法」という）によって自動車メーカー等に自動車のリサイクルが義務付けられた。リサイクルに際し、障害となるシュレッダーダスト、フロン類、エアバック類の3品目の処理に必要な費用を自動車の所有者が負担することになっている。

　この費用を新車購入時に380円、車検時もしくは廃車時に480円と情報管理料130円を自動車所有者は自動車リサイクル促進センターに支払い、同センターが廃車になるまで預かり、管理している。そのため、これらの費用を資金管理料金と言っている。

認容理由❶（大阪地判平成24年6月14日自ジャ1883号150頁）

| 判決判断 | 「(ケ)　預かりリサイクル預託金　　　1万520円
　　前記認定事実、本件証拠（略）によれば、原告らの主張する預り
リサイクル預託金は、中古車購入に際しても必要とされる費用であ
ると認められることから、本件事故と相当因果関係のある損害と認
められる。」（161頁） |

認容理由❷（大阪地判平成24年6月14日同）

| 判決判断 | 「(オ)　各種費用等（資金管理料金）　　380円
　　前記認定事実、本件証拠（略）によれば、原告らの主張する資金
管理料金は、中古車購入に際しても必要とされる費用であると認め
られることから、本件事故と相当因果関係のある損害と認められ
る。」（161頁） |

否認理由（大阪地判平成26年1月21日交通民集47巻1号68頁）

| 判決判断 | 「……。資料管理料金についても、その趣旨が明確でなく、買換に
おいて資金の管理を必要とする場面が当然に生じるとも考えられな
いところであって、本件事故と相当因果関係のある損害とは認めら
れない。」（80頁） |

コメント	被害者が資金管理料金の意味を十分に説明しなかったために否認されたもので、リサイクル法関連費用としての資金管理料金の損害性を否認したものではない。

結　論	リサイクル法関連費用《資金管理料金・フロン券購入費用》は認められる。

③　車検整備費用

　代替車両として中古車を購入する場合、中古車市場における小売価格には通常車検整備費用が含まれている。ここで取り上げるのは、中古車の価格（すなわち車両時価）を減価償却残存率など特定の評価法によって決定したために、車検整備費用が車両時価に含まれないことから発生した問題である。

認容理由（大阪地判平成25年6月25日交通民集46巻3号764頁）

被告反論	「買換諸費用のうち、車検整備費用12万5,000円は新規に取得した車両にかかるものであり、買換のために必要となるものではないから、損害に当たらない。」（769頁）
判決判断	「ウ　車検整備費用についてみると、車検期間及び整備の状態については、通常はその状態に応じて取引価格に反映されている場合が多いものと考えられ、車両自体の価格に整備費用が含まれていないことが価格表示等から明確である場合を除き、認定した車両時価額と別個に車検整備費用を計上することは必ずしも相当でない。しかしながら、本件の場合には時価額算定の際に実際の中古車市場価格やレッドブック価格を用いることができず、減価償却によって算出せざるを得ない状況であり、金額算定が必ずしも具体的な取引実情を反映してなされたものではないという事情がある。かつ、本件では認定金額が10万5,000円というおよそ高額とはいえないものであって、絶対的な金額に照らしても、また新車価格との比率を考えても、この金額の中に整備費用が当然に含まれるという説明は困難であると思われる。以上の諸事情を考慮し、一般論としてはともかく、本件の個別的な事情の下では、車検登録料を含んだ整備費用12万5,000円について、車両時価額に算入すべき費用として相当性を欠くものではないというべきである。」（774頁）

コメント	車検整備費用を認めた理由は、本件車両の時価額10万5,000円が取引価格によったものではなく、減価償却の方法で新車価格の10％と認定した事情にある。 本件裁判例が言うとおり、個別的事情による。

結　論	車検整備費用は、通常、中古車小売価格に含まれているので、認められない。特殊な時価算出法を採った場合のみ認められる。

④　買替車両時価に課税される消費税

認容理由❶（福岡地折尾簡判平成16年１月22日判例集未登載）

原告請求	車両の時価（消費税、残存価値を含む）48万2,000円（46万円＋２万3,000円－1,000円）を請求した。
被告反論	車両時価額46万円から残存価値1,000円を控除した45万9,000円である。
判決判断	「原告は、上記新車の消費税を請求するのではなく、原告車両と同程度の中古車を購入したことに置き換えて、自動車価格月報記載の小売価格46万円を基準にし、これに消費税２万3,000円を加算したものから残存価値1,000円を差し引いた額を車両の時価とした旨主張している。 　以上のとおり、原告の主張は充分理解できるし、これに対する被告の反論もない。」と車両時価（消費税、残存価値を含む）48万2,000円を認めた。
コメント	本件裁判例が出た当時の消費税は５％である。 　　46万円×５％＝２万3,000円

認容理由❷（大阪地判平成24年６月14日自ジャ1883号150頁）

判決判断	「本件事故により、原告車両が全損となり、代替車両が購入されたものと認められるところ、当該購入に要した消費税のうち、本件事故時の車両時価額に相当する車両本体価格に対する消費税の限度で、本件事故と相当因果関係のある損害とみるべきである。」(160頁)

結　論	買替車両時価に課税される消費税は、認められる。

⑤　ナンバープレート（標板）代

ナンバープレート料金は、都道府県の運輸支局により異なるが、1,440円〜1,880円程度である。

認容理由（大阪地判24年 6 月14日自ジャ1883号150頁）

判決判断	「原告らの主張する標板代は、車両登録時に通常必要とされる費用であると認められることから、本件事故と相当因果関係のある損害と認められる。」（161頁）

結　　論	ナンバープレート（標板）代は、認められる。

(3)　裁判例によって否認または認容に分かれる費目と理由

①　自動車取得税

自動車取得税は、自動車を取得する際、取得価額が50万円を超えると 1 度だけ課税される地方税で、自家用自動車が 3 ％である。自動車取得税には、還付制度がなく、自動車を廃車しても税金が還付されることはない。取得価額は、実際に購入した価格ではなく、次のように計算される。

> 取得価額（基準額）＝新車の車両本体価格×0.9
> 自動車取得税＝上記の取得価額×残価率× 3 ％（自家用自動車の場合）
> 残価率＝初度登録からの経過年月によって決まっている。

否認理由❶（大阪地判平成24年 6 月14日自ジャ1883号150頁）

判決判断	「本件証拠（略）によれば、原告車両は、初度登録が平成13年 3 月であると認められるところ、これと同等の中古車を購入する場合に自動車取得税が課税されるとは認められないことからすれば、原告らの主張する自動車取得税は、本件事故と相当因果関係のある損害とは認められない。」（161頁）
コメント	本件裁判例では、自動車取得税が課税されない車両を購入して、自動車取得税を請求した事例である。否認されたのは架空の請求だからであって、事故による損害を否認されたものではない。 　本件の車両時価額は、加害者との間に争いがなく60万9,000円と認定されている。被害車両は、ワンボックスカーであり平成13年 3 月初度登録で、事故日は平成20年 8 月13日であるから、事故まで 7

コメント	年 5 か月経過している。新車価格が裁判例に書かかれていないので、取得価額（基準額）を計算できない。 　仮に、車両時価額60万9,000円の車両の新車価格を500万円とすると、自動車取得税の計算は、 　　取得価額：5,000,000円×0.9×0.1＝450,000円 　　　　（0.9は、新車の車両本体価格に0.9を乗じた金額が基準額となる。0.1は、初度登録後 6 年以上経過した車両の残価率である。） 　車両時価額が60万9,000円であっても、新車価格が500万以下の車両では、上記計算により自動車取得価額が45万円以下となり、50万円を超えないから課税されない。

否認理由❷（東京地判平成26年 4 月23日交通民集47巻 2 号540頁）

判決判断	「買い替えに伴う費用のうち、自動車税及び自動車取得税はその性質上原告自身が負担すべきものであるから本件事故と相当因果関係のある損害とは認められないが、その余は本件事故と相当因果関係のある損害と認める。」（548頁）
コメント	否認理由に「その性質上原告自身が負担すべきもの」とあるが、自動車税および自動車取得税には、どのような性質があるのか。 　本件裁判例が言う否認理由では、素直に理解できない。

認容理由❶（大阪地判平成15年 7 月16日自ジャ1535号 6 頁）

判決判断	「①自動車取得税は、自動車の取得者に対して取得価額を基準として、その 3 ％の税率を賦課されるものであるところ、損害額の算定に当たっては、新車購入の場合を前提とするのではなく、本件事故当時の原告車両と同程度の中古車を購入する場合を想定して算定すべきであるから、3 万8,700円（129万円×0.03）となること、……」（8 頁）と自動車取得税を認めた。

認容理由❷（東京高判平成23年12月21日自ジャ1868号166頁）

判決判断	「上記イ～オの各費用については、自動車を取得するに当たって必要な経費であるから、再取得費用として認められる。」（173頁）

コメント	上記イ〜オの各費用とは、イ車両時価に対する消費税、ウ自動車取得税、エ検査登録手続費用、オ車庫証明費用である。 　自動車取得税が認容されている。高裁判決であり、その意味は大きい。

結　論 ▶ 自動車取得税は、認められる。

②　自動車重量税

　自動車重量税とは、自動車検査証の交付を受ける者が支払う税金（国税）である。新規登録や継続検査を受ける際に印紙を購入して納付する。税額は自動車の区分ごとの重量と車検有効期間に応じて定められている。

　税額は、平成22年4月1日以降、自家用車の場合、車両重量0.5ｔごとに年間5,000円である。平成17年1月に自動車リサイクル法が施行されると同時に、自動車リサイクル法に基づいた適正な廃車、解体を行う場合、自動車重量税の還付が受けられるようになった。

　自動車重量税が事故による損害として請求される場合に、2つのケースが考えられる。1つは、被害車両に対して、すでに支払済みの自動車重量税であり、2つは、代替車両を購入する際に新たに支払う自動車重量税である。

　前者は残存車検費用に属する自動車重量税であり、後者は車両買替諸費用に属する自動車重量税である。

　これら2つを区別しないで同時に事故による損害として請求される場合の対応として、残存車検費用に属する自動車重量税は、自動車リサイクル法に基づいて適正な廃車、解体を行う場合に還付が受けられるので、損害とはならない。

【図1】残存車検費用と車両買替諸費用としての自動車重量税の関係

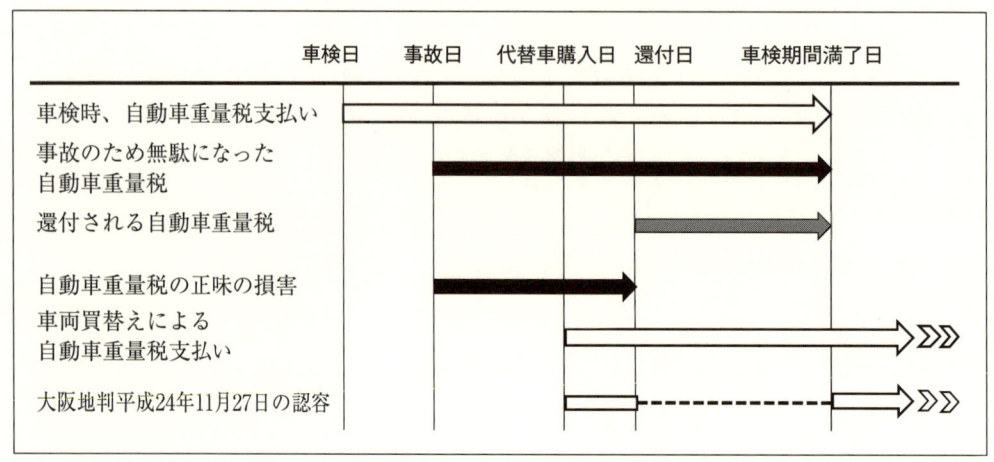

　一方、車両買替諸費用に属する自動車重量税は、事故によって必要になった費用であるから事故による損害であるが、還付を受けた自動車重量税を差し引いた残額を加害者に請求できる損害となる。

　このことは下記大阪地判平成24年11月27日⑵（**第 5 章**「個別判例図（国産乗用車）」⑪（121頁））から言える考え方であり、これを図示すると**図 1** のようになる。

　自動車重量税に対して否認する裁判例が下記のとおり 3 件あるが、その否認理由は、中古車ではなく新車を購入する際の自動車重量税であるため、否認したものであり、自動車重量税そのものを否認したものではない。裁判例の傾向は、自動車重量税を認容する方向にあると理解できる。

否認理由❶（大阪地判平成15年 7 月16日自ジャ1535号 6 頁）

判決判断	「②自動車重量税は、原則として新車購入時にかかり、中古車にはかからないこと、⑦納車費用……から、いずれも損害と認めることはできない。」（ 8 頁）
コメント	自動車重量税が中古車にはかからないというのは間違いである。継続車検を受け、車検証の交付を受ける際にも自動車重量税がかかる。 　したがって、損害と認めることはできないというのも間違いである。

否認理由❷（東京地判平成18年10月11日⑴交通民集39巻 5 号1419頁）

加害者反論	「重量税は、新車購入の際に生じるものであるから、中古車への買換えが前提となる以上、因果関係は認められない。」（1431頁）
判決判断	原告が要求する自動車重量税 5 万6,700円は代替車として購入した新車に係るもので、「本件事故と相当因果関係のある損害として認められるのは、原告車両と同等の中古車両を購入する場合に要する費用であって、これを超える新車購入に係る費用は認められないから、新車購入を前提とする自動車重量税については、本件事故と相当因果関係のある損害としては認められない。」（1444頁）
コメント	新車購入時の自動車重量税額を請求したため認められなかった。 　中古車価格に置き換えて自動車重量税額を計算し直せば認められた。

否認理由❸（東京地判平成25年 9 月30日⑶自ジャ1911号119頁）

判決判断	「原告 X 会社は、本件事故後、新車の購入をしたことを前提に、請求原因⑶ア㈦ f （自動車重量税）のとおり主張するが、前示のとおり、原告車両は、初度登録平成23年10月で、本件事故の当日である同年12月28日当時の走行距離が2,204キロメートルであることからすると、新車の購入と本件事故との間に相当因果関係を認めることはできないから、請求原因⑶ア㈦ f は、その前提を欠き、理由がない。」（126頁）と自動車重量税 0 円とした。
コメント	よくわからない否認理由である。被害車両は、新車として購入後わずか 2 か月で本件事故に遭った。 2 か月経過であるが、2,204kmも走行しているから新車とは言えない。 　それにもかかわらず、原告 X 会社は、代替車両の自動車重量税を新車のそれとして請求している。新車の自動車重量税は認められない、ということだろうか。

認容理由❶（東京地判平成17年 2 月 8 日判例集未登載）

判決判断	「原告車は本件事故により経済的全損の状態になったから、以下の買換えのための登録関係手続費等合計38万7,140円（甲12）は、本件事故と相当因果関係のある損害と認められる。」として自動車重量税 7 万5,600円を請求どおり認めた。
コメント	登録関係手続費等合計38万7,140円の内訳は、「ア自動車取得税25万3,300円、イ自動車重量税 7 万5,600円、ウ検査登録費3,240円、エ検査登録手続代行費用 3 万円、オ車庫証明費2,500円、カ車庫証明手続代行費用 1 万円、キ納車費用 1 万円、ク上記エ、カ及びキの消費税2,500円」である。

認容理由❷（大阪地判平成24年11月27日⑵自ジャ1889号64頁）

加害者反論	「ウ　自動車重量税が発生したことは認めるが、本件事故と相当因果関係を欠き、そうでなくとも、還付を受けることができる。」（69頁）
判決判断	「原告が平成21年 5 月27日に 1 万1,025円の還付を受けたことは、原告の自認するところである。従って、原告主張の 1 万7,709円から、前記還付額を控除した残額である前記金額が、本件事故と相当因果関係のある損害となる。」（74頁）と6,684円を認容した。

| コメント | 認容額6,684円＝自動車重量税17,709円－還付金11,025円 |

| 結　論 | 自動車重量税は認められる。
還付された自動車重量税分を控除されるかが今後の注目点。 |

③　検査登録手続代行費用、車庫証明手続代行費用、納車費用

　各費用は、検査登録手続や車庫証明手続を業者に依頼し、また購入車両を購入者宅まで納車してもらうために業者に支払う費用である。これら費用はすべて業者の報酬であり、金額は業者が決めており、バラツキがある。

　各費用のおよその目安は、ディーラーで検査登録手続代行費用 1 万5,000円～ 3 万円、車庫証明手続代行費用5,000円～ 1 万円、納車費用 1 万円～ 1 万5,000円である。

否認理由❶（大阪地判平成15年 7 月16日自ジャ1535号 6 頁）

| 判決判断 | 「⑦納車費用は全額業者の利益であって損害とは認められないこと、また、……いずれも損害と認めることはできない。そうすると、上記①ないし⑩の請求のうち、本件事故と相当因果関係のあると認められる損害は、①……⑤検査登録手続代行費用 1 万6,800円、⑥車庫証明手続代行費用 1 万5,000円、⑧消費税のうち1,590円（納車費用の消費税を除く）及び⑨……の合計14万2,530円と認められる。
b　これに対して被告らは、業者代行費用（上記⑤⑥とその消費税である⑧）は、原告が自らの便宜のために業者を利用した際の業者報酬であり、本件事故と相当因果関係のある損害とはいえないと主張する。しかしながら、検査登録手続及び車庫証明手続を車両購入者個人が行うことはほとんどなく、業者に依頼してなされるのが通常であるといった社会的実態に鑑みると、手数料についても損害と認めるのが相当である。」（ 8 頁） |
| コメント | 　本件裁判例では、同じ、業者の報酬である検査登録手続代行費用、車庫証明手続代行費用と納車費用とで、扱いに違いをみせた。
　検査登録手続代行費用、車庫証明手続代行費用は損害と認め、納車費用は損害と認めなかった。 |

否認理由❷（福岡地折尾簡判平成16年1月22日判例集未登載）

加害者反論	「万一、登録関係費が事故と相当因果関係にあるとの立場に立ったと仮定しても、それは法定の手数料のみであり、業者の報酬については損害と評価されないとする見解が有力である。」
判決判断	「証拠によれば、原告は、検査登録手続代行、車庫証明手続代行及び下取車手続代行の各費用等合計3万9847円を支払ったことが認められる。しかしながら、上記各費用は手続代行者に対する一種の謝礼であって、車検を受けるに際して、必ずしも必要なものとまでは言えない。」

否認理由❸（東京高判平成23年12月21日自ジャ1868号166頁）

判決判断	「検査登録手続代行費用として3万6,750円、車庫証明手続代行費用として1万3,650円、納車費用として1万0,500円を要することが認められるが、これらはいずれも自動車販売業者に手続代行を依頼した報酬という性質のものであるから、車両の取得に当たって必要な費用とはいえず、再取得費用とは認められない。」（173頁）と検査登録手続代行費用、車庫証明手続代行費用および納車費用を0円とした。
コメント	本件裁判例は、路上溢水帯に乗り入れ、ハンドルを取られブレーキが効かなくなって、道路脇の岩に衝突、車両全損になった事故で、道路管理者の県に対し管理の瑕疵を争った事例である。加害者、被害者のいる純然たる交通事故とは、異なるが、高裁レベルで手続代行費用や納車費用を業者の報酬と認定して全面的に否認した。 　今後、この裁判例によって、地裁判決にどのような影響が及ぶのか、注目したい。

認容理由❶（東京地判平成13年12月26日⑷交通民集34巻6号1687頁）

加害者反論	「㈨　検査登録手続代行費用、車庫証明手続代行費用、納車費用は、いずれも自分で手続を行えば損害とはならない。」（1689頁）

判決判断	「これらは、販売店の提供する労務に対する報酬であるところ、車両を取得する都度、検査登録、車庫証明手続、納車が必要となり、車両購入者が通常それらを販売店に依頼している実情を考慮すると、これらの費用を買換に付随するものとして賠償の対象とするのが相当である。 　そして、甲5、6、18によれば、購入車両の車種等では金額に差異がないことが認められるから、原告の請求額を本件事故による損害と認める。」（1690頁）として4万0,500円を認定した。
コメント	この認容理由による認容が、その後の裁判例では一般的に通用していた。 　ところが、前記東京高判平成23年12月21日の否認裁判例により、これがどのように変化していくのか、注目したい。

認容理由❷（大阪地判平成18年2月23日交通民集39巻1号269頁）

加害者反論	「登録手数料は業者の手数料であり必要なものではない。」（272頁）
判決判断	「登録手数料は、原告主張額では自動車販売業者の手数料が大半を占めるとしても、販売業者に登録を委託することは通常のことと認められ、金額4万3,400円も証拠上高きに失するとまで言えないので、原告主張額について本件事故と相当因果関係のある損害と認める。」（277頁）

認容理由❸（東京地判平成24年3月27日⑴交通民集45巻2号405頁）

加害者反論	「登録手続関係費用のうち、検査登録手続代行費用1万7,514円、車庫証明手続代行費用1万3,545円及び納車費用8,379円は、自らできる手続であるから、相当因果関係の損害とは認められない。」（410頁）
判決判断	「（なお、被告は……、上記諸費用について代行を依頼することは一般的なことであること、その金額としても不相当なものでないことからすれば、相当因果関係のある損害と認めるのが相当である。）」（421頁）
コメント	前掲否認理由❸（東京高判平成23年12月21日）以降に出た東京地裁判決であるが、この時点では東京高裁判決の影響はまったく見られない。

認容理由❹（大阪地判平成24年 6 月14日自ジャ1883号150頁）

判決判断	「原告らの主張する検査登録手続代行費用は、車両を購入する際に通常必要とされる費用であると認められることから、本件事故と相当因果関係のある損害と認められる。」（161頁）と 1 万5,750円を認めた。

認容理由❺（大阪地判平成24年11月27日⑵自ジャ1889号64頁）

加害者反論	「車検代行手数料は、車検代行者に対する謝礼であって、車検を受けるために必須のものではなく、車庫証明の実際の手数料は2,000円程度で、それを超える部分は、いずれも、本件事故と相当因果関係のある損害とはいえない。」（69頁）
判決判断	「車両を購入する者は、このような手続を販売店に通常依頼していることが現状であると解されることに照らすと、これらの費用は買い替えに付随するものとして賠償の対象となると解するのが相当である。」（74頁）

認容理由❻（東京地判平成25年 9 月30日⑶自ジャ1911号119頁）

加害者反論	「手続代行費用は業者に対する謝礼にすぎないから損害とならない。」（123頁）
判決判断	「原告 X 会社は、本件事故後、車両を買い替え、検査登録（届出）手続代行費用として 1 万9,215円を負担したことが認められるところ、当該費用が手続を代行した業者に対する報酬であることを考慮すると、本件事故と相当因果関係のある損害として9,607円を認めるのが相当である。」（125頁） 「原告 X 会社は、本件事故後、車両を買い替え、車庫証明手続代行費用として 1 万5,540円を負担したことが認められるところ、当該費用が手続を代行した業者に対する報酬であることを考慮すると、本件事故と相当因果関係のある損害としては7,770円を認めるのが相当である。」（125頁〜126頁） 「原告 X 会社は、本件事故後、車両を買い替え、納車費用として 1 万605円を負担したことが認められるところ、当該費用が手続を代行した業者に対する報酬であることを考慮すると、本件事故と相当因果関係のある損害としては5,302円を認めるのが相当である。」（126頁）

コメント	この裁判例では、検査登録手続代行費用、車庫証明手続代行費用、納車費用のいずれも損害と認めたが、業者の報酬であることを理由に実際に要した金額の50％のみを認めた。 　実際に支払った金額の50％だけを認めるという方法は、前掲**否認理由❸**（東京高判平成23年12月21日）の影響があるのかもしれない。

結　　論	検査登録手続代行費用、車庫証明手続代行費用、納車費用は現在、微妙な状況にある。多くの裁判例がこれら費用を認めてきたが、前掲否認理由❸（東京高判平成23年12月21日）が認めないとしたため、今後、認めないとする判決や認めても実際の費用の50％のみを認めるという判決が予想される。

④　各種代行費用に対する消費税

認容理由（東京地判平成17年 2 月 8 日判例集未登載）

判決判断	「原告車は本件事故により経済的全損の状態になったから、以下の買換えのための登録関係手続費等合計38万7,140円（甲12）は、本件事故と相当因果関係のある損害と認められる。ア自動車取得税25万3,300円、イ自動車重量税 7 万5,600円、ウ検査登録費3,240円、エ検査登録手続代行費用 3 万円、オ車庫証明費2,500円、カ車庫証明手続代行費用 1 万円、キ納車費用 1 万円、ク上記エ、カ及びキの消費税2,500円。」 　「原告は、上記アないしウ及びオに対する消費税分も主張するが、これらに消費税は課されていないから（甲12）、その主張は採用することができない。」と検査登録手続代行費用、車庫証明手続代行費用、納車費用に対する消費税のみを損害と認めた。

結　　論	各種代行費用に対する消費税について上記東京地判平成17年 2 月 8 日は認めているが、前掲否認理由❸（東京高判平成23年12月21日）が各種代行費用それ自体を認めないとしたため、各種代行費用に対する消費税も今後どのようになるか、注目すべき問題である。

裁判例一覧表2　車両買替諸費用（国産乗用車）

調査期間：平成13年～平成27年

番号	裁判所	判決日	事件番号	出典	被害車両	購入諸費用合計・内訳不明	自動車税	自動車取得税	自動車重量税	自賠責保険料	自動車保険料	検査登録法定費用	車庫証明法定費用	検査手続代行費用	車庫手続代行費用	リサイクル法関連費	資金管理料金	フロン券購入費	希望ナンバー代行費用	プレート実費	ETC手数料	納車費用	納車整備費用	代行費用消費税	下取車手続費用	管轄変更持込料	定期預金金利差額	車両時価消費税
1	東京(4)	平13.12.26.	平13ワ2087	交通民集34巻6号1687頁	マツダ車（原告車）		0	0		0	0	3,240	2,500	19,000	14,500							7,000						
2	神戸・姫路	平15.2.14.	平14ワ609	未公表	スバル・レガシィ			38,000				500	2,650		28,000							10,000	11,000					14,500
3	大阪	平15.7.16.	平14ワ8319	自ジャ1535号6頁	乗用車			38,700	0			3,240	2,700	16,800	15,000							0		1,590				
4	福岡・折尾簡裁	平16.1.22.	平15ハ385	未公表	乗用車							3,360	2,750	0	0			2,580						0	350			23,000
5	東京	平16.5.24.	平14ワ9529	交通民集37巻3号648頁	乗用車（乙山車）	56,891																						
6	東京a	平17.2.8.	平16ワ3116	未公表	乗用車			253,300	75,600			3,240	2,500	30,000	10,000							10,000		2,500				
7	東京(3)b	平17.11.22.	平16ワ20397	未公表	乗用車（日産180SX）（被告車）					0		1,100																
8	大阪	平18.2.23.	平16ワ11827	交通民集39巻1号269頁	乗用車		0							43,400														
9	東京a	平18.8.9.	平17ワ17409、平18ワ5229	未公表	乗用車（日産ウィングロード）		0					3,040	8,680	31,500												10,500		52,000
10	東京(1)	平18.10.11.	平16ワ18837	交通民集39巻5号1419頁	乗用車（原告車）			133,100	0			3,240	2,500	14,700	13,230							7,350						
11	横浜a	平18.11.29.	平18ワ239、1545	自ジャ1690号13頁	乗用車	100,000																						
12	東京	平21.1.27.	平19ワ25777	未公表	セルボクーペCXG, スズキE-SS20									18,500	（左に含む）					0		10,000						3,550

番号	場所	日付	事件番号	掲載	車種															
13	東京(1)a	平22.1.27.	平20ワ13105, 平21ワ8683	交通民集43巻1号48頁	乗用車（日産テゾーン E-RPNB14）					3.280	2.600	28.169		13.028				8.803		0
14	東京	平22.2.25.	平21ロ602, 675	未公表	日産プレセア					6.140	2.600（左に含む）	59.850（左に含む）	（左に含む）					6.300	40.000	
15	松山・西条b	平23.3.24.	平21ワ137, 平22ワ741	自ジャ1854号159頁	軽四乗用車	127.900														
16	東京高裁	平23.12.21.	平23ネ3259	自ジャ1868号166頁	乗用車・スズキ・エスクード(SUV車)		84.000			2.200	2.600	0		0		1.440		0		84.000
17	東京(1)	平24.3.27.	平22ワ5997	交通民集45巻2号405頁, 自ジャ1873号54頁	乗用車		34.500			3.240	2.600	17.514	10.490	13.545				8.379		30.450
18	大阪	平24.6.14.	平23ワ9757	自ジャ1883号150頁	ワンボックスカー		0			1.800		15.750		10.520	380	0　4.100	0			
19	横浜	平24.6.21.	平23ワ1521	交通民集45巻3号747頁	乗用車							25.000	9.000					8.000		
20	東京(2)	平24.7.18.	平24ワ9752	未公表	乗用車		0		0	3.240	2.600									
21	大阪(2)	平24.11.27.	平23ワ8224	自ジャ1889号64頁	乗用車		90.000	6.684		3.300	2.600	15.120	12.600		380					
22	駒場	平25.1.16.	平22ワ209	自ジャ1882号88頁	乗用車	44.660														
23	東京a	平25.1.23.	平24ワ16255, 18870	未公表	三菱RVR	0	0													
24	大阪	平25.6.25.	平24ワ13514, 8908	交通民集46巻3号764頁	乗用車		35.000			8.600	2.600（左に含む）	30.000	11.000					5.000	125.000	5.250
25	名古屋	平25.9.30.	平24ワ17649, 25183	自ジャ1911号119頁	ニッサンセレナ ハイウェイスター			0				9.607	7.770	12.640				5.302		
26	東京(3)a	平25.10.24.	平23ワ2421, 平24ワ7891	交通民集46巻5号1381頁	乗用車	0														
27	東京(2)	平25.11.19.	平25ワ736	未公表	乗用車・三菱アイオン					5.900	2.600	10.000	10.000	12.540				9.450		

番号	裁判所	判決日	事件番号	出典	被害車両	購入諸費用合計・内訳説明	自動車税	自動車取得税	自動車重量税	自賠責保険料	自動車保険料	検査登録法定費用	車庫証明法定費用	検査手続代行費用	車検手続代行費用	リサイクル法以法関連費	資金管理料金	フロン券購入費	希望ナンバー代行費用	プレート実費	ETC手数料	鈑金費用	鈑車整備費用	代行費用消費税	下取車手続費用	管轄変更持込料	定期預金金利差額	車両時価消費税
																車両購入諸費用関係（円）												
28	大阪	平26.1.21.	平23ワ10262、平24ワ11123	交通民集47巻1号68頁	トヨタ・レクサス		0			0		3,240	2,700	18,165	15,855	17,940	0									0		
29	東京(3)a	平26.3.12	平24ワ20744	交通民集47巻2号308頁	乗用車シビック（甲野車）							3,240		10,500		11,190												12,600
30	東京	平26.4.23.	平24ワ34983	交通民集47巻2号540頁	乗用車	91,030	0	0																				
31	東京a	平26.4.30.	平25ワ32262	未公表	乗用車（原告車）	143,060																						
32	東京b	平26.4.30.	平25ワ32262	未公表	乗用車（被告車）	82,455																						
33	東京	平27.3.25.	平25ワ7008、22ワ4、22ワ55	未公表	日産セレナ		72,200		30,000			6,000	2,600	19,215	15,540	12,250			0			3,780			6,825			

第3章　残存車検費用(国産乗用車)

① 残存車検費用の請求の有無

　車検を受けた車両が、その後、事故に遭って全損となり、その車両に乗ることができなくなった場合、事故日から車検有効満了日までの期間に対して、すでに支払った諸々の車検費用が無駄になる。この無駄になった車検諸費用を残存車検費用という。

　表14は、事故の被害者が車両全損であると主張する裁判例のうち、被害者が車両全損時価額と同時に残存車検費用を請求している裁判例を調べたものである。

　被害者が車両全損と主張する153件から全損ではなく分損として修理費が認められた3件を除いた150件が対象である。車両全損時価と一緒に残存車検費用を請求するものは13件（8.67%）、残り137件（91.33%）は、車両全損時価を請求しているが、残存車検費用を請求していない裁判例である。

　物損事故の被害者にとって、事故後に支出を余儀なくされた費用は、事故によって発生した損害と気付きやすいが、事故の前にすでに支払っていて新たに支出するわけでもない残存車検費用は、事故による損害と気付き難いことを示している。

② 残存車検費用の項目・内容と裁判例の認否

　車検時に支払うことになる諸費用は、表15（次頁）にある費用項目・費用内容であり、それが裁判例によって認められるか、認められないかを示したものである。

　自動車重量税については、平成17年1月に自動車リサイクル法が施行され、この法律に基づいて廃車登録を行うと自動車重量税が還付されるようになった。したがって、残存車検費用中の自動車重量税の扱いは同年1月以前までは損害として扱い、以降は損害として扱わないことになる。

　整備費用とは、摩耗した部品や性能が落ちた部品を取り替える部品代と技術料であ

【表14】国産乗用車全損請求のうち、残存車検費用の請求の有無

車両全損請求	件　数	割　合(%)
残存車検費用の請求あり	13	8.67
残存車検費用の請求なし	137	91.33
合　計	150	100.00

【表15】残存車検費用の費用項目・費用内容と裁判例の認否

費用分類	費用項目	費用内容	認　否
整備費用関係	整備代金	取替部品代 技術料 測定検査料 調整料 消費税	認容
法定費用関係	登録印紙代 申請書類代	運輸支局の手数料	認容
	自動車重量税	国税	否認
	自賠責保険料	人身損害賠償責任保険	否認
業者報酬関係	検査手続代行費用	検査手続の代行	認容
	独自サービス費用	ローン手数料 ナビゲーション・システム維持費用など	否認

り、ヘッドライト焦点、トーインなどの測定検査料と調整料である。これら整備費用を支払うことによって車検日から2年間（3年間のこともある）、車両の性能は保持され、安全が維持される。したがって、事故で車両が全損になると、事故日以降の期間に対する整備費用が無駄になる。裁判例は、整備代金を損害として認めている（**表15**）。

　登録印紙代や申請書類代は、車検登録のために運輸支局に支払う法定の手数料である。事故によって無駄になる費用であり、裁判例は、損害として認めている（**表15**）。

　自動車重量税は、新規登録時や車検の都度、支払う税金であるが、平成17年1月以降、全損になった車両を廃車登録することによって還付される（**表16**）ので、事故によって無駄になる費用ではない。裁判例は、損害として認めていない（**表15**）。

　自賠責保険料は、強制加入が義務付けられている人身損害賠償責任保険の保険料である。抹消登録をすることによって返戻される（**表16**）ので、事故によって無駄になる費用ではない。裁判例は、損害として認めていない（**表15**）。

　業者の報酬である検査手続代行費用は、自動車販売業者等がユーザーに代わって運輸支局などへ検査手続をするのが一般的であるので、事故日から車検満了日までの期間分が無駄になる費用である。裁判例は、損害として認めている（**表15**）。

　自動車販売店独自のサービス費用は、車検時に業者が行うサービス料金のことで、たとえば、車検費用をローンで支払う場合のローン手続手数料やナビゲーション・システムの維持・更新費用などである。

【表16】 事故車両全損により返還される費用と返還されない費用

自動車重量税	廃車登録により還付される（平成17年１月以降）	１か月単位で還付
自賠責保険料	廃車登録により返戻される	１か月単位で返戻
整備代金、登録印紙代、申請書類代、検査手続代行費用、独自サービス費用	返金なし	―

　これは、車検の都度、誰もが必要になる費用ではないので、裁判例は、無駄になったとしても損害として認めていない（**表15**）。

　残存車検期間と残存車検費用の関係について、残存車検費用のうち自動車重量税と整備代金に限ってのことであるが、「オートガイド自動車価格月報」（レッドブック）には「車検残り月数による価値評価」表がある。

　この表によると、車検残り月数12か月以上13か月未満では価値評価ゼロとし、それ以上に残り月数があれば車両時価に加算し、それ以下の残り月数では車両時価から減算することにしている。

③ 車検残り月数による価値評価

　この価値評価は、**表17**（次頁）のとおり、１か月未満から、24か月以上36か月まで、１か月ごとに価格の増減を一覧表にしている。この価値評価方法を採用する裁判例も見受けられる。

　表17は、レッドブック平成28年２月から引用したものである。元の表では、車両クラスがA〜Gまで５区分あり、そのうちのEとFクラスを抜粋した。

　表の価値評価は、還付される自動車重量税と残存する整備代金を相殺して算出されている。事故車両の車検残り月数が19か月以上の20か月未満の場合、Eクラスに該当する車両では、２万8,000円をレッドブックの車両小売価格に加算した金額を車両時価と評価するのである。この２万8,000円が還付される自動車重量税と月数経過とともに減少する整備代金を相殺した金額である。

　なお、括弧（　）内の数字は、自動車重量税を除いた整備代金のみの評価となっている。たとえば、19か月以上の20か月未満の場合、Eクラスに該当する車両では、8,000円を車両小売価格から減算した金額を車両時価と評価している。

【表17】車検残り月数による価値評価(小売用参考値)　(レッドブックより一部抜粋)(単位千円)

車検残月数	Eクラス(アコード、アテンザ、ステージア、レガシィ)	Fクラス(インサイト、CX-5、RVR、セレナ、プリウスなど)
24ケ月以上 36ケ月まで	1ケ月当り＋2加算	1ケ月当り＋1.5加算
23ケ月以上 24ケ月未満	＋44(　0)	＋33(　0)
22ケ月以上 23ケ月未満	＋40(－2)	＋30(－1)
21ケ月以上 22ケ月未満	＋36(－4)	＋27(－3)
20ケ月以上 21ケ月未満	＋32(－6)	＋24(－4)
19ケ月以上 20ケ月未満	＋28(－8)	＋21(－6)
18ケ月以上 19ケ月未満	＋24(－10)	＋17(－7)
17ケ月以上 18ケ月未満	＋19(－12)	＋15(－9)
16ケ月以上 17ケ月未満	＋15(－14)	＋12(－10)
15ケ月以上 16ケ月未満	＋11(－16)	＋8(－12)
14ケ月以上 15ケ月未満	＋7(－18)	＋6(－13)
13ケ月以上 14ケ月未満	＋3(－20)	＋3(－15)
12ケ月以上 13ケ月未満	0(－21)	0(－16)
11ケ月以上 12ケ月未満	－5(－24)	－5(－19)
10ケ月以上 11ケ月未満	－10(－27)	－10(－23)
9ケ月以上 10ケ月未満	－15(－30)	－15(－26)
8ケ月以上 9ケ月未満	－20(－33)	－20(－30)
7ケ月以上 8ケ月未満	－25(－36)	－25(－33)
6ケ月以上 7ケ月未満	－31(－39)	－30(－36)
5ケ月以上 6ケ月未満	－37(－43)	－35(－40)
4ケ月以上 5ケ月未満	－43(－47)	－40(－43)
3ケ月以上 4ケ月未満	－49(－51)	－45(－47)
2ケ月以上 3ケ月未満	－55(－55)	－50(－50)
1ケ月以上 2ケ月未満	－55(－55)	－50(－50)
1ケ月未満	－55(－55)	－50(－50)

④ 残存車検費用の請求に対する裁判例の認否

(1)　裁判例の否認理由（残存車検費用）

否認理由❶（大阪地判平成15年 7 月16日自ジャ1535号 6 頁）

原告請求	普通乗用車の残存車検費用 1 万6,850円（内訳不明：筆者注）を請求した。
判決判断	「⑩残存車検費用については、原告車両は既に車検を受けてから 1 年 6 か月が経過しており、償却未了価値はほとんど認め難いことから、いずれも損害と認めることはできない。」（ 8 頁）と残存車検費用 1 万6,850円を否認した。
コメント	自動車重量税が、まだ還付されない時期の裁判例である。 車検を受けてから 1 年 6 か月が経過し、なお残り 6 か月の未経過期間がある。その 6 か月に償却未了価値はほとんど認め難いとしている。

否認理由❷（東京地判平成27年 3 月25日判例集未登載）

原告請求	車両時価189万円、残存車検費用10万1,849円などを請求した。
被告反論	「原告車の車両時価額が143万円を上回ることはない。また、残存車検費用については、車両時価額において評価されている。」
判決判断	「原告車は、初度登録が平成19年 8 月（事故日平成23年 2 月13日、初度登録から事故までの 3 年 6 か月経過：筆者注）のニッサンセレナ2000ハイウェイスターであり、走行距離は 4 万7,979キロメートル、車検期限が平成24年 8 月26日（車検残存期間約18か月：筆者注）であったことが認められるが、原告車の年式及び走行距離に照らせば、本件事故当時の車検残り月数を考慮しても、原告車の車両時価額は被告Kが自認する143万円と認めるのが相当である。」 「残存車検費用　 0 円 前記ア（上の引用文：筆者注）で検討したとおり、残存車検費用については車両時価額を算定する際に考慮しており、これを車両損害とは別に本件事故と相当因果関係のある損害と認めることはできない。」
コメント	自動車重量税が還付されるようになった以降の裁判例である。 同種同等の整備された中古車の時価には、同等の残存期間を有す

コメント	る車両であるから「車両時価額を算定する際に考慮している」という考え方で、残存車検費用を0円とした。

(2)　裁判例の認容理由（残存車検費用）

　自動車重量税が還付されなかった平成17年1月以前の裁判例には、残存車検費用を認めるものが何件もあるが、還付制度導入後、残存車検費用のうち自動車重量税の損害について検討する意味を失ったので、代表例として1件だけを示す。

　そして、自動車リサイクル法が施行され、自動車重量税が還付されるようになった以降の裁判例を中心にみていく。

認容理由❶（東京地判平成14年9月9日交通民集35巻6号1780頁）

被害者請求	予備的主張において、車両全損時価を要求し、さらに、残存車検費用8万3,182円を請求した。その内訳は、自動車重量税3万7,800円、整備費用3万5,380円、印紙代金1,100円、代行手数料1万1,000円、申請書類代金3,000円と消費税2,469円の合計9万0,749円。車検期間24か月で車検残月数22か月であるから、9万0,749円×22か月÷24か月≒8万3,182円を請求した。
加害者反論	「残存車検費用について 　相当因果関係を争う。 　仮に、一般的に相当因果関係が認められるとしても、それはあくまで車検費用が現実に無駄になった場合のことである。具体的には、車両を下取りないしは廃車にし、その結果、当該車両に投下した車検費用のうち、事故日から車検有効日までの期間に相当する費用部分が実際に無駄になるが、そのときはじめて相当因果関係が問題となる。しかしながら、A車については、現在修理を終えて使用されているとのことであり、現実に下取りや廃車に出されてはいない。とすれば、原告Bが主張する残存車検費用とは、あくまで仮定的な損害であり、損害の発生自体が認められない。」（1786頁）
判決判断	「ところで、車両が全損と評価される場合には、被害者は、被害車両を修理して再び使用することはできず、元の利益状態を回復するには同種同等の車両を購入するほかない。したがって、被害車両に投下した車検費用等については、その出捐に見合う使用ができなくなることになるから、残存車検費用のうち、少なくとも時価額に包含される部分を超える限度において事故による損害と認められるべきであるし、新たな車両の購入に伴って生ずる諸費用は、車両の取

判決判断	得行為に付随して通常必要とされる費用の範囲内において、事故による損害と認められるべきである。これら費用等が認められて初めて、被害者の経済状態は被害を受ける前の状態に回復されたといえる。」(1788頁) 「(イ)　残存車検費用　3万4030円 　証拠(甲5、甲14……)及び弁論の全趣旨によれば、原告Bは、A車について、平成12年12月に車検のための整備を行い、その費用として自動車重量税3万7800円、整備費用3万5380円、印紙代金1100円、代行手数料1万1000円、申請書類代3000円、消費税2469円の合計9万0749円を出捐したこと(略)、同車検の有効期間は平成14年12月7日までの2年間であったことが認められる。 　上記金額のうち残存期間分(22か月分)については、時価額の評価に包含される部分を除き、本件事故による損害と認めるのが相当である。ところで、前記のとおり、車両の小売価格は機能及び内、外装が整備された状態で販売される車両本体のみの価格であるが、一般に、車検残存期間のうち13か月分程度は、小売価格の評価に包含されているものと解される。9万0749円を24か月で除し、22か月から13か月を減じた9か月を乗ずると、3万4030円(小数点以下切捨て)となる。」(1789頁)と、原告の要求する残存車検費用8万3,182円を認めず、3万4,030円を認容した。
コメント	残存車検費用と車両買替諸費用の違いを示し、双方を損害と認めた裁判例である。自動車重量税が還付される以前の裁判例であるが、還付されるようになった現在でも自動車重量税を除いた他の残存車検費用について、有力な考え方である。22か月から13か月を減じたのは、**表17**「車検残り月数による価値評価(小売用参考値)」で示した12か月以上13か月未満を価値評価0とすることからきている。本件裁判例の採用した算式を示すと、 　(算式)　認容残存車検費用＝ 　　(認容車検費用－自動車重量税)÷24か月×(残存月数－13か月) 　なお、加害者が、残存車検費用は仮定的損害であるという反論に、裁判例は直接に答えていないが、「経済的全損か否かの判断に当たって、修理費の額と比較すべき全損前提の賠償額については、車両時価額のみに限定すべき理由はなく、これに加えて、全損を前提とした場合に事故による損害と認められるべき車検費用や車両購入諸費用等を含めた金額であると解すべきであり、逆に、修理費の額が、車両時価額を上回っていたとしても、これが、車両時価額と全損を前提とした場合に事故による損害と認められるべき諸費用を加えた

コメント	額を下回る場合には、もはや経済的全損と判断することはできず、修理費の請求が認められるべきである。」（1788頁）といい、 　Ａ車の修理費63万0,893円に対し、「原告Ｂの損害は、Ａ車の時価額39万9000円、残存車検費用 3 万4030円、車両買替諸費用 4 万9925円、解体抹消登録費用 1 万6380円の合計49万9335円であり、上記修理費の額はこれを上回る。」（1788頁）と経済的全損を認定している。 　ここから残存車検費用が仮定的損害であっても、Ａ車を経済的全損と認定した以上、諸費用は事故による損害と認められるのである。

認容理由❷ （東京地判平成22年 1 月27日交通民集43巻 1 号48頁）

判決判断	「イ　自動車重量税（未経過分）（甲19、23の 1 ・ 2 ）　　 1 万4175円 　自動車重量税は、事故車両の自動車検査証の有効期間に未経過部分があったとしても、自動車税や自賠責保険料のように還付されることはないから、次のとおり未経過の 9 か月分に相当する原告車の自動車重量税額は、本件事故と相当因果関係のある損害と認める。 　計算式：37,800÷24×9＝14,175」（62頁）
コメント	本件裁判例の事故日は平成18年 8 月 9 日で、自動車重量税の還付制度が始まって 1 年 8 か月経過している。 　還付がないとはどういうことか。

認容理由❸ （東京高判平成23年12月21日自ジャ1868号166頁）

判決判断	「カ　自動車重量税　　 1 万0,500円 　控訴人は、本件車両の納付済みの自動車重量税のうちの未経過分相当額を損害として主張しているところ、新たに同等の車両を取得するときには、改めて自動車重量税の納付が必要となるので、それに代えて上記主張をするものと解し、これを認めることとする。証拠（略）によれば、本件事故発生時、本件車両の自動車検査証の有効期間の未経過分として 5 ケ月あったこと、本件車両の車両総重量が1,825キログラムであることが認められるから、本件事故発生当時の自動車重量税法及び租税特別措置法90条の11に定める自動車重量税率の特例によれば、本件車両の自動車重量税は車両総重量0.5トン毎に年6,300円となるので、上記未経過分の期間に相当する額は、控訴人の主張するとおり、 1 万0,500円となる。 　算式　6,300円× 4 ×（ 5 ／12）＝10,500円」（173頁）と、自動車重量税 1 万0,500円を認めた。

コメント	本件裁判例は事故車に要した残存車検費用としての自動車重量税と、買替車両購入時に必要となった車両買替諸費用のなかの自動車重量税を正確に区別し、控訴人が、車両買替時に必要となる自動車重量税の請求をしないで、未経過分の自動車重量税を請求しているので、還付制度があるにもかかわらず、未経過分の自動車重量税を事故による損害と認めるとした。 　本件裁判例の事故日は平成21年 1 月31日であり、還付制度導入後である。

● *Column* ❷

使用済自動車の再資源化等に関する法律（自動車リサイクル法）

　使用済自動車は、有用な金属を有し資源として価値が高いので、そのリサイクルを適正に行うため、平成14年 7 月12日、使用済自動車の再資源化等に関する法律（法律87号）を公布、平成17年 1 月 1 日から完全施行となった。

　この法律によって、自動車ユーザーは、新車購入時にリサイクル費用をリサイクル券という形で支払う。また、自動車ユーザーが使用済自動車を処分する際、不法投棄することを防止し、取引業者に適正に引き渡すインセンティブとして、自動車重量税の未経過分を還付する制度を設けた（東京地判平成26年 2 月21日(1)判例集未登載など）。

裁判例一覧表3　　残存車検費用（国産乗用車）

調査期間：平成13年～平成27年

番号	裁判所	判決日	事件番号	出典	車検実施日	事故日	車検満了日	残存期間	裁判例認容残存車検費用（円）	計算式	残存車検費用合計（円）	残存車検費用内訳不能合計	裁判例 認容残存車検費用の内訳（円）						
													登録印紙代	車検整備費	自動車重量税	検査代行料	各種費用の消費税	自賠責保険料	申請書類代
1	東京a	平14.9.9.	平13ワ23505、平13ハ214、578、平14ワ2770	交通民集35巻6号1780頁	平12.12.	平13.2.12.	平14.12.7.	22か月	34,030	90,749/24＊（22−13）＝34,030	90,749		1,100	35,380	37,800	11,000	2,469		3,000
2	神戸・姫路	平15.2.14.	平14ワ609	未公表	平12.6.16.	平13.2.2.	平14.6.16.	17か月	97,377	137,474/24＊17＝97,377	137,474		1,100	83,574	37,800	15,000			
3	大阪	平15.7.16.	平14ワ8319	自ジャ1535号6頁		平13.9.23.		6か月	0		0	0							
4	東京a	平17.3.9.	平15ワ21851	未公表	平14.3.	平14.10.7.	平16.4.	18か月	99,080	重量税・50,400/24＊18＝37,800	99,080		3,280	35,000	37,800	23,000		0	
5	東京b	平17.3.9.	平15ワ21851	未公表	平14.1.31.	平14.10.7.	平16.1.31.	16か月	94,880	重量税・2,100＊16＝33,600	94,880		3,280	35,000	33,600	23,000		0	
6	東京(3)b	平17.11.22.	平16ワ20397	未公表		平16.1.16.	平17.1.16.	12か月	20,000	重量税・37,800/24＊12＝18,900	20,000		1,100		18,900			0	
7	大阪	平18.2.23.	平16ワ11827	交通民集39巻1号269頁		平15.1.12.	平15.2.14.	1か月	1,600	重量税・38,000/24＊1＝1600	1,600				1,600				
8	東京a	平18.8.9.	平17ワ17409、平18ワ5229	未公表		平17.1.22.		23か月	62,472	重量税・37,800/24＊23＝36,225、自賠責・28,530/25＊23＝26,247	62,472				36,225			26,247	
9	福岡	平19.3.2.	平17ワ3252	交通民集40巻2号359頁		平15.5.25.		23か月	25,000	残23か月のレッドブックによる加点額25,000円	25,000	25,000							

No.	裁判所	判決日	事件番号	出典		事故日		期間	金額	算定							
10	東京	平21.1.27.	平19ワ25777	未公表		平17.4.1.			0		0				0	0	
11	東京(1)a	平22.1.27.	平20ワ13105、平21ワ8683	交通民集43巻1号48頁		平18.8.9.		9か月	14,175	重量税・37,800/24＊9 =14,175	14,175			14,175			
12	東京高裁	平23.12.21.	平23ネ3259	自ジャ1868号166頁		平21.1.31.		5か月	10,500	重量税・6,300＊4＊(5/12) =10,500	10,500			10,500			
13	東京	平27.3.25.	平25ワ7008、22744、22755	未公表		平23.2.13.	平24.8.26.	19か月	0		0	0					

（注）事故日欄のアミかけは、自動車重量税還付制度導入以降の事故日を示す。

第4章　廃車解体費用(国産乗用車)

① 廃車解体費用の請求の有無

廃車解体費用は、車両が全損になり修理ができなくなったため、廃車解体する際、発生する費用のことである。廃車処分をしないで放置しておくと、乗りもしない車両に対し毎年自動車税の納税を催促されることになる。

廃車処分とは、法的には道路運送車両法による「抹消登録」のことで、それには「永久抹消登録」(15条抹消登録)、「一時抹消登録」(16条抹消登録)」、「輸出抹消登録」(15条の２抹消登録)の３つがある。全損車両を廃車処分するというのは、大部分、「永久抹消登録」をすることである。

廃車処分に掛かる費用は、所有者自身が行う場合と業者などに依頼する場合とで異なる。**表18**の費用総額は、おおよその目安である。

このほかにリサイクル費用があるが、車両新規登録時に支払われているので、廃車時には掛からない。

また、解体費用は、鉄スクラップ価格と相殺され、掛からないのが普通である。

依頼する業者には、自動車販売業者、解体業者、廃車買取業者があり、費用はそれぞれによって異なる。

被害者が、車両は全損になったと主張して車両時価を請求した153件から、全損ではなく分損であると認定された３件を除いた150件について、廃車解体費用請求の有無を調べたのが**表19**である。

【表18】廃車処分に掛かる総費用　　　　　　　　　　　　　　　　　　　　（単位：円）

費用総額	廃車登録手続代行費用（業者報酬）	廃車引取費用	抹消登録費用（法定費用）		合　計
			登録申請手数料	申請書代	
国産乗用車の所有者自身が行う場合			350	100	450
国産乗用車を業者に依頼する場合	10,000〜20,000	15,000〜20,000	350	100	25,450〜40,450

【表19】 国産乗用車全損請求のうち、廃車解体費用の請求の有無

車両全損請求	件　数	割　合（%）
廃車解体費用の請求あり	20	13.33
廃車解体費用の請求なし	130	86.67
合　　計	150	100.00

　廃車解体費用を請求した裁判例は、20件（13.33%）あり、残り130件（86.67%）は車両が全損でありながら廃車解体費用の請求を行わなかった裁判例である。

　「廃車解体費用の請求あり」の20件（13.33%）は非常に少ない件数であるが、それは全損車両が、すべて廃車にされるものではない状況を示している。

　実は、全損車両は廃車にされずに下取りに出され、買い取った業者が修理をして中古車に仕上げ、国内流通に乗せたり、海外へ輸出したりすることが多いのである。

　廃車解体費用は、廃車法定費用、解体費用、廃車登録手続代行費用、廃車引取費用、印鑑証明・戸籍謄本費用などに分類できるが、裁判例では、これらをまとめて廃車解体費用として取り扱っているものが多く、廃車解体費用の内訳まで詳しく書いているものは少ない。

② 裁判例の認容理由 ── 廃車解体費用は認められる

　被害者が廃車解体費用を請求した20件のうち、裁判所が認容したのは18件（90%）、加害者が廃車解体費用を認め、争わなかったのは2件（10%）、裁判所が廃車解体費用を否認したのは0件（0%）であった（**表20**参照）。

　廃車解体費用について、訴訟の相手方である加害者が、損害として認めないと反論しても、裁判例は、18件全件について事故と相当因果関係のある損害と認めている。

【表20】 被害者の請求する廃車解体費用に対する裁判例の認否

廃車解体費用請求	件　数	割　合（%）
裁判例が認容したもの	18	90
加害者が認容し、争わなかったもの	2	10
裁判例が否認したもの	0	0
合　　計	20	100

認容理由❶（大阪地判平成15年7月16日自ジャ1535号6頁）

判決判断	「原告車両の廃車費用として、1万9,775円を要したことが認められるところ、これについても、実際の法定手数料は僅かで、他は業者の手数料（報酬）であると考えられるが、廃車手続を個人で行うことはほとんどなく、業者に依頼してなされるのが通常であるといった社会的実態に鑑みると、業者への報酬部分も含め、本件事故と相当因果関係のある損害と解するのが相当である。」（8頁）

認容理由❷（東京地判平成18年3月29日(2)判例集未登載）

加害者反論	「廃車料及び下取り料喪失分は否認する。」
判決判断	「原告は、廃車手続一式として3万1,500円を支出したことが認められるところ（甲16）、車両がいずれ廃車になるとしても、車両の買い替えのため廃車手数料が必要になったのは本件事故によるものであると認められるので、廃車料3万1,500円について損害として認めることが相当である。」

認容理由❸（東京地判平成19年1月26日判例集未登載）

加害者反論	「廃車費用は所有者において負担すべきものである。」
判決判断	「証拠（甲3）によれば、被控訴人が被控訴人車を廃車にするための費用として1万円がかかったことが認められ、これは、本件事故と相当因果関係のある損害と認める。」

認容理由❹（横浜地判平成24年6月21日交通民集45巻3号747頁）

加害者反論	「廃車費用はいずれ生じる費用であり、これを賠償額に含めることは相当でない。」（750頁）
判決判断	「(廃車費用は、いずれ生じる費用であっても、本件事故によって必要になったものである以上、本件事故との間に相当因果関係が認められる。)」（752頁）

裁判例一覧表4　廃車解体費用（国産乗用車）

【裁判例が廃車解体費用を認容した事例】　　　　調査期間：平成13年～平成27年

番号	裁判所	判決日	事件番号	出典	被害車	物理的・経済的の全損	認容全損時価額（円）	廃車料合計（内訳不明）（円）	廃車法定費用（円）	解体処理料（円）	廃車手続代行費用（円）	廃車用印鑑証明書・戸籍謄本（円）	登録抹消費用（円）
1	大阪	平14.4.30.	平12ワ7460、9028、平13ワ7631	交通民集35巻2号592頁	乗用車	全損（物理的、経済的の区別なし）	2,350,000				15,750		
2	東京a	平14.9.9.	平13ワ23505、ハ214、578、平14ワ2770	交通民集35巻6号1780頁	トヨタマークⅡ	経済的全損	380,000	5,600			10,000		
3	札幌	平14.11.22.	平13ワ2083	判時1824号90頁	デリカ・スペースギア	全損（物理的、経済的の区別なし）	1,510,000				45,150		
4	神戸・姫路支部	平15.2.14.	平14ワ609	未公表	スバル・レガシィ	経済的全損	290,000				19,775	200	
5	大阪	平15.7.16.	平14ワ8319	自ジャ1535号6頁	乗用車	経済的全損	1,290,000	19,775					
6	大阪a	平16.2.13.	平15ワ2181、4054	交通民集37巻1号192頁	乗用車	全損（物理的、経済的の区分なし）	750,000			47,250			
7	東京	平17.10.27.	平14ワ20064	自保新聞平成18年1月25日号、交通民集38巻5号1455頁	乗用車	全損（物理的、経済的の区分なし）	650,000	26,420					
8	東京(2)	平18.3.29.	平16ワ19844	未公表	軽四乗用車（スズキアルト）	明示なし	60,000	31,500					
9	東京	平19.1.26.	平18レ187、257	未公表	乗用車	経済的全損	197,000	10,000					
10	東京	平21.1.27.	平19ワ25777	未公表	セルボクーペCXG、スズキE-SS20	全損（物理的、経済的の区別なし）	71,000	15,000					
11	東京(1)a	平22.1.27.	平20ワ13105、平21ワ8683	交通民集43巻1号48頁	乗用車（日産ラシーンE-RFNB14）	全損（物理的、経済的の区別なし）	618,000	17,500				1,030	

第4章　廃車解体費用（国産乗用車）

番号	裁判所	判決日	事件番号	出典	被害車	物理的・経済的全損	認容全損時価額(円)	廃車料合計(内訳不明)(円)	廃車費法定費用(円)	解体処理料(円)	廃車手続代行費用(円)	廃車用印鑑証明書・戸籍謄本(円)	登録抹消費用(円)
12	東京	平22.3.26.	平20ワ1327	交通民集43巻2号455頁	乗用車	全損(物理的、経済的の区分なし)	100,000	8,400					
13	横浜	平24.6.21.	平23ワ1521	交通民集45巻3号747頁	乗用車	経済的全損	420,000	30,000					
14	東京(2)	平24.7.18.	平24ワ9752	未公表	乗用車	経済的全損	850,000	300					
15	東京a	平25.1.23.	平24ワ16255、18870	未公表	三菱RVR	経済的全損	233,000			16,300			16,300
16	大阪	平25.6.25.	平24ワ3514、8908	交通民集46巻3号764頁	乗用車	経済的全損	105,000			20,000			15,000
17	東京(2)	平25.8.6.	平24ワ24834、平25ワ10917	未公表	乗用車	物理的全損	1,400,000	51,450					
18	東京(2)	平25.10.23.	平24ワ24475	交通民集46巻5号1376頁	乗用車	明示なし	690,000			3,030	15,750	300	

調査期間：平成13年～平成27年

【加害者が廃車解体費用を認め、争いにならなかった事例】

番号	裁判所	判決日	事件番号	出典	被害車	物理的・経済的全損	認容全損時価額(円)	廃車料合計(内訳不明)(円)	廃車費法定費用(円)	解体処理料(円)	廃車手続代行費用(円)	廃車用印鑑証明書・戸籍謄本(円)	登録抹消費用(円)
1	大阪	平18.2.23.	平16ワ11827	交通民集39巻1号269頁	乗用車	全損(物理的、経済的の区分なし)	157,500	43,530					
2	東京(1)	平18.10.11.	平16ワ18837	交通民集39巻5号1419頁	乗用車	経済的全損	650,000					300	

第5章　個別裁判例図（国産乗用車）

① 東京地判平成14年9月9日ab

裁判所・判決日	東京地判平14.9.9.ab	出　典	交通民集35巻6号1780頁、自ジャ1469号18頁
事件番号	平13(ワ)第23505号、(ハ)第214号、第578号、平14(ワ)第2770号		
原　告	甲野花子、甲野太郎	被　告	乙山夏子、Y保険
事故日	平13.2.12.　午後3:00ころ		
事故場所	横浜市青葉区		
事故状況	信号のない交差点において、一時停止規制のある道路を走行していた被告車（乗用車）が交差点に進入したところ、左方向から走行してきた原告車（乗用車）と衝突した。		

原告車　被告車　一時停止線　信号のない交差点

原告要求	被告答弁	判　決
「第一事件 被告乙山は、原告甲野花子に対し、80万7,393円及びこれに対する平13.2.12.から支払済みまで年5分の割合による金員を支払え。」	「第二事件 原告甲野太郎は、被告Y保険に対し、30万3,030円及びこれに対する平13.3.22.から支払済みまで年5分の割合による金員を支払え。」	「1　被告乙山は、原告甲野花子に対し、45万9,697円及びこれに対する平13.2.12.から支払済みまで年5分の割合による金員を支払え。 2　原告甲野太郎は、被告Y保険に対し、3万0,303円及びこれに対する平13.3.22.から支払済みまで年5分の割合による金員を支払え。」

原告主張過失割合：原告10%、被告90%

原告甲野花子の損害
主位的主張

原告車修理費　　630,893円
（経済的全損ではない）

仮定的代車料等　71,500円
（コロナのレンタカー代2週間分14万3,000円の50%）
（仮定的代車料が認められない場合、バス代、タクシー代の合計1万8,440円）

車両価格調査費用　5,000円
（オートガイド社へ支払い）

小計　　　　　　707,393円

弁護士着手金相当額
　　　　　　　　100,000円

合計　　　　　807,393円

予備的主張

原告車時価　　　440,000円
（インターネットによる）

残存車検費用　　83,182円
（自動車重量税　37,800円）
（整備費用　　　35,380円）
（印紙代金　　　1,100円）
（代行手数料　　11,000円）
（申請書類代金　3,000円）
（消費税　　　　2,469円）
（小計　　　　　90,749円）
（合計90,749円×22÷24
　　　　　　≒83,182円）

バッテリー代金　12,915円

エンジンフラッシング代金
　　　　　　　　6,300円

タイヤ代金　　　40,000円

被告Y保険の損害

被告車保険金支払額
　　　　　　303,030円
（保険金支払日平13.3.21）

原告の主位的主張について
（原告車の修理金額は認める）

原告車時価　　25万円以下
（レッドブックによっても38万円であり、経済的全損に当たる）
（全損、分損の判断は、車両時価額と修理費とを比較すべきである。実際に支出していない買替費用や、損害として発生していない残存車検費用を考慮すべきではない）

原告の予備的主張について

原告車時価　　　　25万円
（新車価格の10%）

残存車検費用　　　　争う
（原告車を修理し使用しているから現実に無駄になっていない）

買替諸費用　　　　　争う
（原告は実際に新しい車両を購入していないから費用は発生していない）

仮定的代車料　　　　否認
（代車を借りずに済んだことは、代車の必要性がなかった）

バス代単価　　　　認める

バス、タクシーの使用　不知

過失割合：原告10%、被告90%

原告甲野花子の損害

全損、分損の判断は、修理費と比較すべき対象は車両時価額のみに限定すべき理由はない。車検費用や車両購入諸費用等を含めた金額である。その結果、原告車は全損となる。

原告車時価　　　380,000円
（オートガイドによる）
（修理費金額に争いはない）

車両時価の消費税　19,000円

残存車検費用　　34,030円
（自動車重量税　37,800円）
（整備費用　　　35,380円）
（印紙代金　　　1,100円）
（代行手数料　　11,000円）
（申請書類代金　3,000円）
（消費税　　　　2,469円）
（小計　　　　　90,749円）
（合計90,749円×（22−13）÷24＝34,030円）

バッテリー代金　　　否認

エンジンフラッシング代金
　　　　　　　　　　否認

タイヤ代金　　　　　否認
（上記3点は車両時価に包含されている）

車両買替諸費用　49,925円
（検査登録法定費用　3,540円）
（車庫証明法定費用　2,600円）
（検査登録手続代行費
　　　　　　　　23,400円）
（車庫証明手続代行費
　　　　　　　　10,300円）
（納車費用　　　8,000円）

（平12.11.車両購入時に交換した）	タクシー必要性　　争う	（消費税　　　　2,085円）
車両買替諸費用　71,925円	弁護士費用　　　争う	解体・抹消登録費用　16,380円
（検査登録法定費用 　　　　　3,540円）	（弁護士を委任していない以上、弁護士費用は発生しない）	（解体費用　　　10,000円）
（車庫証明法定費用 　　　　　2,600円）		（抹消登録料　　5,600円）
（検査登録手続代行費用 　　　　　23,400円）		（上記2点の消費税　780円）
（車庫証明手続代行費用 　　　　　10,300円）		仮定的代車料　　　6,440円
（納車費用　　8,000円）		（バス代のみ、230円の28回）
（消費税　　24,085円）		車両時価調査費用　5,000円
解体・抹消登録費　26,250円		小計　　　　　510,775円
仮定的代車料　　71,500円		過失相殺10%　（－）51,078円
車両時価調査費用　5,000円		差引　　　　　459,697円
小計　　　　757,072円		弁護士着手金　　　否認
弁護士着手金相当額 　　　　　100,000円		（原告は弁護士に委任していない）
		合計　　　　459,697円
合計　　　857,072円		
		被告Y保険の損害
		被告車損害　　　303,030円
		過失相殺90%　（－）272,727円
		損害合計　　　30,303円

原告車、被告車に関するデータ

原 告 車	普通乗用自動車（原告甲野太郎運転、原告甲野花子所有）、トヨタマークⅡ4ドアHT、型式E－JZX81、総排気量2.49/lx、走行距離48,722km、初度登録平成3年9月、9年5か月経過、事故の2か月前に25万円で購入、新車価格249.5万円、前回車検日平12.12、車検有効期限平14.12.7.、車検残期間22か月
被 告 車	普通乗用自動車（被告乙山夏子運転）、Y保険に車両・対物保険を付保

―――――――――――― 事故概要 ――――――――――――

　午後3時ごろ、信号のない交差点において、一時停止規制のある道路を走行してきた乙山夏子運転の被告車（乗用車）が交差点に進入したところ、左方向から走行してきた甲野太郎運転の原告車（乗用車）と出合頭に衝突した。

―――――――――――― 訴訟概要 ――――――――――――

　原告車の所有者である甲野花子が原告となって、事故は被告乙山に90%の過失があ

ると主張して、原告車の損害を要求した。その際、原告甲野花子の請求は、主位的に原告車の修理費用と仮定的代車料、時価額調査費用であり、予備的に原告車時価と、仮定的代車料、残存車検費用、車両買替諸費用、解体・抹消登録費用などであった。

　一方、被告車の保険会社であるＹ保険は、被告車損害を車両保険金として支払ったあと、原告甲野太郎に対し代位請求した。

────────── 原告甲野の車両全損要求 ──────────

　原告甲野花子は、主体的に原告車の損害は経済的全損ではないと主張して修理費用63万0,893円を要求した。

　その理由は、「いわゆる『経済的全損』とは、車両時価額、買換諸費用、車検費用等の合計額が、修理費用を著しく上回る場合である……。」と主張した。

　そして、「経済的全損と評価される場合に、出費を最小限に抑えて被害者の元の利益状態を回復するためには、速やかに被害車両を抹消登録して廃棄処分して買い換える以外に方法がなく、被害車両に係る車検費用のうち事故日から車検有効期間終了までの残存分が無駄になり、解体費用及び抹消登録費用が必要となり、車両小売時価及び買換諸費用が必要になるからである。買換えは修理と比較してかなりの手間暇がかかること、全損とされた場合の損害認定額によって、同程度の車両を必ずしも探すことができないことを考慮すると、修理費用の方が若干上回る程度では、いわゆる『経済的全損』の事例には当たらないというべきである。

　そして、後述のとおり、甲野車を廃車・抹消登録して、新たに甲野車と同種同等の車両を購入し、その他車検、部品交換、整備等を行い、原状回復しようとすると、修理により原状回復する金額を上回る。したがって、本件はいわゆる経済的全損の事例に当たらない。」と説明した。

（仮定的代車料、調査費用の要求については省略）

　次に予備的に、本件が経済的全損の事例であると判断された場合には、原告甲野は、車両時価額44万円を請求した。その根拠は、

　「中古車情報会社が公開している小売価格情報を勘案すると、事故日の甲野車（パワーシート、デジタルパネル装備、車体色はパールとシルバーのツートン色《人気色》、排気量は2,500cc、事故時の走行距離は約 4 万8,722キロメートル）の小売価格時価額は44万円とするのが相当である。」

とインターネットによって検索した金額を提示した。

　原告甲野花子は、車両時価額のほかに、残存車検費用 8 万3,182円、バッテリー代金 1 万2,915円、エンジンフラッシング(注)代金6,300円、タイヤ代金 4 万円、車両買換諸費用合計 7 万1,925円、解体・抹消登録費用 2 万6,250円と仮定的代車料、調査費用、弁護士着手金相当額を要求した。

原告甲野花子は、残存車検費用 8 万3,182円の請求根拠を次のように計算した。

自動車重量税……3 万7,800円		車検期間…………24か月
整備費用…………3 万5,380円		残存車検期間……22か月
印紙代金……………1,100円		
代行手数料………1 万1,000円		
申請書類代金………3,000円		
消費税………………2,469円		
合計……………9 万0,749円		

残存車検費用： 9 万0,749円÷24か月＝3,781円

3,781円×22か月＝ 8 万3,182円（小数点以下切捨て）

被告反論

被告乙山と Y 保険は、原告甲野の主張する修理費の金額は認めるとしながらも、甲野車の時価額は25万円以下であり経済的全損であると反論した。時価額25万円以下の理由は、甲野車が初度登録から事故日までに約 9 年 5 か月経過しており、甲野車の新車価格は249万5,000円であり、車両の減価償却年数が 6 年であるから定率法による残存率が10％の24万9,500円となると反論した。

しかも、甲野車は、事故の約 2 か月前、実際に25万円で購入した。それから 2 か月後の甲野車の時価額が購入時の25万円を上回ることはあり得ないと反論した。

●全損、分損の判断基準

被告らは、「全損・分損の判断においては、車両時価額と修理費とを比較すべきであって、実際に支出していない買換え費用や損害として発生していない残存車検費用を考慮すべきではない。」と反論した。

●残存車検費用

被告らは、「仮に、一般的に相当因果関係が認められるとしても、それはあくまで車検費用が現実に無駄になった場合のことである。具体的には、車両を下取りないしは廃車にし、その結果、当該車両に投下した車検費用のうち、事故日から車検有効日までの期間に相当する費用部分が実際に無駄になるが、そのときはじめて相当因果関係が問題となる。しかしながら、甲野車については、現在修理を終えて使用されているとのことであり、現実に下取りや廃車に出されてはいない。とすれば、原告甲野花子が主張する残存車検費用とは、あくまで仮定的な損害であり、損害の発生自体が認められない。」と否認した。

●買換諸費用

被告らは、「仮に、一般的にこれらの費用について相当因果関係が認められるとしても、それはあくまで実際に新しく車両を購入し、その際に費用がかかることが前提で

ある。実際に買い換えていない以上、買換えに関する費用は発生していないのであり、事故による損害として認められない。」と否認した。

（仮定的代車料に関する反論は省略）

─────────────── 判決理由 ───────────────

●甲野車の修理費または時価額等

　判決は、「車両が、全損と評価される場合には、被害者は、被害車両を修理して再び使用することはできず、元の利益状態を回復するには同種同等の車両を購入するほかない。したがって、被害車両に投下した車検費用等については、その出捐（シュツエン：筆者注）に見合う使用ができなくなることになるから、残存車検費用のうち、少なくとも時価額に包含される部分を超える限度において事故による損害と認められるべきであるし、新たな車両の購入に伴って生ずる諸費用は、車両の取得行為に付随して通常必要とされる費用の範囲内において、事故による損害と認められるべきである。これら費用等が認められて初めて、被害者の経済状態は被害を受ける前の状態に回復されたといえる。」と説述し、

　「こうしてみると、いわゆる経済的全損か否かの判断に当たって、修理費の額と比較すべき全損前提の賠償額については、車両時価額のみに限定すべき理由はなく、これに加えて、全損を前提とした場合に事故による損害と認められるべき車検費用や車両購入諸費用等を含めた金額であると解すべきであり、逆に、修理費の額が、車両時価額を上回っていたとしても、これが、車両時価額と全損を前提とした場合に損害と認められるべき諸費用を加えた額を下回る場合には、もはや経済的全損と判断することはできず、修理費の請求が認められるべきである。」と全損・分損の判断基準を示した。

●甲野車の時価額

　判決は、「甲野車は平成3年9月初度登録のトヨタマークⅡ4ドアHTで、型式はE-JZX81、総排気量は2.49lx、本件事故時の走行距離は4万8,722キロメートルであった。そして、有限会社オートガイドの自動車価格調査サービス（甲18）によれば、甲野車と同一の車種・年式・型の自動車の平成13年2月時点（事故月：筆者注）における小売価格（機能及び内、外装が整備された状態で販売される車両本体のみの価格。消費税、自動車税、自賠責保険（料：筆者注）及び登録諸費用を含まない。）は38万円である。この点、原告花子が提出するインターネットによる中古車情報（甲11、12）には、甲野車と同一の車種・年式・型・排気量の自動車について、上記額を上回る価格のものが見受けられるが、インターネット検索の場合には、検索条件の設定いかんによって抽出される車両の範囲を変えることが可能であり（乙14の1ないし7）、これをもって、直ちに車両時価額を認定することはできない。

　以上によれば、甲野車の時価額は、車両本体のみの価格38万円、その消費税1万

9,000円と認めるのが相当である。」として、レッドブックによる価格を採用し、イン
ターネットによる時価額を採用しなかった。

●残存車検費用

判決は、「原告甲野花子は、甲野車について、平成12年12月（本件事故の約2か月前：
筆者注）に車検のための整備を行い、その費用として自動車重量税3万7,800円、整備
費用3万5,380円、印紙代金1,100円、代行手数料1万1,000円、申請書類代3,000円、
消費税2,469円の合計9万0,749円を出捐したこと（請求書等の宛名……）、同車検の有
効期間は平成14年12月7日までの2年間であったことが認められる。

上記金額のうち残存期間分（22か月分）については、時価額の評価に包含される部分
を除き、本件事故による損害と認めるのが相当である。ところで、前記のとおり、車
両の小売価格は機能及び内、外装が整備された状態で販売される車両本体のみの価格
であるが、一般に、車検残存期間のうち13か月分程度は、小売価格の評価に包含され
ているものと解される。9万0,749円を24か月で除し、22か月から13か月を減じた9か
月を乗ずると、3万4,030円（小数点以下切捨て）となる。」と残存車検費用3万4,030円
を認容した。

> 計算式：9万0,749円÷24か月×9か月（22か月－13か月）＝3万4,030円
>
> 　　　　　　　　　　　　　　　　　　　　　　　　　　（小数点以下切捨て）

●車両購入諸費用のうち

a　検査・登録手続費用、車庫証明費用

判決は、「検査・登録手続費用及び車庫証明費用は、車両を取得する都度出捐を
余儀なくされる法定の費用（手数料）であり、証拠（甲29）によれば、本件におい
て、甲野車と同種同等の車両を取得した際に要する検査・登録手続費用は3,540円、
車庫証明費用は2,600円と認められる。その合計は6,140円である。」と6,140円を
認めた。

b　検査・登録手続代行費用、車庫証明手続代行費用、納車整備料、納車料

判決は、「検査・登録手続代行費用、車庫証明手続代行費用及び納車費用は、販
売店の提供する労務に対する報酬であるところ、車両を取得する都度、検査・登
録、車庫証明の手続や納車が必要となり、車両購入者が通常それらを販売店に依
頼している実情にかんがみると、これらの費用を車両の取得行為に付随するもの
として賠償の対象とするのが相当である。」と認容した。

●解体・抹消登録費用──1万6,380円

判決は、「証拠（甲42）によれば、甲野車の解体費用は1万円、抹消登録料は5,600円
であり、その合計1万5,600円の消費税相当額は780円であることが認められる。他方、
甲野車にスクラップ代金相当額の価値が存在したこと及びその額を認める証拠はな

い。」と1万6,380円の全額を認め、スクラップ代金の控除は行わないとした。
（仮定的代車料、調査費用については、省略）

―――――――――― 解　　説 ――――――――――

　本件では、原告が経済的全損の判断基準は、単に、修理費用と時価額を比較するのではなく、修理費用と比較するのは、時価額と車両買替諸費用、残存車検費用の合計額である。修理費用が合計額を著しく上回れば経済的全損であり、修理費用が合計額を著しく上回らなければ分損として、損害は修理費用となると問題を提起し、原告は、本件では経済的全損に当たらないから修理費を要求するとして訴訟が提起された（「著しく上回らなければ」ということから、若干上回っても分損となり、修理費用が認められることになる）。

　原告の問題提起に対し、見事に応えたのが本件判決である。判決理由には、長文となったが、重要な部分を引用しておいた。

　判決が22か月から13か月を減じた理由は、レッドブックの中古車小売価格「車検残り月数による価値評価（小売用参考値）」による。

　本件のトヨタマークⅡは、車両クラスがEとなり、このクラスの車検残月数23か月以上24か月未満では価値評価4万4,000円を加算し、12か月以上13か月未満では価値評価0円、1か月以上2か月未満では価値評価5万5,000円を減算することになっている。

　判決は、13か月の価値評価0円に注目して、レッドブックがいう原告車の時価額38万円は、車検残月数13か月の価格であるから、本件の残存車検期間22か月のうち13か月分は38万円に反映されている。そこで22か月から13か月を減じた9か月分だけを残存車検費用としたのである。

―――【注】エンジンフラッシングとは ―――――――――――

　エンジン内部の清掃、汚れの排出をすることで、方法は3つ。費用は、2,000円〜8,000円ほどである。

①　エンジンオイル交換前に専用のフラッシングオイル添加剤を投入し、しばらく走行したあと、排出する方法

②　エンジンオイルを抜き、専用のフラッシングオイルをエンジンオイルのゲージ上限まで入れ、しばらくエンジンを動かし、そのあと、新しいエンジンオイルと交換する方法

③　専用のフラッシングマシーンを使用する方法

② 札幌地判平成14年11月22日

裁判所・判決日	札幌地判平14.11.22.	出　典	判時1824号90頁
事件番号	平13㈠第2083号		

原　告	甲野太郎、甲野花子	被　告	Y自動車工業、Y2自動車販売	
事 故 日	平12.4.20.　午後7:50ころ			
事故場所	北海道山越郡長万部町　国道5号			
事 故 状 況	原告車（乗用車）が片側1車線の国道において先行車2台を追い越すため加速し対向車線を走行したところ、アクセルレバーが全開状態になる等の異常が発生した。その後原告車は逆向きになったところ、対向してきた大型車と衝突した。			

片側1車線国道

大型車　原告車　先行車

原告要求	被告答弁	判　決
「1　被告らは、原告甲野太郎に対し、連帯して971万4,229円及びこれに対する平12.4.20.から支払済みまで年5分の割合による金員を支払え。」 「2　被告らは、原告甲野花子に対し、連帯して583万2,889円及びこれに対する平12.4.20.から支払済みまで年5分の割合による金員を支払え。」		「1　被告Y自動車工業株式会社は、原告甲野太郎に対し、228万8,150円及びこれに対する平12.4.20.から支払済みまで年5分の割合による金員を支払え。」 「3　原告甲野花子の請求を棄却する。」
原告車の噴射ポンプのワックスレバー部分が破断するなど安全性を欠いていた。	原告太郎が不適切な運転操作をしたため車両を制御できなかったもので、原告側に相当な過失相殺をされる	本件事故の最大原因はワックスレバーの破断である。原告太郎の運転操作が不適切であったとは言えない。よって過

原告甲野太郎の損害			べきである。	失相殺の被告主張は理由がない。	

原告甲野太郎の損害

代車料		787,500円
車両全損時価		1,510,000円
平成12年度自動車税		
		48,700円
自動車廃棄手数料		45,150円
交通費		1,500円
積載の糊付機		446,000円
休業損害		203,268円
レッカー代		240,000円
駐車場代		45,000円
（被告らの検査までの間）		
慰謝料		5,000,000円
小計		8,327,118円
弁護士費用		1,387,111円
合計		9,714,229円

原告甲野花子の損害

慰謝料		5,000,000円
弁護士費用		832,889円
合計		5,832,889円

べきである。

原告の損害は不知ないし争う。

被告Y2自動車販売は実質的な製造者とは言えず、製造物責任を負うことはない。

失相殺の被告主張は理由がない。

原告甲野太郎の損害

代車料		150,000円
（@￥5,000×30日）		
車両全損時価		1,510,000円
平成12年度自動車税		否認
（相当因果関係なし）		
自動車廃棄手数料		45,150円
交通費		否認
（相当因果関係なし）		
糊付機		90,000円
（定価の20％）		
休業損害		否認
（相当因果関係なし）		
レッカー代		240,000円
駐車場代		45,000円
（被告らの検査までの間）		
慰謝料		否認
小計		2,080,150円
弁護士費用		208,000円
合計		2,288,150円

原告甲野花子の損害

慰謝料		否認
弁護士費用		否認

被告Y2自動車販売が実質的な製造業者（製造物責任法2条3項3号）に該当しない。

原告車に関するデータ

原告車	被害車、自家用乗用自動車（原告甲野太郎運転）、デリカ・スペースギア、原告甲野花子は助手席に同乗

━━━━━━━━━━━━━━ 事故概要 ━━━━━━━━━━━━━━

　片側 1 車線の国道を走行していた原告甲野太郎運転の原告車（デリカ）は先行する 2 台の車両を追い越すため対向車線に出て加速したところ急加速等の異変が生じ、蛇行して逆向きの形になった。そこへ対向してきた大型車が衝突した。

━━━━━━━━━━━━━━ 訴訟概要 ━━━━━━━━━━━━━━

　原告は原告車を製造した被告 Y 自動車工業㈱と販売した被告 Y2 自動車販売㈱に対し、製造物責任法に基づき賠償請求した。被告 Y 自動車工業㈱は原告甲野太郎の不適切な運転操作が一因であると過失相殺を求めた。被告 Y2 自動車販売㈱は同法にいう製造者ではないと賠償を断った。そこで原告が提訴した。

━━━━━━━━━ 原告甲野太郎の車両全損要求 ━━━━━━━━━

　原告甲野太郎は、本件事故当時、噴射ポンプのワックスレバー部分が破断するなど通常有する安全性を欠いていたと主張して、被告 Y 自動車工業㈱と被告 Y2 自動車販売㈱に対し、製造物責任法 3 条に基づき損害の賠償を求めた。

━━━━━━━━━ 被告 Y 自動車工業㈱らの反論 ━━━━━━━━━

　被告 Y 自動車工業㈱らは、原告甲野太郎の不適切な運転操作をしたため、原告車を制御することができなくなったものであり、原告甲野太郎に相当程度の過失相殺がされるべきであると反論した。

━━━━━━━━━━━━━━ 判決理由 ━━━━━━━━━━━━━━

　裁判所は、ワックスレバーが破断し、エンジンが高回転を続けるような非常事態に直面した原告甲野太郎において、上記のような運転操作をしたからといって、それがとりたてて不適切であったとは言えないし、これが相当程度の割合で損害の発生に結び付いていることを示す事情というのも特段窺われないと認定して、過失相殺に関する被告らの主張を退けた。

　原告甲野太郎の損害額について、判決は、車両代金を原告甲野太郎の要求どおり151万円、自動車廃棄手数料も要求どおりの 4 万5,150円を認めた。原告車に積載していた糊付機の破損を認め定価の20％に当たる 9 万円の賠償を命じた。その他、代車料は減額して15万円、レッカー代、駐車場代は要求どおり、24万円、4 万5,000円を認めた。

　しかし、自動車税、交通費、休業損害、慰謝料は、いずれも認めなかった。
（原告甲野花子の損害は慰謝料だけであり、省略）

─── 解　説 ───

　本件裁判例では、原告車の全損を認め、車両時価額151万円を要求どおり認容している
るが、金額算出の根拠が明示されていない。また、本件裁判例でいう自動車廃棄手数
料とは、「本件車両の廃棄に要した費用４万5,150円を本件事故と相当因果関係のある
損害として認める。」とあり、廃車費用のことと理解した。

　本件裁判例によって、車両が全損になった場合、廃車費用は損害として認められる
ことを示している。ただ、廃車費用４万5,150円の細かな内訳はわからない。

　本件の損害額認定が非常に漠然としているが、これは製造物責任法に基づく判決で
あり、交通事故の損害賠償訴訟とは手続も損害額認容基準も異なるためであろう。

③ 神戸地姫路支判平成15年２月14日

裁判所・判決日	神戸地姫路支判平15.2.14.	出　典	未公表
事件番号	平14(ワ)第609号		
原　告	甲野太郎　　被　告　乙山春男		
事故日	平13.2.2.　午前0:40ころ		
事故場所	兵庫県加古川市		
事故状況	深夜、被告乙山春男が飲酒運転する被告車（トラック）が中央線を越えて対向車線にはみ出して進行し、対向車線を走行してきた原告甲野太郎運転の原告車（乗用車）と正面衝突した。		

被告車　トラック

原告車　乗用車

原告要求	被告答弁	判　決
「被告は、原告に対し、金175万7,803円及びこれに対する平13.2.2.から支払済みまで年５分の割合による金員を支払え。」		「被告は、原告に対し、金104万4,335円及びこれに対する平13.2.2.から支払済みまで年５分の割合による金員を支払え。」
原告甲野の損害 原告車本体価格　290,000円 （中古車雑誌による）	原告甲野の損害について (1)原告車時価　266,000円 （新車価格266万円の10%）	原告甲野の損害 (1)原告車時価　290,000円 （中古車雑誌による）

取付部品価格控除 　　　　　　　　（－）7,455円	価値増加部品のうちストラット、スタッドレスタイヤ、スキーキャリア、オーディオ、アルミホィールのみ認容　　　　147,000円	価値増加部品購入価格
(1)原告車時価　282,545円		ストラットほか　189,000円
価値増加部品購入価格	その余の部品　　　否認	スタッドレスタイヤ 80,000円
バッテリー　13,965円	カーナビ　　　　　否認	スキーキャリア　50,000円
ポンプハーネスト 5,145円	残存車検代　　　12,000円	オーディオ　　　36,855円
オルタネーター　33,075円	(2)小計　　　　159,000円	カーナビ　　　178,200円
ストラットほか　94,500円		小計　　　　　534,055円
スタッドレスタイヤ 　　　　　　　56,000円	認容車両損害(1)＋(2) 　　　　　　　425,000円	(2)部品時価　267,027円 （534,055円×50％）
スキーキャリア　15,000円		エンジンフラッシング　否認
オーディオ　　　18,428円	各部品の償却率は使用年数に比して小さすぎる。	下回り洗浄、下回り塗装　否認
エンジンフラッシング 　　　　　　　　4,410円		
カーナビ　　　155,982円		残存車検代（17か月）
下回り洗浄　　　4,410円		整備費（含消費税5％） 　　　　　　　83,574円
下回り塗装　　　2,646円		重量税　　　　37,800円
アルミホィール　40,000円		代行料　　　　15,000円
残存車検代　　　97,377円		印紙代　　　　　1,100円
(2)価値増加部品合計 　　　　　　　540,938円		小計　　　　　137,474円
		(3)137,474円÷24か月× 　17か月＝97,377円
(A)車両損害(1)＋(2) 　　　　　　　823,483円		(A)車両損害(1)～(3) 654,404円
事故当時の諸経費	事故当時の諸経費 （判決に被告の反論記載なし）	事故当時の諸経費
直前購入ガソリン代 　　　　　　　　5,601円		直前購入ガソリン代 　　　　　　　　5,601円
宿泊代　　　　　2,300円		宿泊代　　　　　2,300円
帰宅交通費(JR)　1,110円		帰宅交通費(JR)　1,110円
レッカー時自車高速代 　　　　　　　　2,650円		レッカー時自車高速代 　　　　　　　　2,650円
レッカー時自車ガソリン代 　　　　　　　　2,044円		レッカー時自車ガソリン代 　　　　　　　　2,044円
レッカー代　　　9,000円		レッカー代　　　9,000円
レッカー車・事故車高速代 　　　　　　　　　300円		レッカー車・事故車高速代 　　　　　　　　　300円
(B)小計　　　　23,005円		(B)小計　　　　23,005円

新車購入諸経費		新車購入諸経費		新車購入諸経費	
新車購入消費税（5％）		新車購入消費税	否認	車両購入消費税（5％）	
	41,174円	（次に買い替える際必ず発			14,500円
県外登録・届出費用		生費用）		（車両時価29万円に対し）	
	48,000円	県外登録・届出費用	否認	県外登録・届出費用	否認
車庫証明費用	28,000円	車庫証明費用	否認	車庫証明費用	28,000円
店頭引渡準備費用		店頭引渡準備費用	否認	店頭引渡準備費用	11,000円
	11,000円	代書料ほか	否認	代書料ほか	23,000円
代書料ほか	23,000円	自動車取得税	否認	自動車取得税	38,000円
自動車取得税	38,000円	登録印紙代	否認	登録印紙代	500円
登録印紙代	500円	保証手続料	否認	車庫証明印紙代	2,650円
車庫証明印紙代	2,650円	新車配送費用	否認	保証手続料	20,000円
保証手続料	20,000円	（本件事故と相当因果関係		印鑑証明・住民票発行	400円
新車配送費用	30,000円	なし）		新車配送費用	10,000円
印鑑証明・住民票発行		印鑑証明・住民票発行	否認	(C)小計	148,050円
	400円				
(C)小計	242,724円				
廃車諸費用		廃車諸費用	否認	廃車諸費用	
廃車代	19,775円	（将来必ず必要になる費用）		廃車代	19,775円
2〜4月分自動車税		2〜4月分自動車税	否認	2〜4月分自動車税	否認
	9,600円	（買替えまで1週間である）		印鑑証明書	200円
印鑑証明書	200円			住民票（与野市、生野町）	
住民票（与野市、生野町）					200円
	200円			住民票（八王子市、与野市）	
住民票（八王子市、与野市）					200円
	200円			住民票郵送料	600円
住民票郵送料（速達）	600円			高速代往復	否認
高速代往復	2,850円			ガソリン代	否認
ガソリン代	2,044円			(D)小計	20,975円
(D)小計	35,469円				
スピーカー積替え費用		スピーカー積替え費用	否認	スピーカー積替え費用	
専用ブラケット購入費用		（全損時価によって評価済み）		専用ブラケット購入費用	
	6,000円				6,000円
スピーカー載替え工賃				スピーカー載替え工賃	
	6,000円				6,000円
消費税（5％）	600円			消費税	600円
(E)小計	12,600円			(E)小計	12,600円

警察・裁判所出頭、訴訟経費		警察・裁判所出頭、訴訟経費		警察・裁判所出頭、訴訟経費	
休業補償	390,859円	休業補償	否認	休業補償	126,450円
交通費	36,296円	交通費	否認	交通費	24,586円
通信費	8,530円	通信費	否認	通信費	4,265円
コピー代・書籍代	33,637円	コピー代・書籍代	否認	コピー代・書籍代	30,000円
慰謝料	151,200円	慰謝料	否認	（弁護士費用に準じる）	
(F)小計	620,522円	（物損であるから否認）		慰謝料	否認
				(F)小計	185,301円

請求総額(A)〜(F)			認容総額(A)〜(F)	
	1,757,803円			**1,044,335円**

原告車、被告車に関するデータ

原 告 車	普通乗用自動車（原告甲野太郎所有・運転）、平成12年 6 月16日車検受け、車検有効期間残存は約17か月、購入後約 9 年経過
被 告 車	普通貨物自動車（被告乙山春男運転）

──────── **事故概要** ────────

　深夜、被告乙山春男は飲酒して被告車（トラック）を運転走行中、中央線を越え対向車線にはみ出して進行し、対向車線を走行してきた原告甲野太郎運転の原告車（乗用車）と正面衝突した。

──────── **訴訟概要** ────────

　原告甲野太郎は、本件事故によって生じた原告車の損害賠償を被告乙山春男に対して請求して提訴した。

──────── **原告甲野の車両全損要求** ────────

　原告甲野太郎は、原告車の修理費用が車両時価を上回り全損になったと主張。

　車両本体価格は、平成13年 2 月（事故日の属する月：筆者注）の中古車雑誌の価格は29万円であるから、新車価格はその10倍した290万円となり、ここから最近購入した部品代金を控除し、さらに、9 割の償却をして車両時価額28万2,545円を算出したと主張した。

> 計算式：車両価格29万円×10＝290万円
> 　（2,900,000－（購入部品代19,950＋10,395＋7,350＋36,855））×0.1＝282,545円

　原告は、さらに原告車独自の部品を装備しているので、車両価値を増価させていると主張し、部品購入価格から購入後の経過期間に対し償却率を適用した部品時価を算出し、バッテリーから残存車検代までの部品合計54万0,938円を算出し、この54万0,938円と原告車時価28万2,545円の合計82万3,483円を車両損害として要求した。

　また、原告は、深夜の事故のために必要となった経費として、事故直前購入のガソリン代や宿泊代など合計2万3,005円を要求した。

　原告は、原告車を廃車して新車を購入したが、その際に必要になった新車購入諸経費として、中古車価格82万3,483円を購入すると見なした消費税4万1,174円から印鑑証明・住民票発行費までの合計24万2,724円、全損となった原告車の廃車諸費用3万5,469円、原告車に装備していたスピーカーを買替車両に取り付けるため専用ブラケットを購入し、買替車両にスピーカーを積替え費用1万2,600円、警察への出頭、調停に裁判所への出廷のための休業補償や交通費、通信費、訴訟のためにコピーし、購入した書籍代、物損慰謝料の合計62万0,522円を要求した。物損慰謝料について、原告は、愛着のある原告車を損壊されたことによる精神的平穏を害された損害と本件事故の態様が違法性の高いことから物損慰謝料を要求したものであると主張した。

────────────── **被告の反論** ──────────────

　被告は、車両本体価格は原告車の新車価格266万円の1割である26万6,000円である。車両本体価格は、平均的な水準に整備された状態であることを当然の前提とするものであるから、原告主張の付属品のうち、ストラット、スタッドレスタイヤ、スキーキャリア、オーディオ、アルミホイールについては、車両本体価格の増額要因となることを認めるが、その余については認められない反論した。カーナビは、本件事故によって損壊したか否かわからないと損害を否認した。

　残存車検代の評価は1万2,000円が相当であると反論し、原告車の車両損害は原告車時価額26万6,000円と価値増加部品代15万9,000円の合計42万5,000円程度と評価すべきであると反論した。

　新車購入諸経費は、本件事故がなくても、次に自動車を買い替える際必ず発生する費用であり、本件事故との相当因果関係は認められないと反論した。また、廃車諸費用も本件事故がなくても将来的には必ず必要となるから本件事故との間に因果関係がないと否認した。スピーカー積替え費用は、原告車の全損時価によって評価済みであり、認められないと反論した。

　警察出頭、裁判所出廷による休業補償、交通費、通信費、コピー代、書籍代について、被告は、これら費用は訴訟等の準備費用であり、本件事故と相当因果関係がないと否認した。

　物損慰謝料について、被告は、本件事故によって生じた損害が物損であるから認め

られない。本件事故の人身損害についてはすでに示談が成立したが、そのなかで慰謝料も考慮されていると反論した。

─────────── 判決理由 ───────────

●原告車時価

「証拠（乙1、3）によれば、事故車両と同種、同等の車両の中古販売価格は29万円程度であることが認められる。原告は、この価格をもとに新車価格を計算し、さらにこれから自己が最近取り付けた部品価格を控除し、償却率を乗じて車両本体価格を算出するが、前記中古販売価格は通常の部品（バッテリー、フューエルポンプハーネス、オルタネータ、アルミホイール）を装備したものとして評価されているから、前記29万円をもって車両全損による損害と認定すべきであり、別にこれらの部品の現在価格（表1の2ないし4及び13）を損害として認定する必要は認められない。」

●取付部品

「弁論の全趣旨によれば、表1の5ないし8、10は、原告が事故車両に特に取り付けた部品であって、その付加価値を考慮する必要がある。そして証拠及び弁論の全趣旨によれば、平成10年6月12日の車検時にストラット他を取付けるのに消費税を含めて18万9,000円を要したこと（甲2の資料1の9枚目）、本件交通事故の1年2か月前スタッドレスタイヤを8万円で購入し取付けたこと及び本件交通事故の6年以上前にスキーキャリアを5万円で購入し取付けたこと、（甲2の資料1の10枚目、11枚目、弁論の全趣旨）、平成10年7月ころオーディオ及び関連機器を購入し、取り付け、その費用に3万6,855円を要したこと平成11年12月ころカーナビを購入して取り付け、その費用に17万8,200円を要したこと（甲2の資料1の3枚目、4枚目、資料3の2枚目、弁論の全趣旨）が認められる。以上合計は合計53万4,055円となる。これらについて残存耐用期間に応じた償却がなされねばならないが、その残存耐用期間は明らかでなく厳密な計算は困難である。そうすると、すべての部品につき残存価値を50パーセントとみることがもっとも確率的に公平である。よってこれらの価格は26万7,027円であると認める。なお、事故車両に搭載されていたカーナビにつき、被告は損壊したことの証明がないというが、本件は、正面衝突による車両全損事案であり、その損壊状況（乙4）に照らし、またカーナビは精密機器であることからすると、損壊したものと推認すべきである。」

●残存車検代

「原告が平成12年6月16日に車検を受け、消費税を含む整備費8万3,574円、重量税3万7,800円、代行料1万5,000円、印紙代1,100円、合計13万7,474円を支払った（甲2の資料1の2枚目）。車検の有効期間の残存は本件交通事故当時で約17か月であったから、前記合計額の24分の17である9万7,377円が残存車検料として損害と認められる。」

●廃車諸費用

「被告は、自動車は耐用年数経過後廃車されるものであるから、廃車費用は、本件交通事故と相当因果関係がないという。しかし、廃車手続をせずに下取りを得てこれを引渡し、また知人に売却するなどして所有者が廃車手続をしないことも十分あり得ることであって、相当程度の蓋然性をもって所有者が廃車費用を負担するものとは認定し難い。したがって廃車費用を求める請求は理由がある。」

●調停日、警察調書作成日他交通費

「原告は生野町に在住し、加古川警察や裁判所に出頭するにあたり、自動車を利用し、交通費（高速料金）、ガソリン代を要したこと（同表の1ないし10）は弁論全趣旨により認められ、その金額として2万0,531円と認められる。」

●慰藉料

「当裁判所は物損については、その物がペットであるとか、仏壇、墓石であるなど、所有者にとって精神的な価値を付与する物である等の特段の場合を除いては、慰藉料は認めるべきではないと思料する。この観点からすると本訴請求で慰藉料を認容すべきものとは思われない。被告（原告の誤り：筆者注）は、事故により精神的平穏が害されたというが、これは人身損害の慰藉料として考慮されるべきものである。」

解　説

　本件が原告本人訴訟のため、請求の意味が不明確なところや通常使用しない用語がある。そのため、一部説明を付けたところや、用語を替えたところもある。たとえば、「お届け費用」を「新車配送費用」と替えた。原告は、仕事のため一時的に兵庫県生野町に居住しているが、数年後には出身地の関東地方に帰る予定でいる。そのため、原告車は関東地方ナンバーであり、新車購入先は、広島県福山市であるという特殊な事情がある。

　本件では、原告車の修理費用が時価額を上回り全損になったとされているが、修理金額の開示はない。原告車時価額の根拠として、事故発生日と同じ年月発行の中古車雑誌掲載の金額を採用している。後から取り付けた部品の価値増加を認め、部品購入価格の50％を価値増加分とした。車検有効期間まで残り17か月ある時点で全損になったことから24分の17を残存車検代として認容した。

　さらに、判決は、事故発生時刻が深夜であり、原告車が全損になったことから宿泊代、帰宅交通費、レッカー諸費用を事故当時の諸経費として認容し、全損になった原告車の替わりの新車購入諸経費、原告車の廃車諸費用を認め、スピーカーを原告車から取り外し、専用ブラケット購入して、これらを買替車両に取り付ける費用も認めた。

　警察出頭、裁判所出廷による休業補償、交通費、通信費を認め、コピー代、裁判に備え参考にした書籍代も弁護士費用の一種として認容した。

　なお、原告甲野太郎が掲げる裁判準備のため購入した書籍に、弊著『全損　第 2 集 1』、『修理　第 2 集 2』、『自動車・物損事故解決のしかた』がある。役立ったようで喜ばしい。下記に原告甲野太郎が掲げた購入書籍一覧表を載せておく。

【文書購入費ほか】

1	調停時物損請求書コピー代	70円	領収書なし
2	大阪船場法律事務所送付コピー代：43枚	430円	領収書なし
3	大阪船場法律事務所資料送付代	740円	領収書あり
4	訴状コピー（89枚×2式）	1,780円	領収書なし
5	文書購入費　海道野守著『全損　第 2 集 1』（保険毎日新聞社）	4,200円	実物あり
6	文書購入費　海道野守著『修理　第 2 集 2』（保険毎日新聞社）	2,625円	実物あり
7	文書購入費　齋藤博明＝齋藤明仁共著『休業損害と逸失利益算定の手引き』（保険毎日新聞社）	2,425円	実物あり
8	文書購入費　海道野守著『自動車・物損事故解決のしかた』（成美堂出版）	1,260円	実物あり
9	文書購入費　長戸路政行監修『交通事故の示談交渉マニュアル』（自由国民社）	1,365円	実物あり
10	文書購入費　神田洋司著『交通事故の損害賠償額』（自由国民社）	1,785円	実物あり
11	文書購入費　『交通事故の法律知識』（自由国民社）	2,100円	実物あり
12	文書購入費　柳原三佳著『自賠責保険請求ガイド』（情報センター出版局）	1,417円	実物あり
13	文書購入費　『交通事故裁定例集　平成11年度』（交通事故紛争処理センター）	5,250円	実物あり
14	文書購入費　柳原三佳＝浦野道行共著『示談交渉人裏ファイル』×3冊（情報センター出版局）	5,040円	資料として提出
15	文書購入費　高橋裕次郎編著『裁判と訴訟手続きのすべて』（日本実業出版社）	1,470円	実物あり
16	文書購入費　石原豊昭＝石原輝＝平井二郎共著『訴訟は本人で出来る』（自由国民社）	1,680円	実物あり
	合　　計	33,637円	

④ 大阪地判平成15年 7 月16日

裁判所・判決日	大阪地判平15.7.16.	出　　典	自ジャ1535号 6 頁
事件番号	平14㈦第8319号		

原　　告	甲野太郎	被　　告	乙山、Y会社

事 故 日	平13.9.23.　午後4:15ころ
事故場所	兵庫県三田市
事　故状　況	原告車（乗用車）が走行中、対向の被告車（トラック）がセンターラインを越えて正面衝突した。原告車が破損し、同乗者が負傷した。

被告車トラック

原告車乗用車

原告要求	被告答弁	判　　決
		「1　被告らは、連帯して、原告に対し、220万5,905円及びこれに対する平13.9.23.から支払済みまで年 5 分の割合による金員を支払え。」
(1)原告甲野太郎人損合計　　　　　　1,400,897円	物損示談で170万8,540円を提示したが原告が拒絶して本件提起となった。	(1)原告甲野太郎人損合計　　　　　　1,075,188円
(2)車両損害原告車全損時価　　　　　1,290,000円（修理費約140万円）車両に対する消費税　　　　　　　64,500円タイヤ・ATF オイル代（平13.1.に交換、残存時価額）　　　　　　103,059円残存車検費用　16,850円廃車手続費用　19,775円車両損害合計　1,494,184円	検査登録手続代行費用、車庫証明手続代行費用とその消費税は業者の報酬であり相当因果関係のある損害ではない。	(2)車両損害原告車全損時価　1,290,000円（修理費約140万円）車両に対する消費税64,500円タイヤ・ATF オイル代（車両本体価格に含まれる）　否認残存車検費用　　　　　否認（償却未了価値ほとんどなし）廃車手続費用　　19,775円（業者の報酬部分も含め認容）車両損害合計　1,374,275円

(3)車両買替諸費用

　（新車購入）

自動車取得税　　107,900円

自動車重量税　　56,700円

検査登録法定費用　3,240円

車庫証明法定費用　2,700円

検査登録手続代行費用

　　　　　　　　16,800円

車庫証明手続代行費用

　　　　　　　　15,000円

納車費用　　　　9,500円

消費税　　　　　2,065円

買替諸費用合計　213,905円

(4)代車料　　　　168,000円

(1)＋(2)＋(3)＋(4)

　　　　　　　3,276,986円

既払金　　　（－）589,588円

差引　　　　2,687,398円

弁護士費用　　　268,000円

損害合計　　|2,955,398円|

(3)車両買替諸費用

　自動車取得税（3％）

　　　　　　　　38,700円

　自動車重量税　　　否認

（新車にかかる税のため）

　検査登録法定費用　3,240円

　車庫証明法定費用　2,700円

　検査登録手続代行費用

　　　　　　　　16,800円

　車庫証明手続代行費用

　　　　　　　　15,000円

（業者に依頼する社会的実態

　にかんがみて損害と認める）

　納車費用　　　　　否認

（全額業者の利益のため）

　消費税　　　　　1,590円

　買替諸費用合計　78,030円

(4)代車料　　　　168,000円

(1)＋(2)＋(3)＋(4)　2,695,493円

既払金　　　　（－）589,588円

差引　　　　2,105,905円

弁護士費用　　　100,000円

損害合計　　|2,205,905円|

原告車、被告車に関するデータ

原告車	普通乗用自動車（原告甲野太郎運転）、妻、長男、長女同乗、車検後事故まで1年6か月経過
被告車	小型貨物自動車（被告乙山運転、被告Y会社所有）

────────── **事故概要** ──────────

　甲野太郎が妻、長男、長女を乗せて乗用車を運転中、乙山運転のトラックがセンターラインを越えてきて衝突した。

─────────── 訴訟概要 ───────────

　この事故で甲野太郎や妻、長男、長女が負傷し、原告車が損傷したため、甲野太郎が原告となって、自身の人損と原告車の物損をトラック運転の乙山とトラック所有のY会社に対して、損害賠償請求の訴訟を起こした。

─────────── 原告甲野太郎の車両全損要求 ───────────

　原告甲野太郎は、原告車の修理費用が140万円を超え、車両時価を上回るため経済的全損になったと言い、その車両時価は129万円であると主張した。

　その他の損害として、事故の9か月前に交換したタイヤと5か月前に交換したオイルの残存時価合計10万3,059円、原告車を廃車にしたため発生した残存車検費用1万6,850円、廃車手続費用1万9,775円、原告車の替わりに新車を購入したが、その時の車両買替諸費用21万3,905円と代車料16万8,000円を要求した。

─────────── 被告らの反論 ───────────

　被告らは、車両買替諸費用のなかの「業者代行費用（上記⑤検査登録手続代行費用、⑥車庫証明手続代行費用とその消費税である⑧）は、原告が、自らの便宜のために業者を利用した際の業者報酬であり、本件事故と相当因果関係のある損害とはいえないと主張」した。

─────────── 判決理由 ───────────

　裁判例は、原告車の経済的全損を認め、時価額129万円を認容した。タイヤとATFオイルについては、原告車の本体価格に含まれているものであり、別途、損害として評価することはできないと否認した。

　「①自動車取得税は、……損害額の算定に当たっては、新車購入の場合を前提とするのではなく、本件事故当時の原告車両と同程度の中古車を購入する場合を想定して算定すべきであるから、3万8,700円（129万円×0.03）となること、また、②自動車重量税は、原則として新車購入時にかかり、中古車にかからないこと（下線筆者）、⑦納車費用は全額業者の利益であって損害とは認められないこと、また、⑩残存車検費用については、原告車両は既に車検を受けてから1年6か月が経過しており、償却未了価値はほとんど認め難いことから、いずれも損害と認めることはできない。」と否認した。

　そうすると、裁判例が認めた車両買替諸費用は、自動車取得税のうちの3万8,700円、検査登録法定費用3,240円、車庫証明法定費用2,700円、検査登録手続代行費用1万6,800円、車庫証明手続代行費用1万5,000円、消費税のうちの（納車費用の消費税を除く）1,590円と原告車両時価額に対する消費税6万4,500円の合計14万2,530円である。

　業者の報酬に関する被告反論について、判決は、「検査登録手続及び車庫証明手続を

車両購入者個人が行うことはほとんどなく、業者に依頼してなされるのが通常であるといった社会的実態に鑑みると、手数料についても損害と認めるのが相当である。」と説述した。廃車手続費用について、「（証拠略）によれば、原告車両の廃車費用として、1万9,775円を要したことが認められるところ、これについても、実際の法定手数料は僅かで、他は業者の手数料（報酬）であると考えられるが、廃車手続を個人で行うことはほとんどなく、業者に依頼してなされるのが通常であるといった社会的実態に鑑みると、業者への報酬部分も含め、本件事故と相当因果関係のある損害と解するのが相当である。」と原告請求額1万9,775円を認めた。

―――――――― 解　　説 ――――――――

　本件裁判例は、原告車の経済的全損を認め時価額129万円と認定したが、129万円の根拠を「（証拠略）」としたのは残念である。残存車検費用について、車検から本件事故まで1年6か月経過しているから償却未了価値はないとして認めなかった。しかし、残存期間が6か月あり、4分の1の期間が残っているのに償却未了価値はないと言えるのであろうか。

　「②自動車重量税は、原則として新車購入時にかかり、中古車にかからない」というのは間違いである。自動車重量税は、新車登録時でも、継続車検時でも、車両重量によって年当たりの税額が決まっている。車両買替諸費用としての自動車重量税が認められないのは、裁判例の傾向に反している。業者の報酬について、検査登録・車庫証明の手続代行費用と納車費用に区分し認否を分けたことは注目される。

⑤ 福岡地折尾簡判平成16年1月22日

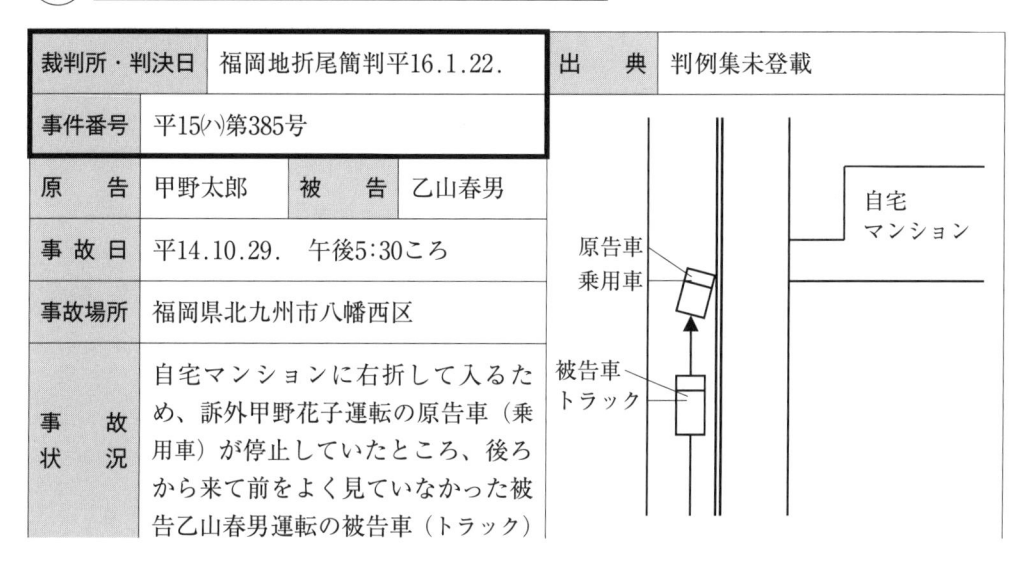

裁判所・判決日	福岡地折尾簡判平16.1.22.	出　　典	判例集未登載
事件番号	平15(ハ)第385号		
原　　告	甲野太郎　　被　告　乙山春男		
事 故 日	平14.10.29.　午後5:30ころ		
事故場所	福岡県北九州市八幡西区		
事　故状　況	自宅マンションに右折して入るため、訴外甲野花子運転の原告車（乗用車）が停止していたところ、後ろから来て前をよく見ていなかった被告乙山春男運転の被告車（トラック）		

図中：
自宅マンション
原告車乗用車
被告車トラック

が、原告車の後部に追突した。

原告要求	被告答弁	判　　決
「被告は、原告に対し、金68万7,560円及びこれに対する平14.10.29.から支払済みまで年５パーセントの割合による金員を支払え。」		「被告は、原告に対し、金52万3,140円及びこれに対する平14.10.29.から支払済みまで年５パーセントの割合による金員を支払え。」
原告甲野太郎の損害 原告車時価　　　460,000円 （レッドブックによる） 上記消費税（５％）23,000円 残存価値　　　（−）1,000円 原告車損害　　　482,000円 残存車検費用　124,573円 レッカー代　　　31,500円 （当事者間に争いはない） 車両購入諸費用（課税分） 　　　　　　　　39,847円 （検査登録手続代行費用 　　　　　　　　15,100円） （車庫証明手続代行費用 　　　　　　　　15,550円） （下取車手続代行費用 　　　　　　　　7,300円） （消費税（５％）1,897円） 車両購入諸費用（非課税分） 　　　　　　　　9,040円 （検査登録手数料 3,360円） （車庫証明手数料 2,750円） （下取車登録手続費用 　　　　　　　　350円） （フロン券購入費用 　　　　　　　　2,580円） 交通事故証明書交付手数料 　　　　　　　　600円 損害合計　　 687,560円	原告甲野の損害について 原告車時価　　　460,000円 （レッドブックによる） 原告車残存価値 　　　　　　　（−）1,000円 差引　　　　　459,000円 小売価格46万円は車検付き価格であり残存車検費用は認めない。 法定償却期間６年を過ぎ、一般的には買替時期に到来しているから買替諸費用は認められない。	原告甲野太郎の損害 原告車時価　　　460,000円 上記消費税（５％）23,000円 原告車残存価値（−）1,000円 差引　　　　　482,000円 残存車検費用　　　否認 （車両時価は整備・保証付平均価格） レッカー代　　　31,500円 （当事者間に争いはない） 車両購入諸費用（課税分） 　　　　　　　　　否認 （業者に対する一種の謝礼である） 車両購入諸費用（非課税分） 　　　　　　　　9,040円 （検査登録手数料　3,360円） （車庫証明手数料　2,750円） （下取車登録手続費用 350円） （フロン券購入費用 2,580円） 交通事故証明書交付手数料 　　　　　　　　600円 損害合計　　 523,140円

原告車、被告車に関するデータ

原 告 車	普通乗用自動車（原告甲野太郎所有、訴外甲野花子運転）
被 告 車	普通貨物自動車（被告乙山春男運転）

──────────── 事故概要 ────────────

　訴外甲野花子運転の原告車（乗用車）が、自宅マンションに右折して入るため、停止していたところ、後続の被告乙山春男運転の被告車（トラック）が、前をよく見ていなかったため、原告車に追突した。この事故で原告車は大破した。

──────────── 訴訟概要 ────────────

　原告車の所有者である原告甲野太郎は、原告車の損害賠償を求めて、被告乙山春男に対し提訴した。

──────────── 原告甲野の車両全損要求 ────────────

　原告甲野太郎は、原告車がこの事故により全損になったと主張して、消費税を含む車両時価48万2,000円と、レッカー代、事故車の残存車検費用、車両購入諸費用（課税分）、車両購入諸費用（非課税分）、交通事故証明書交付手数料の合計687,560円を要求した。

──────────── 被告の反論 ────────────

　被告は、車両損害としては、原告車の時価額と事故後の残存価値との差額が損害になると言い、残存価値1,000円を控除した45万9,000円であると反論した。

　また被告は、残存車検費用について、時価額のよりどころとするオートガイド自動車価格月報の小売価額46万円は、機能および内・外装が十分整備された状態での車検付きの車両の価額である。時価額を自動車価格月報の小売価格額としながら、それとは別に残存車検費用を請求することは一種の二重請求であると反論した。

　さらに被告は、車両購入諸費用について、原告車は、法定償却期間（法定耐用年数）6年を過ぎた車両であって、通常一般的には買替時期に到来している。したがって、原告車については、いずれ近い将来（たとえば車検の切れる2年後）の買替えが合理的に予想されるのであるから原告の請求する買替諸費用は本件事故と相当因果関係が認められないと拒否した。

　ただし、本件事故によって買替諸費用の支出が早められたことが損害と言えるので、早められたことによる利息相当分を損害と見るべきことになると補足した。

　万一、登録手続関係費が事故と相当因果関係にあるとの立場に立つと仮定しても、それは法定の手数料のみであり、業者の報酬については損害と評価されないとする見解が有力であると反論した。

────────────── 判決理由 ──────────────

　判決は、原告が実際には中古車ではなく新車を購入し、付随して消費税を支払ったことを認めたうえで、原告が新車の消費税を請求するのではなく、原告車と同程度の中古車を購入したことに置き換えて、自動車価格月報記載の小売価格46万円を基準にし、これに消費税2万3,000円を加算したものから、残存価値1,000円を差し引いた額を時価とした旨主張していると原告要求を認めた。

　事故車の残存車検費用について、自動車価格月報記載の小売価格というのは、車検付きとまでは断定できないが、少なくとも、「外観及び機能等が、その年製・型式に見合うよう充分整備（12か月又は24か月定期点検又はそれと同程度の整備）され、保証付きで販売される状態の平均価格である。」と言われていることを認め、原告の請求が二重になされたものと考えられるので、原告の主張は採用できないとした。

　レッカー代は、争いがないことから要求どおり認め、車両購入諸費用（課税分）は、手続代行業者に対する一種の謝礼であって、車検を受けるに際して、必ずしも必要なものとまでは言えないとして否認した。

　車両購入諸費用（非課税分）は、検査登録手数料、車庫証明書手数料、下取車登録手続費用、自動車フロン券購入費用であって、車両を購入する都度支出を余儀なくされる法定の費用であり、本件事故による損害と認めるとした。

────────────── 解　説 ──────────────

　判決は、原告車の時価額の根拠をレッドブックにより46万円とした。ただ、原告車が全損になる根拠や修理費が示されていない。この原因は、原告、被告間に全損になることに争いがなかったため省略されたのであろう。

　残存車検費用について、被告も判決も誤解している。残存車検費用とは、全損になった原告車に関する損害である。一方、自動車価格月報記載の小売価格に車検付き云々というのは、車両買替諸費用のことで、新たに買い替えた車両に関する損害である。

　原告が請求する残存車検費用とは、原告車が事故に遭う前に受けた車検の際、支払った整備費用や車検手続代行費用、自動車重量税などが全損になったため、事故日から車検有効期限日までの期間分が無駄になった。その無駄を損害として請求するものである。もっとも、原告が残存車検費用を請求するためには、事故前に受けた車検日や、その際に支払った諸費用を明確にすべきであった。それをしなかったため、このような誤解が生じたのであろう。車両購入諸費用（課税分）を業者に対する一種の謝礼

と認定して否認しているが、これには異論がある。通常は業者に依頼するのが一般的であるという理由で認める裁判例が多い。

判決がいう自動車価格月報記載の小売価格に車検付き云々とは、レッドブックの「中古車の条件」^(注)のことで参考に掲載しておく。

> ── 【注】レッドブックの「中古車の条件」 ──
>
> 中古車の車両状態は次の条件を基準とします。
> 　A．走行キロは標準走行距離とする。
> 　B．タイヤの残り山は5分山以上であること。
> 　C．エンジン、足回り等の機能部分は正常であること。
> 　D．（下取）・（卸売）は未整備状態であるが、外装・内装の損傷が少ないこと。
> 　E．（小売）は機能及び外装・内装がその年式に見合うよう充分整備（24ヶ月定期点検またはそれと同程度の整備）がされた状態で、保証付で販売される車両本体のみの価格です。消費税・取得税・自動車税等の税金、自賠責保険料、リサイクル料金及び検査・登録等の諸費用は含みません。

⑥ 東京地判平成17年11月22日(3) ab

裁判所・判決日	東京地判平17.11.22.(3)ab	出　典	未公表
事件番号	平16(ワ)第20397号		

原　告	甲野太郎	被　告	乙山春男、乙山花子

事 故 日	平16.1.16.　午後10:05ころ
事故場所	東京都杉並区　環状8号線
事　故　状　況	原告車（乗用車）が片側5車線中の第3車線を走行して、交差点の手前で右折すべく第4車線に変更しようとしたが先行車両がいたため急停止した。そこへ後続の被告車（乗用車）が衝突し、原告車は押し出されて先行車に再度衝突した。

先行車
停止中

原告車
乗用車
停止

被告車
乗用車

原告要求	被告答弁	判　決
「1　被告乙山春男（以下「被告春男」という。）は、原告に対し、67万4,195円		「1　被告乙山春男は、原告に対し、14万0,619円及びこれに対する平16.1.16.から支

及びこれに対する平16.1.16.から支払済みまで年5分の割合による金員を支払え。」 「2　原告と被告乙山春男及び被告乙山花子（以下「被告花子」という。）との間で、（平16年1月16日……以下略）との間の交通事故による原告の被告らに対する損害賠償債務が存在しないことを確認する。」		払済みまで年5分の割合による金員を支払え。」 「2　原告の被告乙山春男に対する別紙交通事故目録記載の交通事故に基づく不法行為を原因とする損害賠償債務は、20万円及びこれに対する平16.1.16.から支払済みまで年5分の割合による金員の支払債務を超えては存在しないことを確認する。」 （被告乙山花子の損害は人身損害であり省略）
本件事故は基本的に追突事故であり、被告の前方不注視の一方的過失によって惹起され、原告には過失がない。 **原告甲野の損害** 原告車修理費　583,395円 交通費　30,800円 （名古屋へ帰る交通費と修理後原告車引取りのための新幹線と高速通行料） 小計　614,195円 弁護士費用　60,000円 損害合計　674,195円 **被告乙山春男の損害について** 被告車全損時価 230,000円 （新車価格の10%） 慰謝料　　　　　否認 （特段の事情がない） レッカー代　　　否認	本件事故は原告車の突然の速度低下による。被告に過失はない。 **原告甲野の損害について** 原告の損害を否認ないし争う。 **被告乙山春男の損害** (1)被告車　　　　時価 購入中古車　150,000円 購入諸費用　66,530円 （自賠責保険料　27,630円） （重量税印紙代　37,800円）	過失割合：原告甲野太郎80%、被告乙山春男20% **原告甲野の損害** 原告車修理費　583,395円 交通費　　　　19,700円 （原告車修理のため帰名と修理完成後の両新幹線費用のみ） 小計　　　　603,095円 原告過失80%　（－）482,476円 差引　　　　120,619円 弁護士費用　　20,000円 損害合計　　140,619円 **被告乙山春男の損害** 被告車時価　　230,000円 （経済的全損） 慰謝料　　　　　　否認 代替車購入諸費用　20,000円 （未経過分重量税　18,900円） （検査・登録印紙代　1,100円）

中古車購入代金　　　否認	（検査・登録印紙代1,100円）	レッカー代　　　　　否認
（客観的証拠がない）	レッカー代　　　40,000円	（客観的証拠がない）
購入諸経費　　　　　否認	慰謝料　　　　　　　？円	新車購入費用　　　　否認
（事故と相当因果関係にない）	合計　時価＋256,530円＋？	小計　　　　　　250,000円
新車購入代金　　　　否認		被告過失20%　（－）50,000円
（事故と相当因果関係にない）	(2)購入新車代金と諸経費	損害合計　　　　200,000円
合計　　　　　230,000円	2,890,000円	
		被告乙山花子の損害
	被告乙山花子の損害	人身損害につき省略
	人身損害につき省略	

原告車、被告車に関するデータ

原 告 車	自家用普通乗用自動車（原告甲野太郎運転）
被 告 車	自家用普通乗用自動車（被告乙山春男運転、被告妻・乙山花子同乗）、日産180SX、平成2年初度登録、14年経過、新車価格234万8,000円、車検証満了日平17.1.16.、未経過1年

── 事故概要 ──

　原告甲野太郎運転の原告車（乗用車）が、片側五車線の第三車線（直進車線）を走行し、先の交差点を右折するため右折専用の第四車線に車線変更したが、そこに先行車がいたため、急ブレーキを掛け、車両後部を第三車線に残した状態で停止した。そこへ後続の被告乙山春男運転の被告車（乗用車）が衝突し、押し出された原告車は先行車に衝突した。

　この事故で、原告車、被告車の双方が損傷し、被告車に同乗していた被告乙山花子が負傷した。

── 訴訟概要 ──

　原告甲野太郎は、本件事故が基本的には追突事故であり、被告乙山春男には前方不注視義務違反により過失があるが、原告甲野太郎には過失がないと主張して、被告乙山春男に対し不法行為により損害賠償を求めて提訴するとともに、被告乙山春男と被告乙山花子に対する損害賠償債務の不存在確認を請求した。

　それに対し、被告乙山春男は、原告車が突然速度を落としたため、止まり切れずに原告車に衝突したものであり、被告乙山春男に過失はないと主張し、被告乙山春男と被告乙山花子に生じた損害の賠償を求めて原告甲野太郎に対し提訴した。

────────────── **被告乙山春男の車両全損要求** ──────────────

　被告乙山春男は、被告車が全損となり、時価相当額を要求した。さらに、被告車を廃車にせざるを得なかったことによる慰謝料も要求した。被告車の替わりに購入した中古車の購入代金15万円と購入諸経費 6 万6,530円、被告車のレッカー代 4 万円を要求した。そのうえに、被告車の替わりに購入した新車の購入代金と購入諸経費の合計289万円をも要求した。

────────────── **原告甲野太郎の反論** ──────────────

　原告甲野太郎は、被告車が平成 2 年登録の日産180SX であり、被告車の損傷程度を明らかにする証拠はないが、仮に被告車が本件事故により全損になったとしても、その時価額は20万円ないし25万円を上回るものではないと反論した。

　その理由に、新車価格は234万8,000円であるが、本件事故当時、初度登録から14年経過し、レッドブックにおける価格掲載期限を経過しており、時価額は、残価率10％として23万円程度である。また、中古車情報誌に掲載がほとんどないところ、平成17年 4 月20日版の「GOO」には、被告車と同年式の車両の情報が掲載されているが、その車両価格は25万円であると反論した。

　慰謝料の請求について、財産的価値の侵害であり、慰謝料を請求しうる特段の事情は認められないと否認した。

　レッカー代と中古車購入代金について、領収書等の客観的証拠がなく、中古車購入代金と本件事故との相当因果関係は認められないと否認した。

　中古車購入のための諸経費とは、車検費用のようであるが、本件事故との相当因果関係はないとした。

　新車購入代金について、仮に事故により車両が全損となった場合でも、損害賠償の対象となるのは当該車両の時価額にとどまるのであって、新車の購入代金は本件事故との相当因果関係は認められないとした。

（原告甲野太郎の損害は修理費につき省略）

（被告乙山花子の人損については省略）

────────────── **判決理由** ──────────────

　判決は、過失割合について、原告甲野太郎が車線変更禁止箇所で車線変更を行ったこと、先行車が停止している第四車線へ車線変更を行わざるを得なかったため、先行車との衝突を避けるための急停止を余儀なくされ、原告車の後部を第三車線に残したままの状態で原告車を停止させた過失と、被告乙山春男の前方安全不確認と車間距離不十分の落ち度から、原告甲野太郎80％、被告乙山春男20％と認定した。

　被告車の損害について、「本件事故当時の被告車と同年式・同車種の車両の価格につ

いては、オートガイド自動車価格月報における掲載期限を経過していること、被告車と同年式・同車種の車両価格については、平成17年4月20日版の中古車情報誌には25万円と掲載されているが、減価償却法により残価率10パーセントとして算定すると23万円程度となることが認められるところ、被告車は、少なくとも本件事故発生時における時価額が23万円であり、本件事故によって全損（修理費用が時価額を上回る）となったものと認められるので、上記時価額を本件事故と相当因果関係のある損害と認める。（甲8ないし10，被告春男）」とした。

被告車を廃車とせざるを得なかったことによる慰謝料は、「物損に対する慰謝料につき、財産的権利を侵害された場合に慰謝料の請求が求められるためには、被害者の愛情利益や精神的平穏を強く害するような特段の事情が必要であるところ、本件においては、このような特段の事情を認めるに足りる証拠はない。」と認めなかった。

車両買替諸費用は、自動車検査証有効期間の未経過分（1年分）の自動車重量税印紙代1万8,900円と検査・登録印紙代1,100円の合計2万円の限度で本件事故と相当因果関係のある損害として認めた。

その他の被告車レッカー代は、領収書等の客観的証拠がなく認めなかった。新車購入代金は、本件事故と相当因果関係のある損害と認めることはできないとした。
（被告乙山花子の人損については省略）

─────────────── 解　説 ───────────────

被告乙山春男の請求内容に不明確なところが多い。すなわち、被告車の時価額を要求するが、その金額提示がない。被告の時価額要求のほかに、中古車購入代金の要求があり、さらに新車購入代金の要求もある。これらの関係がわからない。これは、本訴訟を弁護士に委嘱せず、本人訴訟としたために発生した混乱であると思われる。

被告は、被告車が本件事故によって全損になったという明確な証拠を提示しないまま全損を主張する。それに対し、原告は、仮に被告車が全損になったとしても時価額は20万円ないし25万円を上回るものではないと主張する流れに沿って、判決も修理費が時価額を上回るとするだけで具体的な修理費用の検討もなく全損を前提として、時価額を検討している。

判決のいう時価額の根拠は、レッドブック掲載期限を経過していて時価額がわからないが、平成17年4月20日版（本件事故の1年3か月後）の中古車情報誌「GOO」には25万円と掲載されているとする。ところが「GOO」の時価額を採用せずに、減価償却法により残価率10％である23万円を採用した。

本件事故の1年3か月あとに出版された「GOO」の価格が25万円であるなら、事故当時の「GOO」記載の価格は25万円より高い価格のはずである。判決は、本件事故当時の価格は25万円を上回り、下回ることはないとして25万円を認めてもいいはずであ

った。本判決が、時価額25万円としなかったのは、被告が時価額を明確な金額をもって主張しなかったためであろうと考えている。被告車の全損に伴う慰謝料請求の否認理由や代替車買替諸費用の扱いは参考になる。

⑦　東京地判平成18年8月9日 ab

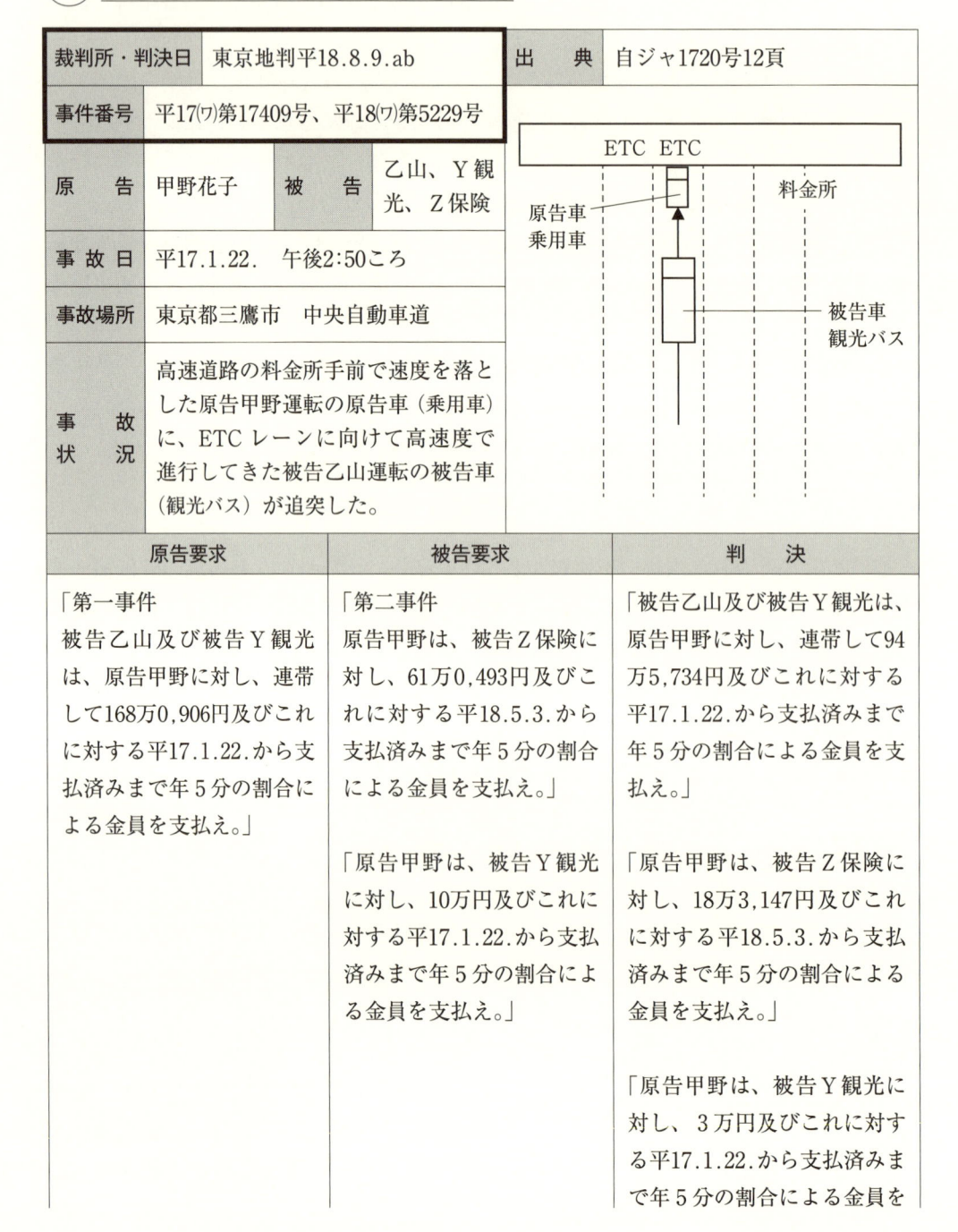

裁判所・判決日	東京地判平18.8.9.ab	出　典	自ジャ1720号12頁
事件番号	平17⑺第17409号、平18⑺第5229号		
原　告	甲野花子	被　告	乙山、Y観光、Z保険
事 故 日	平17.1.22.　午後2:50ころ		
事故場所	東京都三鷹市　中央自動車道		
事 故 状 況	高速道路の料金所手前で速度を落とした原告甲野運転の原告車（乗用車）に、ETCレーンに向けて高速度で進行してきた被告乙山運転の被告車（観光バス）が追突した。		

原告要求	被告要求	判　決
「第一事件 被告乙山及び被告Y観光は、原告甲野に対し、連帯して168万0,906円及びこれに対する平17.1.22.から支払済みまで年5分の割合による金員を支払え。」	「第二事件 原告甲野は、被告Z保険に対し、61万0,493円及びこれに対する平18.5.3.から支払済みまで年5分の割合による金員を支払え。」 「原告甲野は、被告Y観光に対し、10万円及びこれに対する平17.1.22.から支払済みまで年5分の割合による金員を支払え。」	「被告乙山及び被告Y観光は、原告甲野に対し、連帯して94万5,734円及びこれに対する平17.1.22.から支払済みまで年5分の割合による金員を支払え。」 「原告甲野は、被告Z保険に対し、18万3,147円及びこれに対する平18.5.3.から支払済みまで年5分の割合による金員を支払え。」 「原告甲野は、被告Y観光に対し、3万円及びこれに対する平17.1.22.から支払済みまで年5分の割合による金員を

支払え。」

高速のまま進行した被告に全面的過失があり、原告には過失がない。	原告は合図も出さずレーンを変更し渋滞もしていないのに急停車した。原告に100％の過失がある。	原告車が急停車した事実はない。 過失割合：原告30％、被告70％

原告甲野の損害

主位的主張

原告車修理費 1,316,406円
仮定的代車料 154,500円
（5,150円×30日）
小計 1,470,906円
弁護士費用 210,000円
主位的主張合計
　　　　　　1,680,906円

予備的主張

原告車全損時価
　　　　　　1,040,000円
仮定的代車料 103,000円
車両買替諸費用 232,875円
（車両本体消費税
　　　　　　59,000円）
（特別仕様価格・車検代行
　費用 32,025円）
（自動車税 2,800円）
（自動車重量税 37,800円）
（自賠責保険料 28,530円）
（検査登録手続代行費用
　　　　　　31,500円）
（管轄変更持込費用
　　　　　　10,500円）
（検査登録費用 3,040円）
（車庫証明 8,680円）
（預かり金・ケーユーカード
　　　　　　3,000円）
（預かり金・延長保証
　　　　　　16,000円）

原告の主位的主張について

原告車経済的全損であり時価額の範囲で認める。
（修理費は認める）
代車料 否認

原告の予備的主張について

原告車時価 101万円以下
買替期間中の代車料 否認
（代車利用の証拠がない）
買替諸費用
（車両本体価格の消費税
　　　　　　否認）
（特別仕様価格 否認）
（自動車税 否認）
（自動車重量税
　　　　残期間内認容）
（自賠責保険料
　　　　残期間内認容）
（検査登録手続代行費用
　　　　　　31,500円）
（管轄変更持込費用
　　　　　　10,500円）
（検査登録費用 3,040円）
（車庫証明 8,680円）
（預かり金 不知）
弁護士費用 不知

被告Ｚ保険の損害

被告車修理費 710,493円
免責額 （－）100,000円

原告甲野の損害

原告車全損時価 1,040,000円
（修理費 131万6,406円）
（レッドブック101万円と車検残
　23か月分3万円）
買替期間中の代車料 否認
車両買替諸費用 168,192円
（車両本体消費税 52,000円）
（特別仕様価格・車検代行費用
　　　　　　0円）
（自動車税 0円）
（自動車重量税残期間分
　　　　　　36,225円）
（自賠責保険料残期間分
　　　　　　26,247円）
（検査登録手続代行費用
　　　　　　31,500円）
（管轄変更持込費用 10,500円）
（検査登録費用 3,040円）
（車庫証明 8,680円）
（預かり金 0円）
小計 1,208,192円
過失相殺30％ （－）362,458円
差引 845,734円
弁護士費用 100,000円
損害合計 945,734円

被告Ｚ保険の損害

支払保険金 610,493円
過失相殺70％ （－）427,346円
被告Ｚ保険の損害 183,147円

小計	1,375,875円	支払保険金	610,493円	被告Y観光の損害	
弁護士費用	210,000円			免責金額	100,000円
予備的主張合計		被告Y観光の損害		過失70%	（−）70,000円
	1,585,875円	免責相当額	100,000円	被告Y観光の損害	30,000円

原告車、被告車に関するデータ

原 告 車	普通乗用自動車（原告甲野花子所有、運転）、ニッサンウイングロード、Xエアロ、1500cc、平成13年12月28日初度登録、事故まで3年1か月経過、車検残期間23か月、代替車購入納車日平成17年2月10日
被 告 車	大型乗用自動車（被告乙山運転、被告Y観光所有）、観光バス、回送中、Z保険に自動車車両保険320万円を付保、乙山はY観光の従業員

──────── 事故概要 ────────

　原告甲野花子運転の原告車（乗用車）が高速道路料金所手前でETCレーンに入るのにどのレーンにするかで迷い、車線変更したあとゆっくり進行した。そこへ後続の被告乙山運転の被告車（観光バス）が高速走行のまま原告車に接近し、ブレーキを掛けたが間に合わず追突した。この事故で、原告車、被告車双方が損傷した。

──────── 訴訟概要 ────────

　原告甲野と被告乙山は、過失割合でもめ、それぞれの保険会社が交渉した結果、30対70でまとまった。しかし、被告Y観光がその過失割合に納得せず、被告側Z保険会社が交渉から降りてしまった。そこで原告甲野が被告乙山と被告Y観光に対して原告車損傷による損害を求めて提訴した。それに対し、被告Z保険は、被告車の修理費を被告Y観光に支払い、被告Y観光に対する損害賠償請求権を代位取得したとして、原告甲野に対し保険求償をした。被告Y観光は、自己負担した修理費の免責額を原告甲野に対し、不法行為に基づき請求して提訴した。

──────── 原告甲野の車両時価要求 ────────

　原告甲野は、主位的主張として、原告車の修理費と仮定的代車料を要求し、予備的主張として、車両全損時価と車両買替中の代車料、車両買替諸費用を要求した。

──────── 被告らの反論 ────────

　被告乙山と被告Y観光は、原告の主位的主張について、原告車の修理費は認めるが、修理費が時価を超えるため、経済的全損であると反論し、原告車の損害は、時価額の

範囲とすべきである、代車料は否認する、と反論した。

予備的主張について、原告車の全損時価額は101万円以下である。買替期間における代車料は、被告乙山が実際に代車を利用した証拠がないので否認すると反論した。

買替諸費用のうち、車両本体価格に対する消費税、特別仕様価格、自動車税を否認し、自動車重量税、自賠責保険料は、原告車の車検有効期限の残期間相当額の範囲内で認めるとし、検査登録手続代行費用、管轄変更持込費用、検査登録費用、車庫証明は認めるとした。預かり金は不知と反論した。

判決理由

判決は、過失割合を原告甲野30％、被告乙山70％と認定した。そのうえで、「原告の主張によっても、全損時価額及び買換諸費用の合計額は127万2,875円であって、修理代を下回るから、原告車両は経済的全損というべきである。したがって、修理代及び修理を前提とする代車料の請求は理由がない。」と判断した。

全損時価額について、判決は、「原告車両は、平成13年12月28日新規登録のニッサンウイングロード、Ｘエアロ、1500ccであるところ（甲2、4、弁論の全趣旨）、同種車両の中古車価格がレッドブックによれば101万円であること（乙3）、原告車両は本件事故当時、車検から間もない時期（車検証残期間23か月）であったことがうかがわれること（甲2、弁論の全趣旨）などからすると、原告車両の本件事故当時における時価額は、104万円が相当である。」と判断した。

代車料について、判決は、原告が代車を使用したことを認めるに足りる証拠はないと認めなかった。

車両買替諸費用について、

「ア　車両本体価格に対する消費税　　　5万2,000円」

「前記(2)の104万円に対する5パーセント相当額である5万2,000円の限度において、買換に伴う費用として損害と認められる。」とした。

「イ　特別仕様価格（車検代行費用）について　　　0円」

「前記(2)の時価額は、車検残存期間を考慮した金額であるから、これに加え、別途、車検代行費用を損害として認めることは相当ではない。」とした。

「ウ　自動車税について　　　0円」

「原告の請求する自動車税は、原告が新たに取得した車両の自動車税2,800円であると解されるところ（甲8の1及び2）、これについては損害とは認め難く、また、本件事故により全損となった原告車両の車検証有効期限の未経過部分に相当する自動車税は、還付を受けることができるのであるから、やはり損害とは認められない。」と認定した。

「エ　自動車重量税及び自賠責保険料　　　合計6万2,472円」

前記ウと同様、新たに取得した車両の自動車重量税及び自賠責保険料（甲8の1及

び２）については、損害とは認め難い。もっとも、原告車両の車検証有効期限の未経過部分（残期間相当額）の範囲内では被告らも損害として認めているところ、前記(2)のとおり、原告車両の車検証残期間は23か月であることがうかがわれるので、自動車重量税（同等車両の税額３万7,800円、甲８の１及び２）及び自賠責保険料（同等車両の保険料25か月分２万8,530円、甲８の１及び２）の未経過部分の金額は次のとおりである。

　自動車重量税：37,800円×23か月／24か月＝36,225円

　自賠責保険料：28,530円×23か月／25か月＝26,247円（１円未満切捨て、以下同じ）

　「オ　検査登録手続代行費用　　　３万1,500円」

　「カ　管轄変更持込費用　　　　１万0,500円」

　「キ　検査登録費用　　　　3,040円」

　「ク　車庫証明　　　　8,680円

　上記オないしクは、争いがない。」と要求どおり認めた。

　「ケ　預かり金について　　　　0円」

　「ケーユーカード3,000円及び延長保証１万6,000円（甲８の１及び２）はいずれも、新たに購入した車両についてこれらを支払うことによりサービスを受けられるというものであることがうかがわれ（弁論の全趣旨）、本件事故による損害とはいえない。」と否認した。

解　説

　追突事故で追突された車両に過失を認めた数少ない事例である。被追突車は、何を原因として過失があるとされたか、その内容が参考になる。

　本件判決の結論に混乱がみられ、すっきりしない。判決は、被害車両の修理費を確定し経済的全損と判断して、原告の予備的主張である車両全損請求に基づいた判決を下した。その際、修理費と比較する対象は、「原告の主張によっても、全損時価額及び買換諸費用の合計額は127万2,875円であって、修理代を下回るから、原告車両は経済的全損というべきである。」と、全損時価額と買替諸費用の合計額と修理費を比較して、経済的全損であると念を入れた認定をした。

　本件判決が、ここまで入念な対応をしておきながら、被告が「買換諸費用のうち、車両本体価格に対する消費税、特別仕様価格、自動車税、自動車重量税、自賠責保険料を否認し、車検登録手続代行費用、管轄変更持込料、車検登録費用、車庫証明を認め、預かり金は不知。ただし、自動車重量税及び自賠責保険料については、原告車両の車検証有効期限の残期間相当額の範囲内では認める。」との答弁に引きずられたのか、被害車両の時価算出方法としてレッドブック記載の小売価格101万円を採用したうえに、車検残期間が23か月に対する価値評価として３万円を加算して104万円と認定した。この時価算出方法は、レッドブックに記載のある「車検残り月数による価値

評価（小売用参考値）」に従った方法である。レッドブックの「車検残り月数による価値評価」の内容は、自動車重量税と整備費用である。すると、判決が認めた車両買替諸費用のなかで自動車重量税残期間分3万6,225円は、時価に加算した価値評価3万円と同じ性質のものである。これは自動車重量税を二重に認めたことになる。

　さらに言えば、本件裁判例の事故日は、平成17年1月22日である。これは、自動車リサイクル法の施行日平成17年1月1日以降であるから、自動車重量税は還付を受けることができた。したがって、残存車検費用としての自動車重量税の残期間分は還付されるから損害ではなかった。ところが本件判決では自動車重量税の還付制度に触れることなく残期間分の自動車重量税を認めてしまった。

　本件判決は、「新たに取得した車両の自動車重量税及び自賠責保険料（甲8の1及び2）については、損害とは認め難い。」とした。しかし、自賠責保険料ではそのとおりであるが、自動車重量税は損害として認められるべきものである。理由は、全損とされた車両所有者にとって、被害車と同種、同等の車両本体価格だけの賠償では損害賠償制度としての原状回復ではない。被害車と同種、同等の車両本体の時価額と自動車重量税などの車両買替諸費用の賠償を得て、初めて公道を走れるのであり、原状回復を果たしたことになるから、自動車重量税を含む車両買替諸費用は損害となる。

　そこで、本件判決の結論は、損害と認められる車両買替諸費用としての自動車重量税から残存車検費用としての自動車重量税還付金を差し引いた残金を車両買替諸費用としての自動車重量税として認めるべきであった。なお、新たに取得した車両の車両買替諸費用のうちの自賠責保険料と自動車税は、事故による損害ではない。その理由は、自賠責保険料と自動車税が車両取得のためではなく、保持のために必要な費用であるから買替えという行為に伴って生ずる費用ではないためである。

⑧　東京高判平成23年12月21日

裁判所・判決日	東京高判平23.12.21.（原審横浜地相模原支判平23.3.24.）	出　典	自ジャ1868号166頁
事件番号	平23㈹第3259号		
原　告	甲野一郎　被　告　Y県		
事故日	平21.1.31.　午前7:30ころ		
事故場所	神奈川県相模原市		
事故状況	娘を駅まで送るため、原告甲野春子が原告車両（乗用車）を運転中、道路		

| 事　故 | 側溝から溢水した水でスリップして |
| 状　況 | 駐車場内にある岩に衝突した。 |

控訴人要求	1審判決	2審判決
「原判決を取り消す。 被控訴人は、控訴人に対し、213万0,640円及びこれに対する平21.1.31.から支払済みまで年5分の割合による金員を支払え。」	「原告の請求を棄却する。」	「原判決を次のとおり変更する。 　被控訴人は、控訴人に対し、143万5,318円及びこれに対する平21.1.31.から支払済みまで年5分の割合による金員を支払え。」
控訴人の損害 不明の損害　　　　　？円 自動車重量税　　10,500円 検査登録手続代行費用 　　　　　　　　36,750円 車庫証明手続代行費用 　　　　　　　　13,650円 納車費用　　　　10,500円 車両時価調査費　5,000円 弁護士費用　　　　　？円 損害合計　　　2,130,640円	交通の支障となる程度の溢水が存在し、これが本件事故の原因であるとは、いまだ認めることができないと言わざるを得ない。	Y県は道路の管理上の瑕疵があったことを争わない。 控訴人側過失30%。 **控訴人の損害** 控訴人車時価　　1,680,000円 （修理費　　　2,149,266円） （経済的全損） 車両時価の消費税5％ 　　　　　　　　84,000円 自動車取得税5％　84,000円 検査登録手続費用　3,640円 （移転登録手数料　　500円） （継続検査費用　　1,700円） （ナンバープレート交付手数料 　　　　　　　　1,440円） 車庫証明費用　　　2,600円 自動車重量税　　10,500円 検査登録手続代行費用　0円 車庫証明手続代行費用　0円 納車費用　　　　　　0円 車両時価調査費　　　0円 小計　　　　1,864,740円 過失30%　　　559,422円 差引　　　　1,305,318円 弁護士費用　　130,000円 損害合計　　1,435,318円

原告車に関するデータ

原 告 車	自家用乗用自動車（原告甲野一郎所有、甲野春子運転）、甲野花子は甲野一郎の妻、スズキ・エスクード（SUV 車）、購入価格270万円、初度登録平18.6.30.、車検有効未経過 5 か月、走行距離47,357km、車両総重量1,825kg、重心が高い

───────────── 事故概要 ─────────────

　甲野春子は、雨の中、娘を最寄り駅に送るために原告車（乗用車）を運転して走行中、道路右側の側溝から溢水して道路路面に流水し、下り勾配に従って溢水帯を形成していたのに気付かず、ここに乗り入れたところ、ハンドルを取られブレーキが効かなくなり、道路左側の駐車場にあった岩に衝突した。

───────────── 訴訟概要 ─────────────

　原告車の所有者甲野一郎は、本件事故は道路管理に瑕疵があったと、管理者Y県に対し、国家賠償法に基づき横浜地裁相模原支部に提訴した。1 審では、交通の支障となる程度の溢水ではなかったと甲野一郎の請求を棄却した。

　そこで、甲野一郎は、東京高裁に控訴したのが本件である。

───────────── 原告の原告車全損要求 ─────────────

　原告の請求内容が、引用判決文では省略されていて、詳細は不明である。

───────────── 被告の反論 ─────────────

　被告Y県は、落ち葉等が詰まり溢水したことについての管理上の瑕疵があったことについては争わず、その溢水と本件事故との間の因果関係を争った。

───────────── 判決理由 ─────────────

　判決は、溢水と本件事故との間の因果関係を認め、控訴人側に30％の過失を認定した。

　車両損害は、修理費が214万9,266円を要し車両時価額を上回るため、車両時価額とし、「控訴人が主張する諸費用のうち、本件車両と同等の車両を再取得するための費用として相当性が認められるものを、本件事故による損害と認めることとする。」と説明して以下の諸費用を認定した。

「ア　本件車両の時価　　　　　　　　　　　　　　　　168万円

　イ　消費税（上記アの価額に 5 ％を乗じた金額）　　　 8 万4,000円

ウ　自動車取得税（上記アの価額に5％を乗じた金額）　　8万4,000円

エ　検査登録手続費用

（ア）　移転登録手数料　　　　　　　　　　　　　　　　　500円

（イ）　継続検査費用　　　　　　　　　　　　　　　　　1,700円

（ウ）　ナンバープレート交付手数料　　　　　　　　　　1,440円

オ　車庫証明費用　　　　　　　　　　　　　　　　　　2,600円

上記イ～オの各費用については、自動車を取得するに当たって必要な経費であるから、再取得費用として認められる。

カ　自動車重量税　1万0,500円

控訴人は、本件車両の納付済みの自動車重量税のうちの未経過分相当額を損害として主張しているところ、新たに同等の車両を取得するときには、改めて自動車重量税の納付が必要となるので、それに代えて上記主張をするものと解し、これを認めることとする。証拠（略）によれば、本件事故発生時、本件車両の自動車検査証の有効期間の未経過分として5ケ月あったこと、本件車両の車両総重量が1,825キログラムであることが認められるから、本件事故発生時の自動車重量税法及び租税特別措置法90条の11に定める自動車重量税率の特例によれば、本件車両の自動車重量税は車両総重量0.5トン毎に年6,300円となるので、上記未経過分の期間に相当する額は、控訴人の主張するとおり、1万0,500円となる。

（算式）6,300円×4×（5/12）＝1万0,500円

キ　検査登録手続代行費用、車庫証明手続代行費用及び納車費用　0円

証拠（略）によれば、検査登録手続代行費用として3万6,750円、車庫証明手続代行費用として1万3,650円、納車費用として1万0,500円を要することが認められるが、これらはいずれも自動車販売業者に手続代行を依頼した報酬という性質のものであるから、車両の取得に当たって必要な費用とはいえず、再取得費用とは認められない。
（下線筆者）

ク　調査費用　0円

証拠（略）によれば、控訴人は、B会社に対し、本件車両の時価相当額の査定を依頼し、その費用として5,000円を支払ったことが認められるが、この費用は本件訴訟における立証活動の一環として支出されたものと解されるから、直ちに本件事故による損害になるものと解することはできない。」（下線筆者）

———————————————　解　　説　———————————————

本判決は高裁判決である。それが、従来、地裁レベルでは損害と認められたものが、ことごとく否定された。また車両時価額168万円認定の根拠が明示されていない。

車両買替諸費用は、法定費用のみが損害として認められ、検査登録や車庫証明、納

車の手続代行費用は、すべて業者の報酬であるという理由で否認された。車両時価の調査費用は、訴訟における立証活動の一環であるとみなして、これも否認した。

　交通事故による物的損害に関して、過去50年余、各地の地裁で営々と築き上げられた損害認定の範囲が、この東京高裁 平成23年12月21日判決の１件によって、ひっくり返された感じがする。本高裁判決以降、本高裁の流れに沿った物的損害認定の範囲が採り入れられるのか。それとも、従来の損害認定の範囲が、形を変えながら存続していくのか。これから言い渡される地裁の車両全損裁判例をとくに注目してみていく必要がある。

⑨　大阪地判平成24年６月14日

裁判所・判決日	大阪地判平24.6.14.	出　典	自ジャ1883号150頁
事件番号	平23㈠第9757号		

原　告	甲野春子、甲野一郎、甲野冬子、甲野三郎、丙川夏子	被　告	乙山秋子
事　故　日	平20.8.13.　午後0:17ころ		
事故場所	京都府船井郡		
事　故状　況	被告車（乗用車）が右カーブで左側側壁に衝突しそうになったため右にハンドルを切って対向車線に進出させ、対向丁山車（大型トラック）に接触した。丁山車は衝撃で対向車線に入り被告車の後続車である原告車（乗用車）に正面衝突し、原告車が大破、乗員６名が死傷した。		

丁山車
大型トラック

側壁

被告車
乗用車

原告車
乗用車

原告要求	被告答弁	判　決
「１ 被告は、原告甲野春子に対し、5,816万9,914円及びこれに対する平20.8.13.から支払済みまで年５分の割合による金員		「１ 被告は、原告甲野春子に対し、5,275万6,353円及びこれに対する平20.8.13.から支払済みまで年５分の割合による金員を支払え。

を支払え。		2 被告は、原告甲野一郎に対し、3,049万2,545円及びこれに対する平20.8.13.から支払済みまで年5分の割合による金員を支払え。
2 被告は、原告甲野一郎に対し、3,547万8,169円及びこれに対する平20.8.13.から支払済みまで年5分の割合による金員を支払え。		3 被告は、原告甲野冬子に対し、3,049万2,545円及びこれに対する平20.8.13.から支払済みまで年5分の割合による金員を支払え。
3 被告は、原告甲野冬子に対し、3,547万8,169円及びこれに対する平20.8.13.から支払済みまで年5分の割合による金員を支払え。		4 被告は、原告甲野三郎に対し、1,965万7,477円及びこれに対する平20.8.13.から支払済みまで年5分の割合による金員を支払え。
4 被告は、原告甲野三郎に対し、3,052万2,850円及びこれに対する平20.8.13.から支払済みまで年5分の割合による金員を支払え。		5 被告は、原告丙川夏子に対し、932万8,738円及びこれに対する平20.8.13.から支払済みまで年5分の割合による金員を支払え。」
5 被告は、原告丙川夏子に対し、1,443万6,425円及びこれに対する平20.8.13.から支払済みまで年5分の割合による金員を支払え。」		

亡甲野太郎の損害	被告と丁山との過失割合を認定されるべきである。	被告と丁山の過失割合は、本件請求にはかかわらない事情であり、認定しない。
人損合計　　100,649,702円		
原告車時価　　　609,000円	**亡甲野太郎の損害について**	**亡甲野太郎の損害**
買替車(新車)購入諸費用	原告車損害　　　609,000円	人損合計　　　96,496,239円
消費税5％　　　61,935円	買替車両の消費税　　否認	原告車時価　　　609,000円
自動車取得税　　74,300円	自動車取得税　　　否認	(争いがない)
検査登録手続代行費用	検査登録手続代行費用	買替車両の消費税　30,450円
15,750円	否認	自動車取得税　　　　0円
資金管理料金　　　380円	資金管理料金　　　否認	検査登録手続代行費用
希望ナンバー代行費	希望ナンバー代行費用	15,750円
5,250円	否認	
ETC手数料　　2,625円		

検査登録預かり法定費用 1,800円	ETC 手数料 否認	資金管理料金 380円
預かりリサイクル預託金 10,520円	検査登録預かり法定費用 否認	希望ナンバー代行費用 0円
標板代 4,100円	預かりリサイクル預託金 否認	ETC 手数料 0円
損害合計 101,435,362円	標板代 否認	検査登録預かり法定費用 1,800円
被告賠償金 （−）1,655,533円	被告賠償金 認める	預かりリサイクル預託金 10,520円
差引 99,779,829円		標板代 4,100円
		損害合計 97,168,239円
（甲野花子の人損省略）		被告賠償金 （−）1,655,533円
		差引 95,512,706円
		（甲野花子の人損省略）

原告車、被告車に関するデータ

原 告 車	自家用普通乗用自動車（甲野太郎所有、運転）、ワンボックスカー、3 列シート、初度登録平成13年 3 月、事故まで 7 年 5 か月経過、
被 告 車	自家用普通乗用自動車（被告乙山秋子運転）
丁 山 車	事業用大型貨物自動車（丁山四郎運転）

―――――――――― 事故概要 ――――――――――

被告乙山秋子は被告車（乗用車）を運転して、昼間、右カーブ地点を走行中脇見し、カーブに的確にハンドル操作をしなかったため左側側壁に衝突しそうになり、慌てて右にハンドルを切って対向車線に進出させ、時速60km で進行してきた丁山車（大型トラック）と接触した。丁山車は衝撃で対向車線に入り、被告車に後続して走行してきた原告車（ワンボックスカー）に正面衝突した。この事故で、原告車は大破し、運転の甲野太郎（45歳）と同乗の甲野花子（73歳）が死亡、同乗の 4 名が負傷した。

―――――――――― 訴訟概要 ――――――――――

亡甲野太郎の相続人は妻・春子、子供・一郎、冬子であったことから、太郎の損害賠償請求権を法定相続分に従って相続し、被告に請求した。

亡甲野花子の相続人である夫甲野三郎、子である夏子と、子である太郎の代襲相続人である甲野一郎と甲野冬子が花子の損害賠償請求権を法定相続分に従って相続し、被告に請求した。

─────── 原告ら車両全損価要求 ───────

　亡甲野太郎の相続人らは、原告車全損による時価額60万9,000円やその他各種費用を要求した。各種費用の内容と根拠は次のとおりである。

　(イ)　買替車の車両（新車）本体価格に対する消費税は、「事故車が全損となった場合、車両を買い替えるのは通常のことであって、その買替車が新車となることも通常のことであるから、当該買替車の消費税相当額は、本件事故と相当因果関係のある損害と見るべきである。130万0,645円÷105％×5％＝6万1,935円」を要求した。

　(ロ)　自動車取得税は、「事故車が全損となった場合、車両を買い替えるのは通常のことであって、その買替車が新車となることも通常のことであるから、当該買替車の自動車取得税相当額は、本件事故と相当因果関係のある損害とみるべきである。」と7万4,300円を要求した。

　(ハ)　検査登録手続代行費用は、「検査登録手続は、業者に代行を依頼して行うのが通常であるから、検査登録手続代行費用は、本件事故と相当因果関係のある損害とみるべきである。」と1万5,750円を要求した。

　(ニ)　資金管理料金は、「事故車が全損となった場合、車両を買い替えるのは通常のことであって、その買替車が新車となることも通常のことであるから、当該買替車の資金管理料金は、本件事故と相当因果関係のある損害と見るべきである。」と380円を要求した。

　(ホ)　希望ナンバー代行費用は、「原告車両のナンバーも希望ナンバーであったから、希望ナンバー代行費用は、本件事故と相当因果関係のある損害とみるべきである。」と5,250円を要求した。

　(ヘ)　ETC手数料2,625円、検査登録預かり法定費用1,800円には請求根拠が記載されていない。

　(ト)　預かりリサイクル預託金は、「新車購入時のみならず、中古車購入時にも負担しなければならない費用であるから、本件事故と相当因果関係のある損害と見るべきである。」と1万0,520円を要求した。

　(チ)　標板代は、「ナンバープレート代のことであり、本件事故と相当因果関係のある損害であることは明らかである。」と4,100円を要求した。

（原告側の人損は省略）

─────── 被告乙山秋子反論 ───────

　被告乙山秋子は、原告車の時価額を認めたが、買替車の各種費用について、次のように反論した。

　(イ)　車両（新車）本体価格に対する消費税について、「事故車の時価額を上回る価格

の車両を購入した場合に、その消費税相当額が全額事故と相当因果関係を有する損害となるわけではないから、太郎に生じた買替車の車両本体価格に対する消費税相当額の損害は、車両本体時価額60万9,000円に対する消費税 3 万0,450円である。」とした。

(ロ)　自動車取得税について、「自動車取得税は、取得額に応じて支払う税金であり、原告車両は、本件事故発生時点において、初度登録から 7 年以上が経過しているところ、一般に、初度登録から 7 年以上が経過した中古車を購入する際には、自動車取得税は課税されないとされているから、原告の主張する自動車取得税は、本件事故と相当因果関係を欠くことが明らかである。」と否認した。

(ハ)　検査登録手続代行費用について、「検査登録手続代行費用は、自分で行うことが可能であり、必然的に発生する費用ではなく、本件事故との相当因果関係を欠く。」と否認した。

(ニ)　資金管理料金について、「新車購入時に発生するものであり、本件事故との相当因果関係を欠く。」と否認した。

(ホ)　希望ナンバー代行費用について、「そもそも原告車両が希望ナンバーにより登録された自動車ではないことから、本件事故との相当因果関係を欠く。」と否認した。

(ヘ)　ETC 手数料について、「原告車両に ETC 車載器が設置されていたか否か明らかではない。」と否認した。

(ト)　検査登録預かり法定費用について、否認した。

(チ)　預かりリサイクル預託金について、「新車購入時に負担すべき預託金である。」と否認した。

(リ)　標板代について、「何に対する対価であるか不明であるが、本件事故と相当因果関係のある損害とは認めがたい。」と否認した。

（人損は省略）

判決理由

判決は、争いのない原告車時価額を認め、車両買替諸費用について、次のとおり、判断を下した。

(イ)　買替車の車両本体価格に対する消費税について、「原告車両が全損となり、代替車両が購入されたものと認められるところ、当該購入に要した消費税のうち、本件事故時の車両時価額に相当する車両本体価格に対する消費税の限度で、本件事故と相当因果関係のある損害とみるべきである。」として、60万9,000円× 5 ％ = 3 万0,450円を認定した。

(ロ)　自動車取得税について、「本件証拠（略）によれば、原告車両は、初度登録が平

成13年3月であると認められるところ、これと同等の中古車を購入する場合に自動車取得税が課税されるとは認められないことからすれば、原告らの主張する自動車取得税は、本件事故と相当因果関係のある損害とは認められない。」と否認した。

(ハ)　検査登録手続代行費用について、「原告らの主張する検査登録手続代行費用は、車両を購入する際に通常必要とされる費用であると認められることから、本件事故と相当因果関係のある損害と認められる。」として1万5,750円を認めた。

(ニ)　資金管理料金について、「本件証拠（略）によれば、原告らの主張する資金管理料金は、中古車購入に際しても必要とされる費用であると認められることから、本件事故と相当因果関係のある損害と認められる。」として要求どおりの380円を認容した。

(ホ)　希望ナンバー代行費用について、「原告らの主張する希望ナンバー代行費用は、車両購入時に通常必要とされる費用とは認められないことから、本件事故と相当因果関係のある損害とは認められない。」と否認した。

(ヘ)　ETC手数料について、「原告らの主張するETC手数料相当額の損害が発生したと認めるに足りない。」と否認した。

(ト)　検査登録預かり法定費用について、「原告らの主張する検査登録預り法定費用は、車両を購入する際に通常必要とされる費用であると認められることから、本件事故と相当因果関係のある損害と認められる。」として1,800円を認めた。

(チ)　預かりリサイクル預託金について、「原告らの主張する預りリサイクル預託金は、中古車購入に際しても必要とされる費用であると認められることから、本件事故と相当因果関係のある損害と認められる。」として1万0,520円を認容した。

(リ)　標板代について、「原告らの主張する標板代は、車両登録時に通常必要とされる費用であると認められることから、本件事故と相当因果関係のある損害と認められる。」として4,100円を認容した。

（人損については、省略）

───────────── 解　説 ─────────────

本判決は、車両が全損になったことや、車両時価額に当事者間に争いがなく、原告要求どおりの金額を認容した。そのため、時価額の根拠が不明のままとなった。

車両買替諸費用について、個々の費用項目と金額を細かく検討して認否の判断を下している。なかでも、検査登録手続代行費用は認める判決と認めない判決が混在し、いまだ完全に決着していない現状において、本判決は、認める側に立った。平成24年判決という新しい判例であり、車両買替諸費用を検討するうえで大変参考になる。

自動車取得税が否認された理由がもう一つわかりづらい。理由を説明すると、自動

車取得税とは、自動車取得価格50万円を超える場合に課税される税金である。取得価格は実際に取得した価格ではなく、車種、グレード等ごとに定められた基準価格[注]に新車時から経過年数に応じて残価率を乗じた金額となっている。

　本件では、7年経過した原告車であり、残価率は0.1となる。原告車の新車価格がわからないので、仮に500万円とすれば、取得価格は次のようになる。

　500万円×0.9×0.1＝45万円となり、50万円を下回るから新車価格500万円の原告車であっても、取得税は掛からない。この事情を本判決は指摘したのである。

---【注】基準価格---
　0.9を掛けるのは、基準価格が新車価格の90％として開始するからである。
---

⑩　横浜地判平成24年6月21日

裁判所・判決日	横浜地判平24.6.21.	出　　典	交通民集45巻3号747頁
事件番号	平23㈱第1521号		

原　　告	甲野太郎、X社	被　　告	乙山花子
事 故 日	平22.5.20.　午後2:50ころ		
事故場所	横浜市中区		
事 故 状 況	原告甲野太郎運転の原告車（乗用車）が赤信号に従って停止していたところ、後方から進行してきた被告乙山花子運転の被告車（乗用車）に追突された。		

赤信号
原告車乗用車
被告車乗用車

原告要求	被告答弁	判　　決
「1 被告は、原告甲野太郎に対し、165万9,031円及びこれに対する平22.5.20.から支払済みまで年5分の割合による金員を支払え。		「1 被告は、原告甲野太郎に対し、155万2,120円及びこれに対する平22.5.20.から支払済みまで年5分の割合による金員を支払え。
2 被告は、原告X社に対し、291万8,850円及びこれに対する平22.5.20.から支払済みまで年5分の割合による		2 原告X社の請求及び原告甲野太郎のその余の請求をいずれも棄却する。」

金員を支払え。」		
本件は被告の一方的過失による。	原告らの主張は争う。	原告に過失がない。
原告甲野太郎の損害	**原告甲野太郎の損害について**	**原告甲野太郎の損害**
人損合計　1,207,510円	人損合計　　　　否認	人損合計　1,199,420円
原告車時価額　420,000円	原告車時価額　　否認	原告車時価額　420,000円
代車使用料　156,000円	代車使用料　　　否認	代車使用料　156,000円
オーディオ等移設費用　158,000円	オーディオ等移設費用否認	オーディオ等移設費用　60,000円
登録手続関係費用72,000円	登録手続関係費用　否認	登録手続関係費用　72,000円
（登録費用　25,000円）	弁護士費用　　　争う	（登録費用　25,000円）
（車庫証明手数料 9,000円）		（車庫証明手数料 9,000円）
（納車手数料　8,000円）	**原告X社の損害について**	（納車手数料　8,000円）
（廃車手数料　30,000円）	すべて否認ないし争う	（廃車手数料　30,000円）
小計　2,013,510円		小計　1,907,420円
既払い金　（－）505,300円	被告側保険会社の既払い金治療費の一部	既払い金　（－）505,300円
差引　1,508,210円	（－）349,300円	差引　1,402,120円
弁護士費用　150,821円	代車費用　（－）156,000円	弁護士費用　150,000円
原告損害合計 1,659,031円	合計　（－）505,300円	原告損害合計 1,552,120円
原告X社の損害		**原告X社の損害**
企業損害　2,653,500円		企業損害　否認
弁護士費用　265,350円		
損害合計 2,918,850円		

原告車、被告車に関するデータ

原 告 車	普通乗用自動車（原告甲野太郎運転、所有）、原告甲野太郎は、原告X社の代表取締役
被 告 車	普通乗用自動車（被告乙山花子運転）

--- **事故概要** ---

　原告甲野運転の原告車（乗用車）が交差点手前で赤信号に従って停止していたところ、後方から進行してきた被告乙山運転の被告車（乗用車）に追突された。この事故で原告甲野は負傷し、原告車は大破した。

―――――― 訴訟概要 ――――――

　原告甲野は、自身の人損と大破した原告車の物損を被ったと主張して、被告乙山に対して不法行為に基づく損害金の支払いを求めて提訴した。

　原告甲野は、海上運送事業を営む経営規模の小さなX社の代表取締役であり、経営に携わるとともに旅客船の操縦という主幹業務を担う人材であった。そのため原告X社は、原告甲野が休業中、D社に旅客船操縦業務を委託した。その費用を企業損害として被告乙山に求めて提訴した。

―――――― 原告の車両全損要求 ――――――

　原告車について、原告甲野は、本件事故によって修理費が車両時価を上回る全損状態となり、時価相当額である42万円の損害を被ったと主張した。

　その他、新車への買替期間中の20日間、代車を必要とし、代車費用15万6,000円、全損になった原告車に取り付けていたカーオーディオ・カーナビゲーションの装備を買い替えた車両に移設する必要が生じ、移設費用15万8,000円、新車買替えのための登録手続関係費用7万2,000円、これら諸費用も要求した。

　なお、代車費用15万6,000円は、被告加入の保険会社によって原告甲野に同額が支払われており、原告請求中に「既払い金」として計上されている。

（原告甲野の人損、原告X社の企業損害については省略）

―――――― 被告らの反論 ――――――

　被告は、原告の車両損害、代車費用を否認した。オーディオ等移設費用は否認するが、仮に、オーディオ等の移設が必要であったとしても、移設に必要な費用の相場は、取外し費用1万5,000円程度、取付け費用2万5,000円程度であり、4万円を超えることはないと反論した。

　また、被告は、登録手続関係費用いついて否認した。とくに、廃車費用はいずれ生じる費用であり、これを賠償額に含めることは相当ではないと主張した。

（原告甲野の人損、原告X社の企業損害については省略）

―――――― 判決理由 ――――――

　裁判所は、原告車が本件事故によって大破し、走行することができなくなったこと、被告加入の保険会社から、車両損害の賠償額として、新車価格の10%に相当する42万円の提案を受けたことが認められるとして、車両損害額としては42万円が相当であると認定した。

　裁判所は、代車の必要性を認め、被告加入の保険会社は、代車費用として15万6,000円をすでに支払っているとして、代車費用15万6,000円を本件事故と相当因果関係を

有する損害であると認定した。

　オーディオ等移設費用が相場より高くなったのは、買い替えた車両のオーディオ等が車の電子システムと一体となっているため、取り外すと不具合が生じることから、原告車のオーディオ等を移設するためには、不具合を解消する必要が生じ、修理業者の作業量が大幅に増えたためであると、裁判所は高額になった理由を解明した。

　そこで裁判所は、原告車のオーディオ等の移設費用も本件事故と相当因果関係を有する損害と認めたうえで、移設費用15万8,000円はいかにも大きく、全額が本件事故によって通常生ずべき損害とは認められないとし、一般的な移設費用6万円ないし7万円程度から6万円を認めるとした。

　登録手続関係費用は、原告甲野の要求どおりの全額を認めた。被告が廃車費用はいずれ生じる費用であると否認するのに対し、裁判所は、「いずれ生じる費用であっても、本件事故によって必要になったものである以上、本件事故との間に相当因果関係が認められる。」と述述して認容した。

（原告甲野の人損、原告X社の企業損害については省略）

―――――――――――――　解　説　―――――――――――――

　原告車の時価額を被告加入の保険会社が新車価格の10％に相当する42万円と提案済みであり、さらに、代車料も保険会社がすでに支払っているのに、なぜか、被告が認めなかった。

　結局、訴訟をして、それらの妥当性が確認されたということである。なお、新車価格の10％というのは、乗用車の場合、6年以上使用した車両の定率減価償却残存率である。

　本判決によって、オーディオの移設費用は、全損になった車両では必要な費用として認められることがわかる。ただし、移設費用は、あくまでも通常の費用の範囲内であることが条件となる。

　また、全損になった原告車の廃車費用は、事故がなくても、いずれは必要になる費用であると反論しても損害賠償では通用しないこともわかる。

　ここではまったく触れなかったが、本判決は、企業損害の認否基準を提示しており参考になる。

⑪ 大阪地判平成24年11月27日⑵

裁判所・判決日	大阪地判平24.11.27.⑵	出　典	自ジャ1889号64頁
事件番号	平23㈠第8224号		

原　　告	甲野一郎	被　　告	乙山春子、Y保険
事 故 日	平20.12.20.　午前9:30ころ		
事故場所	奈良県橿原市		
事　故状　況	信号のない交差点において、南行きの被告乙山春子運転の被告車（乗用車）が一時停止線で停止せず進行して、西行きの原告甲野一郎運転の原告車（乗用車）と出合頭に衝突した。		

原告要求	被告答弁	判　　決
「1　被告乙山春子は、原告に対し、金751万3,435円及びこれに対する平20.12.20.から支払済みまで年5分の割合による金員を支払え。 2　被告Y保険は、原告の被告乙山春子に対する前項の判決が確定したときは、原告に対し、金751万3,435円及びこれに対する平20.12.20.から支払済みまで年5分の割合による金員を支払え。」		「1　被告乙山春子は、原告に対し、金239万5,015円及びこれに対する平20.12.20.から支払済みまで年5分の割合による金員を支払え。 2　被告Y保険は、原告の被告乙山春子に対する本判決が確定したときは、原告に対し、金239万5,015円及びこれに対する平20.12.20.から支払済みまで年5分の割合による金員を支払え。」
原告が事故を回避できなかったもので原告に過失はない。	原告の過失を20％とすべきである。	過失割合：原告10％、被告90％ **原告甲野一郎の損害** 原告人身損害合計 　　　　　　　　4,128,667円

原告甲野一郎の損害	原告甲野一郎の損害について	原告車時価　　135,000円
原告人身損害合計		（争いがない）
8,951,526円	原告人身損害　　　争う	代車料（30日間）189,000円
原告車時価　　135,000円	原告車時価　　　認める	自動車重量税　　6,684円
代車料　　　　235,200円	代車料　　　132,300円	自動車取得税　90,000円
自動車重量税　17,709円	自動車重量税　　　否認	（争いがない）
自動車取得税　90,000円	自動車取得税　　認める	登録手続関係費用　34,000円
登録手続関係費用34,000円	登録手続関係費用のうち	（検査登録手続代行費用
小計　　　　9,463,435円	車庫証明手数料2,000円程	15,120円）
自賠責　（−）1,950,000円	度を認める	（資金管理料金　　380円）
差引　　　　7,513,435円		（新規検査登録手数料
		3,300円）
		（車庫証明手数料　2,600円）
		（リサイクル預託金12,600円）
		小計　　　　4,583,351円
		原告過失10%（−）458,336円
		自賠責　　（−）1,950,000円
		差引　　　　2,175,015円
		弁護士費用　　220,000円
		損害合計　　2,395,015円

原告車、被告車に関するデータ

原 告 車	普通乗用自動車（原告甲野一郎運転）
被 告 車	普通乗用自動車（被告乙山春子運転）、Y保険に自動車保険付保

──── 事故概要 ────

　信号のない交差点において、北から南に向かって被告乙山春子運転の被告車（乗用車）が、交差点手前の一時停止線で停止することなく、交差点に進入した。その時、原告甲野一郎運転の原告車（乗用車）が東から西に向かって交差点に進入して、交差点内で出合頭に衝突した。衝突のあと、原告車は左に振られ、被告車はブレーキとアクセルを踏み間違え、加速して右側の側溝に落ちて停止した。この事故で、甲野一郎は負傷し、原告車は損壊した。

──── 訴訟概要 ────

　原告甲野一郎は、自身の人損と原告車の物損を被告乙山春子に損害賠償の支払いを求めて提訴した。

―――――――――――― 原告甲野の車両全損要求 ――――――――――――

　原告甲野は、原告車が全損になったと主張して、車両時価額13万5,000円と代車料、自動車重量税、自動車取得税、車両買替諸費用を要求した。

（人損については省略）

―――――――――――――――― 被告らの反論 ――――――――――――――――

　被告らは、原告請求のうち車両時価額、自動車取得税を認め、代車使用料が発生したことについても認めた。自動車重量税は、本件事故と相当因果関係を欠き、そうでなくても、自動車重量税は還付を受けることができるので損害とはならないと反論した。

　車検手続代行手数料は、車検代行業者に対する謝礼であって、車検を受けるために必須のものではない。「車庫証明の実際の手数料は2,000円程度で、それを超える部分は、いずれも、本件事故と相当因果関係のある損害とはいえない。」と反論した。

　「代車使用料全額が本件事故と相当因果関係のある損害であること」に対して争うとして、「相当な買替期間は3週間程度で、日額6,300円として、合計13万2,300円とするのが相当である。」と反論した。

（人損については省略）

―――――――――――――――― 判決理由 ――――――――――――――――

　判決は、原告甲野にも交差点に進入するに際しての安全確認等について、若干の落ち度があったと認定して、過失割合を原告10%、被告90%と判定した。

　物損について、車両時価額と自動車取得税を被告が認めており、争いがないとして請求額を認容した。自動車重量税は平成21年5月27日に1万1,025円の還付を受けていることを原告も自認しており、原告主張の1万7,709円から還付額を控除した残額が本件事故と相当因果関係のある損害となると説明して、6,684円を認容した。

　車検手続代行費用について、被告らの本件事故と相当因果関係を欠くとの主張に対し、「車両を購入する者は、このような手続を販売店に通常依頼していることが現状であると解されることに照らすと、これらの費用は買い替えに付随するものとして賠償の対象となると解するのが相当である。」と説明して認容した。

　代車料については、30日間、日額6,300円の18万9,000円を認容した。

（人損については省略）

―――――――――――――――― 解　　説 ――――――――――――――――

　本件のテーマである車両全損時価については、原告請求額を被告が認めていて争いになっていないため、何を根拠に時価額を算出したのかわからないことになってしま

った。被告が認めていて争いになっていないもう一つの自動車取得税は、車両取得価格50万円以上に掛かる税金である。本件の車両時価13万5,000円の車両取得価格では掛からない。それを 9 万円も認めたとすれば、その場合の車両時価額は180万円（90,000 ÷ 5 ％）となる。一体、何に対する自動車取得税だったのか。

　本件判決における自動車重量税の扱いは、近年確立しつつある対応である。それは、代替車購入時の車両買替諸費用としての自動車重量税も、事故車の車検証有効期限までの残存車検費用としての自動車重量税も、ともに事故と相当因果関係のある損害として認めるというものである。そのうえで、残存車検費用としての自動車重量税には還付制度があり、自動車重量税が還付されるので、損害額算出方法として、車両買替諸費用としての自動車重量税額から、残存車検費用として還付のあった自動車重量税額を差し引くという対応である。今後、この対応が広く定着していくのかを注目したい。車検手続代行費用を認容する判決理由は、その部分全文を引用しておいたが、買替えに付随する費用とみなすという部分が重要である。

　本判決で疑問に思うのは、原告が判決文の請求欄で751万3,435円を請求しており、ここには弁護士費用の請求はない。それなのに、判決は、22万円の弁護士費用を認めて、総額239万5,015円の支払いを命じているところである。

　請求していない弁護士費用が認められているのは、引用判決文の転記ミスであろうか。引用裁判例では、原告側に 2 人の弁護士が訴訟代理人となっている。

⑫　大阪地判平成25年 6 月25日

裁判所・判決日	大阪地判平25.6.25.	出　典	交通民集46巻 3 号764頁
事件番号	平24㈠第3514号、第8908号		

原　告	甲野一郎、甲野花子	被　告	乙山梅子
事 故 日	平23.10.13.　午後5:50ころ		
事故場所	大阪府豊中市		
事 故状 況	信号のない交差点において、優先道路進行の甲野一郎運転の原告車（乗用車）と一時停止規制のある道路進行の乙山梅子運転の被告車（原付）が出合頭に衝突した。		

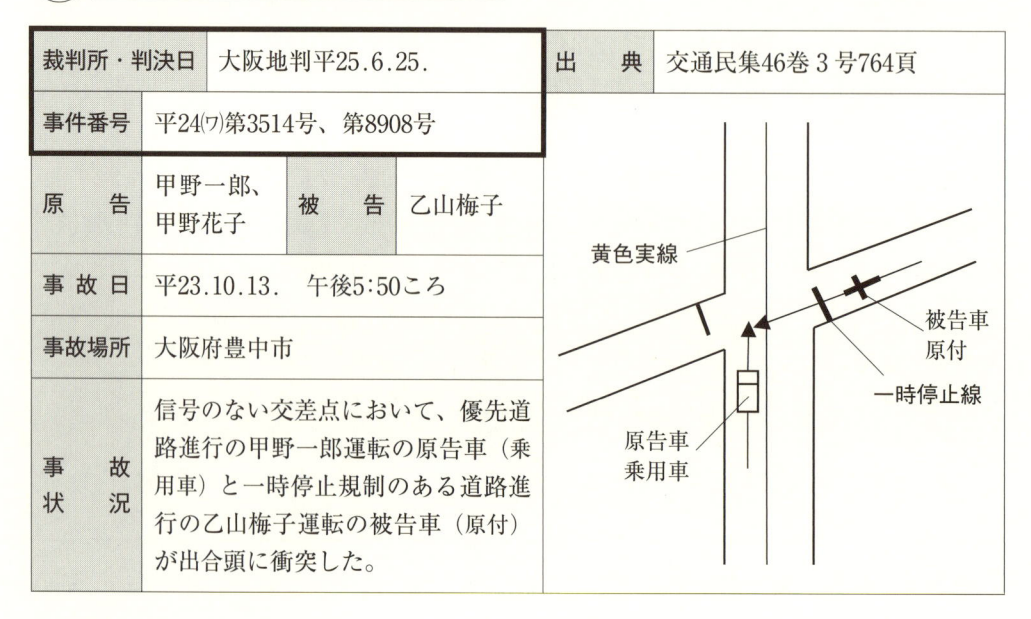

原告要求	被告答弁	判　　決
「第一事件 被告は第一事件原告（甲野一郎）に対し、288万3,469円及びこれに対する平25.6.25.（判決言渡日）から支払済みまで年6分の割合による金員を支払え。 第二事件 被告は第二事件原告（甲野花子）に対し、60万5,000円及びこれに対する平24.3.13.（被告側の支払拒絶連絡日）から支払済みまで年5分の割合による金員を支払え。」		「1　被告は第一事件原告（甲野一郎）に対し、12万4,100円及びこれに対する平25.6.25.から支払済みまで年5分の割合による金員を支払え。 2　被告は第二事件原告（甲野花子）に対し、26万8,813円及びこれに対する平24.3.13.から支払済みまで年5分の割合による金員を支払え。」 甲野一郎要求の年6分の遅延損害金は商行為性を有せず年5分である。
本件は被告乙山の100％過失によって発生した。	原告甲野一郎にも過失がある。	過失割合：甲野一郎15％、乙山85％
第一事故　原告甲野一郎の損害 事故車搬送費　　30,000円 事故当日交通費　7,600円 衣服損傷費　　　30,000円 損保会社対応諸経費 　　　　　　　　10,000円 事故車保管費　　55,000円 代替車借用費　600,000円 代車借用交通費　168,000円 代車借用人件費　200,000円 慰謝料（物損）　750,000円 固定費・慰謝料追加 　　　　　　　836,069円 自動車税　　　　75,800円 追加保管費　　121,000円	**原告甲野一郎の損害について** 事故車搬送費　　　　不知 ただしレッカー代3万円を確認した。 事故当日交通費 　　　　　　因果関係なし 衣服損傷費　因果関係なし 損保会社対応諸経費 　　　　　　因果関係なし 事故車保管費　　　　過大 代替車借用費算定根拠不明 代車借用交通費 　　　　　　因果関係なし 代車借用人件費 　　　　　　因果関係なし	**第一事故原告甲野一郎の損害** 事故車搬送費　　30,000円 事故当日交通費　　　否認 衣服損傷費　　　15,000円 損保会社対応諸経費　否認 事故車保管費・1か月分 　　　　　　　　11,000円 代替車借用費　　90,000円 代車借用交通費　　　否認 代車借用人件費　　　否認 慰謝料（物損）　　　否認 固定費・慰謝料追加　否認 自動車税　　　　　　否認 追加保管料　　　　　否認 小計　　　　　146,000円 過失15％　　（−）21,900円

合計	2,883,469円

第二事件原告甲野花子の損害

主位的請求

修理費	725,728円
修理費見積料	30,000円
内金請求	605,000円

予備的請求

再調達価格	105,000円
消費税	5,250円
登録費用	30,000円
車庫証明	11,000円
納車手数料	5,000円
車検整備費用	125,000円
解体処分費用	20,000円
抹消登録費用	15,000円
修理費見積料	30,000円
合計	346,250円

慰謝料（物損）	否認

固定費・慰謝料追加
　　　　　　因果関係なし

自動車税	不知
追加保管費	不知

原告甲野花子の損害について

車両時価額	105,000円

（修理費用の賠償は認められない）

車検整備費用	否認

（新規に取得した車両にかかるものであり、買替えのため必要となるものではないから損害に当たらない）

修理費見積料	否認

（経済的全損が明らかであり修理費見積料は不要）

差引損害額	124,100円

第二事件原告甲野花子の損害

主位的請求

修理費	否認
見積費	否認

予備的請求

再調達価格	105,000円
消費税	5,250円
登録費用	30,000円
車庫証明	11,000円
納車手数料	5,000円
車検整備費用	125,000円
解体処分費用	20,000円
抹消登録費用	15,000円
修理費見積料	否認
小計	316,250円
過失15%	（−）47,437円
差引損害額	268,813円

原告車、被告車に関するデータ

原告車	普通乗用自動車（甲野一郎運転、甲野花子（一郎の娘）所有）、初度登録平成9年4月、14年6か月経過、新車104万5,000円で購入、走行距離約68,000km、甲野一郎68歳、身体障害者（日常生活に自動車必要）、自動車整備士資格あり
被告車	原動機付自転車（被告乙山梅子運転）

━━━━━━━━━━━ **事故概要** ━━━━━━━━━━━

　事故現場は、南北道路と北東・南西道路の交わる変形交差点で信号はない。南北道路は、黄色実線の中央線が交差点のなかまで続く優先道路である。北東・南西道路には中央線がなく、交差点入口に一時停止の規制がある。原告乗用車が南から北へ進行、被告原付は、北東から進行して、交差点内で出合頭に衝突した。

━━━━━━━━━━━ **訴訟概要** ━━━━━━━━━━━

　本件事故によって、原告側が、全損になった車両損害と全損に伴って発生した車両

購入諸費用などを被告に要求したのが本件訴訟である。

―――――――――――――――― 原告甲野花子車両全損要求 ――――――――――――――――

　原告甲野花子の要求は、主体的に車両修理費と見積費の合計75万5,728円のうち60万5,000円を要求した。その一方、予備的に「仮に、原告車両について10万5,000円の時価額しか認められず、経済的全損とされたとしても、全損価格を考慮する上では買換諸費用が考慮されるべきであり、上記の金額を要する。」と合計額60万5,000円を要求した。

　なお、本件事故は、すべて被告乙山梅子の過失によるものであると主張した。

（原告甲野一郎の要求は、車両全損に関するものでないため省略）

―――――――――――――――――――― 被告乙山反論 ――――――――――――――――――――

　被告乙山は、原告車運転の甲野一郎にも過失があると反論し、「原告車両の時価額は10万5,000円に過ぎず、経済的全損であるから、修理費用の賠償は認められない。」と反論した。

　「また、買換諸費用のうち、車検整備費用12万5,000円は新規に取得した車両にかかるものであり、買換のために必要となるものではないから、損害に当たらない。」、「そして、原告車両が経済的全損であることは明らかあり、修理費用の見積は不要であるから、見積費用も本件と因果関係はない。仮に因果関係が認められたとしても、費用自体が過大である。」と反論した。

（原告甲野一郎の要求に対する反論は省略）

―――――――――――――――――――― 判決理由 ――――――――――――――――――――

　判決は、過失割合を原告甲野一郎15％、被告乙山85％と認定したうえで、原告車の損害について次のとおり認定した。

　「①原告車両の初度登録は平成9年4月であり、走行距離は約6万8,000キロメートルであること、②原告車両の購入価格は104万5000円であったこと、③原告車両は現在中古車市場で出回っておらず、いわゆるレッドブックにも価格の記載がないこと（当事者間で見解が一致している。）、④償却年数を13.2年として、定率減価償却法により計算した際の残存時価額が約10万5000円であること等の事情が認められる。」と認定した。

　「以上の事情に照らすと、原告車両について事故時点での具体的な中古取引価格を示す証拠が得られない状況であり、本件においては、減価償却法によって時価を算定せざるを得ない事情があるというべきである。したがって、原告車両の事故当時の時価額は10万5000円であると認められ、これは修理費用を下回るものであるから、経済

的全損に当たるというべきであり、車両損害はその範囲でのみ認められる。」とした。

　買替費用について、「原告が主張する諸費用のうち、消費税、登録費用、車庫証明、納車手数料、解体処分費用、抹消登録費用については当事者間において積極的な争いがなく、また費目・金額とも相当であると認められる。」と判断した。

　被告乙山が、とくに反論した車検整備費用については、

　「車検期間及び整備の状態については、通常はその状態に応じて取引価格に反映されている場合が多いものと考えられ、車両自体の価格に整備費用が含まれていないことが価格表示等から明確である場合を除き、認定した車両時価額と別個に車検整備費用を計上することは必ずしも相当でない。しかしながら、本件の場合には時価額算定の際に実際の中古市場価格やレッドブック価格を用いることができず、減価償却によって算出せざるを得ない状況であり、金額算定が必ずしも具体的な取引実情を反映してなされたものではないという事情がある。かつ、本件では認定金額が10万5000円というおよそ高額とはいえないものであって、絶対的な金額に照らしても、また新車価格との比率を考えても、この金額の中に整備費用が当然に含まれているという説明は困難であると思われる。以上の諸事情を考慮し、一般論としてはともかく、本件の個別的な事情の下では、車検登録料を含んだ整備費用12万5000円について、車両時価額に算入すべき費用として相当性を欠くものではないというべきである。」として車検整備費用12万5,000円を認容した。

　「見積費用については、経済的全損の判断にあたって有用な資料であることは確かであり、被告のいうように経済的全損が明らかであるとして当然に因果関係を否定することは難しい。しかし、……一郎に自動車整備士としての知識があり、修理費や車両の経済的価値について一定の見通しを立てることはある程度早期の段階から可能であって、花子としても一郎に見通しを尋ねたり、あるいは保険会社と連絡を取るなどして全損判断をすることは早期に可能であったと考えられること、また見積が行われたのが平成24年8月（事故から10か月経過：筆者注）であり、その頃までには上記のとおり別の方法によって全損判断ができる状態にあったといえることに照らし、本件に関しては見積費用は本件と相当因果関係があるいうことはできない。」と否認した。

（甲野一郎要求の事故車両搬送費等については、車両全損に関するものではないので省略）

─────────────── 解　　説 ───────────────

　本判決は、車両が経済的全損の場合に発生する損害に関して、原告が細かく費目と金額を要求するのに対して、全部の費目を1つずつ丁寧に取り上げて、認否の見解を示した教科書のような判決である。車両全損の場合の時価額は、車両が古いため、中古車市場での取引実績もなく、レッドブックにも記載がないときは、特段の事情に当たり、定率減価償却残存率で算定するほかないことを示している。

　車両が経済的全損となったとき、全損に付随する諸費用の項目にどのようなものがあるか。この疑問に解答を与えてくれる判決でもある。本判決は、交通弱者である原付に対し、交通強者である乗用車が損害賠償を求めるという珍しい事例でもある。

　なお、遅延損害金の起算日を原告甲野一郎は、平成25年6月25日（判決言渡日）から、被告乙山花子は、平成24年3月13日（被告側の支払拒絶連絡日）からとしている。起算日は、本来、事故発生日から起算して要求できるものである(注)。判決は、それぞれの起算日が、事故日以降の日であるから誤りではない。そのため、それぞれの起算日を要求どおり認めたものである。

> ── 【注】不法行為による損害賠償債務 ──
>
> 　不法行為による損害賠償債務は、何ら催告を要することなく、損害の発生と同時に遅滞に陥るものと解すべきである（最判昭和37年9月4日民集16巻9号1834頁）。

⑬　東京地判平成25年9月30日(3)ab

裁判所・判決日	東京地判平25.9.30.(3)ab	出　典	自ジャ1911号119頁
事件番号	平24(ワ)第17649号、第25183号		
原　告	X社、W社、甲野	被　告　乙山春子	
事 故 日	平23.12.28.　午後0:35ころ		
事故場所	埼玉県朝霞市		
事 故 状 況	原告車（乗用車）が南行き側道から南北道路の交差点に進入して北行き道路に入ろうとUターン中、東西道路の東方から交差点に進入、同じ北行き道路に右折してきた被告車（トラック）と衝突した。		

（図：信号のない交差点。側道、原告車 乗用車、被告車 トラック）

原告要求	被告要求	判　決
本訴 「被告乙山は、原告X社に対し333万9,600円、原告W社に対し131万1,140円、原告甲野に対し4万4,924円及びこれらに対する平23.12.28.から支払済みまで年	反訴 「原告甲野は、被告乙山に対し、17万6,000円及びこれに対する平23.12.28.から支払済みまで年5分の割合による金員を支払え。」	「1　被告乙山は、原告X社に対し114万3,327円、原告W社に対し44万9,794円、原告甲野に対し1万円及びこれらに対する平23.12.28.から支払済みまで年5分の割合による金員を支払え。

5分の割合による金員を支払え。」

2　原告甲野は、被告乙山に対し、10万6,000円及びこれに対する平23.12.28.から支払済みまで年5分の割合による金員を支払え。」

	原告過失は90％である。	過失割合：原告60％、被告40％

原告X社の損害

原告車時価	2,890,000円	
（修理費見積 2,858,571円）		
レッカー費用	29,400円	
車両買替諸費用	116,600円	
（検査登録手続代行費用	19,215円）	
（車庫証明手続代行費用	15,540円）	
（納車費用	10,605円）	
（法定費用、登録・車庫証明	8,600円）	
（リサイクル費用	12,640円）	
（自動車重量税	15,000円）	
（自動車取得税	35,000円）	
小計	3,036,000円	
弁護士費用	303,600円	
損害合計	3,339,600円	

原告W社の損害

代車費用	270,000円
車載物（精密機械）	921,946円
小計	1,191,946円
弁護士費用	119,194円
損害合計	1,311,140円

原告甲野の損害

シートカバー	40,840円

原告X社の損害について

原告車時価	2,150,000円
レッカー費用	29,400円
車両買替諸費用のうち	
法定費用、登録・車庫証明	8,600円
その他の費用	否認

被告乙山の損害

被告車時価	160,000円
弁護士費用	16,000円
損害合計	176,000円

原告W社の損害について

代車使用期間	2週間
車載物	争う

原告X社の損害

原告車時価	2,500,000円
（修理費見積 2,858,571円）	
レッカー費用	29,400円
買替諸費用	78,919円
（検査登録手続代行費用	9,607円）
（車庫証明手続代行費用	7,770円）
（納車費用	5,302円）
（法定費用、登録・車庫証明費用	8,600円）
（リサイクル費用	12,640円）
（自動車重量税	0円）
（自動車取得税	35,000円）
小計	2,608,319円
過失60％	（－）1,564,992円
差引	1,043,327円
弁護士費用	100,000円
損害合計	1,143,327円

原告W社の損害

代車費用	150,000円
車載物（精密機械）	874,486円
小計	1,024,486円
過失60％	（－）614,692円
差引	409,794円
弁護士費用	40,000円
損害合計	449,794円

弁護士費用	4,084円
損害合計	44,924円

被告乙山の損害について

被告車時価	認める
弁護士費用	不知

原告甲野の損害について

シートカバー	否認

（原告車の車体本体の市場
　価格に含まれている）

原告甲野の損害

シートカバー	20,000円
過失60%	（−）12,000円
差引	8,000円
弁護士費用	2,000円
損害合計	10,000円

被告乙山の損害

被告車時価（争いなし）	
	160,000円
過失40%	（−）64,000円
差引	96,000円
弁護士費用	10,000円
損害合計	106,000円

原告車、被告車に関するデータ

原 告 車	普通乗用自動車（原告甲野運転、原告X社所有、原告W社事業用使用）、ニッサン・セレナ・ワゴン（型式 DBA−FC26）、初度登録平成23年10月、新車価格238万円、登録後2か月経過、走行距離2,204km、原告甲野は原告W社の代表取締役
被 告 車	普通貨物自動車（被告乙山春男運転）

———————————　事故概要　———————————

　原告甲野は、南北道路の南行き側道を走行し、東西道路との信号のない交差点において、南北道路に進入して北向き道路へ入ろうとUターンするように進行した。被告乙山が運転するトラックは、東西道路を東から同交差点に入り、北向き道路へ入ろうと右折し、交差点中央部過ぎのところで両車両が衝突した。

———————————　訴訟概要　———————————

　原告乗用車を所有する原告X社は、原告車の修理費見積が285万8,571円を要し、経済的全損であると主張し、損害として原告車時価額と車両買替諸費用を要求した。原告車を事業用に使用していた原告W社が、原告車の代車費用と当日原告車に車載していたパソコンなどの精密機械の損害を要求した。さらにW社の代表取締役で原告車運転の原告甲野が平成23年11月22日に注文し、事故の前日に原告車に装着したシートカバーの損害を要求して、それぞれがトラック運転の被告乙山に対し提訴した。

　これに対し、被告乙山は、被告トラック全損による時価額を要求して、原告車運転

者である甲野に対し反訴を提起した。

———————————— 原告Ｘ社の車両全損要求 ————————————

　原告Ｘ社は、２か月前に購入した原告乗用車が経済的全損になったと時価額289万円とレッカー費用２万9,400円を、さらに、全損に伴う車両買替諸費用合計11万6,600円を要求した。

（Ｗ社要求の代車費用と原告車に積載していた精密機械の損害および原告甲野要求のシートカバーの損害については省略）

———————————— 被告乙山の反論 ————————————

　被告乙山は、「原告車両の新車価格は238万円であり、登録後１年を経過すると時価は204万円とされており、本件事故が登録して２月経過後に発生しているとしても、走行距離が2,204キロメートルに及んでいることからすると、本事故当時の時価は215万円が相当である。」と反論した。

　車両買替諸費用については、法定登録費用（登録手続費用および車庫証明手続費用）8,600円を認め、その他の費用項目をすべて否認した。

　その理由は、「本件は新車の買替えが相当な事案ではないから、買替えに必要な費用は損害とならない。また、手続代行費用は業者に対する謝礼にすぎないから損害とならない。」というものであった。

———————————— 被告乙山の車両全損要求 ————————————

　被告乙山は、被告トラックが全損になったと主張して時価額16万円を要求した。

———————————— 原告Ｘ社の反論 ————————————

　原告Ｘ社は、被告要求のトラック時価額を認めるとした。

———————————— 判決理由 ————————————

　判決は、過失割合を原告甲野60％、被告乙山40％と認定した。

●原告車両の全損時価額　　250万円

　「原告Ｘ会社は、本件事故の当時、原告車両を所有していたところ、原告車両は、初度登録平成23年10月のニッサンセレナハイウェイスター（車体の形状ステーションワゴン、型式略）で、同年12月28日当時の走行距離が2,204キロメートであること、平成22年型ニッサンセレナハイウェイスターの新車販売価格（消費税を含まない。）は、238万円であること、本件事故による原告車両の修理費用は、285万8,571円と見積もられていることが認められ、原告Ｘ会社は、本件事故の結果、原告車両の全損時価額として

250万円の損害を被ったと認めるのが相当である。」と250万円を認定した。

●**レッカー費用**　　2 万9,400円

　レッカー費用について、当事者間に争いはないと 2 万9,400円を認めた。

●**買替諸費用**　　7 万8,919円

　　a　**検査登録（届出）手続代行費用**　　9,607円

　　「原告X会社は、本件事故後、車両を買い替え、検査登録（届出）手続代行費用として 1 万9,215円を負担したことが認められるところ、当該費用が手続を代行した業者に対する報酬であることを考慮すると、本件事故と相当因果関係のある損害としては9,607円を認めるのが相当である。」とした。

　　b　**車庫証明手続代行費用**　　7,770円

　　c　**納車費用**　　5,302円

　　これら 2 つの費用について、a の検査登録（届出）手続代行費用の説明とまったく同じ文言で、車庫証明手続代行費用として 1 万5,540円を負担したうちの7,770円を認め、納車費用として 1 万0,605円を負担したうちの5,302円を認めた。

　　d　**法定費用（登録手続費用および車庫証明手続費用）**　　8,600円

　　法定費用は、当事者間に争いがないと8,600円を認めた。

　　e　**リサイクル費用**　　1 万2,640円

　　「原告X会社は、本件事故後、車両を買替、リサイクル費用として 1 万2,640円を負担したことが認められ、本件事故と相当因果関係のある損害として同額を被ったと認めるのが相当である。」と全額を認めた。

　　f　**自動車重量税**　　0 円

　　原告X会社は、本件事故後、新車の購入をしたことを前提に、自動車税 1 万5,000円を主張するが、「前示のとおり、原告車両は、初度登録平成23年10月で、本件事故の当日である同年12月28日当時の走行距離が2,204キロメートであることからすると、新車の購入と本件事故との間に相当因果関係を認めることはできないから」、自動車重量税は、「その前提を欠き、理由がない。」と否認した。

　　g　**自動車取得税**　　3 万5,000円

　　「原告X会社は、本件事故後、車両を買い替え、自動車取得税として 3 万5,000円を負担したことが認められ、本件事故と相当因果関係のある損害として同額を被ったと認めるのが相当である。」と全額を認めた。

（代車費用、車載物、シートカバーの損害については省略）

──────────── 解　説 ────────────

　原告車の損害は、時価額250万円、修理費用見積額285万8,571円であることから、修理費用が時価額を上回り経済的全損と認定した。

各当事者の主張する原告車両の時価額をまとめると、次のようになる。

> A）原告X社要求の時価額＝289万円
>
> B）被告乙山主張の新車価格＝238万円
>
> C）被告乙山反論の1年経過後の価格＝204万円
>
> D）被告乙山反論の時価額＝215万円
>
> E）判決認定時価額＝250万円
>
> 　これらの金額から疑問点をあげると、
>
> 1．原告X社の時価額289万円は何を根拠に算出したのか不明。
>
> 2．被告乙山が反論する登録後1年経過の時価204万円は、被告乙山が主張する新車価格238万円の85.71％に該当し、登録後5か月経過の残存率85.2％に近い。定率減価償却残存率による1年経過の68.1％と著しく異なる。何を根拠に被告乙山は、登録後5か月程度の時価額204万円を主張したのか不明。
>
> 3．被告乙山反論の時価額215万円は、被告乙山が主張する新車価格238万円に対し、90.33％に該当する。この90.33％は定率減価償却法残存率2か月の93.8％と違い、登録後3か月の90.8％に近い。何を根拠に215万円の時価額を算出したのか不明。
>
> 4．判決認定の時価額250万円は、被告乙山が主張する新車価格238万円を12万円も上回る金額を認めた。推測するに新車価格238万円に消費税5％を加えて250万円と認定したものか。しかし、原告は原告車時価に対する消費税を請求していない。
>
> 5．結局、被告は新車価格238万円の90％程度に当たる215万円を時価額であると反論し、判決は新車価格238万円を上回る250万円を認めるという不可解な判決となった。250万円を認める以上、理由の説明が必要だが説明はない。あるいは、引用判決文に省略や転記ミスがあるのかもしれない。

●車両買替諸費用

　車両買替諸費用のうち法定費用（登録・車庫証明）、リサイクル費用、自動車取得税は、妥当な費用項目として認め、請求金額も請求どおり認容した。

　手続代行費用（登録・車庫証明・納車）は、業者の報酬であることを考慮して、登録手続代行費用は1万9,215円を9,607円、車庫証明手続代行費用は1万5,540円を7,770円、納車費用1万0,605円を5,302円だけを認めたが、これは請求額の50％に相当する。ここに前記東京高判平成23年12月21日自ジャ1868号166頁（個別裁判例図⑧（107頁））の影響がみられる。

　自動車重量税を判決は否認するが、その理由を新車購入だから前提を欠くという。しかし、新車を購入しても、中古車を購入しても自動車重量税は必要である。新車であれ、中古車であれ、同一車種であれば、同じ車体重量区分の税金は同額である。代替車として、同一車種の中古車を購入しているので、同じ金額の自動車重量税が課税される。本来は事故による損害である。

⑭　大阪地判平成26年1月21日

裁判所・判決日	大阪地判平26.1.21.		出　典	交通民集47巻1号68頁
事件番号	平23㈠第10262号、平24㈠第1123号			
第1原告	甲野冬男	第1被告	乙山一郎	
第2原告	A保険、乙山一郎	第2被告	甲野冬男	
事故日	平22.10.5.　午後6：56ころ			
事故場所	大阪市西成区			
事故状況	甲野車（レクサス）が北から南へ進行し右折信号に従って交差点で右折したところ、対向の乙山車（クラウン）は南から北へ進行し右折レーンに入ったあと直進し、交差点内で衝突した。そのあと乙山車は停車中の丙川車に衝突した。			

北

丙川車（停車中）
甲野車レクサス
乙山車
直進車（停車中）
右折矢印信号

原告要求	被告要求	判　決
「第1事件 第1事件被告は第1事件原告に対し、1,086万5,878円及びこれに対する平22.10.5.から支払済みまで年5分の割合による金員を支払え。」	「第2事件 ⑴第2事件被告は第2事件原告乙山一郎に対し、2,716万2,504円及びこれに対する平22.10.5.から支払済みまで年5分の割合による金員を支払え。 ⑵第2事件被告は第2事件原告A保険に対し、1,272万7,976円及びこれに対する平23.11.25.から支払済みまで年5分の割合による金員を支払え。」	「第1事件被告は第1事件原告に対し、804万9,280円及びこれに対する平22.10.5.から支払済みまで年5分の割合による金員を支払え。」
原告は車両全損を要求したが、被告側保険会社に拒否され、修理費を要求した。	**乙山の損害** 人損合計　　24,692,504円 <u>弁護士費用　　2,470,000円</u>	事故は乙山の一方的過失による。乙山およびA保険の請求には理由がない。

原告甲野の損害（分損の場合）

甲野車修理費　6,142,500円
（経済的全損ではない）
評価損　　　　　835,000円
評価損査定料　　　9,450円
代車料（4か月分）
　　　　　　　　541,800円
物損合計　　　7,528,750円
人損合計　　　1,614,980円
物・人損合計　9,143,730円
弁護士費用着手金
　　　　　　　　574,049円
弁護士費用成功報酬
　　　　　　　1,148,099円
損害合計　　10,865,878円

原告甲野の損害（全損の場合）

原告車時価　　　・・・円
車両買替諸費用　115,155円
（自動車税　　　19,300円）
（自賠責保険料　31,600円）
（検査登録手続代行費用
　　　　　　　　18,165円）
（車庫証明手続代行費用
　　　　　　　　15,855円）
（下取車査定料　5,775円）
（資金管理料金　　380円）
（検査登録法定費用
　　　　　　　　　3,240円）
（車庫証明法定費用
　　　　　　　　　2,700円）
（リサイクル預託金
　　　　　　　　17,940円）
（印紙代　　　　　200円）
メーカーオプション価格
　　　　　　　　325,500円

合計　　　　　27,162,504円

A保険の損害

支払保険金（乙山に対し）
乙山人損計　11,099,276円
乙山車時価　　150,000円
（修理費　　1,723,775円）
レッカー費用　　30,000円
(1)損害合計　11,279,276円

支払保険金（丙川に対し）
丙川車時価　　181,000円
（修理費　　　681,000円）
代車料　　　　78,000円
レッカー代　　10,500円
物損合計　　　269,500円
人損　　　　　19,200円
(2)損害合計　　288,700円

(1)+(2)支払額合計
　　　　　　　11,567,976円
弁護士費用　　1,160,000円
合計　　　　　12,727,976円

原告甲野の損害について

甲野車時価　　5,244,000円
（経済的全損）
評価損　　　　発生しない
メーカーオプション価格は
減価償却すべきである
代車料　　　　2週間程度

原告甲野の損害

甲野車時価　　5,244,000円
（修理見積額6,142,500円経済
　的全損、時価の根拠は証拠
　乙1による）
車両買替諸費用　58,100円
（自動車税　　　　否認）
（自賠責保険料　　否認）
（検査登録手続代行費用
　　　　　　　　18,165円）
（車庫証明手続代行費用
　　　　　　　　15,855円）
（下取車査定料　　否認）
（資金管理料金　　否認）
（検査登録法定費用　3,240円）
（車庫証明法定費用　2,700円）
（リサイクル預託金　17,940円）
（印紙代　　　　　200円）
メーカーオプション
（製品価格の80％）　260,400円
評価損　　　　　　否認
小計　　　　　5,562,500円
代車料（4か月分）541,800円
評価損査定料　　　否認
人損合計　　　1,214,980円
人・物損合計　7,319,280円
弁護士費用　　　730,000円
損害合計　　　8,049,280円

乙山の損害　　　　否認
A保険の損害　　　否認

合計　440,655円＋車両時価　　車両時価額を検討する際、メーカーオプション価格と買替諸費用を考慮すべきである。	

関係車に関するデータ

原 告 車	普通乗用自動車（甲野冬男44歳運転）、レクサス RX、初度登録平成21年11月、約1年経過、本体購入価格650万円、メーカーオプション価格32万5,500円
被 告 車	普通乗用自動車（乙山一郎63歳運転、丁原春子所有）、クラウン、A保険に車両、対物、対人、人身傷害の各保険付保
丙 川 車	普通乗用自動車（丙川梅男45歳運転）

──────── 事故概要 ────────

　10月の午後7時前、辺りは暗いころ、甲野冬男運転の原告車（レクサス）が北から南へ走行し、信号のある本件交差点で右折するため右折専用車線に入って停止した。対面信号に右折矢印信号が出たが、気付かずにいたところ、後方からクラクションを吹鳴され、急いで右折開始した。

　一方、乙山一郎運転の被告車（クラウン）は南から北へ走行し、本件交差点で右折するため右折専用車線に入った。信号が全赤になったため右折専用車線の先頭で停止した。そのうち、本件交差点を直進しようと考え直し、左の直進車線停車中の車両前を横切って右折専用車線から直進車線に変更し、左折・直進矢印信号になって発進した。

　右折進行中の原告車（レクサス）は、目の前に突然、対向車線から被告車（クラウン）が進行してきたため、避けきれず被告車に衝突した。被告車は衝突の衝撃で交差点西側に停車していた丙川車（乗用車）に衝突した。

──────── 訴訟概要 ────────

　原告甲野は、被告車が対面する信号が赤にもかかわらず、交差点に進入、進行したから被告乙山に全面的過失があると主張し、原告車損害と甲野自身の人損を不法行為に基づき乙山に要求した。

　一方、乙山とその保険会社であるA保険は、原告甲野にも過失があると主張して、乙山は自身の人損を不法行為に基づき甲野に請求し、A保険は、乙山の人損を人身傷害補償保険金として、乙山の物損を車両保険金、丙川の人損と物損を対人・対物保険

金として支払ったと主張して保険代位に基づき甲野に請求した。

原告甲野の車両全損要求

　原告甲野は、示談交渉段階で原告車の損害が全損であると主張したが、A保険は、修理費のみを支払うと回答し、原告甲野の全損要求に応じなかった。そこで原告甲野は、やむなく修理に出し、修理費614万2,500円の請求を受けた。そこで原告甲野は、損害は分損であるとして修理費と評価損、代車料を要求した。

　原告甲野は、予備的に損害は全損であるとして原告車両時価、車両買替諸費用およびメーカーオプション価格を要求した。

被告A保険の車両全損要求

　被告A保険は、乙山に車両保険金として支払った乙山車の損害が、修理費172万3,775円に対し時価額が15万円であり、損害は時価額15万円であると同額を要求した。

　また、被告A保険は、対物保険金として支払った丙川車の損害が、修理費68万1,000円に対し時価額18万1,000円であり、損害は時価額18万1,000円であると同額を要求した。

被告乙山とA保険の反論

　被告乙山とA保険は、原告が要求する修理費は時価額524万円4,000円を上回ると主張して、損害は時価額限度であると反論した。被告乙山とA保険が主張する原告車の時価額は証拠（乙1）によるものであったが、その内容はわからない。

判決理由

　判決は、事故状況を詳細に検討して、本件事故は乙山が赤信号を無視して交差点に進入した過失によって発生したもので、乙山の一方的過失であると認定した。そのため、乙山とA保険が原告甲野に対し行った請求は全面的に否定された。

　判決は、被告乙山の主張する原告車時価額524万4,000円を採用し、原告甲野要求の修理費614万2,500円が、時価額524万4,000円を上回り経済的全損を認め、損害は、時価額に車両買替諸費用およびメーカーオプション価格を加算した金額を上限とすると認定した。

　判決は、原告甲野の主張する車両買替諸費用について次のような見解を示した。

　自動車税、自賠責保険料について、「車両の取得ではなく保持のために必要な費用であり、買換という行為に伴って生じる費用ではないから、本件事故と相当因果関係のある損害とは認められない（なお、買換先の車両分ではなくて事故車両自体の自動車税及び自賠責保険料を損害とするのであれば、これらは制度上車検期間未経過分につき還付を受

けられるものであり、いずれにせよ損害となるものではない。）。」と否認した。

　下取車査定料について、「従前車両の引き取りのために要する費用であって、買換によって当然に必要となる費用ではないから、本件事故と相当因果関係のある損害とは認められない。」と否認した。

　資金管理料金について、「その趣旨が明確でなく、買換において資金の管理を必要とする場面が当然に生じるとも考えられないところであって、本件事故と相当因果関係のある損害とは認められない。」と否認した。

　最後に、「その余については、買換によって必要となる費用であると認められ、経済的全損事案における車両損害の算定にあたって、車両時価額に加算して計算すべきである。したがって、加算すべき買換諸費用の金額は5万8,100円となる。」とした。

　メーカーオプション価格^(注)について、「いずれについても車両の価値向上に資するオプションで、かつ容易に他の車両に転用が効くものではないものと認められる。そうすると、その価格については車両時価額に加算して計算すべきものと考える。」とするが、事故まで約1年経過しているので、車両本体価格が、購入時650万円、事故時524万円とおおむね新品の8割程度になっていることから、オプション価格32万5,500円の8割である26万0,400円を認容した。

（原告の代車料については省略）

解　説

　本件では、甲野車、乙山車と丙川車のすべての修理費が時価額を上回る経済的全損であり、損害を車両時価額としたのにかかわらず、それらの時価額の根拠が明示されていない。原告車の時価額は、被告乙山が提出した証拠（乙1）によるものであるが、その内容を示すわけでもない。

　本判決は、時価額に関して、行き届かない判決である。ただ、車両買替諸費用のうち、認容できない項目とその理由を示した部分は参考になる。そのうちの資金管理料金が認められなかったが、これは原告が廃車に伴う資金管理料金の仕組みを正確に主張しなかったためで、根本的な否認理由ではない。本件では、原告が被告側のA保険に全損を請求したが、分損だと言われ修理費の支払いを言い渡された。そこで原告は実際に修理を実施し、最終的に修理費614万2,500円の請求を行ったが（原告が修理を支払ったかは判決文上不明）、結果的に修理費は時価額を上回ることになった。この場合、原告には修理を行わないという選択肢がないので、本件訴訟において、例外的に、時価額ではなく修理費と評価損、代車料を認めるべきだと主張している。これに対する判決は、例外を認めない理由を説明した。長いがこの部分を全文引用する。

　「経済的全損法理の根拠は被害者側の損害拡大防止義務にあるものと考えられ、信義則（民法1条2項）を一応の根拠とするものと考えられる。そして、その具体的な内

容としては、当事者の公平の観点から、不法行為を受けた被害者はその損害回復に当たって、損害額が最小となるような方法を適宜選択すべきであり、それをせずに拡大した損害部分については、不法行為と事実的因果関係のある損害であっても、加害者に賠償義務を認めない、というものである。

　このように考えると、損害拡大について、被害者の予見可能性や予見義務、回避可能性が否定される場合には、信義則及び損害の公平な分担という不法行為の法理に照らし、時価額を超えた修理費用等について、加害者が賠償すべき損害として認めることもありうる。

　しかし、本件について検討すると、原告は見積もりの段階で修理費用が100万円ないし200万円単位で拡大する可能性があることを認識しており、当初の見積もりから200万円強増えた614万2,500円まで修理費用が達することについては、予見の範囲内の事象であったと考えられる。

　また、証拠上、被告保険会社が原告に対し、修理費用相当の金額しか支払わない旨以外のことを告げた形跡はなく、原告がその費用を使って、実際に修理を選択するか買換を選択するかということについて、いずれかを強く指示した状況があるようには見られない。そうすると、原告としては、修理と買換のいずれが高額になる可能性が高いかということについて十分な判断材料を有しており、その上で修理を選択したものであるから、損害の拡大について、原告に予見可能性がなかったとも、結果回避可能性がなかったともいえない。したがって、本件は経済的全損法理が適用されるべきものであり、原告の主張は採用できない。」

　長い説明だが、前半は、一般論として時価を超えた修理費を認めることもあると言う。

　後半において、原告や被告保険会社の具体的な事情と、原告には修理費が200万円単位で増えることを予見していたし、時価と修理費を比較検討できたから、やはり、経済的全損となり修理費を例外的に支払うことはできないと言うのである。

```
──【注】メーカーオプション価格の内訳─────
　(1)　タイヤ　　　　　　　　　　　31,500円
　(2)　セーフティシステム　　　　147,000円
　(3)　クリアランスソナー　　　　 42,000円
　(4)　ムーンルーフ　　　　　　　105,000円
　　合　　計　　　　　　　　　　325,500円
```

第 **3** 部

外国産乗用車全損の場合

第1章　車両時価(外国産乗用車)

① 車両全損の認容・否認件数と認容の種類区分

外国産乗用車の車両時価を国産乗用車と区分して取り上げた。

外国産乗用車として取り上げる理由は、外国産乗用車は一般的に高級車である。したがって車両価格が高い。修理に使用する部品価格も高く、修理技術料も高いため、国産乗用車の修理費に比べ外国産乗用車の修理費は相当高い。

多くの面で価格が高い外国産乗用車の全損裁判例は、国産乗用車の全損裁判例とどのような違いがあるのか。これを探るためである。

外国産乗用車全損の請求に対応した裁判例は、全部で34件あった（**表1**参照）。分析の基になる車両全損裁判例（外国産乗用車）の一覧表は、**裁判例一覧表5**「時価認定根拠と修理費（外国産乗用車)」（149頁）に掲載した。

【表1】外国産乗用車全損の認容・否認件数

車両全損認否の別	件　数	
車両全損認容件数	33	車両時価額を認容
車両全損否認件数	1	車両修理費を認容
合　計	34	

【表2】車両全損を認容した裁判例の全損の種類区分

車両全損の種類区分	件　数	割　合（%）
物理的全損	2	6.06
経済的全損	22	66.67
社会通念上相当	0	0
全損（物理的、経済的の区別なし）	4	12.12
全損に争いなし（加害者認容）	4	12.12
全損の明示なし	1	3.03
合　計	33	100.00

　裁判例は、被害者が車両全損を主張した34件のうち33件は全損を認め、車両時価額を言い渡している。残りの 1 件は、全損の要求を認めず修理可能であると認定して修理費を言い渡している。

　表 1「外国産乗用車全損の認容・否認件数」において、車両全損認容の33件を、最高裁昭和49年 4 月15日判決によって車両全損として請求できる条件である「物理的全損」、「経済的全損」、「社会通念上相当」によって分類した結果は、それぞれ 2 件（6.06％）、22件（66.67％）、 0 件（ 0 ％）であった（**表 2** 参照）。

　その他は「全損（物理的、経済的の区別なし）」 4 件、「全損に争いなし（加害者認容）」 4 件、「全損の明示なし」 1 件であった（**表 2** 参照）。

② 国産乗用車と外国産乗用車の全損の種類区分の比較

　国産乗用車と外国産乗用車の全損の種類区分の割合を比較すると、**表 3** のようになる。外国産乗用車では、「全損（物理的、経済的の区別なし）」が12.12％に対し、国産乗用車では25.33％と多く、外国産乗用車に対する裁判例の方が全損の理由を明確にしている。

　「全損の明示なし」も外国産乗用車では3.03％に対し、国産乗用車は10.67％と、3.5倍もある。総じて外国産乗用車の裁判例は丁寧な扱いとなっている。

　判決が、車両損害を経済的全損と認定した裁判例22件は、すべて損害を車両時価額と認定しているが、経済的全損成立の根拠となる修理費を明示している裁判例が20件（90.91％）、修理費を明示していない裁判例が 2 件（9.09％）である（次頁**表 4** 参照）。

　国産乗用車では、「修理費明示し時価額認定」が63.86％（ 9 頁）であるのに対し、外国産乗用車のそれは90.91％であり、国産乗用車の「修理費明示せず時価額認定」が

【**表 3**】全損を認容した裁判例の全損の種類区分における国産乗用車と外国産乗用車の比較

全損の種類区分	国産乗用車割合（％）	外国産乗用車割合（％）
物理的全損	3.33	6.06
経済的全損	55.33	66.67
社会通念上相当	0	0
全損（物理的、経済的の区別なし）	25.33	12.12
全損の証拠提示なし	0.67	0
全損に争いなし（加害者認容）	4.67	12.12
全損の明示なし	10.67	3.03
合　　計	100.00	100.00

【表４】経済的全損言渡しの裁判例分析

経済的全損	件　　数	割　合（％）
修理費明示し時価額認定	20	90.91
修理費明示せず時価額認定	2	9.09
合　　計	22	100.00

33.74％（9頁）に対し、外国産乗用車のそれは9.09％である。

　ここでも外国産乗用車の裁判例は、国産乗用車に比べ、丁寧な扱いになっている。

③　車両時価を認定した裁判例の初度登録日と走行距離

　車両時価を認定するには、最高裁昭和49年４月15日判決によると、「事故当時における取引価格は、原則として、これと同一の車種・年式・型、同程度の使用状態・走行距離等の自動車を中古車市場において取得しうるに要する価額によって定めるべきであり、……」とある。同程度の使用状態の手掛かりは、初度登録日から事故日までの経過年月であり、走行距離は最高裁裁判例が指摘する指標である。

　全損として車両時価を認定したものは合計33件（表１参照）あるが、それらのうちで初度登録日を明示している裁判例は25件（75.76％）、初度登録日を明示していない裁判例は８件（24.24％）である（表５参照）。

　次に、走行距離を明示している裁判例は33件中、15件（45.45％）、明示していない裁判例は18件（54.55％）であった（表５参照）。

　初度登録日を明示しないものに比べ明示したものの割合は相当高いが、走行距離では明示したものより明示しないものの割合が少し高い。外国産乗用車においても、国産乗用車と同様に走行距離を記載することが軽視されている。

【表５】車両時価を認定した裁判例の初度登録日、走行距離の記載

車両時価額認定	件　　数	割　合（％）
初度登録日明示のもの	25	75.76
初度登録日明示のないもの	8	24.24
合　　計	33	100.00
走行距離数明示のもの	15	45.45
走行距離数明示のないもの	18	54.55
合　　計	33	100.00

④ 車両時価算出の根拠

　外国産乗用車の車両時価を算出するのに何を根拠にしたのか、これを探ったのが表6である。もっともサンプル数が少なく、同件数となった項目が多く、車両時価算出根拠を知るには、なお不十分である。

　件数第1位は、「証拠（原告または被告提出）によるもの」とした裁判例が10件（30.30％）あった。判決文において、「証拠による」と記載するのみで車両時価額○○万円を認定している裁判例である。「証拠による」と簡単に書かずに、ほんの少し書き加えて、たとえば「証拠（レッドブック）による」というように書けば、車両時価の根拠がもっと明確になる。

　件数第2位は、「レッドブックによるもの、レッドブックを参考にしたもの」とした裁判例が7件（21.21％）あった。これは国産乗用車の8.55％に比べ高い割合を示している。件数第3位は、「中古車情報誌、業者の広告を参考にしたもの」、「新車価格の10％、15％としたもの」と「数台の中古車価格によるもの」の3通りあり、裁判例はそれぞれ3件（9.09％）の同数であった。

【表6】 車両時価算出の根拠

順　位	車両時価認定の根拠	件　数	割　合（％）
1位	証拠（原告または被告提出）によるもの	10	30.30
2位	レッドブックによるもの、レッドブックを参考にしたもの	7	21.21
3位	中古車情報誌、業者の広告を参考にしたもの	3	9.09
3位	新車価格の10％、15％としたもの	3	9.09
3位	数台の中古車価格によるもの	3	9.09
6位	購入価格を参考にしたもの	2	6.07
7位	明示のないもの	1	3.03
7位	共済の調査報告書等によるもの	1	3.03
7位	被告の反論金額・被告の自認金額	1	3.03
7位	インターネットによるもの	1	3.03
7位	新車販売価格によるもの	1	3.03
	合　計	33	100.00

　「中古車情報誌、業者の広告を参考にしたもの」とは、いくつかある中古車情報誌に掲載されている中古車価格情報や掲載されている広告情報、あるいは中古車販売業者が配布するチラシ情報を参考に時価を算出するものである。

　「新車価格の10％、15％としたもの」とは、被害車両が古くて、法定耐用年数を大きく超えた車両の時価額を算出する場合、減価償却法によって新車価格の10％、ときには15％とする方法である。

　「数台の中古車価格によるもの」とは、数台の中古車価格を参考にして時価額を算出する方法である。その中古車価格を何によって導き出したのかが書かれていれば、「中古車情報誌、業者の広告を参考にしたもの」に含まれるものがあるかもしれない。

　件数第6位は、「購入価格を参考にしたもの」とした裁判例が2件（6.07％）あった。これは中古車購入が事故日と近い場合、買ったときの中古車購入価格を参考にして車両時価額を算出する方法である。

　件数第7位は、「明示のないもの」、「共済の調査報告書等によるもの」、「被告の反論金額・被告の自認金額」、「インターネットによるもの」と「新車販売価格によるもの」の5通りあり、裁判例はそれぞれ1件（3.03％）あった。

　「明示のないもの」とは、車両時価額の根拠を明示することなく、いきなり時価額を提示し認容するもので、まことに荒っぽい。

　「共済の調査報告書等によるもの」とは、自動車共済作成の調査報告書等に記された時価額を根拠にしたものである。外国産乗用車の調査では、自動車保険の事例はなく、自動車共済の事例1件だけがあった。

　「被告の反論金額、自認金額」とは、被告が反論する金額や自認する金額を時価額として認めたものである。しかし、被告が反論する金額には根拠があるはずである。その根拠が書かれていれば、結果は変わることになる。

　「インターネットによるもの」とは、スマホ、パソコンなどからインターネットを通じて車両時価額を調べるものである。手軽に調べられる方法にもかかわらず、国産乗用車と同様に予想外に少なかった。

　「新車販売価格によるもの」とは、全損となった被害車両が事故当時、日本未発売の新車であったため、車両時価額を事故の8か月後に販売開始された新車販売価格としたものである。この事例は、新規販売予定の新型車を自動車販売業者がテスト走行中に事故に遭ったという事例である。判決が車両時価額を新車販売価格と認定したのには賛成できない。自動車販売業者は外国メーカーから購入した仕入価格を時価額とすればよかったと考える。理由は、事故によって自動車販売業者に利益をもたらす結果となったためである。

　外国産乗用車の時価額決定の根拠は、表6からわかるとおり、「決定的な根拠」をつかめない状態にある。この状態では、時価額決定の根拠は「これだ」と示すことはで

きない。車両時価額を算出するには、被害車両と同一使用状態・同一走行距離の中古車をレッドブックなり、中古車情報誌や業者の広告なりから探すために、初度登録日や走行距離のキロ数が必要である。

⑤　初度登録、走行距離の明示状況

　表7は、時価額決定方法別に初度登録、走行距離の明示状況をまとめたものである。

　表7からみるとおり、外国産乗用車においても、初度登録、走行距離の両方とも明示されていないものがある。国産乗用車と外国産乗用車の初度登録、走行距離の明示状況を比較すると、表8（次頁）のとおりである。

　外国産乗用車と国産乗用車の初度登録、走行距離の両方か、一方に明示のある件数では、国産乗用車は150件中58件（38.67％）、外国産乗用車33件中26件（78.79％）である。明らかに外国産乗用車の裁判例は、国産乗用車の裁判例に比べ、初度登録日や走行距離のキロ数を明示して、車両時価額を決定していることがわかる。

【表7】初度登録、走行距離の明示と車両時価算出根拠の関係

車両時価認定の方法	初度登録、走行距離の両方か、一方に明示のある件数	初度登録、走行距離の両方に明示がない件数	合　計
証拠（原告または被告提出）によるもの	7	3	10
レッドブックによるもの、レッドブックを参考にしたもの	6	1	7
中古車情報誌、業者の広告を参考にしたもの	3	0	3
新車価格の10％、15％としたもの	3	0	3
数台の中古車価格によるもの	3	0	3
購入価格を参考にしたもの	2	0	2
明示のないもの	0	1	1
共済の調査報告書等によるもの	1	0	1
被告の反論金額・被告の自認金額	1	0	1
インターネットによるもの	0	1	1
新車販売価格によるもの	0	1	1
合　計	26	7	33

【表 8 】 初度登録、走行距離の明示状況の国産乗用車、外国産乗用車比較

	初度登録、走行距離の両方か、一方に明示のある件数	初度登録、走行距離の両方に明示がない件数	合　計
国産乗用車	58件（38.67%）	92件（61.33%）	150件（100%）
外国乗用車	26件（78.79%）	7件（21.21%）	33件（100%）

　一方、外国産乗用車と国産乗用車の初度登録、走行距離の両方に明示がない件数を比べれば、国産乗用車は150件中92件（61.33%）に対し、外国産乗用車は33件中 7 件（21.21%）と明らかに外国産乗用車の明示状況はよい。

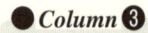

● *Column* ❸

Ｓ Ｂ Ｃ

　センソトロニック・ブレーキ・コントロールの略称。

　ベンツ SL クラスの2001年以降のモデルに装備されている。ブレーキ応答性を高め、運転状況に応じて最適な制動力を発揮させるためのブレーキ制御システムであり、SBC ストップと SBC ホールドがある（徳島地判平成24年10月 1 日自ジャ1883号165頁）。

裁判例一覧表5　時価認定根拠と修理費（外国産乗用車）

調査期間：平成13年～平成27年

番号	裁判所	判決日	事件番号	出典	被害車両	初度登録年月	初度登録からの経過年数	事故時走行距離	被害車情報	全損種類	修理費（円）	車両認容時価額（円）	時価の根拠
1	大阪	平13.10.16.	平12ワ9927	交通民集34巻5号1382頁、自ジャ1464号2頁	BMW（型式E-HE）	平5.7.	4年4か月	明示なし		全損（物理的、経済的の区別なし）	明示なし	4,200,000	甲証9号証の1、2
2	名古屋	平13.11.16.	平13ワ903	交通民集34巻6号1534頁	ベンツ500SL、AMG仕様	平2.1.	11年1か月	72,000km	平13.1.に中古車本体価格380万円で購入	経済的全損	5,103,347	3,000,000	同種同等の中古車2台の価格を参考
3	名古屋b	平13.12.7.	平12ワ2305、5271	未公表	ベンツ	平7.3.15.	4年4か月	明示なし		経済的全損	明示なし	4,350,000	証拠（甲2の1ないし10、乙5）による
4	東京	平14.3.26.	平12ワ21053	未公表	シトロエン	明示なし	明示なし	明示なし		経済的全損	1,160,900（代車料を含む）	700,000	オートガイド社による個別の価格調査による
5	東京(1)	平14.9.4.	平13ワ20675	未公表	シトロエン	平5.11.	7年	24,087km	1か月前に車検を受けた	経済的全損	概算600,000	350,000	中古車情報誌数台のうち最低価格を根拠とする
6	大阪	平14.11.29.	平14ワ3382	自ジャ1488号9頁	アルファ・ロメオ75ツインスパーク4ドア	平3.12.	約10年	約30,000km	平7.9.中古車として購入。車検満了：平14.12.	全損（物理的、経済的の区別なし）	明示なし	1,000,000	販売業者の広告の数台から決定
7	京都	平15.2.28.	平14ワ765	自ジャ1499号2頁	ベンツ500SEL	平3.12.	約10年	130,000km超	新車価格1,520万円	経済的全損	4,768,186	2,280,000	新車価格の15%
8	東京(1)	平15.5.28.	平13ワ24358	判時1835号94頁	ベンツSクラス	平12.6.14.	8か月	明示なし	購入価格18,494,000円（本体、付属品、諸費用込み）	物理的全損（焼失）	修理不能	11,600,000	証拠（略）による。被告反論額と同額

番号	裁判所	判決日	事件番号	出典	被害車両	初度登録年月	初度登録から経過年数	事故時走行距離	被害車情報	全損種類	修理費(円)	車両認容時価額(円)	時価の根拠
9	東京(1)	平15.9.1.	平15ワ12945	未公表	フォルクスワーゲン・ゴルフ2.0 GLi	平5.3.	9年10か月	64,336km	新車価格275万円、平13.7.に中古車として購入	被告全損認容(経済的全損)	明示なし	400,000	被告反論の「カーセンサー」の市場価額調査結果30～50万円から算定
10	東京(3)	平16.6.16.	平15ワ20683	未公表	スマート・カブリオ(超小型車)	平13.7.	1年7か月	明示なし		被告全損認容(経済的全損)	明示なし	1,350,000	証拠(甲3の1、2)による
11	東京(1)a	平18.4.18.	平16ワ10811、14278、平17ワ919	未公表	ベントレーエイト	昭63.6.20.	15年2か月	中古車購入時49,000km	事故の7日前中古車で230万円、消費税11.5万円で購入	経済的全損	3,308,340	2,415,000	購入価格、自動車雑誌広告から購入価格を妥当とした
12	神戸	平18.5.16.	平15ワ516、1129	交通民集39巻3号665頁	フィアット・フントセレクタ E-176AR5	平9.7.	4年2か月	明示なし	新車で購入	経済的全損	891,198	700,000	証拠(乙C1の2)による
13	東京b	平18.6.14.	平17ワ9579、17971	交通民集39巻3号752頁、自ジャ1661号2頁	BMW535i	平2.3.	14年2か月	明示なし	車検未経過期間1年2か月	経済的全損	3,361,240	500,000	レッドブックによる
14	大阪高裁	平18.11.9.	平18ネ2111	自ジャ1678号2頁	ベンツ400SEL	平5年式	約8年	明示なし	未修理にて35万1,000円で売却	経済的全損	2,721,705	2,565,599	レッドブックを参考に算出
15	東京(2)a	平19.10.31.	平18ワ9373、12931	未公表	BMW330i 4ドアセダン(丁野車)	平16.2	4か月	明示なし	甲野車付保のX保険が代位請求	経済的全損を否認 分損となる	4,262,664	明示なし 時価否認	丁野車時価は証拠(甲10、16)による
16	東京a	平19.12.20.	平15ワ3651、平19ワ9271	交通民集40巻6号1666頁	ニホンフォード・フェスティバ5ニバミニW、STワゴン	平11.2.	7か月	明示なし	半年前の平11.2.に新車購入。価格144万3,990円	明示なし	明示なし	1,200,000	被告反論の金額(根拠不明)を認容
17	名古屋	平21.2.13.	平20ワ821	交通民集42巻1号148頁	フェラーリ328GTS	平2.2.(1990年式)	17年7か月	39,222km	事故の3年7か月前に819万円(車両本体価格、消費税込)で購入	経済的全損	11,102,731	7,000,000	2台の中古車の売出価格を参考とし、大幅下落のない特性と希少価値による

No.	裁判所	判決日	事件番号	出典	車名	初度登録	年式等	走行距離	本件車両関係	全損区分	認定額①	認定額②	備考
18	東京	平22.2.22.	平21ワ46295	未公表	BMW740i（新車デスト車）	明示なし	明示なし	明示なし	本件車両発売は事故後の平21.3.に開始	経済的全損	12,116,601	10,100,000	発売時の新車販売価格（含む消費税）
19	東京(1)b※	平22.8.31.	平20ワ16040、31038	未公表	フォルクスワーゲン・ジェッタ	明示なし	明示なし	明示なし	Y保険に車両保険付保	全損（物理的、経済的の区別なし）	明示なし	260,000	証拠乙11による
20	京都	平22.8.31.	平21ワ764	交通民集43巻4号1096頁、自保ジャ1841号159頁	ポルシェ	平9年	約10年	150,000km以上	事故の3週間前の平19.5.30.に中古車を340万円で購入	物理的全損	修理不能	2,000,000	事故の1年程前に中古車業者が顧客から130万円で購入し同業Xに売却。原告がXから136万円で購入
21	名古屋a※	平22.11.5.	平21ワ6170、6790	自保ジャ1851号94頁	プジョー	明示なし	明示なし	明示なし	重量1,390kg　X保険に車両保険付保	経済的全損	2,467,920	2,050,000	明示なし
22	東京a	平23.2.14.	平21ワ38939、40098、平22ワ3290	自保ジャ1854号79頁	ベンツ	明示なし	明示なし	明示なし	Y保険に対物保険付保	当事者に争いなし	明示なし	7,710,183	証拠（乙10、9）と弁論の趣旨による
23	岡山	平23.2.22.	平18ワ1044、平19ワ7149、平20ワ1078、1552	交通民集44巻1号265頁、自保ジャ1852号149頁	ベンツE55（並行輸入車）	平12.4.17.	5年	明示なし	製造：平8.9.。事故の約1か月前に原告547万6,000円で購入	経済的全損	5,547,686	4,000,000	農業共済の標準価格表、アジャスターの調査報告書、Goo-Netを参考に決定
24	東京(2)	平23.3.14.	平22ワ11258	未公表	ベンツSクラス	明示なし	約18年	92,163km	3年10か月前の平18.2.に中古車170万～180万円で購入、新車価格1,355万円	経済的全損	2,079,472	1,400,000	新車価格の10%
25	東京(4)	平23.3.29.	平23ワ508	未公表	ベンツ	明示なし	明示なし	明示なし	平20.6.7.に訴外甲野が428万円で購入	全損（物理的、経済的の区別なし）	明示なし	1,950,000	証拠（甲8）による
26	東京※	平23.4.19.	平22ワ36059	未公表	ベンツCLK320	平11.11.30.	10年6か月	40,214km	X保険に車両保険付保	経済的全損	1,477,568	1,150,000	レッドブックの105万円に走行距離少なく10万円加算

番号	裁判所	判決日	事件番号	出典	被害車両	初度登録年月	初度登録から経過年数	事故時走行距離	被害車情報	全損種類	修理費（円）	車両認容時価額（円）	時価の根拠
27	神戸(2)	平23.6.1.	平22ワ1281	自ジャ1864号155頁	ベンツCL55AMG	平13.3.	7年11か月	53,024km		経済的全損	明示なし	3,230,000	2台の中古車価格の平均値
28	東京a※	平24.3.30.	平22ワ24786、平23ワ2006	未公表	BMW	平16.11.	3年6か月	明示なし	X保険に車両保険付保	経済的全損	3,873,540	3,050,000	証拠（甲7、8）
29	東京※	平24.5.23.	平22ワ36325	自ジャ1876号166頁	ベンツC230	平8.11.	12年4か月	13万8,246km	新車価格490万円、車検有効期間平21.3.8.、事故の3週間あと、X保険に車両保険付保	経済的全損	1,957,074	540,000	レッドブック70万円から経過月数に対し走行距離多く16万円減額して54万円
30	東京(5)※	平25.3.6.	平23ワ33899、平24ワ1140	未公表	キャデラック	平9.6.	12年10か月	65,200km（平22.6.9.）	新車価格662万円、X保険に車両保険付保	経済的全損	1,413,426	660,000	新車価格の10%
31	東京(1)	平25.3.19.	平23ワ35451	未公表	ボルボC302.0e Aktiv	平22.12.28.	6か月	明示なし	原告車両は修理期間中の代車として貸し出した車両	経済的全損	6,254,629	1,958,000	証拠（甲4）による。（消費税を除く本体価格）
32	東京(3)	平26.2.26.	平25ワ3620	未公表	フォードマスタング	明示なし	49年	明示なし	ヴィンテージカー、昭43.発売	経済的全損	6,593,160	2,400,000	インターネット検索による7台のうち最低価格を採用
33	東京(4)a	平26.3.12.	平24ワ33380、平25ワ26703	未公表	BMW	平22.3.	1年10か月	8,305km		被告全損認容	明示なし	2,880,000	レッドブックの価格270万円にメタリック塗装、本革シート等の増価18万円を加算
34	東京a	平27.3.4.	平26ワ6622、13307、13293	未公表	BMW、ミニクロスオーバー1600クーパー	平23.3.	2年半	52,007km	平23.10.に試乗車を購入	経済的全損	2,464,114	2,150,000	レッドブックによる

（注）表中のアミかけの1裁判例は全損請求が認められず、分損となったもの。

第2章　車両買替諸費用(外国産乗用車)

1 車両買替諸費用の請求の有無

　外国産乗用車が全損になったとき、国産乗用車と同様に車両買替諸費用を請求して認められるのであろうか。認められるとすると、車両買替諸費用の費目とその認定方法はどのようになるのであろうか。

　車両が全損となって、車両時価を請求した裁判例34件（**裁判例一覧表5**「時価認定根拠と修理費（外国産乗用車)」149頁参照）から、分損と認定されて損害は修理費であるとされた1件を除く33件が車両時価を損害と認定された裁判例である。

　さらに33件のうち、保険会社が保険代位請求によって車両時価を請求した6件を除いた26件をみると、車両時価と併せて車両買替諸費用を請求した裁判例は12件（44.44%)、残り15件（55.56%)は、車両時価を請求するものの車両買替諸費用を請求していない（**表9**参照)。

　外国産乗用車の所有者でも、車両が全損になった場合、生活上、あるいは仕事上替わりの車両を必要とし、購入するはずなのに、車両購入によって発生する車両買替諸費用を請求していない事例が非常に多い。

　保険会社の保険代位請求を除いた理由は、保険代位請求というのは、保険会社が支払った金額以上の金額を加害者に請求できない制度である。保険会社が、支払わない車両買替諸費用を訴訟で請求するわけがないので除いた（保険代位請求の裁判例は、前掲**裁判例一覧表5**の裁判所欄に※印を付した)。

【表9】 外国産乗用車全損請求のうち、車両買替諸費用の請求の有無

車両全損請求	件　　数	割　　合（%)
車両買替諸費用の請求あり	12	46.15
車両買替諸費用の請求なし	14	53.85
合　　計	26	100.00

【表10】「車両買替諸費用の請求あり」に対する裁判例の認否

車両買替諸費用請求に対する認否	件　　数
車両買替諸費用を認容した裁判例	11
車両買替諸費用を否認した裁判例	1

② 車両買替諸費用自体が損害となるのか

　外国産乗用車の全損事故において、車両買替諸費用を請求した事案の判決結果は、表10のとおりである。

　車両買替諸費用を請求した裁判例12件中、11件は認容され、1件は否認されている。

否認理由（名古屋地判平成13年12月7日判例集未登載）

判決判断	「反訴原告（ベンツ所有者：筆者注）は、この他に買替諸費用（消費税、自動車税、登録手続代行費用等）を請求するが、反訴原告が本件事故後に第一車両（ベンツ：筆者注）に替わる車両を購入したと認めるに足る証拠はないから、現に買替諸費用が損害として発生したものとは認めることができない」と買替諸費用を認めなかった。
コメント	本件裁判例が否認した理由は、ベンツ所有者がベンツに替わる車両を実際に購入していなかったため、車両買替諸費用が損害として発生していなかったことによる。 　本判決は、車両買替諸費用自体を損害として認めなかったものではない。

認容理由（東京地判平成14年9月4日⑴判例集未登載）

判決判断	「ア　車両が全損と評価される場合には、被害者は、被害車両を修理して再び使用することはできず、元の利益状態を回復するには同種同等の車両を購入するほかない。したがって、この新たな車両の購入に伴って生ずる諸費用は、車両の取得に付随して通常必要とされる費用の範囲内において、事故による損害と認められるべきであり、その必要性の有無は、当該費用の性質・内容、取引の実情等を総合的に考慮して決するのが相当である。」

> **結　論** ▶ 裁判例は車両買替諸費用自体を事故による損害として認めている。

③ 車両買替諸費用では要した費用全部を請求できるか

　車両買替諸費用が車両全損に伴う損害として認められることがわかったので、次に車両買替諸費用に属する費目のうち、どの範囲のものが認容されるのか。それをみていく。

　表11の「車両買替諸費用を一括して認否した件数」の3件からは、認容した費目や金額を知ることはできない。

　車両買替諸費用のどの費目が認容され、どの費目が否認されたかをみるには、「車両買替諸費用の費目を個別に認否した件数」のわずか8件をみるほかない。

　国産乗用車に比べ外国産乗用車の車両買替諸費用の請求件数が少ないため、国産乗用車ほど多種の費目に対する請求がない。

　「否認」がハッキリしている費目は、国産乗用車の場合と同じである。

　ところが、自動車取得税、検査登録手続代行費用、車庫証明手続代行費用、納車費用、各種代行費用に対する消費税は、国産乗用車では「否認または認容」に区分され、外国産乗用車では「認容」に区分されている（表12参照）。

【表11】車両買替諸費用の費目・金額

車両買替諸費用請求ありの裁判例	件　　数
車両買替諸費用を否認した件数	1
車両買替諸費用を一括して認否した件数	3
車両買替諸費用の費目を個別に認否した件数	8
合　　計	12

【表12】被害者の請求する車両買替諸費用に対する裁判例の認否

被害者の請求する車両買替諸費用	裁判例の認否
自動車税、自動車保険料、自賠責保険料、自動車税・自動車保険料の差額、希望ナンバー手続代行費用	否認
検査登録法定費用、車庫証明法定費用、自動車取得税、検査登録手続代行費用、車庫証明手続代行費用、納車費用、買替車両時価に課税される消費税、印鑑証明代、登録申請書送料、リサイクル法関連費用、各種代行費用に対する消費税、行政書士費用	認容
自動車重量税、納車整備費用	否認または認容

④　車両買替諸費用の費目別認否状況

(1)　裁判例が否認する費目と理由

①　自動車税・自動車保険料・自賠責保険料

否認理由（京都地判平成15年2月28日自ジャ1499号2頁）

判決判断	「また、自賠責保険料は、廃車手続により未経過期間分の保険料が返還されるはずであるから、これも損害として認められない。さらに、自動車税及び自動車保険料は、本件事故がなかったとしても原告において負担すべきものであって、これが損害に当たらないことは自明である。」（3頁～4頁）と自動車税と自動車保険料、自賠責保険料を否認した。

②　自動車税・自動車保険料の差額

否認理由（京都地判平成15年2月28日同）

判決判断	「原告は、原告車両の代替車両を取得するに当たり、従前の8ナンバー登録から3ナンバー登録に変更とならざるを得ず、それに伴って4年分の自動車税・保険料の差額として125万1,760円の損害が発生する旨主張するが、原告が主張するような損害は、通常生ずべき損害ではなく、特別の事情により生ずる損害であって、これを被告に対して請求するためには、民法416条2項により、被告においてその事情を予見しまたは予見することができたことを主張立証すべきところ、この点についての主張立証はない。 　よって、原告の上記主張は採用しない。」（3頁）
コメント	本件は、被害車両が放送宣伝用の8ナンバーであったものを買替えによって普通乗用車用の3ナンバーに登録変更をすることになった。8ナンバーに比べ高くなった3ナンバーの自動車税・自動車保険料の差額の賠償を求めた。 　判決は、自動車税・自動車保険料が高くなったのは、特別損害に該当するとした。

民法

損害賠償の範囲

416条

2　特別の事情によって生じた損害であっても、当事者がその事情を予見し、又は予見することができた（平成29年改正：予見すべきであった）ときは、債権者は、その賠償を請求することができる。

③　希望ナンバー手続代行費用

否認理由（東京地判平成26年3月12日⑷判例集未登載）

判決判断	「原告は、従前から希望番号「○○○○」を使用していたということであるが、そのような事情があるからといって、希望番号の手続代行費用をもって本件事故と相当因果関係があるとすることはできない。」と希望ナンバー手続代行費用を認めなかった。

⑵　裁判例が認容する費目と理由

①　検査登録法定費用、車庫証明法定費用

検査登録法定費用、車庫証明法定費用についての説明は、**第2部**「国産乗用車全損の場合」（36頁）参照。

認容理由（東京地判平成14年9月4日⑴判例集未登載）

判決判断	「検査・登録手続費用及び車庫証明費用は、車両を取得する都度出捐^(注)を余儀なくされる法定の費用（手数料）であり、証拠（甲9）によれば、本件において、検査・登録手続費用は4,340円、車庫証明費用は2,500円と認められるので、合計6,840円を本件事故による損害と認める。」（下線筆者）

> ───【注】出捐（シュツエン）───
> 法律：自己の損失において相手方に財産上の利益を供与すること（広辞苑）

②　自動車取得税

自動車取得税についての説明は、**第2部**「国産乗用車全損の場合」（42頁）参照。

認容理由❶（東京地判平成14年3月26日判例集未登載）

シトロエン所有者請求	自動車取得税3万3,800円を請求した。
判決判断	「自動車取得税は自動車を取得することに伴って当然に負担する税金であるから、車両損害について買換の必要性が認められる以上、損害となることは明らかである。 　しかし、買換が正当化されるのは、被害車両と同等の車両であり、被害車両よりも高額な車両に買換えた場合、被害車両の価値を上回る部分は本来買い替えた者が負担すべきである。そして、自動車取

判決判断	得税は、被告が主張するように車両本体価格に応じて異なり、中古車価格については新車の車両本体価格に減価率を乗じた価格（この価格は、車両の時価額とは算定方法が異なるので、時価額とは必ずしも一致しない。）を基準に3%の課税がなされることになる（地方税法699条の7、8）が、本件において、被害車両とまったく同等の車両を買い換えた場合の取得税額は証拠上明らかではなく、また、前記税額を算定するについての的確な証拠はないといわざるを得ない。 　したがって、本損害は、理論的には賠償請求できるが、本件においてはこれを算定するに足る証拠がない。」（下線筆者）
コメント	本件裁判例は自動車取得税を否認した。その理由は、正当な価格を証明する証拠の提出がなかったためである。 　しかし、理論的に自動車取得税が損害として賠償請求できることを示した裁判例である。

　被害者は全損になったシトロエンからシトロエン・ワゴンタイプに買い替えた。このシトロエン・ワゴンタイプに対する自動車取得税3万3,800円を請求したのが本件である。本件裁判例は、シトロエン・ワゴンタイプの取得税ではなく、シトロエンの取得税を請求すべきであるところ、シトロエンの基準額を証明する証拠の提出がなかったというものである。

認容理由❷（東京地判平成20年12月22日(2)判例集未登載）

判決判断	「同等車両を購入する際に要する諸経費であり、車検付き中古車を取得することを前提とするから、自動車取得税、消費税及び各種手数料がその諸費用となる。甲20をもとに、その費用を推定すると、自動車取得税490,414円（635,400円×11,443,000円／14,826,000円）、消費税572,150円（11,443,000×0.05）及び各種手数料56,660円の合計1,119,224円となる。」と説明して、自動車取得税490,414円を認めた。

認容理由❸（東京地判平成26年3月12日(4)判例集未登載）

被告反論	原告は自動車取得税を負担していない。
判決判断	「証拠（甲22）及び弁論の全趣旨によれば、原告は、原告車が全損となったことに伴い、自動車取得税分7万2,800円及び未経過の自

判決判断	動車重量税 2 万 4,056 円に相当する損害を被ったと認めることができる。」と、自動車取得税と未経過の自動車重量税を損害と認めた。
コメント	本件裁判例によって自動車取得税が損害となることがわかる。 　ただ、未経過の自動車重量税も認めているが、これは、車両買替諸費用に属する費目ではなく、残存車検費用に属する費目である。 　そのうえ、自動車重量税が還付されるようになった以降の裁判例であるのに、還付には触れていない。

③　リサイクル法関連費用

リサイクル法関連費用についての説明は、**第 2 部**「国産乗用車全損の場合」（39頁）参照。

認容理由（名古屋地判平成21年 2 月13日交通民集42巻 1 号148頁）

被告反論	リサイクル料金について、本件事故による損害ではない。
判決判断	「原告は、平成19年 2 月ころ（事故の約 7 か月前：筆者注）、原告車両につき車検を受け、その際、リサイクル料金として、1 万5,550円を支払った（乙12、原告本人）。」（152頁）、とリサイクル料金の支払いの事実を認めたうえで、 「上記イの事実（リサイクル料金のほか、車両時価、法定費用等を支払った事実：筆者注）によれば、原告車両と同種同等の車両を再調達する場合、以下の各費用に相当する合計29万8,500円の支出が必要になるものと認められ、これは、本件事故により原告に生じた損害と解すべきである。」として、 「(ア)　納車整備費用（消費税込み）　　　　　　　　20万円 (イ)　法定費用（登録届出費、車庫証明費）　　　1 万4,700円 (ウ)　手続代行費用（登録届出費用、車庫証明費用、納車費用。いずれも消費税込み）　　　　　　　　　　　　　6 万8,250円 (エ)　リサイクル料金　　　　　　　　　1 万5,550円」（153頁） と列記して、合計額29万8,500円を認めた。

④　検査登録手続代行費用、車庫証明手続代行費用、納車費用

検査登録手続代行費用、車庫証明手続代行費用、納車費用についての説明は、**第 2 部**「国産乗用車全損の場合」（47頁）参照。

認容理由❶（東京地判平成14年 9 月 4 日(1)判例集未登載）

判決判断	「検査・登録手続代行費用、車庫証明手続代行費用及び納車料は、販売店の提供する労務に対する報酬であるところ、車両を取得する都度、検査・登録・車庫証明の手続や納車が必要となり、車両購入者が通常それらを販売店に依頼している実情にかんがみると、<u>これらの費用を車両の取得行為に付随するものとして賠償の対象とするのが相当である</u>。……証拠（甲 9 ）によれば、本件において、検査・登録手続代行費用は 2 万5,000円、車庫証明手続代行費用は 1 万5,000円、納車料は、 1 万5,000円、これらの合計 5 万5,000円の消費税^(注)相当額2,750円と認められ、この金額が不相当に高額であるとの証拠も存しないので、 5 万7,750円を本件事故による損害と認める。」（下線筆者） （注）本件裁判例のときは、消費税 5 ％である。

認容理由❷（東京地判平成15年 9 月 1 日(1)判例集未登載）

被告反論	これら費用は業者の報酬であるから事故による損害ではない。
判決判断	「これらは、自動車販売業者の提供する労務に対する報酬であるところ、車両を取得する都度、登録や車庫証明の手続や納車が必要となり、通常、車両購入者がこれらを自動車販売業者に依頼している実情にかんがみると、<u>これらの費用も、買替えに付随するものとして損害賠償の対象とするのが相当である</u>。ただし、これらの費用は、自動車販売業者の金額の設定次第によるところがあるなど算定根拠が必ずしも明らかでないことを考慮すれば、直ちに全額が賠償されるべきであるとすることはできないのであって、社会通念上相当額の範囲に限られるというべきである。」（下線筆者）
コメント	原告が、登録手続代行費用、車庫証明手続代行費用、行政書士費用や納車手数料と、それらの消費税の合計 6 万8,250円を請求するのに対し、判決は、 4 万円を認容した。

認容理由❸（東京地判平成26年 3 月12日(4)判例集未登載）

被告反論	業者手数料は相当因果関係がない。
判決判断	「原告が BMW 東京○○店で車両（BMW320i）を購入した場合には、検査登録、車庫証明及び納車の各手続代行費用として合計 6 万

判決判断	9,300円を要すると認められるところ、これらの手続の代行を自動車販売店に依頼することは一般的なものということができ、また、その各費用も相当性を失う程度に高額であるとすることもできない。したがって、同金員に検査登録費等7,200円を加えた 7 万6,500円を本件事故と相当因果関係のある損害と認める。」として、検査登録、車庫証明および納車の各手続代行費用を認めた。
コメント	国産乗用車のところで、代行費用否認裁判例として紹介した東京高判平成23年12月21日のあとに出た本件裁判例ではあるが、各種代行費用を損害として認めている。

⑤　買替車両時価に課税される消費税

認容理由（東京地判平成18年 6 月14日交通民集39巻 3 号752頁、自ジャ1661号 2 頁）

判決判断	「被告車両は前記アのとおり全損と判断され、同等車両の買替えのために必要な消費税は損害と認めるのが相当である。」（交通民集762頁、自ジャ 6 頁）と車両価格50万円の 5 ％に当たる 2 万5,000円を買替車両時価に課税される消費税として認めた。

⑥　登録申請書送料

認容理由（東京地判平成15年 9 月 1 日(1)判例集未登載）

被告反論	登録申請書の送料640円を否認した。
判決判断	「原告は、平成15年 2 月 3 日、H（自動車販売業者：筆者注）に対し、登録申請書を宅急便で送付し、その手数料として640円を支払ったことが認められるところ、これは、本件事故との間に相当因果関係がある損害というべきである。」と認容した。

(3)　裁判例によって認容または否認に分かれる費目と理由

①　自動車重量税

自動車重量税についての説明は、**第 2 部**「国産乗用車全損の場合」（44頁）参照。

認容理由（東京地判平成23年 2 月14日自ジャ1854号79頁）

ベンツ所有者請求	車両関連費用として自動車重量税 7 万5,600円を請求した。

被告反論	自動車重量税を否認した。
判決判断	「本件ベンツの自動車検査証の有効期間の未経過分31ケ月に相当する自動車重量税相当額6万5,100円（7万5,600円×31ケ月÷36ケ月）及び登録費用3万4,400円を要すると認められ、これら合計額は上記となる。」（87頁）
コメント	原告は、車両買替諸費用に属する自動車重量税を請求したと思われる。それは、自動車重量税の<u>全額7万5,600円</u>（下線筆者）を請求していることからわかる。 　それに対して、判決は、明らかに、残存車検費用に属する自動車重量税として36か月中31か月分のみを認容した。請求と認容がかみ合わない判決である。

否認理由（京都地判平成15年2月28日自ジャ1499号2頁）

判決判断	「原告は、原告車両の代替車両を取得するための諸費用として、自動車税、自動車取得税、自動車重量税、自賠責保険料、検査登録費用、車庫証明費用、納車費用、消費税及び自動車保険料を主張するところ、これら費用のうち、<u>本件事故と相当因果関係が認められるのは、自動車取得税として6万8,400円（228万円×税率3％）、登録費用、車庫証明費用及び納車費用として小計4万円、消費税11万6,000円（232万×5％）の合計22万4,400円に限られるというべきである</u>（下線は自ジャによる）。 　これに対し、新規取得の対象となる車両は、原告車両と同等の車両、すなわち、中古車を前提とすべきであるから、自動車重量税は本件事故と相当因果関係に立つ損害ではなく、また、自賠責保険料は、……」（3頁）と、自動車重量税を認めなかった。
コメント	本件裁判例の引用に省略があるためか、理解しがたいところがある。そのため、長くなるが関係部分の全文を引用した。 　自動車重量税が中古車には掛からないことを前提にして、否認したのであれば間違いである。自動車重量税の否認理由がよくわからない。

②　納車整備費用

認容理由 （名古屋地判平成21年 2 月13日交通民集42巻 1 号148頁）

原告請求	全損になった原告車両（1990年式フェラーリ）の替わりの車両を再調達するため、納車整備費用を含めた諸費用を請求した。
被告反論	納車整備費用は、時価額に加えることはできない。
判決判断	「上記イの事実（原告車両の時価額消費税込み735万円を認定した事実：筆者注）によれば、原告車両と同種同等の車両を再調達する場合、以下の各費用に相当する合計29万8,500円の支出が必要になるものと認められ、これは、本件事故により原告に生じた損害と解すべきである。」として、 「㈠　納車整備費用（消費税込み）20万円 　㈡　法定費用（登録届出費、車庫証明費） 1 万4,700円 　㈢　手続代行費用（登録届出費用、車庫証明費用、納車費用。いずれも消費税込み） 6 万8,250円 　㈣　リサイクル料金 1 万5,550円」（153頁）と、列記して納車整備費用を認容した。
コメント	納車整備費用の認容理由は、フェラーリの時価額算定根拠をレッドブック（レッドブックの小売価格は納車整備費用込み）に求めたのではなく、フェラーリの中古車売出し情報にて 2 台の価格を求め、これによって消費税込み735万円と決定した。中古車売出し情報では、オイル、ベルト、ホース、バルブの取替整備する必要があった。

否認理由 （東京地判平成14年 9 月 4 日⑴判例集未登載）

判決判断	「整備料については、一般の中古車市場において、これが車両の販売価格に含まれる場合が多く、必ずしも車両の取得行為に通常付随するものとまでは認め難い。」
コメント	中古車小売価格には整備料が含まれていることは、レッドブックの中古車価格（小売）にも、その旨の記載がある。 レッドブック：「中古車価格の条件」欄に「（小売）は機能及び外装、内装がその年式に見合うよう充分整備（24ヶ月定期点検またはそれと同程度の整備）がされた状態で、保証付きで販売される車両本体のみの価格です。消費税・取得税・自動車税等の税金、自賠責保険料、リサイクル料金及び検査・登録等諸費用は含みません。」とある。

裁判例一覧表6　車両買替諸費用（外国産乗用車）

調査期間：平成13年～平成27年

番号	裁判所	判決日	事件番号	出典	被害車両	買替諸費用内訳不明	税関係(円) 自動車税	自動車取得税	自動車重量税	代行費用の消費税	車両時価の消費税	保険料関係(円) 自賠責保険料	自動車保険料	法定費用関係(円) 検査登録法定費用	車庫証明法定費用	リサイクル法関連費	業者報酬関係(円) 検査登録手続代行費用	車庫証明手続代行費用	納車費用	行政書士費用	納車整備費用	希望ナンバー代行費用	その他(円) 自動車税・保険料差額	印鑑証明代	申請書送料
1	名古屋b	平13.12.7.	平12ワ2305、5271	未公表	ベンツ	0																			
2	東京	平14.3.26.	平12ワ21053	未公表	シトロエン			0（注1）		1,250	35,000				2,500		25,000								
3	東京(1)	平14.9.4.	平13ワ20675	未公表	シトロエン					2,750	17,500			4,340	2,500		25,000	15,000	15,000		0				
4	大阪	平14.11.29.	平14ワ3382	自ジャ1488号9頁	アルファ・ロメオ	80,000		（8万円に含む）			0			（8万円に含む）	（8万円に含む）		（8万円に含む）	（8万円に含む）							
5	京都	平15.2.28.	平14ワ765	自ジャ1499号2頁	ベンツ500SEL		0	68,400	0	2,000	114,000	0	0				40,000	同左	同左				0		
6	東京(1)	平15.9.1.	平15ワ12945	未公表	フォルクスワーゲン				37,800		20,000			4,600	同左		40,000	同左	同左	同左				300	640
7	東京(3)	平16.6.16.	平15ワ20683	未公表	スマート・カブリオ	150,930（争いなし）			（残存車検費用として認容）																
8	東京b	平18.6.14.	平17ワ9579、17971	交通民集39巻3号752頁、自ジャ1661号2頁	BMW				29,400		25,000				2,500										
9	名古屋	平21.2.13.	平20ワ821	交通民集42巻1号148頁	フェラーリ328GTS						350,000			12,000	2,700	15,550	36,750	15,750	15,750		200,000				
10	東京a	平23.2.14.	平21ワ38939、40098、平22ワ3290	自ジャ1854号79頁	ベンツ	34,400（注2）		237,000	（残存車検費用として認容）																
11	東京(4)a	平26.3.12.	平24ワ33380、平25ワ26703	未公表	BMW			72,800	（残存車検費用として認容）		144,000			7,200	同左		69,300	同左	同左		0				
12	東京a	平27.3.4.	平26ワ6622、13307、13293	未公表	BMW	148,950（争いなし）																			

（注1）　本件の自動車取得税否認理由は、全損車両と別種車両を購入し、その自動車取得税を請求したため。
（注2）　買替諸費用内訳不明の34,400円は、登録費用として請求し、判決も登録費用として認容した。

第3章　残存車検費用(外国産乗用車)

① 残存車検費用の請求の有無

　車検を受けるには、車検に必要な税金や費用を支払うことで、車検有効期間の2年、ときには3年、車両を法的に、かつ安全を保証されて使用することができる。ところが、車検を受けたあと、事故に遭って車両が全損になると、事故日から車検満了日までの間、支払済みの税金や整備費用等が効力を発揮することなく、無駄になってしまう。

　この無駄になった税金や整備費用等を残存車検費用といい、事故による損害と捉える。残存車検費用についての詳細説明は、第2部「国産乗用車全損の場合」の残存車検費用（44頁）を参照。

　外国産乗用車の所有者が、事故によって車両が全損になったとき、残存車検費用を加害者に請求している実態は、**表13**のとおり非常に少ない。

　外国産乗用車が全損になって、車両時価額を請求する裁判例34件から分損とされた1件と保険会社の保険代位請求裁判例6件を除く27件のうち、残存車検費用を併せて請求する件数は、4件（14.81％）と少ない。残り23件（85.19％）は、車両時価額を請求しても残存車検費用は請求していない。

　残存車検費用を請求する裁判例は少ない。原因は、残存車検費用というものが、事故によって新たに出費を必要とされる費用ではなく、事故の前にすでに出費済みの費用であるため、事故に遭っても気づき難いためであろう。

　外国産乗用車の裁判例では、残存車検費用を認めた裁判例は4件だけであるが、正確に残存車検費用の損害と認識して請求している裁判例は、たったの1件である。あとの3件は、車両買替諸費用と残存車検費用の区別もせずに、自動車重量税を請求する際に残り車検期間に相応する自動車重量税を算出して請求しているにすぎない（**裁判例一覧表7**（171頁）参照）。

【表13】外国産乗用車の車両全損請求のうち、残存車検費用の請求の有無

車両全損請求	件　　数	割　　合（％）
残存車検費用の請求あり	4	14.81
残存車検費用の請求なし	23	85.19
合　　計	27	100.00

【表14】残存車検費用として認否される費目(注1)

請求費目	裁判例認否
整備費用（部品代・技術料・整備費に対する消費税）、登録印紙代、自動車重量税(注2)、登録等代行料、代行料に対する消費税	認容
自賠責保険料	否認

（注1）残存車検費用として請求する費目に対する裁判例の認否状況をまとめたものである。残存車検費用の請求裁判例が、4件と少ないため費目の数も少なくなっている。

（注2）平成17年1月から「自動車リサイクル法」が施行され、車検時支払済みの自動車重量税が還付されるようになった。裁判例では、還付を受けることを前提に損害と認めなくなっている。

② 事故日と残存車検費用の関係

　事故日と残存車検費用の関係は、図1のとおりである。

　保険代位請求裁判例を除いたのは、保険会社が顧客に代わって加害者に請求できる金額は、顧客に支払った保険金が上限となっている。保険会社が保険金として支払うはずのない残存車検費用を保険代位請求として請求しないので除外した。

　顧客は、保険会社から車両時価額の支払いを受けても、残存車検費用など保険で支払われない損害を加害者に請求できる。しかし、保険会社から保険金の支払いを受ければ、それ以上の請求を加害者にしないのが実情である。

【図1】事故日と車検日、車検有効期間の関係

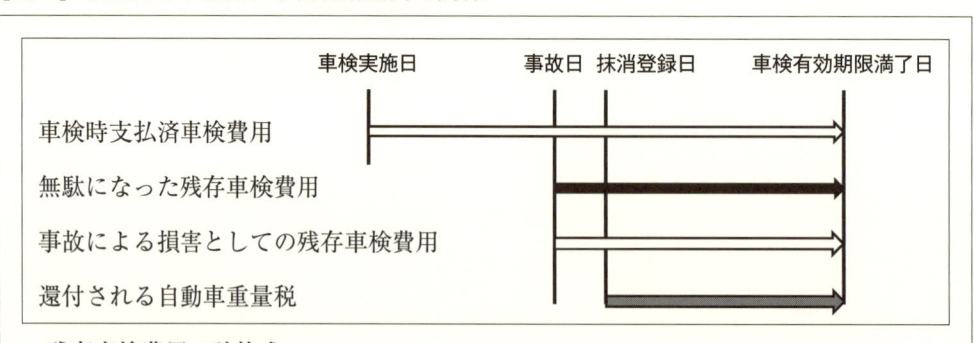

　残存車検費用の計算式：
　　　残存車検費用＝認容車検費用合計×（残存車検月数－13か月）÷全車検期間月数
　　　認容車検費用合計＝車検時にかかった費用すべてではなく、そのなかで**表14**に示した「認容」される費目に限る。
　　　残存車検月数＝事故日から車検期間満了日までの月数（端数となる日数は切捨て）
　　　13か月＝レッドブック表示の車両時価額は残存13か月を標準としている。
　　　全車検期間月数＝24か月（36か月の場合もある）

③　裁判例の認容理由——残存車検費用は認められる

認容理由❶（東京地判平成14年 9 月 4 日(1)判例集未登載）

シトロエン 所有者請求	損害を「車両時価額」、「車両購入諸費用」、「残存車検費用」、「廃車・解体費」、「代車使用料」に分け、残存車検費用として合計17万8,442円を請求した。 　その理由は「本件車両は、本件事故の 1 か月前に車検を受けており、原告とその家族は、この支払に見合うだけの使用をほとんどできなかった。」といい、「車検費用のうち、自賠責保険料（12か月分 2 万7,600円）は、廃車後申請により戻ってくるのであるから、本件事故日（平成12年12月11日：筆者注）から次の車両を購入できた時点（平成13年 7 月11日）までの間の損害であり、その損害部分は 7 か月分 1 万6,100円である。その他の車検費用（24か月分16万9,400円）の損害部分は、23か月分16万2,342円である。」
加害者反論	否認するといい、 　「車両時価は、本件車両と同年式・同程度、つまり、本件車両と同じ残存車検期間が存在することを当然の前提としている。したがって、原告の主張する損害は、時価に包含されるものというべきであり、これを認めることは、時価の二重取りになる。車両の時価は、車検が存在してこそ評価されるものであり、車検が存在しなければくず鉄（スクラップ）の評価に止まる。」
判決判断	残存車検費用として 7 万0,583円を認めた。 　その根拠として、「証拠（甲 7 の 1 、 2 、乙 2 ）及び弁論の全趣旨によれば、原告は、本件車両について、平成12年10月に車検のための整備を行い、その費用として19万7,000円を出捐したこと（領収書宛名に関する記述省略）、同車検の有効期間は平成14年11月25日までの 2 年間であったことが認められる。」といい、さらに、 　「上記額のうち、自賠責保険料 2 万7,600円については、事故車が廃車された場合には未経過分が返還されることになっているから、損害と評価することはできない。しかしながら、それ以外の金額（部品代合計 5 万7,586円と技術料合計 5 万5,200円及びこれらの消費税5,639円、自動車重量税 3 万7,800円、印紙代1,100円、代行料 1 万1,500円とその消費税575円の合計16万9,400円）のうち残存期間分（23か月分）については、時価額の評価に包含される部分を除き、本件事故による損害と認めるのが相当である。証拠（乙 7 ）によれば、レッドブックの小売価格が、機能及び外・内装等が十分整備された

判決判断	状態で、保証付きで販売される車両本体のみの価格であり、車検を取得し使用中の車両については、車検残月数13か月をもって標準としている（加点も減点もしない。）ことが認められる。このことに照らすと、一般に車検残存期間のうち13か月分は、時価額の評価に包含されているものと解するのが相当である。 　16万9,400円を24か月で除し、23か月から13か月を減じた10か月を乗ずると、7万0,583円（小数点以下切捨て）となる。」と残存車検費用として7万0,583円を認めた。
コメント	本件裁判例は、自賠責保険料について、原告が返還される制度であることを承知したうえで、事故日から次の車両を購入できた日までの期間の自賠責保険料が損害であると請求するのに対し、そうした細かな期間の損害を認めなかった。 　自賠責保険料を除く、その他の車検費用については、被告の反論を受け入れ、レッドブック記載の「車検残月数13か月をもって標準」とする事実を採用して、残存期間23か月から13か月を差し引いた10か月を認容残存期間とした。 　本件の事故日は平成12年12月11日であり、リサイクル法施行（平成17年1月）前であるから、自動車重量税全額を24か月分の23か月を請求している。 　裁判例の計算式： 　　残存車検費用7万0,583円 　　＝認容残存車検費用16万9,400円×10か月（残存期間23か月－標準残存期間13か月）÷24か月

認容理由❷（東京地判平成18年6月14日交通民集39巻3号752頁）

BMW 所有者請求	車両全損時価額50万円と法定諸費用5万6,900円を請求した。法定諸費用5万6,900円の内訳は、消費税2万5,000円、自動車重量税2万9,400円、車庫証明法定費用2,500円である。そして、自動車重量税2万9,400円の計算根拠として、重量1.6トン、車検残期間1年2か月で月割りにして計算したという。 　計算式：50,400×14か月÷24か月＝29,400 　　1.6トンの自動車重量税の税額：5万0,400円（757頁）
原告（加害者）の反論	「否認する」（757頁）とし、その理由は、被告車両（BMW）は側壁、ガードレールに衝突し、全損となった状態で原告車両（トラック）に衝突したもので、本件事故による損害はないというものであった。

判決判断	ガードレール等に衝突した事実はないと認定し、BMW の時価額を50万円と認定したうえで、自動車重量税について、次のような判断を下した。 　「被告車両の本件事故当時における車検の有効期限の未経過部分に相当する金額の限度で損害と認めるのが相当であるところ、被告車両の車検満了日は平成17年 7 月13日（本件事故当時の未経過期間は 1 年 2 か月）であり、車検期間 2 年、被告車両の重量は1.6トン、自動車重量税の税額は 5 万0,400円であるから（乙 1 の13、乙 2 、6 ）、次のとおり 2 万9,400円となる。 　計算式：5 万0,400円×14か月÷24か月 = 2 万9,400円」（762頁）とした。
コメント	被害者の自動車重量税請求は、法定費用として行っている。法定費用では、残存車検費用なのか、車両買替諸費用なのか、わからない。ただ、自動車重量税を月割りしているところから、残存車検費用に属する自動車重量税であることが推認される。 　判決も、残存車検費用に属する自動車重量税であることを明確にしないまま、被害者の要求どおりの計算方法、金額を認めている。なお、ここでは、車両時価額に車検残月数13か月をもって標準とするという考え方は取り入れられていない。また、事故日は平成16年 5 月13日であり、リサイクル法施行前である。

認容理由❸（東京地判平成23年 2 月14日自ジャ1854号79頁）

ベンツ所有者請求	車両損害（経済的全損）771万0,183円と車両関連費用合計34万7,000円を請求した。車両関連費用の内訳は、(a)自動車取得税23万7,000円、(b)自動車重量税 7 万5,600円、(c)登録費用 3 万4,400円である。（83頁）
タクシー会社反論	「自動車重量税及び登録費用は否認する。」（83頁）と反論した。この表現から自動車取得税は認容していることになる。
判決判断	「本件ベンツと同程度の使用状態・走行距離等の自動車を取得した場合の諸費用として、自動車取得税相当額23万7,000円、本件ベンツの自動車検査証の有効期間の未経過分31ケ月に相当する自動車重量税相当額 6 万5,100円（ 7 万5,600円×31ケ月÷36ケ月）及び登録費用 3 万4,400円を要すると認められ、これら合計額は上記となる。」（87頁）と合計額33万6,500円を認めた。

コメント	被害者の自動車重量税請求は、車両関連費用合計にまとめている。これでは、自動車重量税が車両買替諸費用に属する税金か、残存車検費用に属する税金かは、わからない。 　ただ、自動車重量税 7 万5,600円の請求は、税の全額であるから、車両買替諸費用としての自動車重量税を請求したと思われる。 　ところが、裁判例は、未経過分31か月に相当する自動車重量税 6 万5,100円を認容した。裁判例のいう自動車重量税は、残存車検費用に属するものである。請求と裁判例認容が合致しない判決である。 　本件裁判例の事故日は平成20年10月 9 日であり、リサイクル法施行後である。還付について何も触れていない。

認容理由❹（東京地判平成26年 3 月12日⑷判例集未登載）

BMW 所有者請求	自動車重量税未経過分 2 万4,056円を登録手続関係費のなかで請求している。その計算式は、 　　56,700円×465日（平23.12.22〜平25.3.30）÷1,096日（平22.3.31〜平25.3.30）＝24,056円 　　（事故日平23.12.21、車検実施日の記載はないが、計算式から平22.3.31と推測される：筆者注）
加害者反論	「原告は自動車重量税を負担していない。」と否認した。
判決判断	「自動車取得税及び自動車重量税 　証拠（甲22）及び弁論の全趣旨によれば、原告は、原告車が全損となったことに伴い、自動車取得税分 7 万2,800円及び未経過の自動車重量税 2 万4,056円に相当する損害を被ったと認めることができる。」と認定した。
コメント	本件裁判例では、自動車重量税について、原告の請求どおりの金額を認め、その理由や意味を一切説明していない。 　とくに、平成17年 1 月に自動車重量税の還付制度ができており、本件事故日は平成23年12月21日であるから還付が受けられたのに、その指摘がない。被告（加害者）は「原告は、自動車重量税を負担していない。」といっているのは、還付制度に言及していたのではないか。

権利喪一覧表 7 　残存車検費用(外国産乗用車)

調査期間：平成13年～平成27年

番号	都市	権利喪物件	事故日	事故日	車種	事故車	車種名	車種	車検証有効期間満了日	基準日	車検証有効期間満了日	初度登録年月	算定式		残存車検費用基準日から有効満了日の年数(年)	残存車検費用(円)										出典
															車検費用自動車重量税	自賠責保険料	検査登録印紙代	自動車重量税	車検費用点検整備代行料	車検費用自賠責保険代行料	車検費用検査登録代行料	代行費用の消費税	車両保管料		
1	東京(1)	未公表	平成14.9.4.	平成13年	シトロエン	未公表	平成12.10.	平成12.11.	平成14.11.25.	平成14.11.25.	234か月	169,400×10	70,583 (23−13)÷24か月 =70,583	169,400	169,400	(37,800)	(1,100)	(57,586)	(55,200)	(5,639)	(11,500)	(575)			
2	東京b	未公表	平成18.6.14. 平成17年	交通長第39条	BMW	未公表	平成16.5.13.	平成17.7.3.	14か月	29,400	29,400 50,400×14÷24か月 =29,400	50,400			50,400										9579, 17971 自ラ752至, 3 自ラ166 1号 2 自ラ185 4号
3	東京a	未公表	平成23.2.14. 平成21年	ベンツ	未公表	平成20.10.9.	31か月	65,100	75,600 75,600÷31×36か月 =65,100			75,600			75,600									38939, 4009b 自ラ227至 3290
4	東京(4)a	未公表	平成26.3.12. 平成24年	ベンツ	BMW	平成22.3.31.	平成23.12.21.	平成25.3.30.	1096日 中 465日	24,056 56,700×465日 ÷1,096日=24,056			56,700			56,700									33380, 自ラ25至 26703

第4章　廃車解体費用(外国産乗用車)

① 廃車解体費用の請求の有無

　廃車解体費用は、事故によって車両が全損になり、乗ることができなくなったため、廃車解体する際に発生する諸々の費用である。廃車解体費用の詳細について**第2部**「国産乗用車全損の場合」の廃車解体費用（66頁）を参照。

　被害者が、外国産乗用車は全損になったと主張して車両時価を請求した34件から、損害は全損ではなく分損であると認定された1件を除いた33件について、廃車解体費用請求の有無を調べたのが**表15**である。

　廃車解体費用を請求した裁判例は、33件中わずか4件（12.12%）であり、残り29件（87.88%）は車両が全損でありながら廃車解体費用の請求を行わなかった裁判例である。

　「廃車解体費用の請求あり」の4件（12.12%）は非常に少ない件数であるが、国産乗用車でも同じ傾向を示している。その理由は全損車両が、すべて廃車解体にされるものではない現況を表している。

　実は、全損車両が廃車にされずに下取りに出され、買い取った業者が修理をして中古車に仕上げ、国内流通に乗せたり、海外へ輸出したりする。そのため、被害者には廃車解体費用の負担がないことが多いのである。

　廃車解体費用は、廃車法定費用、解体費用、廃車登録手続代行費用、廃車引取費用、印鑑証明・戸籍謄本費用などに分類できるが、裁判例では、これらをひとまとめにして廃車解体費用として取り扱っているものが多く、廃車解体費用の内訳まで詳しく書いているものは少ない。

　外国産乗用車の廃車解体費用の請求に対する裁判例の認否は、**表16**のとおりである。

【表15】外国産乗用車全損請求のうち、廃車解体費用の請求の有無

車両全損請求	件　　数	割　　合（%）
廃車解体費用の請求あり	4	12.12
廃車解体費用の請求なし	29	87.88
合　　計	33	100.00

【表16】被害者の請求する廃車解体費用に対する裁判例の認否

廃車解体費用請求	件　数	割　合（％）
裁判例が認容したもの	3	75
加害者が認容し、争わなかったもの	1	25
合　計	4	100

　「廃車解体費用の請求あり」の4件のうち、3件は加害者が認めないと反論しているのに対し、裁判例が廃車解体費用を認めた。1件は、加害者が廃車解体費用を認め、争わなかったため、裁判例も認めている。

② 裁判例の認容理由——廃車解体費用は認められる

　廃車解体費用について、訴訟の相手方である加害者が、損害として認めないと反論しても、裁判例は、**表16**のとおり全件について事故と相当因果関係のある損害と認めている。

　その理由は、以下4件の裁判例が示すとおりである。

認容理由❶（東京地判平成14年9月4日(1)判例集未登載）

被害者請求	「本件車両が全損扱いとなったため、やむなく本件車両を廃車とし、中古車に買い換えた。本件車両は事故車となり、当然下取りの価値もなく、原告は、Kオート株式会社に対し、廃車・解体費として上記額（2万9,650円：筆者注）を支払った。」と2万9,650円を請求した。
加害者反論	「廃車・解体費について否認する。」とし「通常、スクラップ代と相殺されるから認められない。」と反論した。
判決判断	「証拠（甲9ないし11）によれば、本件車両の下取車法定費用は3,400円であり、廃車手数料は1万5,000円、解体処理料は1万円であり、廃車手続料及び解体処理料の合計2万5,000円の消費税相当額は1,250円であることが認められる。他方、本件車両にスクラップとしての引取相当額の価値が存在したこと及びその額を認める証拠はない。」と2万9,650円を認容した。

認容理由❷（神戸地判平成18年 5 月16日交通民集39巻 3 号665頁）

被害者請求	廃車費用 1 万0,500円を請求した。
加害者反論	「現実の損害の発生及び金額の相当性が不明であり、否認する。」（682頁～683頁）
判決判断	「甲 C 23によれば、原告車は平成14年 3 月18日に廃車されたと認められ、甲 C 24及び25によれば、その廃車費用として 1 万0,500円を要したと認められる。 　原告車は本件事故により全損となったことは上記のとおりであるから、廃車費用 1 万0,500円を本件事故と相当因果関係のある損害と認めるのが相当である。」（695頁）

認容理由❸（名古屋地判平成21年 2 月13日交通民集42巻 1 号148頁）

被害者請求	廃車費用 1 万5,750円を請求した。
加害者反論	「原告車両の廃車及び別車両の購入・買換えの各事実を認めることはできず、買換え費用、廃車費用の各損害が発生したと認めることはできない。」（150頁）
判決判断	抹消登録費用 1 万5,750円を認めて、 　「乙16、原告本人によれば、原告は、平成20年 3 月、原告車両の抹消登録手続を行い、その費用として上記額（消費税込み）を（原文ママ）支出を要したことが認められ、これは、本件事故により原告に生じた損害と解すべきである。」（153頁）

裁判例一覧表8　廃車解体費用（外国産乗用車）

番号	裁判所	判決日	事故日	事件番号	出典	被害物	廃車解体費用合計	廃車解体法定費用	解体処分費用	解体処分費用の消費税	廃車手続代行費用	代行費用消費税	廃車用印鑑証明書
							廃車解体費用（円）						
1	東京(1)	平14.9.4.	平12.12.11.	平13ワ20675	未公表	シトロエン	29,650	3,400	10,000	500	15,000	750	
2	東京(1)	平15.9.1.	平15.1.3.	平15ワ12945	未公表	フォルクスワーゲン・ゴルフ	31,800（争いなし）		15,000	750	15,000	750	300
3	神戸	平18.5.16.	平13.9.10.	平15ワ516、1129	交通民集39巻3号665頁	フィアットブントセレクタ	10,500						
4	名古屋	平21.2.13.	平19.9.4.	平20ワ821	交通民集42巻1号148頁	フェラーリ328GTS	15,750				15,000	750	

第5章　個別裁判例図(外国産乗用車)

① 東京地判平成14年9月4日(1)

裁判所・判決日	東京地判平14.9.4.(1)	出　典	未公表
事件番号	平13(ワ)第20675号		

原　告	甲野太郎	被　告	乙山春男
事 故 日	平12.12.11.　午前9:22ころ		
事故場所	千葉県船橋市　京葉自動車道下り		
事 故状 況	訴外甲野松男運転の原告車（シトロエン）が料金所を出て直進中、被告乙山春男運転の被告車（自動二輪）にウィリー(注)状態で左後方から衝突され、原告車は中央分離帯に再度衝突した。		

中央分離帯

被告車
自動二輪

原告車
シトロエン

原告要求	被告答弁	判　決
「被告は、原告に対し、107万6,387円及びこれに対する平12.12.11.から支払済みまで年5分の割合による金員を支払え。」		「被告は、原告に対し、67万8,623円及びこれに対する平12.12.11.から支払済みまで年5分の割合による金員を支払え。」
原告の損害	原告の損害について	原告の損害
(1)車両損害（経済的全損）	原告車時価　　　200,000円	(1)車両損害
原告車時価　　　424,500円	（修理見積額58万円を認める）	原告車時価　　　350,000円
（中古車情報誌の4台平均値）	（レッドブックによる）	（経済的全損）
車両消費税5%　21,225円	車両消費税　　　　否認	（中古車情報誌の最低価格）
小計　　　　　　445,725円	車両購入諸費用　　否認	車両消費税5%　　17,500円
	残存車検費用　　　否認	小計　　　　　　367,500円
(2)車両購入諸費用	廃車・解体費用　　否認	
自動車取得税　　　免税	レンタカー代　36,000円	(2)車両購入諸費用
自動車税　　　　　0円	（12月12日〜21日、10日間）	検査登録手続法定費用

自動車重量税　　　　　　0円

（残存車検費用の一部で請求）

検査・登録手続法定費用

　　　　　　　　　　4,340円

納車整備料　　　　64,930円

車庫証明法定費用　2,500円

自賠責保険料　　　　　　0円

任意保険料　　　　　　　0円

検査登録手続代行費用

　　　　　　　　　25,000円

車庫証明手続代行費用

　　　　　　　　　15,000円

納車料　　　　　　15,000円

消費税　　　　　　　6,000円

小計　　　　　　　132,770円

(3)残存車検費用

（事故の 1 か月前に車検を受

　けた）

自賠責保険料　　　16,100円

（事故から代替車購入まで 7

　か月分）

その他車検費用　162,342円

（169,400円×23／24か月分）

小計　　　　　　　178,442円

(4)廃車・解体費用

法定費用　　　　　　3,400円

廃車手続料　　　　15,000円

解体処理料　　　　10,000円

消費税　　　　　　　1,250円

小計　　　　　　　29,650円

(5)代車料

レンタカー代　　　37,800円

（12月12日～21日、10日間、＠

　￥3,780）

工場代車料　　　　252,000円

工場代車料　　　21,000円

（12月21日～26日、 6 日間）

原告損害合計　　257,000円

車両購入諸費用が認められ

るとしても上限は 5 万円で

ある。

被告は原告車の時価相当額

を支払うことと引き換え

に、原告車の引渡しを求め

る。

　　　　　　　　　　4,340円

納車整備料　　　　　　否認

車庫証明法定費用　2,500円

検査登録手続代行費用

　　　　　　　　　25,000円

車庫証明手続代行費用

　　　　　　　　　15,000円

納車料　　　　　　15,000円

消費税　　　　　　　2,750円

小計　　　　　　　64,590円

(3)残存車検費用

（時価算出標準車両13か月、よっ

　て10か月分）

自賠責保険料　　　　　　0円

車検整備費用　　　112,786円

（部品代合計　　　57,586円）

（技術料　　　　　55,200円）

消費税　　　　　　　5,639円

自動車重量税　　　37,800円

印紙代　　　　　　　1,100円

代行料　　　　　　11,500円

同消費税　　　　　　　575円

（小計　　　　　169,400円）

残存10か月分　　　70,583円

（169,400円×10（23－13）÷24

　か月）

(4)廃車・解体費用

法定費用　　　　　　3,400円

廃車手続料　　　　15,000円

解体処理料　　　　10,000円

消費税　　　　　　　1,250円

小計　　　　　　　29,650円

(5)代車料

レンタカー代　　　37,800円

（12月12日～21日、10日間、＠

¥3,780

工場代車料　108,500円
（12月22日～平13年1月31日、31日間、@¥3,500）

小計　146,300円

合計(1)～(5)　678,623円

被告が原告車の引渡しを求める法的根拠不明にて否認。

（12月22日～平13年3月3日、72日間、@¥3,500）

小計　289,800円

合計(1)～(5)　1,076,387円

原告車、被告車に関するデータ

原告車	普通乗用自動車（原告甲野太郎所有、訴外甲野松男運転）、シトロエン、ZXクラブ、ワゴン車、型式E－N2BD、黒系メタリック、排気量1,579cc、初度登録平成5年11月、走行距離24,087km、事故の1か月前（平成12年10月（ママ））に車検を受けた。車検有効期間平成14年11月25日までの2年間。
被告車	大型自動二輪車（被告乙山春男運転、所有）

── [注] ウィリー（wheelie）──
ウィリー（wheelie）：自転車やバイクなどで前輪を宙に浮かせ、後輪だけで走行すること（『大辞泉〔第2版〕』小学館、2012）。

──── 事故概要 ────

訴外甲野松男運転の原告車（シトロエン）が高速道路料金所を出て直進中、左側車線後方からウィリー（前掲注）状態で左右に振られていた被告乙山春男運転の被告車（自動二輪）に衝突され、原告車は、中央分離帯に再度、衝突した。

──── 訴訟概要 ────

原告車の所有者である原告甲野太郎は、示談交渉段階において、原告車が経済的全損になったため、車両時価のほか車両購入諸費用や残存車検費用、廃車・解体費用、代車料を求めたのに対し、被告は原告車時価と代車料だけを認め、その他の損害を拒否した。
そこで、原告甲野太郎が被告乙山春男に対して、不法行為に基づき提訴した。

──── 原告甲野の車両全損要求 ────

原告甲野太郎は、原告車の概算修理見積額が約58万円であり、経済的全損となるか

ら、損害は時価額であると主張し、時価額について、中古車情報誌「グー」および「カーセンサー」によって東京・関東地区の業者のものを調査した結果、①39.9万円、②49.9万円、③35万円、④45万円のものがあり、その平均は、42万4,500円であるから同額を要求すると主張した。

　その他の損害として、時価額に対する消費税2万1,225円、車両購入諸費用として検査・登録手続法定費用4,340円、納車整備料6万4,930円、車庫証明法定費用2,500円、検査・登録手続代行費用2万5,000円、車庫証明手続代行費用1万5,000円、納車料1万5,000円とこれら費用の消費税6,000円を要求し、さらに、残存車検費用17万8,442円、廃車解体費用2万9,650円、代車使用料28万9,800円を要求した。

───── 被告反論 ─────

　被告は、原告車が経済的全損になることを認め、時価をレッドブックにより20万円であると反論した。車両時価額に対する消費税は、実際に車両を購入していないことから否認した。そのうえで、被告が時価額を支払うことと引き換えに原告車の引渡しを求めた。

　その他の損害について、被告は、車両購入諸費用、残存車検費用、廃車・解体費用を否認し、代車使用料は2週間のみを認めると反論した。

───── 判決理由 ─────

　判決は、被告反論に用いた平成12年12月発行「輸入自動車用レッドブック」には、平成5年式のシトロエンの小売価格が20万円と記載されているけれど、レッドブックの価格は、年間走行距離を約1万kmと設定しており、上記20万円は走行距離6万ないし7万kmの車両価格であって、本件車両は、走行距離が少ないから、約10万円程度の増額が見込まれると判断した。

　判決は、「多くの車両情報が掲載された中古車情報誌も、車両時価額の認定の際の参考資料となり得る」と述べて、
● 「カーセンサー」平成12年12月21日号（甲8の1）には
　①　シトロエン1600ZX スペシャル（平成5年式、走行距離4.4万km、検2年付、金色）49.8万円
　②　シトロエン ZX クラブ1.6（平成5年式、走行距離4.2万km、検2年付、紺色）45万円
● 「カーセンサー」平成13年3月1日号（甲8の2）には
　③　シトロエン ZX クラブディーラー車（平成5年式、走行距離2.6万km、検2年付、黒色、右ハンドル）35万円

● 「中古車情報誌・グー」平成13年3月23日（甲8の2の3枚目および甲8の3）号には

④　シトロエン1600ZX クラブ（平成5年式、検14.2、走行距離0.7万km、濃青色）39.9万円

⑤　シトロエン1600ZX スペシャルSR（平成5年式、検2年付、走行距離4.4万km、象牙色）45.8万円

の記載があると認定したうえで、

「一般に不法行為に基づく損害賠償に係る損害額認定において、被害者側にとって控え目な算定方法を採用せざるを得ない側面があることをも考慮すると、本件車両の時価額は、車両本体のみの価格35万円、その消費税相当額1万7,500円と認めるのが相当である。」と認定した。

● **車両購入諸費用**

判決は、車両購入諸費用について、

「車両が全損と評価される場合には、被害者は、被害車両を修理して再び使用することはできず、元の利益状態を回復するには同種同等の車両を購入するほかない。したがって、この新たな車両の購入に伴って生ずる諸費用は、車両の取得行為に付随して通常必要とされる費用の範囲内において、事故による損害と認められるべきであり、その必要性の有無は、当該費用の性質・内容、取引の実情等を総合的に考慮して決するのが相当である。」と説述して、

「検査・登録手続費用及び車庫証明費用は、車両を取得する都度出捐を余儀なくされる法定の費用（手数料）であり、証拠（甲9）によれば、本件において、検査・登録手続費用は4,340円、車庫証明費用2,500円と認められるので、合計6,840円を本件事故による損害と認める。」と認定した。

● **検査・登録手続代行費用、車庫証明手続代行費用、納車整備料、納車料**

「検査・登録手続代行費用、車庫証明手続代行費用及び納車料は、販売店の提供する労務に対する報酬であるところ、車両を取得する都度、検査・登録、車庫証明の手続や納車が必要となり、車両購入者が通常それらを販売店に依頼している実情にかんがみると、これらの費用を車両の取得行為に付随するものとして賠償の対象とするのが相当である。他方、整備料については、一般の中古車市場において、これが車両の販売価格に含まれる場合も多く、必ずしも車両の取得行為に通常付随するものとまでは認め難い。」

と説述して、検査・登録手続代行費用2万5,000円、車庫証明手続代行費用1万5,000円、納車料1万5,000円、これら合計5万5,000円の消費税相当額2,750円を損害として認定した。

● **残存車検費用**

「原告は、本件車両について、平成12年10月に車検のための整備を行い、その費用と

して19万7,000円を出捐したこと（領収書宛名云々略）、同車検の有効期間は平成14年11月25日までの2年間であったことが認められる。

　上記額のうち、自賠責保険料2万7,600円については、事故車が廃車された場合には未経過分が返還されることになっているから、損害と評価することはできない。しかしながら、それ以外の金額（部品代合計5万7,586円と技術料合計5万5,200円及びこれらの消費税5,639円、自動車重量税3万7,800円、印紙代1,100円、代行料1万1,500円とその消費税575円の合計16万9,400円）のうち残存期間分（23か月分）については、時価額の評価に包含される部分を除き、本件事故による損害と認めるのが相当である。

　レッドブックの小売価格が、機能及び外・内装等が十分整備された状態で、保証付きで販売される車両本体のみの価格であり、車検を取得し使用中の車両については、車検残月数13か月をもって標準としている（加点も減点もしない。）ことが認められる。このことに照らすと、一般に車検残存期間のうち13か月分は、時価額の評価に包含されているものと解するのが相当である。」として、残月数23か月から13か月を減じた10か月とし、

　　　16万9,400円÷24か月×10か月＝7万0,583円

とした。

●廃車・解体費用

　「証拠（甲9ないし11）によれば、本件車両の下取車法定費用は3,400円であり、廃車手数料は1万5,000円、解体処理料は1万円であり、廃車手数料及び解体処理料の合計2万5,000円の消費税相当額は1,250円であることが認められる。他方、本件車両にスクラップとしての引取相当額の価値が存在したこと及びその額を認める証拠はない。」とスクラップ価格を控除することを認めなかった。

（代車料の詳細については省略。『裁判例、学説にみる交通事故物的損害　代車料第2集4』103頁参照）

―――――――――――――――――　解　説　―――――――――――――――――

　本判決は、車両全損による時価額算定、車両買替諸費用、残存車検費用、廃車・解体費用に関しては、超一級資料である。これらの費用を事故の損害として認定する意味、内容、理由は、まさに教科書でもある。かぎ括弧書き「　」は判決の重要箇所の引用である。参考にしていただきたい。

　車両全損による時価額算定では、事故に直近する発行日のレッドブックも中古車情報誌「カーセンサー」、「グー」も算定根拠になることを示している。

② 京都地判平成15年2月28日

裁判所・判決日	京都地判平15.2.28.	出　典	自ジャ1499号2頁
事件番号	平14(ワ)第765号		

原　告	甲野太郎	被　告	乙山春男
事故日	平13.9.6.　午後10:20ころ		
事故場所	兵庫県尼崎市		

事故状況	駐車中の原告車（ベンツ）が被告車に当て逃げされた。原告甲野太郎は現場付近を探して被告車と被告乙山春男を突き止めた。被告乙山は飲酒運転であった。

原告車・ベンツ

被告車・車種不明

原告要求	被告答弁	判　決
		「被告は、原告に対し、303万2,641円及びこれに対する平13.9.6.から支払済みまで年5分の割合による金員を支払え。」
主位的請求 原告車修理費　4,768,186円 **予備的請求** 原告車時価　2,850,000円 パーツ代　2,000,000円 自動車税・保険料増額差額 　　　　　1,251,760円 （8ナンバーから3ナンバー登録変更に伴う） 代替車取得諸経費 　　　　　757,362円 修理見積費用　143,041円 レッカー代　34,600円 代車料　600,000円 事故証明書3通代　1,800円 物損慰謝料　1,000,000円	被告はレンタカーを55日間提供した。 原告車は全損であるから修理見積費用を被告が負担すべき理由はない。 代車料は原告車が全損であるから被告が賠償すべき性質のものではない。	**主位的請求** 原告車修理費　　　　　否認 （経済的全損である） **予備的請求** 原告車時価・装飾パーツ代 　　　　　2,280,000円 （民訴法248条適用し新車価格1,520万円の15%） 車両時価消費税（5%） 　　　　　114,000円 パーツ代（時価に含む）　0円 自動車税・保険料増額差額 　　　　　否認 （8ナンバーから3ナンバー登録変更に伴う） （特別損害、予見可能の主張立

小計　　　　　8,638,563円	証なし）
弁護士費用　　　600,000円	代替車取得諸経費　110,400円
原告損害合計　9,238,563円	（自動車取得税3％68,400円）
	（検査登録費用、車庫証明費用、
内金請求　　7,147,627円	納車費用の合計　40,000円）
	（上記消費税5％　2,000円）
	（自動車重量税　　　　否認）
	（自賠責保険料　　　　否認）
	（自動車税　　　　　　否認）
	（自動車保険料　　　　否認）
	修理見積費用　　143,041円
	（全損を証明するため必要）
	レッカー代　　　34,600円
	代車料　　　　　　　否認
	（55日分被告が負担済み）
	事故証明書1通分のみ　600円
	物損慰謝料　　　100,000円
	（被告の悪質性、原告の心痛）
	小計　　　　　2,782,641円
	弁護士費用　　　250,000円
	原告損害合計　3,032,641円

原告車、被告車に関するデータ

原 告 車	普通乗用自動車（原告甲野太郎所有）、メルセデスベンツ500SEL、初度登録平成3年12月、約10年経過、走行距離13万超km、ロリンザー・パーツ（装飾パーツ）（注）装備（装着費300万円）、平成4年5月当時の新車価格は1,520万円、
被 告 車	車種不明（被告乙山春男運転）

──【注】ロリンザー・パーツ（装飾パーツ）──
ロリンザーは、メルセデス・ベンツの有名なチューニングカーメーカー3社の1つ。ほかにAMG、ブラバスがある。3社のなかで最も歴史がある。ロリンザー仕様パーツとして、エアロ、ホイールがある。これらは独創的でオシャレなデザインでありファンが多い。

──── 事故概要 ────
原告甲野太郎が原告車（ベンツ）を道路脇に駐車していたところ、被告乙山春男運転

の被告車（車種不明）が原告車に衝突したあと、事故現場からそのまま逃走した。そのため、原告甲野太郎は、事故現場付近を探索したところ、数百m離れた駐車場に損傷した被告車を発見し、本件事故の加害者が被告乙山春男であることを突き止めた。

訴訟概要

原告甲野は、原告車が被った損害の賠償を被告乙山に求めて提訴した。

原告甲野の車両全損要求

原告甲野は、主位的に修理費476万8,186円を請求し、予備的に原告車全損時価285万円と装飾パーツ代200万円の合計485万円を要求した。ただし、全損時価285万円の根拠は、引用判決文では不明である。

その他、代替車取得に当たり、8ナンバーを3ナンバーに登録変更するに伴い発生する自動車税と自動車保険料増額の差額125万1,760円や代替車取得諸経費、修理見積費用、レッカー代などと弁護士費用60万円の合計923万8,563円のうち内金請求として714万7,627円を要求した。

被告反論

原告要求の代車料に対し、被告はすでにレンタカーを55日間提供したと反論した。また、原告車が全損であるから、修理見積費用を被告が負担する理由がないと反論した。原告要求の原告車時価額については触れていない。

判決理由

判決は、修理費476万円余は原告主張の原告車時価285万円すらも、上回っていることから、原告車は経済的全損であり、原告の主位的請求としての修理費を認めることはできないと認定した。

原告車の時価を評価する方法として、原告車と同等車は、現在、中古車市場において入手がきわめて困難であるから、本件事故当時の原告車時価を認定することはきわめて困難であるとして、原告車は、メルセデスベンツ500SELであり、初度登録が平成3年12月であり、本件事故当時の走行距離も13万kmを超えていたこと、メルセデスベンツ500SELの平成4年5月（初度登録後6か月：筆者注）当時の新車価格は1,520万円であることを確認した。また、原告は、原告車に300万円以上の費用をかけてパーツを装着していたと主張するが、その真否はさておき、そのパーツのすべてが本件事故により損傷したわけではなく、それら損傷したパーツの本件事故当時の時価を設定することもまた困難であると説明した。そこで、原告車の車両本体時価とパーツ代金については、民事訴訟法248条（後記参照）を適用し、諸般の事情を考慮したうえ、上記

の新車価格の15％に当たる228万円をもって、相当な損害額と認めた。

　その他、代替車を取得するに当たり、8ナンバー登録から3ナンバー登録に変更せざるを得ず、4年分の自動車税・保険料の差額125万1,760円を主張するが、この損害は、通常生ずべき損害ではなく、特別の事情により生ずる損害であって、これを被告に対して請求するためには、民法416条2項（後記参照）により、被告において、その事情を予見し、または予見することができたことを主張立証すべきところ、この点について原告の主張立証はないとして、これら差額の請求を否認した。

　原告請求の代替車取得諸経費は、本件事故と相当因果関係が認められるとして合計11万0,400円のみを認めた。修理見積費は、被告が否認するのに対し、原告車の経済的全損となったことを証明するために、修理費用の見積をすることが必要不可欠であると認定して修理見積費14万3,041円を認めた。

　その他、レッカー代、文書料を認めたが、代車料は被告がレンタカーを提供したから代車料の損害は填補済みであるとした。また、慰謝料について、被告が飲酒運転したこと、事故現場から逃走したこと、原告が現場付近を探索して被告車を発見したことから、被告の悪質性と原告の心痛をかんがみ10万円を認容した。

──────────────　解　　説　──────────────

　初度登録から約10年経過の高級車メルセデスベンツ500SELを中古車市場で入手することがきわめて困難なため、中古車価格を知ることができない。その場合の時価額算定方法が本件である。判決は、民事訴訟法248条によって損害額を認定する方法を採った。これは、裁判所だからできる職権による損害額決定方法であり、一般にはできないものである。古い車両の場合、減価償却法により法定耐用年数を過ぎた車両は、新車価格の10％とされている場合が多い。本件は、これと同手法である。ただ、真否のほどはわからないとしながら、300万円を掛けた装飾パーツ（前掲注）の損害もあり、この損害を含めて、10％ではなく、15％を認定したと思われる。

　車両全損の場合、代替車取得費用が認められることも示している。原告が代替車取得費用75万円余を要求するのに対し、判決は11万0,400円を認めた。原告が要求した代替車取得費用の内訳が引用判決文では省略されているため、比較検討ができない。

> **民事訴訟法**
> （損害額の認定）
> 248条　損害が生じたことが認められる場合において、損害の性質上その額を立証することが極めて困難であるときは、裁判所は、口頭弁論の全趣旨及び証拠調べの結果に基づき、相当な損害額を認定することができる。

> **民法**
>
> （損害賠償の範囲）
>
> 416条
>
> 2 特別の事情によって生じた損害であっても、当事者がその事情を予見し、<u>又は</u>
> <u>予見することができた</u>（平成29年改正：予見すべきであった）ときは、債権者は、
> その賠償を請求することができる。

③ 東京地判平成15年9月1日(1)

裁判所・判決日	東京地判平15.9.1.(1)	出　典	未公表
事件番号	平15(ワ)第12945号		

原　告	甲野太郎	被　告	乙山春男
事 故 日	平15.1.3.　午前0:15ころ		
事故場所	東京都中野区		
事　故 状　況	レンタル・ショップ前に停止していた原告車（ワーゲン）後部に、走行してきた被告車（乗用車）の前部が衝突した。		

レンタル・ショップ

原告車・ワーゲン

被告車・乗用車

原告要求	被告答弁	判　　決
「被告は、原告に対し、65万7,065円及びこれに対する平15.1.3.から支払済みまで年5分の割合による金員を支払え。」		「被告は、原告に対し、54万0,460円及びこれに対する平15.1.3.から支払済みまで年5分の割合による金員を支払え。」
原告の損害 原告車時価　　472,500円 （経済的全損） 同上消費税5％　23,625円 (1)車両損害　　496,125円 (2)車両買替諸費用 　　　　　　116,840円 （自動車重量税　37,800円）	**原告の損害について** 原告車時価　　400,000円 （経済的全損） 同上消費税5％　20,000円 (1)合計　　　　420,000円 (2)車両買替諸費用 　　　　　　42,700円 （自動車重量税　37,800円）	**原告の損害** 原告車時価　　400,000円 （経済的全損） 同上消費税5％　　20,000円 (1)車両損害　　420,000円 (2)車両買替諸費用　83,340円 （自動車重量税　37,800円）

（登録費用、車庫証明費用 4,600円）	（登録費用・車庫証明費用 4,600円）	（登録費用、車庫証明費用 4,600円）
（印鑑証明書交付手数料 300円）	（印鑑証明書交付手数料 300円）	（印鑑証明書交付手数料 300円）
（登録手続代行費用 30,000円）	（登録手続代行費用　否認）	（以上、当事者間に争いがない）
（同上消費税 1,500円）	（車庫証明手続代行費用 否認）	（登録手続代行費用、車庫証明手続代行費用、行政書士費用、納車手数料に消費税の合計 40,000円）
（車庫証明手続代行費用 20,000円）	（行政書士費用　否認）	
（同上消費税 1,000円）	（納車手数料　否認）	
（行政書士費用 5,000円）	（登録申請書送料　否認）	（登録申請書送料 640円）
（同上消費税 250円）		
（納車手数料 15,750円）	(3)廃車・解体費用31,800円	(3)廃車・解体費用 31,800円
（登録申請書送料 640円）	（解体処分費用 15,000円）	（当事者間に争いがない）
	（同上消費税 750円）	（解体処分費用 15,000円）
(3)廃車・解体費用 31,800円	（抹消登録手続代行費用 15,000円）	（同上消費税 750円）
（解体処分費用 15,000円）	（同上消費税 750円）	（抹消登録手続代行費用 15,000円）
（同上消費税 750円）	（印鑑証明書交付手数料 300円）	（同上消費税 750円）
（抹消登録手続代行費用 15,000円）		（印鑑証明書交付手数料 300円）
（同上消費税 750円）	(4)交通費 1,860円	
（印鑑証明書交付手数料 300円）	（タクシー代 1,860円）	
	（地下鉄代、バス代　否認）	(4)交通費 2,340円
(4)交通費 7,880円	（首都高速通行料　否認）	（タクシー代 1,860円）
（タクシー代 4,360円）		（地下鉄代、バス代 480円）
（地下鉄代 1,700円）	(5)訴訟提起費用 600円	（首都高速通行料　否認）
（バス代 420円）	（書籍代、書籍コピー代 否認）	
（首都高速通行料 1,400円）	（交通事故証明書代 600円）	(5)訴訟提起費用 2,980円
	（交通費　否認）	（書籍代 1,960円）
(5)訴訟提起費用 4,420円		（交通事故証明書 600円）
（書籍代 1,960円）	(6)代車料 58,800円	（当事者間に争いがない）
（交通事故証明書 600円）	（2週間×@4,200円）	（書籍コピー代　否認）
（書籍コピー代 100円）		（証拠がない）
（交通費 1,760円）	(1)〜(6)合計 555,760円	（交通費 420円）
	既払代車料 （−）121,800円	(1)〜(5)合計 540,460円
(1)〜(5)合計 657,065円	残額 433,960円	

代車料はB保険会社が負担することになっているから請求しない。		被告が代車料の支払いを通じて一部弁済の抗弁は理由がない。

原告車、被告車に関するデータ

原 告 車	自家用普通乗用自動車（原告所有）、フォルクスワーゲン・ゴルフ2.0GLi、新車価格275万円、初度登録平成5年3月、事故まで9年10か月経過、走行距離64,336km、塗装シルバー、登録満了平成16年5月、平成13年7月に原告車を中古車として購入、代替車BMW中古車を平成15年2月1日購入（価格58万8,630円、諸費用を含む）
被 告 車	自家用普通乗用自動車（被告運転）、B保険に自動車対物保険付保

─── 事故概要 ───

　1月の深夜、原告が原告車（フォルクスワーゲン・ゴルフ）をレンタル・ショップ前に停車させておいたところ、走行してきた被告運転の被告車（乗用車）に衝突され、原告車は大破した。

─── 訴訟概要 ───

　原告が被告に対し、不法行為に基づく損害賠償を請求した。

─── 原告甲野の車両全損要求 ───

　原告は、原告車の修理費用が本件事故当時の時価を上回ることから、経済的全損になったと主張し、原告車の時価47万2,500円とその消費税を要求した（経済的全損であることは、被告側のB保険会社が認め、原告に報告している）。

　原告は時価について、原告車と同車種で同年式および同程度の走行距離の車両であって、東京地区で販売されているものの価格が、①48万円（走行距離7.8万km）、②45万円（走行距離7.4万km）、③38万円（走行距離5.6万km）、④49万円（走行距離5.2万km）、⑤48万円（走行距離5.0万km）、⑥55.5万円（走行距離4.8万km）であり、これの平均値47万2,500円を根拠にしたと主張した。

　そのほか、原告が、車両買替諸費用、廃車・解体費用、交通費、訴訟提起費用を請求した。

─── 被告反論 ───

　被告は、原告車の時価を40万円相当であると反論した。その根拠はB保険会社の算

出によるものである。車両買替諸費用のうち自動車重量税、登録費用・車庫証明費、印鑑証明交付手数料を認め、登録手続代行費用、納車手数料は業者の報酬であるから認めない。また、行政書士費用、登録申請書送料を否認すると反論した。

　廃車・解体費用は、いずれも認め、交通費は一部を認め、訴訟提起のために要した費用は、事故証明書費用を認め、書籍代や書籍コピー代、交通費を否認した。

　被告は、すでに支払った代車料12万1,800円は損害賠償の一部であるという理由で被告認容総額55万5,760円から控除し、残額43万3,960円を認めると反論した。

判決理由

　判決は、原告車について、フォルクスワーゲン・ゴルフ2.0GLi であり、初度登録は平成 5 年 3 月で、本件事故当時における走行距離は 6 万4,336km であったこと、塗装はシルバーで、装備としてはオートマチック・トランスミッション、オートエアコン、パワーステアリング、パワーウィンドーが備わっていたこと、登録満了は平成16年 5 月であったこと、原告は、平成13年 7 月に原告車を中古車として購入した事実を確認した。そこで、判決は、原告が時価の根拠とした 6 台の中古車の走行距離が 1 万 km 以上も異なる車両も対象にしており、必ずしも相当であるとは言えないし、また、一般に中古車は、塗装色やいかなる装備を備えているか、自賠責保険の満了までの残期間などによって価格に開きが出ることは、当裁判所に顕著な事実であるところ、この点においても、原告が取捨選択した車両が相当であったかどうかについては、疑問の余地がないとは言えないと説述した。

　（ちなみに、地域を関東地方にまで拡げれば（ただし、原告車との走行距離の差は、 1 万 km 以内に限る）、前記②及び③以外に19万円（走行距離6.7万 km。甲 6 ）、19万円（走行距離5.9万 km。甲 7 ）、29万円（走行距離7.2万 km。甲 5 ）、35万円（走行距離7.3万 km。甲 6 ）、38万円（走行距離5.6万 km。甲 7 ）、39万円（走行距離6.8万 km。甲 5 ）、39万円（走行距離5.8万 km。甲 7 ）、43万円（走行距離6.7万 km。甲 5 ）、45万円（走行距離6.8万 km。甲 7 ）及び58万円（走行距離5.8万 km。甲 5 ）の各中古車が存在するところ、これらの平均値は、36万4,000円となる。）

　他方、証拠（乙 1 ）によれば、B 保険会社は、定率減価償却方式による原告車の残存価額が27万5,000円となる（新車販売価額275万円の10％に相当する。）ところ、「カーセンサー」による市場価額を調査した結果、約30万円ないし50万円であることが判明したことから、原告車の時価を40万円と査定したことが認められ、その過程に格別不合理な点はないと認定した。そこで、以上の諸事情を総合すれば、原告車の本体価格は40万円とみるのが相当である。したがって、消費税相当額を含めると、原告車の時価額は、42万円となると認定した。

　買替諸費用について、当事者間に争いがない自動車重量税、登録費用・車庫証明費

用、申請用印鑑証明交付手数料は要求額どおり認め、被告が否認した登録手続代行費用、車庫証明手続代行費用、行政書士費用および納車手数料を認めたが、金額は、その一部である 4 万円だけを認めた。

判決は、これら費用合計 7 万3,500円に対し 4 万円を認めた理由を次のように説明した。

「これらは、自動車販売業者の提供する労務に対する報酬であるところ、車両を取得する都度、登録や車庫証明の手続きや納車が必要になり、通常、車両購入者がそれらを自動車販売業者に依頼している実情にかんがみると、これら費用も、買替に付随するものとして損害賠償の対象とするのが相当である。ただし、これら費用は、自動車販売業者の金額の設定次第によるところがあるなど算定根拠が必ずしも明らかではないことを考慮すれば、直ちに全額が賠償されるべきであるとすることはできないのであって、社会通念上相当額の範囲に限られるというべきである。」という見解を示した。

本件訴訟を提起するために要した費用として、判決は、原告が購入した雑誌「カーセンサー」250円、雑誌「グー」240円、書籍『ひとりでできる裁判と訴訟手続きのすべて　イラスト図解』1,470円の合計1,960円を本件事故と相当因果関係があると認容した。なお、判決は、原告が使用した代車の料金は妥当であり、すでに B 保険会社が支払っている。しかも、原告が代車料を請求していないので、被告の一部弁済の抗弁は理由がないと認定した。

解　説

初度登録から事故まで 9 年10か月経過したフォルクスワーゲン・ゴルフの時価算定である。原告は、レッドブックの掲載期限を過ぎていたためであろうか、丹念に自動車価格雑誌から同種車両の価格を集め、その 6 台の平均値をもって時価とした。

しかし、判決は、原告の価格収集方法に偏りがあるとして、原告車の本件事故までの走行距離 6 万4,336km に前後 1 万 km の範囲に収まる走行距離7.4km～5.4km の車両に限定して、収集し直すと平均値は36万4,000円になること、一方、定率減価償却方式では新車価格の10％である27万5,000円になること、「カーセンサー」の調査では、約30万円ないし50万円であることを示し、これら事情を総合して原告車の時価を40万円と認定した。

判決が、検討した多くの時価算出方法からそれぞれの時価を算出し、それらを総合して決定する方法は参考になる。また、車両買替諸費用のうち業者の報酬は、事故と相当因果関係にある損害と認定したのは、大きな意味を持つ。しかし、個々の金額は、業者の設定次第であるから、そのまま全額を認めず、社会通念上相当な金額に限るとした。判決のこの考え方に対し、業者の設定であっても、不当に高額でない限り、そのままの金額を認めようとする考え方もある。

　訴訟提起のために必要とした参考書、雑誌は、弁護士に頼らない本人訴訟の場合、それら雑誌等が事故と相当因果関係があると認められたことも重要である。

④　神戸地判平成18年5月16日

裁判所・判決日	神戸地判平18.5.16.	出　典	交通民集39巻3号665頁
事件番号	平15(ワ)第516号、第1129号		

原　告	甲野花子、同次郎、同春子、同夏子	被　告	A大学、X保険、Y会社、乙山一郎
事　故　日	平13.9.10.　午前10:10ころ		
事故場所	兵庫県宝塚市		
事　故状　況	赤信号で停止していた原告車（フィアット）の後部に被告車（乗用車）が追突した。		

原告車・フィアット

被告車・乗用車

信号

原告要求	被告答弁	判　決
「被告Y会社と被告乙山一郎は、原告甲野花子に対し、各自、398万8,410円及びこれに対する平13.9.11.から支払済みまで年5分の割合による金員並びに被告A大学と連帯して5,785万5,396円及びこれに対する平14.1.6.から支払済みまで年5分の割合による金員を支払え。」 原告甲野次郎、同春子、同夏子の損害は甲野太郎の相続分につき省略。		「被告Y会社と被告乙山一郎は、各自、原告甲野花子に対し、747万2,131円及びうち292万3,663円に対する平13.9.11.から、うち454万8,468円に対する平14.1.6.から各支払済みまで、年5分の割合による金員を支払え。」 「原告らの被告X保険に対するその余の請求、同Y会社に対するその余の請求、同乙山に対するその余の請求及び被告A大学に対する請求をいずれも棄却する。」 原告甲野次郎、同春子、同夏子の損害は甲野太郎の相続分につき省略。

(1)甲野太郎死亡損害
　　　　　89,710,793円

原告花子相続分
(1)×1／2　44,855,396円
固有損害　　10,000,000円
弁護士費用　　3,000,000円
(2)原告花子・損害
　　　　　57,855,396円

原告甲野花子の損害
(3)花子自身人損合計
　　　　　2,100,910円

物損
原告車全損時価
　　　　　1,150,000円
（車両保険金額による）
自動車保険料3か月分
　　　　　37,590円
駐車場代3か月分
　　　　　39,000円
原告車保管料168日分
　　　　　168,000円
スタッドレスタイヤ
　　　　　93,030円
タイヤチェーン　15,200円
CDチェンジャー
　　　　　54,000円
マット　　　22,800円
ブースター　　20,000円
パトライト　　4,980円
非常用シグナルライト
　　　　　4,300円
ドライバーセット
　　　　　16,000円
CD12枚　　33,600円
竹矢・犬わし6本組

原告甲野花子の損害について
原告花子の人損　　不知

原告車全損時価　700,000円
（経済的全損を認める）
自動車保険料　　否認
駐車場代　　　　否認
保管料　　　　　否認
（保険会社の損害調査に遅れはない）
スタッドレスタイヤ　否認
積載物　　　　　否認
（破損不明、購入価格不明）
廃車費用　　　　否認
（損害の発生・金額の相当性不明）

被告X保険は原告甲野花子に20万円支払済
（支払日：平13.10.29）

本件事故と太郎の症状の進行およびこれに基づく死亡との間には相当因果関係の存在が認められるべきである。

甲野太郎の損害
人損合計　　37,384,685円
素因減額80%
　　　（−）29,907,748円
(1)太郎の損害　7,476,937円

原告甲野花子の損害
太郎の相続分(1)×1／2
　　　　　3,738,468円
花子固有の慰謝料　400,000円
原告花子相続分　4,138,468円
弁護士費用　　　410,000円
(2)原告花子相続計
　　　　　4,548,468円

(3)花子自身の人損合計
　　　　　2,100,909円

物損
原告車全損時価　700,000円
（修理費891,198円にて経済的全損）
自動車保険料3か月分　否認
駐車場代3か月分　　否認
原告車保管料　　　否認
（損害調査に遅延はない）
スタッドレスタイヤ・タイヤチェーン　　　否認
（同種の車種に転用可能）
積載物損害　　112,254円
（CDチェンジャー、マット、ブースター、パトライト、非常用シグナルライト、ドライバーセット、CD12枚、竹矢・犬わ

180,000円	し6本組、カーボン矢4本組、
カーボン矢4本組	竹筒の購入価格37万4,180円の
35,000円	30％)
竹筒（弓道具）　3,500円	廃車費用　　　　10,500円
廃車費用　　　10,500円	交通費・メガネ代 200,000円
交通費・メガネ代	(4)物損合計　　1,022,754円
200,000円	
(4)物損合計　2,087,500円	花子自身の人・物損合計
	(3)＋(4)　　　3,123,663円
花子人・物損合計	損害てん補　　(－)200,000円
(3)＋(4)　　　4,188,410円	(5)損害合計　2,923,663円
損害てん補　(－)200,000円	
(5)損害合計　3,988,410円	原告花子の損害(2)＋(5)
	7,472,131円
原告甲野次郎、春子、夏子	
の損害は甲野太郎の人損相	被告A大学の債務不履行に基
続分につき省略。	づく損害と認めることはでき
	ない。

　原告甲野花子は、死亡した同乗者甲野太郎（59歳）の妻、原告甲野次郎、同春子、同夏子は子供。

原告車、被告車に関するデータ

原 告 車	自家用普通乗用自動車（原告甲野花子運転、所有）、甲野太郎（59歳）同乗、フィアットプントセレクタ5ドア、E－176AR5、初度登録平成9年7月、事故まで4年2か月経過、事故の1か月前の平成13年8月11日に車両保険金額115万円の保険契約済み、平成14年3月18日に廃車
被 告 車	普通乗用自動車（被告乙山一郎運転、被告Y会社所有）、被告X保険に自動車対物保険付保

―――――――――――――　**事故概要**　―――――――――――――

　白血病患者の甲野太郎（59歳）を同乗させた甲野花子運転の原告車（フィアット）が、赤信号で停車中、後方から走行してきた被告乙山一郎運転の被告車（乗用車）に追突された。この事故で甲野花子と白血病の甲野太郎は頸椎捻挫の傷害を負い、甲野太郎は症状が悪化し事故の4か月弱後の平成14年1月5日に死亡した。原告車は大破した。

─────── 訴訟概要 ───────

甲野花子は、自身の傷害による損害と原告車の損害を被告乙山一郎と被告Y会社に請求した。同時に甲野太郎の死亡損害について、相続を受けた太郎の妻である甲野花子、子である同次郎、同春子、同夏子が被告乙山一郎と被告Y会社および不適切な治療をしたA大学に対して損害賠償を請求して提訴した。

─────── 原告甲野の車両全損要求 ───────

原告甲野花子は、原告車が本件事故によって修理不能となり廃車したが、原告車を新車購入以降、整備点検に努めてきた無事故車両であって、本件事故の1か月前に契約した車両保険において時価評価を115万円として保険契約をした。115万円が損害であると主張した。

その他の物損として、被告X保険の損害調査が遅れたため現状維持に掛かった費用として、自動車保険料3か月分3万7,590円、駐車場代3か月分3万9,000円、ディーラー保管料168日分16万8,000円を要求した。さらに、原告車特有の部品でほかの車種に転用できないとしてスタッドレスタイヤ9万3,030円、タイヤチェーン1万5,200円を要求した。また、原告車に積載していて破損した物品の損害額と廃車費用1万0,500円を要求した。

（花子、太郎の人損は省略）

─────── 被告らの原告時価に対する反論 ───────

被告らは、原告車が経済的全損になったことを認め、車両時価額は70万円であると反論した。

自動車保険料、駐車場代、ディーラー保管料について、被告らは、被告X保険による損害調査の遅れはなく、現状維持のためにディーラーに有償保管を行う必要性、相当性は認められず、それら損害を否認すると反論した。

スタッドレスタイヤほか積載物について、被告らは、事故による破損が不明、購入価格が不明であり、減価償却が必要であるなどの理由で否認した。廃車費用について、被告らは、現実の損害の発生および金額の相当性が不明であるとして否認した。

─────── 判決理由 ───────

判決は、原告が主張する原告車損害額115万円は、車両保険金額によるものである。保険金額が必ずしも車両の時価額と一致するものではないと採用しなかった。そして、証拠（乙C1の2）により原告車時価額を70万円と認定した。

自動車保険料、駐車場代、ディーラー保管料について、判決は、被告X保険の損害調査が遅れたことを認める証拠はないとして、これら費用は本件事故の損害ではない

と認定した。スタッドレスタイヤ等について、判決は、これら部品は市販されている
ものであって、原告車以外には使用できないとは認められない。そしてこれら部品は、
本件事故によって損壊したわけではないので、本件事故による損害とは認められない
と認定した。

　積載物について、判決は、原告の主張金額は購入金額であるが、個々の購入時期が
不明で、損害額も不明であるので、7 割を減価償却として減じて、請求額37万4,180円
の 3 割に相当する11万2,254円をもって本件事故と相当因果関係のある損害と認めた。

　廃車費用について、原告車は、平成14年 3 月18日に廃車され、証拠（甲 C24および25）
によれば、その廃車費用として 1 万0,500円を要したと認められ、 1 万0,500円を本件
事故と相当因果関係のある損害と認めるのが相当であるとした。

（花子自身の人損および甲野太郎の人損については、省略）

―――――――――――――――――――――― 解　説 ――――――――――――――――――――――

　原告車の時価額について、原告が主張する 1 か月前に締結した車両保険金額115万
円は認められなかった。

　車両保険金額を車両時価額とする考え方は、他の裁判例においても否認されており、
定着している。

　本件裁判例では、原告車時価額を被告らが提出した証拠（乙 C1の 2 ）によって70万
円と認定したが、この（乙 C1の 2 ）がレッドブックであったのか、中古車情報誌であ
ったのか、それを一番、知りたいところであるが、裁判例ではこれ以上の記述がない。
その意味では、まったく参考にならない裁判例の 1 つである。

　廃車費用を損害として認定した理由は、(1)原告車が実際に廃車されたこと、(2)その
費用が証拠（甲 C24、25）によって判明していること、さらに、(3)原告車は本件事故に
より全損となったことによる。これは、廃車費用認容の 3 条件と言える。

⑤　東京地判平成18年6月14日 ab

裁判所・判決日	東京地判平18.6.14.ab	出　典	交通民集39巻3号752頁、自ジャ1661号2頁
事件番号	平17(ワ)第9579号、第17971号		

原　告	X保険、S社、甲野	被　告	乙山、Y社
事 故 日	平16.5.13.　午後1:45ころ		
事故場所	神奈川県川崎市宮前区　東名高速道路		
事　故状　況	被告乙山運転の被告車（BMW）が第二車線から第三車線へ変更したとき、被告車の前車（氏名不詳、大型トラック）が割り込んだため、被告乙山がハンドルを左に切ったところ、被告車が回転し、第一車線に進行した後、右方向へ斜走し、第三車線の後方から走行してきた原告甲野運転の原告車（トラック）と衝突した。		

図中の注記：
- 大型トラック 氏名不詳
- 被告乙山車 BMW
- 中央分離帯
- 原告甲野車 トラック

原告要求	被告要求	判　決
第一事件 「(1)　被告乙山は、原告X保険に対し、金168万円及びこれに対する平16.10.28.から支払済みまで年5分の割合による金員を支払え。」 「(2)　被告乙山は、原告S社に対し、金7万円及びこれに対する平16.5.13.から支払済みまで年5分の割合による金員を支払え。」	第二事件 「原告S社及び原告甲野は、被告Y社に対し、各自金65万6,900円及びこれに対する平16.5.13.から支払済みまで年5分の割合による金員を支払え。」	「1　被告乙山は、原告X保険に対し、金151万2,000円及びこれに対する平16.10.28.から支払済みまで年5分の割合による金員を支払え。」 「2　被告乙山は、原告S社に対し、金6万3,000円及びこれに対する平16.5.13.から支払済みまで年5分の割合による金員を支払え。」 「3　原告S社及び原告甲野は、被告Y社に対し、連帯して、金54万6,210円及びこれに対する平16.5.13.から支払

		済みまで年 5 分の割合による金員を支払え。」
本件事故は被告乙山のもっぱらの過失によって発生した。原告甲野は前方を十分注視していた。原告甲野には過失はない。	不詳の大型トラックの割込みが原因であり被告乙山に落ち度はない。 原告甲野は事故を回避できたはずで過失がある。	本件事故は三者の過失が競合して発生した。三者間の絶対的過失割合を認定し、各被害者の過失による過失相殺をした損害賠償額について賠償責任を負う。

本件事故は被告乙山のもっぱらの過失によって発生した。原告甲野は前方を十分注視していた。原告甲野には過失はない。

不詳の大型トラックの割込みが原因であり被告乙山に落ち度はない。

原告甲野は事故を回避できたはずで過失がある。

本件事故は三者の過失が競合して発生した。三者間の絶対的過失割合を認定し、各被害者の過失による過失相殺をした損害賠償額について賠償責任を負う。

原告Ｘ保険の損害
原告車（トラック）修理費
　　　　　　　1,750,000円
免責額　　　（－）70,000円
支払額　　 1,680,000円
（保険金支払日：平16.10.27.）

被告Ｙ社の損害
被告車（BMW）全損時価
　　　　　　　 500,000円
（レッドブックによる）
（修理費　　336万1,240円）
再取得車両消費税（ 5 ％）
　　　　　　　　 25,000円
自動車重量税　　29,400円
（車検残期間 1 年 2 か月）
車庫証明法定費用 2,500円
小計　　　　　556,900円
弁護士費用　　100,000円
合計　　　　 656,900円

原告Ｓ社の損害
負担した免責額 70,000円

被告Ｙ社の損害について
被告車（BMW）損害額
　　　　　　　　　 否認
（被告車は側壁およびガードレールに衝突し全損状態で原告車と衝突した）

過失割合：原告甲野10％、被告乙山10％、大型トラック80％

被告車（BMW）が側壁やガードレールに衝突した事実はなく原告車と衝突して損傷した。被告車の損害と本件事故との間には、相当因果関係が認められる。

原告Ｘ保険の損害
原告車（トラック）修理費
　　　　　　　1,750,000円
免責額　　　（－）70,000円
支払保険金　　1,680,000円
原告側過失10％
　　　　　　（－）168,000円
損害額　　　 1,512,000円

原告Ｓ社の損害
負担した免責額　　70,000円
原告側過失10％（－）7,000円
損害額　　　　 63,000円

被告Ｙ社の損害
被告車（BMW）時価
　　　　　　　 500,000円
（レッドブックによる）

		（修理費　　　　336万1,240円）
		（経済的全損）
		再取得車消費税（5％）
		25,000円
		自動車重量税　　　29,400円
		（未経過期間1年2か月、
		50,400円×14か月／24か月
		＝29,400円）
		再取得車車庫証明法定費用
		2,500円
		小計　　　　　　556,900円
		弁護士費用　　　　50,000円
		小計　　　　　　606,900円
		被告乙山過失10％
		（－）60,690円
		損害額　　　 546,210円

関係車両に関するデータ

原　告 甲野車	普通貨物自動車（原告S社所有、原告甲野運転）、X保険に自動車車両保険付保
被　告 乙山車	普通乗用自動車（被告Y社所有、被告乙山運転）、BMW、型式E－H35、仕様535i、初度登録平成2年3月、14年2か月経過、乙山はY社の従業員、車検満了日平成17年7月13日、車検未経過期間1年2か月
氏　名 不詳車	大型トラック（氏名不詳者運転）

──────── **事故概要** ────────

　片側三車線からなる高速道路の第二車線を走行していた被告乙山運転の被告車（BMW）は、前を走る大型トラックの速度が遅いので、追越しするため第三車線に変更した。ところが、大型トラックも第三車線に変更してきたので、衝突回避のため左にハンドルを切ったところ、車体が回転し制御できないまま第一車線まで進んだあと、斜行して再び第三車線に進んだ。

　第三車線を後方から走行してきた原告甲野運転の原告車（トラック）が、制御できないで第三車線に進入してきた被告車と衝突し、双方の車両が大破した。

　なお、大型トラックは、そのまま走り去り、運転者の氏名など不詳である。

─────────────── 訴訟概要 ───────────────

　原告車（トラック）の修理費175万円のうち168万円を保険金として支払った原告Ｘ保険は、事故の責任は専ら被告乙山にあるとして、被告乙山に対し、保険代位に基づき、損害賠償請求の訴えを起こした。また、原告車の所有者である原告Ｓ社が、負担した保険免責額7万円について不法行為に基づき、被告乙山に対し損害賠償を求めて訴えを起こした。

　それに対し、被告Ｙ社は、被告車（BMW）の損害賠償を求めて、原告甲野とその雇用主であるＳ社に損害賠償請求の訴訟を提起した。

─────────────── 被告Ｙ社の車両全損要求 ───────────────

　被告Ｙ社は、被告車（BMW）の修理費用が336万1,240円を要し、経済的全損であると主張して、レッドブックによる時価額50万円を要求した。その他、被告Ｙ社は、被告車の全損に伴う損害として再取得車購入時の消費税（5％）、自動車重量税、車庫証明法定費用と弁護士費用の合計65万6,900円を要求した。

─────────────── 原告らの反論 ───────────────

　原告甲野と原告Ｓ社は、被告車（BMW）が回転して第一車線まで行ったとき、側壁やガードレールに衝突して、すでに全損状態になった後に原告車（トラック）と衝突したから、原告車は、無価値になった被告車に衝突したにすぎず、もはや賠償すべき損害はなかったと反論した。

（原告車・トラックの修理費については省略）

─────────────── 判決理由 ───────────────

　判決は、本件事故後、走行して行方不明になった大型トラックも過失があると判断して、過失割合を原告甲野10％、被告乙山10％、大型トラック80％と認定した。

　判決は、被告車（BMW）が修理費336万1,240円を要することから経済的全損と認め、時価額を損害とした。時価額はレッドブックに従って50万円と認定した。

　そのほか、再取得車の消費税2万5,000円、車検残存期間に対する自動車重量税2万9,400円、再取得車の車庫証明法定費用2,500円を被告要求どおり認め、これに弁護士費用[注]5万円を加算した60万6,900円から被告乙山の過失10％を控除した54万6,210円を認容した。

─────────────── 解　　説 ───────────────

　本判決は、被告車（BMW）の損害について、修理費336万1,240円を確認して、経済的全損になることを認め、損害を時価とし、時価額をレッドブックにより50万円と認

定した。全損認定、時価額算出の手順に問題ない。本判決は、時価算出根拠をレッドブックにするという事例に1つ加えられることとなった。

　本判決は、自動車重量税の還付制度が導入される前の事故であるから、残存車検費用に属する自動車重量税2万9,400円を認め、さらに、再取得車価格に対する消費税（5％）と車両買替諸費用としての車庫証明法定費用2,500円を認めている。

─────【注】弁護士費用─────

本件裁判例では、過失相殺の対象範囲に弁護士費用を含めた。これは多くの一般的な裁判例の採る方法ではない。これによって、被告Y社の認容損害額は、5,000円少なくなった。

一般的な裁判例の計算		本件裁判例の計算	
小　　計	556,900円	小　　計	556,900円
被告過失10%	（−）55,690円	弁護士費用	50,000円
差　　引	501,210円	小　　計	606,900円
弁護士費用	50,000円	被告過失10%	（−）60,690円
損 害 額	501,210円	損 害 額	546,210円

⑥　名古屋地判平成21年2月13日

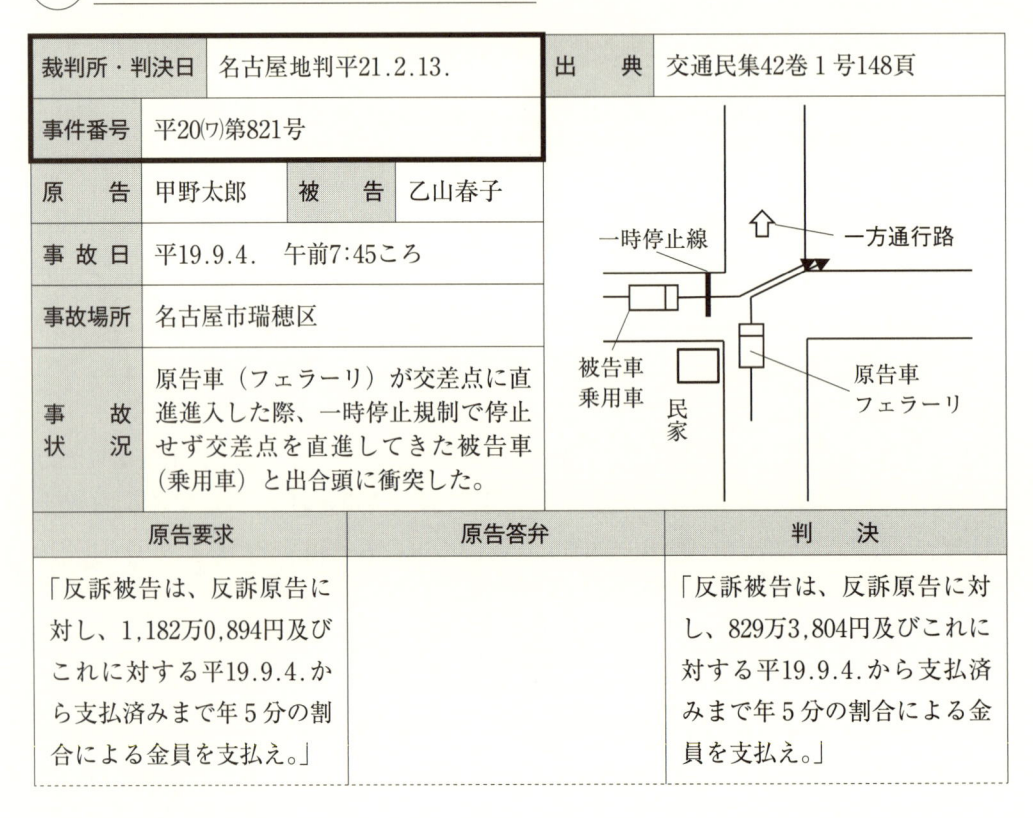

裁判所・判決日	名古屋地判平21.2.13.	出　　典	交通民集42巻1号148頁
事件番号	平20(ワ)第821号		
原　　告	甲野太郎	被　　告	乙山春子
事 故 日	平19.9.4. 午前7:45ころ		
事故場所	名古屋市瑞穂区		
事　故状　況	原告車（フェラーリ）が交差点に直進進入した際、一時停止規制で停止せず交差点を直進してきた被告車（乗用車）と出合頭に衝突した。		

原告要求	原告答弁	判　　決
「反訴被告は、反訴原告に対し、1,182万0,894円及びこれに対する平19.9.4.から支払済みまで年5分の割合による金員を支払え。」		「反訴被告は、反訴原告に対し、829万3,804円及びこれに対する平19.9.4.から支払済みまで年5分の割合による金員を支払え。」

原告には過失がない。	過失割合は原告30％、被告70％である。	過失割合：原告10％、被告90％
原告の損害	**原告の損害について**	**原告の損害**
原告車時価　10,000,000円	原告車時価　　5,500,000円	原告車時価　　7,000,000円
（納車整備費用	（修理費11,102,731円を認	消費税5％　　　350,000円
467,250円を含む）	める）	（修理費　11,102,731円、経済
（修理費　　11,102,731円）	（消費税、納車整備費用を	的全損）
修理見積費用　703,644円	時価額に加えることは認	修理見積費用　703,644円
車両買替諸費用　82,950円	めない）	車両買替諸費用　282,950円
（登録法定費用　12,000円）	車両買替諸費用　　　0円	（納車整備費用　200,000円）
（車庫証明法定費用	廃車費用　　　　　　0円	（登録法定費用　12,000円）
2,700円）	リサイクル料金　　　0円	（車庫証明法定費用　2,700円）
（登録手続代行費用	修理見積費用　　　否認	（登録手続代行費用
36,750円）		36,750円）
（車庫証明手続代行費用		（車庫証明手続代行費用
15,750円）		15,750円）
（納車代行費用　15,750円）		（納車代行費用　15,750円）
リサイクル料金　15,550円		リサイクル料金　　15,550円
レッカー代　　　3,000円		レッカー代　　　　3,000円
廃車費用　　　　15,750円		廃車抹消登録費用　15,750円
小計　　　10,820,894円		小計　　　　8,370,894円
弁護士費用　1,000,000円		過失10％　　（－）837,090円
損害合計　 11,820,894円		差引　　　　7,533,804円
		弁護士費用　　760,000円
		損害合計　 8,293,804円

原告車、被告車に関するデータ

原告車	普通乗用自動車（原告所有、運転）、1990年式フェラーリ328GTS、平成2年2月初度登録、初度登録から本件事故まで17年7か月経過、走行距離39,222km、平成16年2月ころ車両本体価格819万円（消費税込）で購入、購入から本件事故まで3年7か月経過、平成19年2月に車検を受ける、平成20年3月抹消登録済み
被告車	普通乗用自動車（被告運転）

──────── **事故概要** ────────

　中央線がなく、信号のない交差点において、一方通行路を直進し交差点に進入した原告甲野運転の原告車（フェラーリ）と、一時停止規制を無視して進入した被告乙山運

転の被告車（乗用車）とが出合頭に衝突した。この事故で原告車が損傷した。

── 訴訟概要 ──

　被告が原告に対して、被告の賠償債務は471万2,225円を超えないことの確認を本訴で請求したのに対し、原告が被告に対し、損害賠償を求めて反訴請求したのが本事案である。反訴の請求によって本訴は取り下げられた。

── 原告甲野の車両全要求 ──

　原告は、原告車の修理費が1,110万2,731円を要するため、原告車は経済的全損になったと主張し、原告車が1990年式フェラーリ328GTSであり、1989年式フェラーリの中古車市場における平均価格は約910万円であると主張した。

　原告は、平成16年2月ころ、原告車を874万5,000円で購入したと言い、その内訳は、車両本体価格819万円（消費税込み）、納車整備費用46万7,250円（消費税込み）、手続代行費用6万8,250円（消費税込み）、法定費用1万9,500円である。

　車両本体価格と納車整備費用の合計865万7,250円が購入時の車両価格に相当する費用であるが、本件事故直後における車両時価額は、中古車市場価格約910万円と1990年式の希少性を考慮すると1,000万円を下らないと主張した。そのほかの損害として、レッカー代、車両買替諸費用、リサイクル料、廃車費用を要求した。

── 被告反論 ──

　被告は、原告車の修理費1,110万2,731円を認め、原告が購入した際の原告車の価格は780万円である。その後、本件事故までの3年半の経過・使用により、減価率を1年に1割と考えれば、3年半で3割、約230万円の減価となり、時価額は550万円と考えることこそ相当であると反論した。

　そのほか、消費税を時価額に加えることは相当ではない。納車整備費用は、時価額に加えることはできない。原告主張の修理見積費用は高額であり認めることはできない。車両買替諸費用と廃車費用は、別車両の購入・買替えの事実を認めることはできず、これら費用の損害が発生したと認めることはできない。リサイクル料は本件事故による損害ではないと反論した。

── 判決理由 ──

　判決は、過失割合を原告10％、被告90％と認定したうえで、被告の消費税を時価額に加えることは相当ではないという反論について、「修理費用が、その車両と同種同等の車両を市場において再調達する場合の対価を上回る場合には、いわゆる経済的全損として、その対価の限度で損害が生じたものと認めるべきであるところ、かかる対価

とは、車両そのものの価格（時価）のみならず、再調達のために要する諸費用及び消費税をも含むものと解すべきである。」（下線筆者）と述べ、「この点、被告は、上記諸費用や消費税は損害に含まれない旨を主張するものと解されるが、それでは、車両所有者の損害がてん補されたものとはいいがたく、首肯し得ない。」と説明した。

原告車の時価額について、判決は、「原告車両は、1989年式ないし1990年式のフェラーリ328GTSというイタリア製の自動車であり、平成2年2月に日本における初度登録がなされている（甲3、原告本人）。

原告は、平成16年2月、原告車両を、①車両本体価格819万円（消費税込み）、②納車整備費用46万7,250円（消費税込み）、③法定費用1万9,500円（自動車税4,800円、登録届出費1万2,000円、車庫証明費2,700円）、④手続代行費用6万8,250円（登録届出費用3万6,750円、車庫証明費1万5,750円、納車費用1万5,750円。いずれも消費税込み）の合計874万5,000円を支払って購入した（乙14、原告本人）。

上記の納車整備費用とは、オイル、ベルト、ホース、バルブといった各種部品の取替等の整備のために要する費用であって、原告車両と同種同等の車両を購入する際に必要となるものである（乙15、原告本人）。もっとも、かかる費用の額については、例えば、原告が参考資料として提出する乙8においては、1989年式のフェラーリ328GTBを購入する場合において、『車両諸費用（税込み）』として19万4,250円が計上されるにとどまっている。」と言って、納車整備費用46万7,250円（消費税込み）を減額して20万円のみを認めた。

「原告は、平成19年2月ころ、原告車両につき車検を受け、その際、リサイクル料金として、1万5,550円を支払った（乙12、原告本人）。

本件事故当時における原告車両の走行距離は、3万9,222キロメートルであった（甲3の2頁）。

甲3の中の中古自動車の売出情報につき、1989年式のフェラーリ328GTS（1990年式については掲載がない。）をみてみると、走行距離3万7,000キロメートルのもので750万円（甲3の13頁）、走行距離4万2,000キロメートルのもので650万円（甲3の10頁）となっている。

フェラーリ328GTSという自動車は、実用に供されるよりは、趣味・嗜好に供される自動車であって、その市場価格については、新車時からは年数の経過によって下落するものの、一般の実用車のように大幅な下落はしないという特性があり、製造時から相当年数が経過していても、その希少価値のために、相当程度の高価格で取引されている実態がある（甲3、乙4ないし6、原告本人）。

以上を総合して考慮すると、本件事故当時における原告車両の時価としては、消費税相当額を含め、735万円とするのが相当である。（車両本体価格700万円、消費税35万円：筆者注）。

　これに対し、被告は、原告車両の購入時の価格から3割程度の減額をすべき旨主張するが、原告車両の上記特性に鑑みると、採用できない。

　また、原告は、原告車両の時価額を1,000万円と主張するが、その根拠とする乙6掲載の売出車両は走行距離その他の内容が原告車両と異なっているし、原告車両に希少価値があるといっても、原告の購入時よりもその市場価値が上昇しているとは認めがたく、むしろ購入時よりは市場価値がある程度下落していると解するのが合理的であるから、上記主張も採用できない。」

　再調達のための諸費用について、「原告車両と同種同等の車両を再調達する場合、以下の各費用に相当する合計29万8,500円の支出が必要になるものと認められ、これは、本件事故により原告に生じた損害と解すべきである。」として、以下の各費用を列記した。

> (ア)　納車整備費用（消費税込み）　20万円
> (イ)　法定費用（登録届出費、車庫証明費）　1万4,700円
> (ウ)　手続代行費用（登録届出費用、車庫証明費用、納車費用。いずれも消費税込み）
> 　　　6万8,250円
> (エ)　リサイクル料金　1万5,550円

　修理見積費用70万3,644円について、「甲2、乙11、原告本人によれば、原告は、本件事故により原告車両が損傷したことから、その修理に要する費用の見積のため、それが可能である横浜市所在の業者に依頼せざるを得ず、原告車両の運搬費用及び保管費用を含めた見積費用として、上記額（消費税込み）の支出を要したことが認められ、これは、本件事故により原告に生じた損害と解すべきである。」

　抹消登録費用1万5,750円について、「乙16、原告本人によれば、原告は、平成20年3月、原告車両の抹消登録手続を行い、その費用として、上記額（消費税込み）を（原文ママ）支出を要したことが認められ、これは、本件事故により原告に生じた損害と解すべきである。」

―――――――――――――　解　　説　―――――――――――――

　車両全損に関して非常に詳しい判決である。車両全損にかかわるすべての課題が提示され、解決されている。車両が全損かどうかについて、修理費を提示して経済的全損を認容し、原告車と同種同等の車両の中古自動車の売出情報を根拠にしながら、走行距離の違いを考慮に入れて時価額を算定している。

　被告が反論した消費税、修理見積費用については、明確に事故と相当因果関係にある損害であると認定した。修理見積費用が高額であるとする被告の主張について、納得できる理由を説明している。廃車抹消登録費用について、判決は、原告が、実際に、平成20年3月に抹消登録手続を行っていることから、本件事故によって原告に生じた損害と認定していることも重要である。

第 **4** 部

タクシー・ハイヤー全損の場合

第1章　車両時価(タクシー・ハイヤー)

① 一般乗用車とタクシー・ハイヤーの相違

　最高裁昭和49年4月15日判決は、車両時価とは、同一の車種・年式・型、同程度の使用状態・走行距離等の自動車の中古車市場における小売価格であると認定した。では、タクシー・ハイヤーが全損になった場合、タクシー・ハイヤーの中古車市場小売価格をどのようにして探せばよいのか。

　大手タクシー会社が処分した古いタクシー・ハイヤーは、関連タクシー会社や地方のタクシー会社に売却されることが多く、その売却価格が中古車市場に現れることは少ない。

　少ない数の古いタクシー・ハイヤーが中古車市場に売却されることはあるが、広く中古車市場価格を形成するほどの厚みもなく、客観的なタクシー・ハイヤーの中古車市場小売価格はわからないというのが実情である。

　そのうえ、一般乗用車とタクシー・ハイヤーでは、表1のような数々の違いがある。

【表1】一般乗用車とタクシー・ハイヤーの相違

項　　目	タクシー・ハイヤー	一般乗用車
1か月当たりの走行距離	大（7,000km前後）	小
法定耐用年数	3年、4年、5年	6年
レッドブック価格掲載	なし	あり
特別な装備品	あり （タクシーメーター、実空車表示機、タコグラフ、タクシー無線機、クレジットカードリーダー、行灯（アンドン）、オートドア、ドライブレコーダー、車内広告用液晶ディスプレイなど）	なし
燃　　料	LPGが多い。ガソリンは少ない	ガソリンが多い。 LPGや軽油は少ない
メーカーが製造する タクシー専用車	あり	―

【表2】タクシー・ハイヤー全損の認容・否認件数

車両全損認否の別	件　　数	
車両全損認容件数	10	車両時価額認容
車両全損否認件数	1	加害車両所有者に賠償責任なし[注]
合　　計	11	

(注) 加害車両所有者に賠償責任なしと認定した1件とは、道路に面した駐車場からトラックを盗み出して走行、5時間半後に乗客を拾うべく停止したタクシーに追突。タクシードライバーが負傷し、タクシーは大破した。トラック運転者（すなわちドロボウ）は事故現場から逃走し、加害者不明となった。そこで、タクシー会社とタクシードライバーがトラック所有会社に損害賠償請求をした。判決は、タクシードライバーの人損は認めたが、タクシー会社の物損は、トラック所有会社には賠償責任がないと認定して請求を認めなかった。

　このように違いの多いタクシー・ハイヤーの車両時価は、どのようにして決定されるのか。その根拠は何か。こうした点をタクシー・ハイヤーの全損裁判例からみることにする。

　タクシー・ハイヤー全損の請求をした裁判例は全部で11件あった。11件は、**裁判例一覧表9**「時価認定根拠と修理費（タクシー・ハイヤー）」（220頁）に掲載した。

　表2は、タクシー・ハイヤー損害として車両時価の請求をした11件に対し、判決が全損時価を認めたもの10件、判決が加害車両所有者に損害賠償責任がないとし、被害者の物損請求を認めなかったもの1件であった。

② 全損認容の種類区分

　加害車両所有者に損害賠償責任なしとして車両時価の請求を否認した1件を除いて、タクシー・ハイヤーの全損を認容して、損害を車両時価と認定した10件を全損の種類の観点から区分したのが**表3**である。

　物理的全損としたもの1件（10%）、経済的全損としたもの6件（60%）、社会通念上

【表3】車両全損を認容した裁判例の全損の種類区分

車両全損の種類区分	件　　数	割　合（%）
物理的全損	1	10
経済的全損	6	60
社会通念上相当	0	0
全損（物理的、経済的の区別なし）	2	20
全損の明示なし	1	10
合　　計	10	100

【表４】経済的全損言渡しの裁判例分析

経済的全損	件　　数	割　合（％）
修理費明示し時価額認定	1	16.66
修理費明示せず時価額認定	3	50.00
加害者が経済的全損を認めた	1	16.67
判決が修理費は時価を超えるとした	1	16.67
合　　　計	6	100.00

としたもの０件（０％）。ここまでの区分は、最高裁昭和49年４月15日判決によるものである。

　さらに、全損と記載するだけで物理的全損なのか、経済的全損なのかを区別しないもの２件（20％）、そして全損なのか分損なのか明記しないでタクシー・ハイヤーの時価を認めたもの１件（10％）であった。

　判決が、タクシー・ハイヤー損害を経済的全損と認定した裁判例６件を経済的全損認定の根拠となる修理費の観点から見たのが**表４**である。

　修理費を明示して車両時価を認定した裁判例が１件（16.66％）、修理費を明示しないまま、車両時価を認定した裁判例が３件（50％）、加害者が経済的全損を認めたため、判決は修理費を明らかにしないまま車両時価を認めた裁判例が１件（16.67％）、判決が、修理費は時価を超えることは明らかとして修理費を明示しないで車両時価を認めた裁判例が１件（16.67％）であった。

　判決が、タクシー・ハイヤーの修理費を明示しないで、タクシー・ハイヤーの時価を認めたものは３件（50％）あるが、これは、国産乗用車の場合の33.74％（９頁）に比べ高く、外国産乗用車の場合の9.09％（144頁）に比べると相当高い割合である。

　判決が経済的全損と認定できるのは、修理費と時価額が確認できる場合である。経済的全損認定の一方の基礎である修理費を判決文に明記しないで、経済的全損と認定して車両時価を言い渡す裁判例は信用できない。

③　車両時価を認定した裁判例の初度登録日と走行距離

　車両時価を認定するということは、最高裁昭和49年４月15日判決がいう「同一の車種・年式・型、同程度の使用状態・走行距離等の自動車」の中古車市場小売価格を認定することである。

　「同程度の使用状態」とは、損耗状態、メンテナンス状況などが同程度であることになるが、これらは比較しにくい。その点、客観的な目安となるのが、初度登録日から事故日までの経過年月である。

【表 5 】車両時価を認定した裁判例の初度登録日、走行距離の記載

車両時価額認定	件　　数	割　　合（%）
初度登録日明示のもの	5	50
初度登録日明示のないもの	5	50
合　　計	10	100
走行距離数明示のもの	2	20
走行距離数明示のないもの	8	80
合　　計	10	100

　とくに、タクシー・ハイヤーでは、使用しないで車庫に何日間も駐車して置くことなどあり得ない。 1 日24時間 2 交替で、長時間走行しているケースもある。使用状態は経過年月と密接に関係する。「同程度の走行距離」は、走行距離の多いタクシー・ハイヤーにとっては、同一性を判断する重要な要素である。多くのタクシー・ハイヤー会社は、40万 km で廃車にするとか、30万 km でウォーターポンプを交換するとか、累積走行距離をもって車両の大規模修理や廃車・買替えの判断基準にしているほどである。

　タクシー・ハイヤーと同種・同等の中古車であると判定するうえで重要な要素は「初度登録日からの経過年月」、「事故時の走行距離」である。この 2 つを裁判例では、どのように扱っているかをみたのが表 5 である。表 5 は、加害車両所有者に賠償責任なしとされた 1 件を除く10件を調査した。

　裁判例が、全損と認定した10件のなかで初度登録日を明示したものが 5 件（50％）、初度登録日を明示しなかったものが 5 件（50％）であった。

　次に、全損と認定した10件のなかで走行距離を明示している裁判例は 2 件（20％）、明示していない裁判例は 8 件（80％）であった。タクシー・ハイヤーでは、走行距離が重要な要素であるにもかかわらず、走行距離を明示しない裁判例が80％もあった。

④　車両時価算出の根拠

　タクシー・ハイヤーには、中古車市場における標準的な小売価格というものが存在しない。また、レッドブックにも掲載がない。それでは、タクシー・ハイヤーの車両時価は、何によって決めているのか。表 6 （次頁）は、タクシー・ハイヤーの車両時価を決めた根拠を調べたものである。

　件数第 1 位は、「減価償却残存率を適用」で 5 件（50％）であった。この減価償却法によった残存率には、いろいろなパーセント数値がある。いろいろなパーセント数値

【表6】車両時価算出の根拠

順　　位	車両時価認定の根拠	件　　数	割　　合（%）
1位	減価償却残存率を適用	5	50
2位	当事者間に争いなし	3	30
3位	証拠（原告または被告提出）によるもの	1	10
3位	保険会社等の調査報告書によるもの	1	10
	合　　計	10	100

について、このあとの**表7**で詳しくみていく。

　件数第2位は、「当事者間に争いなし」で3件（30％）であった。これは、被害者が請求する車両時価額を加害者が認めたため争いになっていないものである。

　件数第3位は、「証拠（原告または被告提出）によるもの」と「保険会社等の調査報告書によるもの」の2つでともに各1件（10％）であった。「証拠（原告または被告提出）によるもの」は当事者が提出した時価額を示す証拠を判決が採用したのである。しかし、「証拠により」とするだけの判決文は手抜き裁判例である。提出された証拠とは何かを記載しない限り、時価額算定の根拠にならない。

　「保険会社等の調査報告書によるもの」は、一見すると、もっともな根拠のようにみえるが、これが曲者である。保険会社ないしは保険会社の依頼した調査会社という名前に惑わされてはならない。保険会社等が算定した時価額は何かを根拠にして算定しているはずである。それを追及する必要がある。保険会社名だけの調査報告書は根拠でも、何でもない。

　タクシー・ハイヤーの時価を求める方法では、定率減価償却法による残存率を適用するものが5件（50％）と最も多い割合を占めた（**表6**参照）。

　適用する残存率のパーセント数値は、**表7**のとおり、さまざまである。残存率として何％を適用するかは、タクシー・ハイヤーの法定耐用年数や、初度登録日から事故

【表7】適用減価償却残存率の内訳

適用残存率	件　　数	初度登録からの経過年月	認定耐用年数
新車価格の10％	1	5年10か月	明記なし
新車価格の65％	1	1年2か月	明記なし
償却残存率0.337適用	1	納車から1年5か月	3年
償却残存率0.332適用	1	3年10か月	8年
償却残存率0.178適用	1	3年9か月	5年

【表8】車両運搬具の法定耐用年数表^(注)

構造用途		細　目	法定耐用年数
運送業用の車両（タクシー・ハイヤーはここに入る）	自動車	小型車（総排気量2L以下）	3年
		大型車（総排気量3L以上）	5年
		その他のもの	4年
特殊自動車と運送業用以外のもの	自動車	小型車（総排気量0.66L以下）	4年
		その他のもの（自家用普通乗用車はここに入る）	6年

（注）タクシー・ハイヤー用に手直しをしている。

日までの経過年月数によって決まる。ところが、法定耐用年数と初度登録日から事故日までの経過年月数を明らかにしないで、残存率を適用しているものが何件かある。

　そこで、適用された残存率を検討する前に、法定耐用年数を確認しておく。

　法定耐用年数表（表8）を念頭に、表7「適用減価償却残存率の内訳」をみていく。

　「新車価格の10％」の1件は、初度登録日から「5年10か月」経過のタクシー・ハイヤーであり、3年、4年、5年のどの法定耐用年数をも超過しているから最終残存率「10％」を適用したことになる。

　「新車価格の65％」の1件は、何年の耐用年数を採用したのか明記がないが、初度登録日から「1年2か月」経過の車両に「65％」を適用している。

　では、「65％」とは、

> 耐用年数7年の1年2か月経過では、0.682
> 耐用年数6年の1年2か月経過では、0.639
> 耐用年数5年の1年2か月経過では、0.584
> 耐用年数4年の1年2か月経過では、0.511

であるから、このうち、最も近いのは、「耐用年数6年」の「0.639」である。その「0.639」を使用せずに「0.65」を適用した。なぜ、「0.639」ではなく「0.65」を適用したのか。その説明がない。それに、「0.65適用」による時価額は、「0.639適用」による時価額より大きくなる。

　「償却残存率0.337適用」の1件は、「耐用年数3年」と明記している。納車から「1年5か月」を、初度登録日からの経過年月とすると、「0.337」は、「耐用年数3年の1年5か月経過」の残存率を適用したことになる。

　「償却残存率0.332適用」の1件は、「耐用年数8年、経過年月3年10か月」と明確に記載している。「0.332」は、「耐用年数8年の3年10か月経過」の残存率である。

　「償却残存率0.178適用」の1件は、「耐用年数5年」、「経過年月3年9か月」と明確

に記載している。「0.178」は、「耐用年数5年における3年9か月経過の残存率」である。上記分析の結論として、タクシー・ハイヤーの時価算定方法は、法定耐用年数に基づく定率減価償却残存率を適用して算出しているものが多い。

⑤ 初度登録、走行距離の明示と車両時価算出根拠の関係

　被害タクシー・ハイヤーと同一使用状態・走行距離の中古車を把握するためには、初度登録年月や走行距離は必須である。

　それなのに、両方に明示のないものがある。両方か、一方かに明示のあるものと両方に明示のないものと、それに対する車両時価算出根拠との関係を探ってみたのが表9である。「新車価格の10％としたもの」、「新車価格の65％としたもの」、「減価償却残存率0.337適用」、「減価償却残存率0.332適用」、「減価償却残存率0.178適用」は、いずれも定率法減価償却残存率を適用のものの範疇に入るので、まとめてみると、初度登録、走行距離の両方か、一方に明示があるものが5件、両方に明示のないものが0件の合計5件であった。

　「当事者間に争いなし」では、両方か、一方に明示があるものが1件、両方に明示のないものが2件の合計3件であった。当事者間に争いがないので、これでいいのだろう。

　「証拠（原告または被告提出）によるもの」では、両方か、一方に明示があるものが0件、両方に明示のないものが1件であった。

　「保険会社等の調査報告書によるもの」では、両方か、一方に明示があるものが0件、両方に明示のないものが1件であった。全面的に保険会社等の調査報告書に寄りかかった時価認定である。

　なお、乗用車の裁判例でみられた残存車検費用、廃車費用の請求は、タクシー・ハイヤーの裁判例では、1件もみられなかった。

【表9】 初度登録、走行距離の明示と車両時価算出根拠の関係

車両時価認定の方法	初度登録、走行距離の両方か、一方に明示のある件数	初度登録、走行距離の両方に明示がない件数	合　計
減価償却残存率を適用のもの	5	0	5
当事者間に争いなし	1	2	3
証拠（原告または被告提出）によるもの	0	1	1
保険会社等の調査報告書によるもの	0	1	1
合　　計	6	4	10

⑥ 裁判例にみる時価認定根拠

認容理由❶（京都地判平成18年4月28日自ジャ1651号21頁）

タクシー会社 請求	リース物件であるタクシーが経済的全損になったため、リース契約解約金123万3,000円を請求した。
判決判断	「本件交通事故による本件車両の損傷の程度は、経済的全損状態であるから、これに伴う車両損害としては、事故当時の車両時価相当額の賠償がなされるとするのが原則である。 　そして、本件車両がリース物件であり、リース契約に基づいて、上記車両時価相当額を相当上回る規定損害金（解約金）が発生したことについては特別事情によって生じた損害と解されるのであり、上記規定損害金の賠償が認められるためには、交通事故加害者側にそのことの予見可能性が必要になる。」 　「タクシー会社が保有する営業車両がリース契約に基づくものであるとの事実が、本件交通事故当時、相当程度一般化しているとまでは言い難いところである（……）が、本件のようにリース契約による規定損害金が、車両時価を相当上回る金額（……）になる事態が生じることも考慮すると、損害の公平な分担を趣旨とする損害賠償における特別損害に関する予見可能性の判断としては、いまだ慎重にならざるを得ない面がある。 　その他に、本件交通事故当時、事故加害者の立場にある被告につき、上記リース契約車両についての事実に関する予見可能性を有することを肯定できる具体的事実の存在を裏付ける証拠はない。 　エ　これらの検討結果によれば、本件においては、原告を含むタクシー会社がリース契約に基づく車両を保有していることが予見可能であると認めるのは困難である。 　そうだとすれば、原告主張の本件リース解約に基づくリース契約解約金123万3,000円を本件交通事故と相当因果関係の認められる損害とすることはできない。 　(4)　しかしながら、本件車両が経済的全損状態にあることは事実であるから、これに伴う車両損害としては、本件事故当時の車両時価相当額を認めるべきである。 　そうすると、証拠（略）により、本件車両は、タクシー営業車両として耐用年数3年と捉えるのが適切であり、納車時から事故時まで約1年5か月が経過していることから、減価償却残存率は0.337となる。また、本件車両の新車価格は228万円と認められるから、結

判決判断	局、本件交通事故による原告車両の車両損害は、以下のとおり、車両時価相当額である76万8,360円と認められる。 （計算式） 　228万円×0.337[注]＝76万8,360円」（22頁） 　（注）0.337＝耐用年数3年の場合の1年5か月経過の定率減価償却残存率
コメント	本件によってタクシーがリース車のとき、リース契約解約金を請求できない理由は、リース契約解約金が特別損害に当たり、タクシー会社は、加害者が事故前に被害タクシーがリース物件だと知っていたことを立証しなければならない。本件では、それができなかった。

認容理由❷（神戸地判平成18年11月17日交通民集39巻6号1620頁）

タクシー会社請求	タクシーが経済的全損となった。タクシーは初度登録から5年10か月経過した営業車であり、本件事故時の時価は、新車購入価格180万6,000円に減価償却の最終残価率10%を乗じた18万0,600円である。
加害者反論	タクシー会社がタクシーの修理費を示すことなく経済的全損であると主張することは前提自体が不当である。新車購入価格、残価率についても否認した。
判決判断	「乙4の4によれば、被告車（タクシーのこと：筆者注、以下同）は本件事故により前面のエンジン部分が大破したと認められ、これによれば、その修理代が、被告Xタクシー（被害タクシー会社のこと：筆者注、以下同）が被告車の時価額と主張する18万0,600円を超えることは明らかである。乙6、7の1・2、弁論の全趣旨によれば、被告車と同程度の車両の価格は180万6,000円であること、被告車は初度登録平成9年4月の営業車であることが認められ、これらによれば、被告車の取得価格は180万6,000円、本件事故当時の減価償却後価格は新車価格の10パーセントと認めるのが相当である。 　以上によれば、本件事故による被告Xタクシーの車両損害は18万0,600円と認められる。」（1635頁）と認定した。
コメント	タクシーの車種が、小型、大型のいずれであっても、初度登録から5年10か月経過しているから、法定耐用年数3年、4年、5年のいずれをも超過していることになり、減価償却残存率10%適用となる。

コメント	判決は、修理費が時価額を超えていることは明らかというだけで、具体的な修理費を記載していない。証拠（乙4の4）に修理金額があるのだろうか。

認容理由❸（名古屋地判平成23年2月4日自ジャ1848号45頁）

タクシー会社請求	タクシーが全損となり、車両時価相当の損害が生じた。時価額は、証拠（略）を根拠に79万8,000円であると主張した。
被告らの反論	「本件タクシーの車両時価額は38万2,170円が相当である。」（50頁）
判決判断	タクシー会社の主張する79万8,000円は、「一般的な中古車市場における同種の車両の価額を示すものにすぎないところ、甲事件原告X会社と保険契約を締結しているG保険会社の依頼で作成されたと考えられるH会社作成の立会損害調査報告書は、本件タクシーそのものの時価を33万円と評価しているのであるから、本件タクシーの時価は33万円であると認めるのが相当である。」（60頁）
コメント	判決は、タクシー会社が請求する79万8,000円をタクシーの時価額ではなく、中古車市場における一般乗用車の時価額であるという理由で否認した。そして、被告らが反論する38万2,170円よりも低い33万円をタクシーの時価額として認容した。33万円は、タクシー会社側のG保険会社の依頼したH会社作成の立会調査報告書が根拠であるという。 　H会社とは、G保険会社の損害調査会社であろう。保険会社や損害調査会社の下した評価を安易に時価額として採用してよいものであろうか。

認容理由❹（東京地判平成25年7月29日(3)判例集未登載）

タクシー会社請求	タクシーが経済的全損になり廃車処分して、代替車両の購入を余儀なくされたと主張して、代替車両購入費92万4,000円を請求した。
加害者反論	タクシーが経済的全損となったことは認めたが、その余については否認し、タクシーの損害は、事故当時のタクシーの時価額であると反論した。タクシーの新車価格は250万9,500円であり、タクシー仕様に変更する費用は23万7,510円を加算すると、274万7,010円となる。タクシー車両の一般的な耐用年数は5年程度であり残価率は

加害者反論	17.1％程度であるから、時価額は46万9,739円を超えることはない。 計算式：(2,509,500＋237,510)×17.1％＝469,739円 17.1％＝耐用年数5年の場合の3年10か月経過の残存率
判決判断	「オートガイド自動車価格月報（いわゆるレッドブック）には本件事故当時の中古車小売価格が掲げられていないこと、トヨタクラウンスーパーデラックスにタクシーとしての装備を施すには、約30万円の費用が必要であること……、減価償却資産の耐用年数等に関する省令によると、運送事業用乗用車で小型車（総排気量が2リットル以下のものをいう。）の新車の耐用年数は、3年とされているところ、原告X（タクシー会社：筆者注）は、成立後6年以上を経過した平成24年12月21日の時点で、タクシー業務用の保有車両（全40両）のうち初度登録が最も古い平成18年のものを複数（11）両保有するものの、これらを依然としてタクシー業務に使用しておりこれまで廃車したことはないこと、定率法により減価償却した3年10か月後の残存率は、耐用年数が8年の資産の場合は0.332であることが認められる。」としてタクシー時価90万円を認めた。 計算式：(2,390,000＋300,000)×0.332＝893,080≒900,000円 239万円＝タクシーの新車価格 30万円＝タクシー装備費用
コメント	判決のタクシー時価算出は、代替車両購入費用を否認して減価償却法によった。そして、運送事業用乗用車（小型車）の耐用年数3年と確認しながら、初度登録から3年10か月経過後の残存率を耐用年数3年のものではなく、8年の0.332を適用した。 　タクシー会社設立が平成18年で、それから6年経った平成24年12月21日の時点で、平成18年初度登録の車両を11両保有し、タクシーとして使用していることから、さらに2年程度は使用するとみて、6年＋2年＝8年としたのであろう。

認容理由❺（東京地判平成25年11月6日判例集未登載）

タクシー会社 請求	タクシー損害を修理費99万4,119円と請求するが、同時にタクシーの時価は79万2,445円を下回らないとも主張した。
加害者反論	「被告車の時価は、47万8,000円を超えるものではない。また、減価償却における運送事業用自動車の耐用年数は、3年であるから、耐用年数を6年とする被告会社の主張は、失当である。さらに、被

加害者反論	告会社の主張する装備品価格合計41万2,300円は、取り外して再利用することが可能であり、これらの価格を加えて車両の時価を算定するのは、不適当である。」
判決判断	「当事者双方は、被告車の時価算定に当たって、減価償却方式によること自体は異議がないものと認められるところ、減価償却率については、原告らが、被告車の本来の法定耐用年数（3年）を超える5年での減価償却方式を許容していることからすれば、法定耐用年数を5年の減価償却方式によって算定することが相当である。また、前記認定事実のほか、弁論の全趣旨によれば、被告車の装備品は、被告車の購入時に取り付けられたものと認められ、前記部品代及び取替費用（乙6によれば、取替費用とは、新たな装備品の装着のための工賃と同じであると解される。）は、被告車の時価算定に当たって、いずれも減価償却の対象とするのが相当である。そして、残価率については、被告会社提出の証拠を前提に、0.178とするのが相当である。そうすると、被告車の時価は、57万5,046円（この数字は誤り：筆者注）[（239万円＋41万2,300円＋12万8,300円）×0.178＝293万0,600円×0.178＝52万1,646円（円未満切捨て）]と認められ、前記認定事実によれば、被告車の修理費用は、これを上回るから、被告車は、経済的全損であると認められる。 　したがって、被告会社の損害は、前記52万1,646円と認めるのが相当である。」
コメント	原告、被告ともタクシー時価額を減価償却法によることに異議はなかった。問題は、耐用年数を本件タクシーの場合、何年とみるかで争いとなった。タクシー会社は、自家用乗用自動車の6年を採り、加害者は、3年としたが、5年として残存率0.178を採るとも言っている。判決は、この5年、0.178を採用した。

認容理由❻（東京地判平成27年2月25日判例集未登載）

タクシー会社 請求	タクシーが全損になったと主張し、車両時価と装備品、登録諸費用を併せた車両損害は245万7,881円であると主張した。
加害者反論	それらを否認した。
判決判断	「㈍　原告車（タクシーのこと：筆者注）の走行距離は、初度登録から約1年が経過した平成24年8月20日の時点（事故日は平成24年11月20日であるから、事故日の3か月前：筆者注）で8万3,200キロ

判決判断

メートルであった。(オ)　原告が、原告車と同種・同程度のタクシー用車両を新たに調達するには、車両本体の購入費用（新車価格）として195万2,381円、本件装備品を新たに調達する費用として合計46万5,500円、登録諸費用として4万円を要する。

イ　原告車は本件事故により全損となったのであるから、本件事故当時の原告車の価格が損害となる。そして、原告車は、タクシーとして使用されていたものであるが、市販されている車両にタクシーとして使用するための架装等を施したものであって、いわゆるタクシー専用車ではないから、原告車と同一の車種・年式・型、同程度の使用状態・走行距離等の車両を中古車市場において取得するのに要する費用を基準として、本件事故当時の車両価格を算定するのが相当である。」といい、以下の諸事実を確認した。

原告車と同一車種の新車価格＝195万2,381円

原告車の初度登録＝平成23年9月7日（事故日より約1年2か月前）

本件事故時点の走行距離＝下記(1)＋下記(2)＝10万4,200km

(1)　初度登録から1年経過の平成24年8月20日の走行距離
＝8万3,200km（1か月当たり約7,000km）

(2)　事故まで、あと3か月後の走行距離
＝7,000km × 3 ＝2万1,000km

原告車の市場性は劣る＝○タクシーとして使用、○短期間に長距離走行、○不特定多数の乗客利用

そこで「原告車の本件事故当時の車両価格は、新車価格である195万2,381円の65パーセントである126万9,047円（小数点以下切り捨て。）と認めるのが相当である。

また、本件装備品を新たに調達する場合の費用は合計46万5,500円であるが、①原告車は、本件事故時点で約1年2か月にわたってタクシーとして使用されており、本件装備品についても一定の価値の減耗があったものと認めるのが相当であること、②原告車は、本件事故により後部が大破し、全損となったが、その損傷個所は後部に集中しており、本件装備品の中には損傷しなかったものもあった可能性は否定できないことを考慮すれば、本件装備品に係る損害は、上記の46万5,500円の65パーセントである30万2,575円の限度で認めるのが相当である。」

コメント

判決は損害を「全損」とするだけで、物理的全損か、経済的全損かを明らかにしていない。タクシーの時価として市場価格を基準に

コメント	したことは理解できるが、それを新車購入価格の65％とした。タクシー特有の事情によって市場性が劣るとして65％を採用したが、なぜ65％なのか、理由は不明である。定率減価償却の残存率は、次のようになる。 　　　耐用年数6年の1年2か月経過の残存率＝63.9％ 　　　耐用年数5年の1年2か月経過の残存率＝58.4％ 　　　耐用年数4年の1年2か月経過の残存率＝51.1％ 　　　耐用年数3年の1年2か月経過の残存率＝40.8％

　どの耐用年数を採っても、本件採用の残存率65％を下回る。これでは「市場性は劣る」どころか優遇したことになる。

　　　時価額：新車価格1,952,381円×65％＝1,269,047円

　　　時価額：新車価格1,952,381円×63.9％＝1,247,571円

　この差額21,476円を優遇した。

● *Column* ❹

CFRP

　Carbon Fiber Reinforced Plastics　炭素繊維を熱硬化性の樹脂で固めたもの。比強度、比鋼性は高く、ガラス繊維比において、引張り強さ強度は2ないし2.5倍、比重は約3分の2相当であり、寸法安定性は高い（大阪地判平成25年6月14日自ジャ1910号168頁）。

裁判例一覧表9　時価認定根拠と修理費（タクシー・ハイヤー）

調査期間：平成13年～平成27年

番号	裁判所	判決日	事故日	事件番号	出典	被害物	請求内容	初度登録からの経過年数	初度登録年月	事故時走行距離	被害車情報	全損種類	車両修理費（円）	認定車両時価（円）	車両時価の根拠	耐用年数
1	東京b	平16.11.17.	平15.4.28.	平16ワ3723、11186	未公表	タクシー	車両時価、メーター付替費	明記なし	明記なし	明記なし	なし	明記なし	明記なし	290,000	当事者に争いなし	明記なし
2	京都	平18.4.28.	平16.10.29.	平17ワ739	自ジャ1651号21頁	タクシー	リース契約解約金	納車から1年5か月	明記なし	明記なし	リース物件タクシー、新車価格228万円	経済的全損	明記なし	768,360	減価償却（残存率0.337を適用）	3年
3	神戸b	平18.11.17.	平15.1.25.	平17ワ2490、平18ワ1362	交通民集39巻6号1620頁	タクシー	車両時価登録関係費	5年10か月	平9.4.	明記なし	新車価格180万6,000円	経済的全損	時価を超えること明らか	180,600	減価償却（新車価格の10%）	明記なし
4	東京a	平20.11.25.	平17.12.21.	平19ワ32780、平20ワ23391	未公表	タクシー	車両時価	9か月	平17.3.	明記なし	平17.3.に174万4,850円で購入	物理的全損	—	1,177,773	当事者に争いなし	3年
5	東京	平22.11.30.	平21.4.4.	平22ワ7309	交通民集43巻6号1567頁	タクシー	車両時価買替費用	—	—	—	—	—	—	0	物損に責任なし	—
6	名古屋	平23.2.4.	平19.3.11.	平20ワ2693、平21ワ5509	自ジャ1848号45頁	タクシー	車両時価	明記なし	明記なし	明記なし	なし	全損（物理的、経済的の区分なし）	明記なし	330,000	タクシー側保険会社依頼の調査会社の報告書	明記なし
7	東京c	平23.2.14.	平20.10.9.	平21ワ38939、40098、平22ワ3290	自ジャ1854号79頁	タクシー	車両時価	明記なし	明記なし	明記なし	なし	経済的全損	明記なし	400,000	証拠（略）	明記なし
8	東京(3)a	平25.7.29.	平23.6.25.	平24ワ10767、平25ワ8445、9478	未公表	タクシー（トヨタクラウンスーパーデラックスGパック）	車両購入費、追加装備費	3年10か月	平19.8.	198,849km	新車価格239万円、車検満了日平23.8.22.	経済的全損（加害者認める）	明記なし	794,625	減価償却（新車価格×0.332）	8年
9	東京(1)b	平25.11.6.	平23.10.2.	平24ワ22316、30518	未公表	タクシー（クラウンスーパーデラックス4気筒）	車両時価、装備品	3年9か月	平19.12.	明記なし	新車価格239万円＋装備品41万2300円＋取外代12万8,300円	経済的全損	994,119	425,420	減価償却（耐用年数5年の3年9か月の0.178を適用）	5年

10	京都a	平26.8.19.	平24.12.15.	平25ワ2345、3772	自ジャ1935号117頁	個人タクシー	車両時価、メーターほか	明記なし	明記なし	明記なし	なし	経済的全損	明記なし	256,000	当事者間に争いなし	明記なし
11	東京	平27.2.25.	平24.11.20.	平26ワ1513	未公表	タクシー・プリウス（リース車）	車両時価、装備品	1年2か月	平23.9.7.	83,200km・平24.8.20.時点、事故時10万km(推定)	新車価格195万2,381円	全損(物理的、経済的の区分なし)	明記なし	1,269,047	減価償却(新車価格の65%)	明記なし

第2章　装備品損害（タクシー・ハイヤー）

① タクシー・ハイヤーの装備品と損害形態

　タクシー・ハイヤー全損の場合に損害が車両本体だけではなく、タクシー・ハイヤーの装備品にまで及ぶことがある。

　タクシー・ハイヤーの装備品は、一般乗用車に比べ、点数も多く、金額も高い。そのため、装備品の損害が大きな争点になることもある。

　装備品損害が、タクシー・ハイヤー全損裁判例でどのように扱われ、どのように損害額を認定されているか。みていくことにする。

　タクシー・ハイヤーの装備品には、表10のようなものがある。

　タクシー・ハイヤー装備品の損害は、表11のような形をとって現われてくる。

　車両本体の全損とともに装備品にも損傷が発生した場合には、装備品の損害は、修理費となる。修理ができないときには、装備品も全損となり時価額が損害となる。

　装備品に損傷がなくても、全損車両から取り外す費用、さらに代替車両に取り付ける費用が損害となる。

【表10】 タクシー・ハイヤーの装備品

装備品の種類	装備品名
基本的装備品	タクシーメーター、実空車表示機、タクシー無線機、オートドア、ドライブレコーダー、タコグラフ、クレジットカードリーダー、DVDナビゲーション
乗客サービス用装備品	除菌イオン空気清浄機、IRカットフィルム、サイドバイザー
宣伝・広告用装備品	行灯（アンドン）、車内広告用液晶ディスプレイ
運転補助用装備品	車両接近通報装置、コーナーセンサー

【表11】 装備品の損害形態

装備品の状態	損　　　害
損傷の場合	修理費または時価額、取外費用、取付費用、検査費用
無傷の場合	取外費用、取付費用

② タクシー・ハイヤー装備品の損害請求状況

　タクシー・ハイヤーの全損が認められ、車両時価額が損害とされた裁判例10件（表2参照）において、装備品の損害請求状況をみたのが**表12**である。

　10件のうち、装備品の損害請求がないものが5件、装備品の損害請求があるものが5件であった。意外に装備品の損害請求が少ないことがわかる。

　タクシー・ハイヤーの装備品請求7件に対する判決の対応をみたのが**表13**である。

　5件中、4件が装備品の損害額を争い、1件が当事者間で装備品の損害額を認めたため、争いにならなかったものである。

　装備品損害額の算定方法と車両本体価格の算定方法との関係をみたのが**表14**である。

　装備品損害額の算定において、装備品設置費用を認めたものが1件であり、装備品損害額の算定と車両本体価格の算定を、同じ残存率を適用したものが5件全部であった。

　タクシー・ハイヤーの装備品の損害額算定方法は、ほとんど車両本体の時価算定方法と同じ残存率を使って装備品の損害額が算定されていることが理解できる。

【表12】全損請求のうち、装備品の請求の有無

車両全損	件　数
装備品の請求なし	5
装備品の請求あり	5
合　計	10

【表13】「装備品の損害請求あり」の請求内訳

装備品の損害請求ありの裁判例	件　数
装備品損害額を争ったもの	4
装備品損害額に争いがなかったもの	1
合　計	5

【表14】「装備品の請求あり」に対する裁判例の認否

装備品費用請求に対する認否	件　数
装備品設置費用を認容した裁判例	1
装備品損害額を車両本体価格と同一の残存率適用	3
合　計	4

③　裁判例にみるタクシー・ハイヤーの装備品損害

認容理由❶（東京地判平成25年7月29日(3)判例集未登載）

判決判断	「定率法により減価償却をした3年10月後の残存率は、耐用年数が8年の資産の場合は0.332であることが認められる。」 　「原告車両の本件事故の当時の時価は、課税上の定率法によって算定することも、損害額の控え目な算定として不合理ではないというべきであるところ、原告車両の平成19年当時の新車価格は239万円であるものの、タクシーとしての装備を施すための費用として30万円を要すること、原告車両の税務上の耐用年数は3年ではあるが、原告Xは、平成24年12月31日の時点で初度登録平成18年の車両を依然としてタクシー業務に使用していることなど前示事実関係を考慮すると、原告車両の本件事故の当時の時価は、90万円と認めるのが相当である。 　　　計算式　239万円＋30万円＝269万円、269万円×0.332 　　　　　　　　　　　　＝89.308万円→90万円（：筆者注） 　イ　追加装備費用　　　0円 　原告Xは、請求原因(3)イ（追加装備費用）のとおり、原告車両の代替車両として購入した車両がガソリン車であったことに伴う費用を請求しているが、原告Xがガソリン車を選択したことに伴う費用であり、本件事故との相当因果関係を認めることは困難である（原告Xは、代替車両としてガソリン車を購入せざるを得ない事情があったと主張するが、そのような事情の存在を認めるに足りる証拠はないし、仮にそのような事情が存在したとしても、その一事から直ちに相当因果関係を認めることは困難である。）。 　ウ　買替費用（代替車両を営業の用に供するための費用）　　3万7,200円 　㋐　タクシーメーター脱着等費用　　　0円 　請求原因(3)ウ（買替費用）㋐（タクシーメーター脱着等費用）の費用は、タクシーとしての装備を施すための費用というべきであるところ、前示のとおり全損時価額の判断に当たりタクシーとしての装備を施すための費用をしんしゃくしており、当該費用を別途本件事故と相当因果関係のある損害として認めることは困難である。 　㋑　装置検査手数料等　　5,775円 　請求原因(3)ウ㋑（装置検査手数料等）の事実は、当事者間に争いがない。

判決判断	㈦　登録諸費用　　3万1,425円 請求原因⑶ウ㈦（登録諸費用）の事実は、当事者間に争いがない。 ㈢　看板マーキング等費用　　0円 請求原因⑶ウ㈢（看板マーキング等費用）の費用は、タクシーとしての装備を施すための費用というべきであるところ、前示したところに照らして理由がない。」
コメント	タクシーメーター脱着費用と看板マーキング等費用は、車両時価算定において、車両本体価格にこれら費用を斟酌しており、別途の損害として認めなかった。 装置検査手数料等は、加害者が認め、争いになっていない。

認容理由❷（東京地判平成25年11月6日⑴判例集未登載）

判決判断	加害者、被害者の双方が減価償却方式によることに異議がないとして、加害者がタクシーの法定耐用年数（3年）を超える5年の減価償却方式を許容していることから、法定耐用年数を5年の減価償却方式によってタクシー時価を算定すると認定した。 　また、装備品は車両購入時に取り付けられたもので、部品代および取替費用は、タクシーの時価算定に当たって、いずれも減価償却の対象とするとした。残存率は、タクシー会社提出の0.178を採用した。 　　計算式・タクシーの時価：（239万円＋41万2,300円＋12万8,300円） 　　　　　　　　　　　　　　×0.178＝52万1,646円 　　239万円＝車両本体価格、41万2,300円＝装備品価格 　　12万8,300円＝装備品取付・取外費用 　　0.178＝法定耐用年数5年の3年9か月経過時の残存率
コメント	装備品は車両購入時に取り付けられていたから、車両本体価格と同じ耐用年数、同じ残存率を装備品価格に適用した。

認容理由❸（東京地判平成27年2月25日判例集未登載）

判決判断	次の諸事実を確認し、 原告車と同一車種の新車価格＝195万2,381円、装備品調達費用＝46万5,500円、登録諸費用＝4万円、初度登録＝平成23年9月7日（事故日より約1年2か月前）、本件事故時点の走行距離＝下記⑴＋下

判決判断	記(2)＝10万4,200km。 (1)　初度登録から1年経過の平成24年8月20日の走行距離＝8万3,200km（1か月当たり約7,000km） (2)　平成24年8月20日から事故まで、3か月後の走行距離＝7,000km×3か月＝2万1,000km 　そこで、判決は車両時価、装備品時価を次のように計算し、損害額を認定した。 　本件事故当時の車両時価：新車価格195万2,381円×65％＝ 　　　　　　　　　　　　　　　　　126万9,047円 　装備品の時価：新品調達価格46万5,500円×65％＝30万2,575円
コメント	装備品の損害額をタクシーの時価算出と同じ65％とした。車両時価算出の際と同様に、なぜ、65％なのかという説明がない。定率減価償却の残存率は、次のようになる。 　　耐用年数6年の場合の1年2か月経過の残存率＝63.9％ 　　耐用年数5年の場合の1年2か月経過の残存率＝58.4％ 　　耐用年数4年の場合の1年2か月経過の残存率＝51.1％ どの耐用年数を採っても、本件裁判例採用の残存率65％を下回る。 　その結果、 　　46万5,500円×65％＝30万2,575円 　　46万5,500円×63.9％＝29万7,454円 となり、「装備品の中には損傷しなかったものもあった可能性は否定できないことを考慮すれば……」としながら、装備品認容金額は優遇する結果になっている。

裁判例―覧表10　装備品損害（タクシー・ハイヤー）

調査期間：平成13年～平成27年

番号	裁判所	判決日	事件番号	出典	被害物	初度登録からの経過年数	被害車情報	耐用年数	タクシー車両時価（円）	タクシー装備品損害合計（円）	タクシー装備品損害の根拠	認容装備品内訳と認容損害額
1	東京b	平16.11.17.	平16ワ3723,11186	未公表	タクシー	明記なし	なし	明記なし	290,000	54,000	当事者に争いなし	タクシーメーター付替費 54,000円
2	東京(3)a	平25.7.29.	平24ワ10767,平25ワ8445,9478	未公表	タクシー（トヨタクラウンスーパーデラックスGパック）	3年10か月	新車価格239万円、装備品30万円	8年	794,625	105,375	（装備30万円×0.332）+5,775円=105,375円	メーター取付費 0円／看板マーキング費 0円／エンジン載替費 0円／装置検査費 5,775円（争いなし）
3	東京(1)b	平25.11.6.	平24ワ22316,30518	未公表	タクシー（クラウンスーパーデラックス4気筒）	3年9か月	新車価格239万円、装備品41万2,300円、取替費12万8,300円	5年	425,420	96,226	（装備品412,300円+取替費128,300円）×0.178=96,226	DVDナビゲーションメーター取外費
4	京都a	平26.8.19.	平25ワ2345,3772	自ジャ1935号117頁	個人タクシー	明記なし	なし	明記なし	256,000	139,485	右記金額認容	ナンバー登録費用 33,240円／乗務員証再取得費用 1,100円／広告表示費 2,800円／タクシーメーター設置費 102,345円
5	東京	平27.2.25.	平26ワ1513	未公表	タクシー・プリウス（リース車）	1年2か月	新車価格195万2,381円、装備品46万5,500円	明記なし	1,269,047	302,575	装備品465,500円×65%=302,575円	車両接近通報装置／コーナーセンサー／除菌イオン空気清浄機／IRカットフィルム／サイドバイザー…ほか

第3章　車両買替諸費用(タクシー・ハイヤー)

① 車両買替諸費用の請求の有無

　タクシー・ハイヤーにおける車両買替諸費用とは、タクシー・ハイヤーが全損になったとき、タクシー会社等は全損になった被害車両を廃車にしたり、売却したりして、替わりのタクシー・ハイヤー車両を購入する。替わりのタクシー・ハイヤー車両を購入する際に必要になる車両本体価格以外の税金や諸々の費用のことである。

　タクシー・ハイヤーの車両買替諸費用を裁判例は、どのように扱っているか。これをタクシー・ハイヤーの車両全損裁判例においてみていく。

　タクシー・ハイヤーが全損になったと車両時価を請求した裁判例が11件あったが、そのうちの１件は賠償責任なしとされたので、残り10件であった（**裁判例一覧表9**「時価認定根拠と修理費（タクシー・ハイヤー）」（220頁）参照）。

　全損と認定された裁判例10件のうち、タクシー・ハイヤーの車両買替諸費用を請求している裁判例が何件あるかをみたのが**表15**である。

　タクシー・ハイヤーの車両時価を請求するとともに、車両買替諸費用を請求している裁判例は３件（30％）であり、車両買替諸費用を請求していない裁判例が７件（70％）であった。

　７件のなかの京都地裁平成26年８月19日判決は、判決文では新タクシー買替諸費用として13万9,485円としているが、内容をみると装備品損害を請求していると解されるので、「車両買替諸費用の請求なし」に入れた。

　タクシー会社等は、車両を営業に使用しているから、車両が全損になれば、直ちに代替車両を手配して営業に再投入しているはずである。その割に車両買替諸費用を請求している裁判例が少ない。

　表15の「車両買替諸費用の請求あり」の３件の内訳は、車両買替諸費用の費目、金

【表15】タクシー・ハイヤー全損請求のうち、車両買替諸費用の請求の有無

車両全損請求	件　　数	割　合（％）
車両買替諸費用の請求あり	3	30
車両買替諸費用の請求なし	7	70
合　　計	10	100

額を争ったものが2件、被害者が請求した車両買替諸費用を加害者も認め、車両買替諸費用に関して争いになっていないものが1件であった（**表16**参照）。

　車両買替諸費用を争った裁判例2件のうち、判決が、車両買替諸費用を認容したのが2件、否認したのが0件であった（**表17**参照）。

(2) 車両買替諸費用の費目・金額

　車両買替諸費用を争った裁判例2件では、被害者の請求自体が車両買替諸費用の内訳を示して請求する裁判例がなく、判決も被害者の請求方式に従って、構成する費目と金額の内訳を示すことなく、車両買替諸費用として一括し、合計金額を言い渡している（**表18**参照）。

【表16】「車両買替諸費用の請求あり」の請求内訳

車両買替諸費用の請求ありの裁判例	件　　数
車両買替諸費用を争ったもの	2
車両買替諸費用の争いがなかったもの	1
合　　計	3

【表17】「車両買替諸費用を争ったもの」に対する裁判例の認否

車両買替諸費用を争った裁判例	件　　数
車両買替諸費用を認容した裁判例	2
車両買替諸費用を否認した裁判例	0
合　　計	2

【表18】車両買替諸費用の費目・金額

車両買替諸費用を争った裁判例	件　　数
車両買替諸費用を一括計上した件数	2
車両買替諸費用の費目を個別に計上した件数	0
合　　計	2

③　裁判例にみる車両買替諸費用

否認理由（神戸地判平成18年11月17日交通民集39巻6号1620頁）

被告タクシー会社主張	「被告Kタクシーは、被告車に代わる新車の購入に際し、自動車取得税4万6,800円及び登録諸費用7,590円の合計5万4,390円の負担を余儀なくされたが、これは、本件事故による被告Kタクシーの損害である。」（1636頁）
原告反論	「被告車は営業車であり、近い将来買い換えることが予定されていたのであるから、登録関係費用は損害とならない。」（1636頁）
判決判断	「自動車取得税については、被害車両と同程度の中古車両を取得するのに要する部分は、事故による損害と認めるべきである。本件においては、被告車の本件事故当時の価格は前記のとおり18万0,600円であり、自動車の取得価格が50万円以下の場合には自動車取得税は課税されないから、被告Kタクシーが新車を購入した際の自動車取得税が、本件事故による損害となるとは認められない。これに対して、登録諸費用7,590円（乙8の1・2）は、被告Kタクシーの損害と認める。」（1636頁）
コメント	車両買替諸費用に属する自動車取得税と登録諸費用は、事故による損害となることを明確にした。 　ただし本件では、被害車両の時価が50万円以下であったため、自動車取得税が課税されないことから認められなかった。

認容理由（東京地判平成27年2月25日判例集未登載）

原告請求	「原告車は、本件事故により全損となった。原告車にはタクシーとしての装備品と登録諸費用を併せた車両損害は245万7,881円である。」
原告反論	「原告の主張は、いずれも否認する。」
判決判断	「なお、原告車と同種・同程度の車両を新たに調達するには、登録諸費用として4万円を要するところ、この費用については、全損となった原告車の買替えに伴って必要となる費用であるから、その全額を損害と認めるのが相当である。」
コメント	登録諸費用4万円を損害として認めた。ただし、諸費用の内訳がわからない。

調査期間：平成13年〜平成27年

番号	裁判所	判決日	事件番号	出典	被害物	被害者請求の車両買替諸費用（円）		判決認否理由	買替諸費用内訳不明（円）	自動車取得税（円）
1	神戸b	平18.11.17.	平18ワ1362	交通民集39巻6号1620頁	タクシー	自動車取得税 登録諸費用	46,800 7,590	自動車取得税非課税にて否認、登録諸費用認容	7,590	0（注）
2	東京(3)a	平25.7.29.	平24ワ10767、平25ワ8445、9478	未公表	タクシー（原告車・トヨタクラウンスーパーデラックスGパック）	登録諸費用	31,425	加害者が登録諸費用を認め、金額に争いなし	31,425	
3	東京	平27.2.25.	平26ワ1513	未公表	タクシー・プリウス（リース車）	登録諸費用	40,000	車両買替に必要な費用として車両買替諸費用を認める	40,000	

（注）　自動車取得税が0となっているが、本件判決は、自動車取得税が、車両買替諸費用として事故による損害と認めている。ただ、本件車両買替時価が50万円以下であったため、非課税となり認められなかった。

第4章　個別裁判例図(タクシー・ハイヤー)

① 神戸地判平成18年11月17日 ab

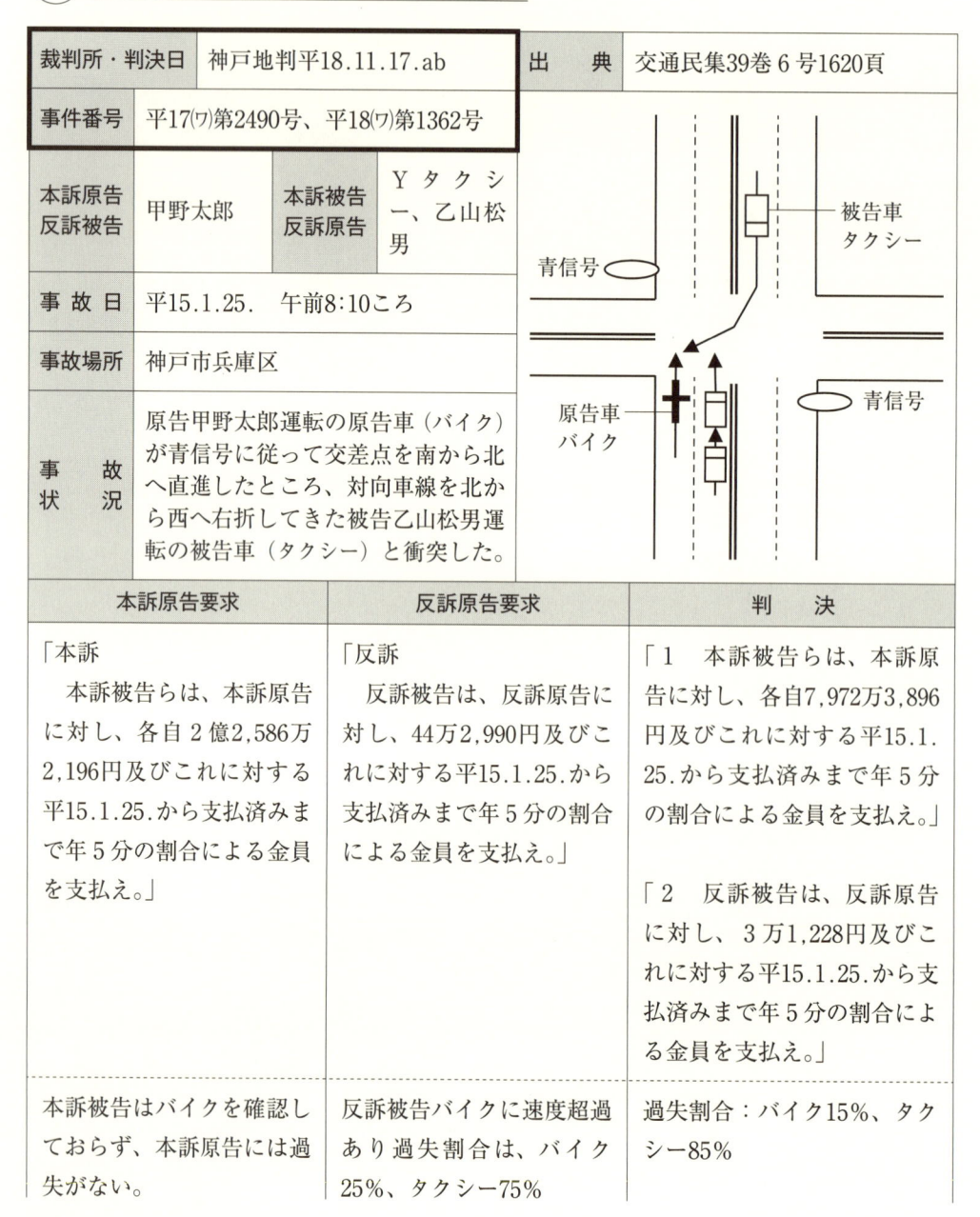

| 裁判所・判決日 | 神戸地判平18.11.17.ab | | 出　典 | 交通民集39巻6号1620頁 |

| 事件番号 | 平17(ワ)第2490号、平18(ワ)第1362号 |

| 本訴原告
反訴被告 | 甲野太郎 | 本訴被告
反訴原告 | Yタクシー、乙山松男 |

| 事故日 | 平15.1.25.　午前8:10ころ |

| 事故場所 | 神戸市兵庫区 |

| 事故状況 | 原告甲野太郎運転の原告車(バイク)が青信号に従って交差点を南から北へ直進したところ、対向車線を北から西へ右折してきた被告乙山松男運転の被告車(タクシー)と衝突した。 |

図中の表示：被告車タクシー、青信号、原告車バイク、青信号

本訴原告要求	反訴原告要求	判　決
「本訴 　本訴被告らは、本訴原告に対し、各自2億2,586万2,196円及びこれに対する平15.1.25.から支払済みまで年5分の割合による金員を支払え。」	「反訴 　反訴被告は、反訴原告に対し、44万2,990円及びこれに対する平15.1.25.から支払済みまで年5分の割合による金員を支払え。」	「1　本訴被告らは、本訴原告に対し、各自7,972万3,896円及びこれに対する平15.1.25.から支払済みまで年5分の割合による金員を支払え。」 「2　反訴被告は、反訴原告に対し、3万1,228円及びこれに対する平15.1.25.から支払済みまで年5分の割合による金員を支払え。」
本訴被告はバイクを確認しておらず、本訴原告には過失がない。	反訴被告バイクに速度超過あり過失割合は、バイク25%、タクシー75%	過失割合：バイク15%、タクシー85%

甲野太郎の損害	甲野太郎の損害について	甲野太郎の損害
人損合計　231,134,061円	人・物損とも　　　争う	人損合計　116,290,014円
バイク時価　　493,000円		バイク時価　　30,000円
眼鏡（サングラス）14,700円		眼鏡（サングラス）否認
時計　　　　　368,550円		時計　　　　　　否認
小計　　　232,010,311円		小計　　　116,320,014円
填補金　（－)26,148,115円		甲野の過失15％
差引　　　205,862,196円		（－)17,448,003円
弁護士費用　20,000,000円		差引　　　　98,872,011円
損害合計　225,862,196円		填補金　（－)26,148,115円
		差引　　　　72,723,896円
		弁護士費用　7,000,000円
		損害合計　79,723,896円

Ｙタクシーの損害について	Ｙタクシーの損害	Ｙタクシーの損害
タクシー時価　　　否認	タクシー時価　180,600円	タクシー時価　180,600円
休車損害（遊休車の存在）	（新車価格の10％）	（経済的全損、新車価格の10％）
否認	休車損害（21日間）	休車損害（遊休車に反論なし）
自動車取得税　　　否認	168,000円	否認
登録諸費用　　　　否認	自動車取得税　46,800円	自動車取得税（50万円以下非
	登録諸費用　　7,590円	課税）　　　　　否認
	小計　　　　402,990円	登録諸費用　　7,590円
	弁護士費用　　40,000円	小計　　　　188,190円
	損害合計　442,990円	タクシーの過失85％
		（－)159,962円
		差引　　　　28,228円
		弁護士費用　　3,000円
		損害合計　31,228円

本訴原告車、本訴被告車に関するデータ

本訴原告車	普通自動二輪車（甲野太郎運転、所有）、初度登録平成 4 年 7 月、本件事故まで約10年 6 か月経過、総排気量350cc
本訴被告車	普通乗用自動車（乙山松男運転、Ｙタクシー所有）、タクシー、初度登録平成 9 年 4 月、本件事故まで 5 年10か月経過、新車購入価格180万6,000円

―――――― **事故概要** ――――――

　信号のある交差点において、青信号に従って甲野太郎運転の本訴原告車（バイク）が南から北へ直進進行中、対向車線から乙山松男運転の本訴被告車（タクシー）が北から西へ右折してきて交差点内で衝突した。双方の車両が大破した。

―――――― **訴訟概要** ――――――

　甲野太郎は、傷害による人損とバイクの損害を不法行為に基づき、乙山松男とＹタクシーに賠償を求めて提訴した。それに対し、Ｙタクシーは、所有するタクシーの破損による損害賠償を甲野太郎に対し反訴請求した。

―――――― **甲野のバイク損害要求** ――――――

　甲野は、バイクの損害として49万3,000円を要求した。この要求額は、時価なのか修理費なのかが明示されていない。その他、サングラス、時計（腕時計と思われる）の損害を要求した。

（人損については省略）

―――――― **Ｙタクシーのタクシー全損要求** ――――――

　Ｙタクシーは、タクシーが経済的全損になったと主張して、5年10か月経過したタクシーであり、新車購入価格180万6,000円であるから、本件事故当時の時価は、減価償却の最終残価率10%である18万0,600円であると、同額を損害として要求した。

　タクシーが全損になったため、替わりの新車を購入するまでの休車損害と新車購入のために必要となった自動車取得税と登録関係諸費用を要求した。

―――――― **甲野の反論** ――――――

　甲野は、タクシーの修理費用の提示もなく、経済的全損という前提自体が不当である。新車購入価格、残価率についても否認すると反論した。また、休車損害や登録諸費用も否認した。

―――――― **判決理由** ――――――

　判決は、過失割合について、乙山（タクシー側）は対向車2台に気を取られ、バイクを衝突するまで気付かなかった過失と、甲野（バイク側）に制限速度違反と前方不注視の過失があるとしてバイク15%、タクシー85%と認定した。

　バイクの要求額が新車価格に基づいているようだと判断し、新車価格の請求を否認し、時価額3万円を認定した。その他サングラスの破損を認めたが、サングラスの銘柄、購入時期、購入価格が不明であるとして要求を否認した。時計については、事故

当時、甲野は、その時計をしていたかどうか記憶がないということから、時計の紛失による損害が本件事故による損害と認めることはできないと認定した。

　タクシー損害について、タクシーの修理費（金額不明）は、Yタクシーが時価と主張する18万0,600円を超えることは明らかであると認定し、経済的全損であると認めた。時価は、初度登録から本件事故まで5年10か月経過しているため、新車購入価格180万6,000円の10％に相当する18万0,600円であると認定した。

　休車損害について、甲野がタクシー会社には遊休車があると主張するのに対し、Yタクシーは、何らの反論もしないことと、休車損害の内容について具体的事実の主張をしないことを併せ考慮して、休車損害の発生を認めることはできないと認定した。

　自動車取得税は、タクシーと同等の車両を購入する際に認められるものであるが、50万円以下の車両を購入する場合には課税されないことになっている。18万0,600円の中古車購入には自動車取得税は掛からないと否認した。登録諸費用は要求どおりの金額を認容した。

（人損については省略）

─────────── 解　説 ───────────

　本件は、タクシー全損の場合の損害額算定方法がテーマである。タクシーのような営業車の法定耐用年数は3年とされているから、本タクシーは初度登録から5年10か月経過し、法定耐用年数を超えているので減価償却法により新車購入価格の10％が時価であると認定した。

　タクシーのような使用頻度が高く、走行距離のキロ数の多い車種で、かつ、中古車市場価格の形成がない場合には、定率減価償却法による以外、算出法がないであろう。

　本判決で注目されるのは判決文の形式である。たとえば、車両損害では「被告の主張」があり、次に「原告の認否」が続き、最後に「裁判所の判断」が出てくるという形式を採っている。この形式は、休車損害でも、登録関係費用でも同様である。むろん、人損の治療費でも、薬代でも、逸失利益でも、慰謝料でも、同様である。項目ごとに、この形式が採られている。

　問題点や対立点が非常によくわかる形式である。広くこの形式を採る裁判例が出てくれば、わかりやすく、親しみやすい交通民事裁判例となるのだが、この形式を採る裁判例は、まだ少ない。

② 東京地判平成25年7月29日(3) abc

裁判所・判決日	東京地判平25.7.29.(3) abc	出　典	未公表
事件番号	平24(ワ)第10767号、平25(ワ)第8445号、第9478号		
原　告	X社	被　告	Y社、乙山、Z保険
事故日	平23.6.25.　午後3:47ころ		
事故場所	東京都板橋区		
事故状況	信号のない交差点において原告車（タクシー）が東から直進中、北進中の被告車（乗用車）と出合頭に衝突したあと、原告車はガードパイプに再び衝突して停止した。		一方通行／信号なし／ガードパイプ／一時停止／被告車乗用車／建物／一方通行／原告車タクシー

原告要求	被告要求	判　決
甲事件本訴 「被告Y社及び被告乙山は、原告X社に対し、連帯して296万8,060円及びこれに対する平23.6.25.から支払済みまで年5分の割合による金員を支払え。」	甲事件反訴 「原告X社は、被告Y社に対し、26万3,097円及びこれに対する平23.6.25.から支払済みまで年5分の割合による金員を支払え。」 乙事件 「原告X社は、被告Z保険に対し、8万3,034円及びこれに対する平25.4.18.から支払済みまで年5分の割合による金員を支払え。」	「1　被告Y社及び被告乙山は、原告X社に対し、連帯して118万6,641円及びこれに対する平23.6.25.から支払済みまで年5分の割合による金員を支払え。」 「2　原告X社は、被告Y社に対し、15万7,550円及びこれに対する平23.6.25.から支払済みまで年5分の割合による金員を支払え。」 「3　原告X社は、被告Z保険に対し、5万5,356円及びこれに対する平25.4.18.から支払済みまで年5分の割合による金員を支払え。」

被告乙山は免許停止中であり、原告側に過失相殺はされるべきではない。

原告X社の損害
タクシー購入費　924,000円
追加装備費　　　378,000円
（エンジン載換費
　　　　　　　241,500円）
（構造変更手続費
　　　　　　　136,500円）
買替諸費用　　　138,210円
（メーター脱着費
　　　　　　　　62,475円）
（装置検査手数料 5,775円）
（登録諸費用　　31,425円）
（看板マーキング費
　　　　　　　　38,535円）
レッカー代　　　34,650円
休車損　　　1,223,200円
小計　　　　2,698,060円
弁護士費用　　　270,000円
損害合計　　 2,968,060円

被告Y社の損害について
被告車修理費　　737,751円
弁護士費用不知ないし争う

原告に30％の過失相殺がされるべきである。

原告X社の損害について
タクシー全損時価
　　　　　　　469,739円
追加装備費　　　　否認
買替諸費用　　　37,200円
（メーター脱着費　否認）
（装置検査手数料 5,775円）
（登録諸費用　　31,425円）
（看板マーキング費　否認）
レッカー代　　　34,650円
休車損　　　　　　否認
小計　　　　　541,589円
過失30％　（－）162,477円
差引　　　　　379,112円
弁護士費用　　　　争う

被告Y社の損害
被告車修理費　　797,265円
弁護士費用　　　79,726円
損害合計　　　876,991円
内金請求　　 263,097円

被告Z保険の損害
ガードパイプ損害
　　　　　　　276,780円
内金請求　　 83,034円

過失割合：原告20％、被告80％

原告X社の損害
タクシー全損時価　900,000円
追加装備費　　　　　　0円
買替諸費用　　　　37,200円
（メーター脱着費　　　0円）
（装置検査手数料　5,775円）
（登録諸費用　　 31,425円）
（看板マーキング費　　0円）
レッカー代　　　　34,650円
休車損　　　　　 386,452円
小計　　　　　1,358,302円
過失20％　　（－）271,661円
差引　　　　　1,086,641円
弁護士費用　　　100,000円
損害合計　　 1,186,641円

被告Y社の損害
被告車修理費　　737,751円
被告過失80％（－）590,201円
差引　　　　　147,550円
弁護士費用　　　10,000円
損害合計　　 157,550円

被告Z保険の損害
ガードパイプ損害 276,780円
過失80％　　（－）221,424円
差引損害額　　 55,356円

原告車、被告車に関するデータ

原 告 車	普通乗用自動車（原告X社所有、訴外甲野運転）、タクシー、トヨタクラウンスーパーデラックスGパック（ABA－YXS10）、総排気量1.99L、初度登録平成19年8月から3年10か月経過、車検有効期間満了日平成23年8月22日、走行距離198,849km、新車価格239万円（平成19年当時）、装備品価格約30万円
被 告 車	普通乗用自動車（被告Y社所有、被告乙山運転）、被告Z保険に対物保険付保

―――――― 事故概要 ――――――

　訴外甲野は原告車（タクシー）を運転して信号のない交差点を東から直進進入したところ、交差道路の左方から被告乙山運転の被告車（乗用車）が交差点に進入してくるのを発見したが、一時停止するものと思い、速度を緩めることなく、そのままの速度で進行した結果、被告車と出合頭に衝突した。

　なお、被告車運転の乙山は、免許停止中であった。

―――――― 訴訟概要 ――――――

　原告車（タクシー）を所有する原告Ｘ社は、タクシーが大破して廃車にしたため、代替のタクシーが必要になった。その購入費とそれに伴う装備費、買替諸費用や休車損を、被告車を所有する被告Ｙ社と運転者乙山に請求して提訴した。

　それに対し、被告Ｙ社は、被告車の修理費を請求し、被告車の損害保険を引き受けたＺ保険が、ガードパイプ損害を対物保険金として支払ったと保険代位に基づき原告Ｘ社に請求した。

―――――― 原告Ｘ社車両全損要求 ――――――

　原告Ｘ社は、原告車（タクシー）が経済的全損となり、廃車処分にし、代替車両の購入を余儀なくされたと主張して、車両購入費92万4,000円、購入した車両はガソリン車であったから、営業用に供するため、原告車に搭載されていたLPガスエンジンを載せ換えた費用24万1,500円、ガソリン車をLPガスエンジン車に構造を変更したための手続費用13万6,500円、代替車両を営業用車にするためのタクシーメーター脱着費用、装置検査費用、登録諸費用、看板マーキング費用などを買替費用として13万8,210円、それにレッカー代、休車損、弁護士費用の合計296万8,060円を要求した。

―――――― 被告Ｙ社と被告乙山の反論 ――――――

　被告らは、原告車（タクシー）が経済的全損になったことは認め、原告車の損害は、事故当時の時価額であると主張した。原告車は、初度登録から約4年経過し、走行距離約20万kmであるから、新車価格250万9,500円、タクシー仕様変更費23万7,510円を加算すると274万7,010円となる。

　タクシー車両の一般的な耐用年数は5年程度であり残価率は17.1％程度であるから、時価額は46万9,739円を超えることはないと反論した（2,747,010円×17.1％＝469,739円）。

　追加装備費用は、代替車にガソリン車を選択したことによって生じた費用であるから、本件事故と相当因果関係がないと否認した。

　買替費用のうち、タクシーメーター脱着費用、看板マーキング費は、車両本体価格

に加算して新車価格に反映されるべきものであると否認した。

（原告Ⅹ社の休車損および被告Ｙ社請求の被告車修理費、Ｚ保険の支払ったガードパイプ損害については省略）

─────────────── 判決理由 ───────────────

　判決は、過失割合を原告車（タクシー）20％、被告車（乗用車）80％と認定したうえで、原告車は、平成19年8月初度登録のトヨタクラウンスーパーデラックスＧパック（ABA-YXS10）4ドアセダン、総排気量1.99Ｌ、車検証の有効期間の満了日は平成23年8月22日、走行距離19万8,849kmであると認定した。

　「トヨタクラウンスーパーデラックスＧパック（ABA-YXS10）は、平成19年当時の新車価格が239万円である一方、オートガイド自動車価格月報（いわゆるレッドブック）には本件事故当時の中古車小売価格が掲げられていないこと、トヨタクラウンスーパーデラックスにタクシーとしての装備を施すには、約30万円の費用が必要であること（…略…）、減価償却資産の耐用年数等に関する省令によると、運送事業用乗用車で小型車（総排気量が2リットル以下のものをいう。）の新車の耐用年数は、3年とされているところ、原告Ⅹ社は、成立後6年以上を経過した平成24年12月21日の時点で、タクシー業務用の保有車両（全40両）のうち初度登録が最も古い平成18年のものを複数（11両）保有するものの、これらを依然としてタクシー業務に使用しておりこれまで廃車にしたことはないこと、定率法により減価償却をした3年10か月後の残存率は、耐用年数が8年の資産の場合は0.332であることが認められる。

　以上のとおり、原告車両は、本件事故の当時、タクシーとして使用され、初度登録から約3年10か月を経過した時点で、走行距離が約20万キロメートルにも及ぶところ、原告車両の本件事故当時の時価について、オートガイド自動車価格月報には中古車小売価格が掲げられておらず、他に、原告車両と同程度の使用状態、走行距離等の中古車の市場価格を認めるに足りる証拠はない。

　そうすると、原告車両の本件事故の当時の時価は、課税上の定率法によって算定することも、損害額の控え目な算定として不合理ではないというべきであるところ、原告車両の平成19年当時の新車価格は239万円であるものの、タクシーとしての装備を施すための費用として30万円を要すること、原告車両の税務上の耐用年数は3年ではあるが、原告Ⅹ社は、平成24年12月31日の時点で初度登録平成18年の車両を依然としてタクシー業務に使用していることなど前示事実関係を考慮すると、原告車両の本件事故の当時の時価は、90万円と認めるのが相当である。」と認定した。

　さらに、判決は、追加装備費用を否認し、買替費用は、被告らの主張を採用し、争いのないレッカー代を認め、休車損については減額して38万6,452円を認めた。

（原告Ⅹ社の休車損、被告車の修理費、Ｚ保険のガイドパイプについての判決理由は省略）

─────── 解　説 ───────

　本裁判例は、タクシーが経済的全損になった場合の時価額をめぐる貴重な事例である。

　算定方法は、非常に参考になるので判決理由を長々と引用した。車両全損のテーマではないので省略したが、タクシー会社の休車損算出方法も参考になる。

> 判決が認定したタクシー時価90万円の算定方法：新車価格239万円、タクシー装備費30万円
>
> 239万円＋30万円＝269万円
>
> 269万円×残存率0.332＝89.308万円 → 90万円

③ 東京地判平成25年11月6日(1)ab

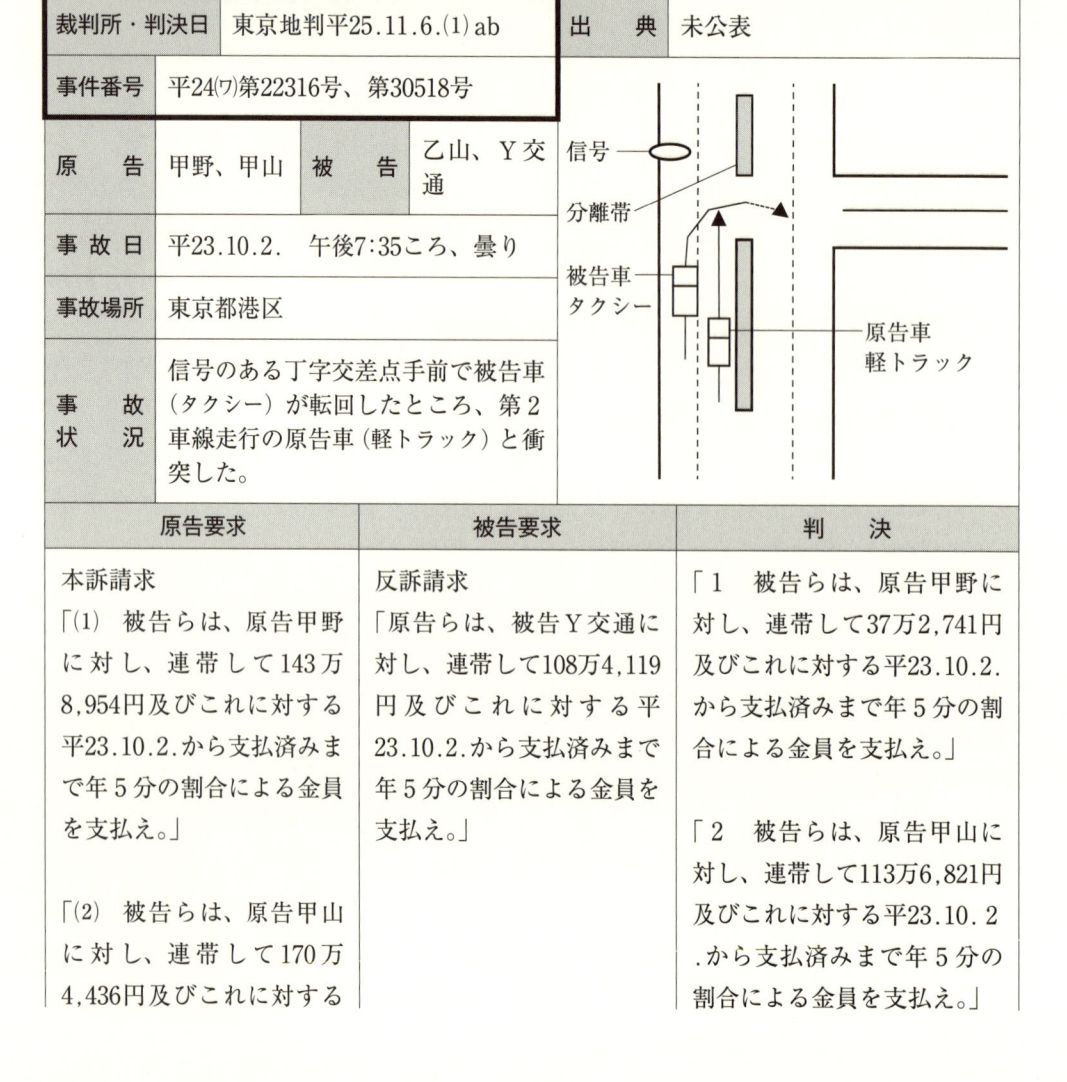

裁判所・判決日	東京地判平25.11.6.(1)ab	出　典	未公表
事件番号	平24(ワ)第22316号、第30518号		
原　告	甲野、甲山	被　告	乙山、Y交通
事 故 日	平23.10.2.　午後7:35ころ、曇り		
事故場所	東京都港区		
事　故状　況	信号のある丁字交差点手前で被告車（タクシー）が転回したところ、第2車線走行の原告車（軽トラック）と衝突した。		

原告要求	被告要求	判　決
本訴請求 「(1)　被告らは、原告甲野に対し、連帯して143万8,954円及びこれに対する平23.10.2.から支払済みまで年5分の割合による金員を支払え。」 「(2)　被告らは、原告甲山に対し、連帯して170万4,436円及びこれに対する	反訴請求 「原告らは、被告Y交通に対し、連帯して108万4,119円及びこれに対する平23.10.2.から支払済みまで年5分の割合による金員を支払え。」	「1　被告らは、原告甲野に対し、連帯して37万2,741円及びこれに対する平23.10.2.から支払済みまで年5分の割合による金員を支払え。」 「2　被告らは、原告甲山に対し、連帯して113万6,821円及びこれに対する平23.10.2.から支払済みまで年5分の割合による金員を支払え。」

平23.10.2.から支払済みまで年5分の割合による金員を支払え。」		「3　原告らは、被告Y交通に対し、連帯して17万2,493円及びこれに対する平23.10.2.から支払済みまで年5分の割合による金員を支払え。」

原告甲野に過失はない。

原告甲野の人損

人損合計	2,333,560円
既払い金	（−）1,025,420円
差引	1,308,140円
弁護士費用	130,814円
損害合計	1,438,954円

原告甲山の損害

原告車時価	850,000円

（原告車は経済的全損になった）

代車料	71,400円
登録手続関係費	45,150円
レッカー費用	40,530円
積荷損害	539,808円

（クリーニング品弁償費用　　　475,800円）

（再クリーニング費用　　　64,008円）

帰宅費用	2,600円
小計	1,549,488円
弁護士費用	154,948円
損害合計	1,704,436円

被告Y交通損害について

被告車時価	478,000円

（（新車価格239万円＋装備品代30万円）×0.178＝47万8,820円 ≒ 47万8,000円）

原告甲野の人損について

甲野の人損	不知

原告甲山の損害について

原告車時価	770,000円
その他の損害	不知

被告乙山に過失はない。

被告Y交通の損害

被告車修理費	994,119円
弁護士費用	90,000円
損害合計	1,084,119円

被告車時価についての被告Y交通の補助説明

被告車時価	566,430円

（新車価格239万円×0.237）

装備品	97,715円

（装備品価格412,300円×0.237）

装備品取付費	128,300円
被告車時価	792,445円 [注]

（注）時価より高額の修理費を請求する理由不明。

過失割合：原告30％、被告70％

原告甲野の人損

人損合計	1,940,230円
過失相殺30％	（−）582,069円
差引	1,358,161円
損害てん補金	（−）1,025,420円
差引	332,741円
弁護士費用	40,000円
損害合計	372,741円

原告甲山の損害

原告車時価	770,000円

（原告車は経済的全損になった）

（レッドブックによる）

代車料	71,400円
登録手続関係費	45,150円

（手続代行費用　29,400円）

（納車費用　15,750円）

レッカー費用	40,530円
積荷損害	539,808円

（クリーニング品弁償費用　　　475,800円）

（再クリーニング費用　　　64,008円）

帰宅費用	0円
小計	1,466,888円
過失相殺30％	（−）440,067円
差引	1,026,821円
弁護士費用	110,000円
損害合計	1,136,821円

		被告Y交通の損害	
		被告車時価	521,646円
		（293万0,600円（新車価格239万円＋装備品41万2,300円＋12万8,300）× 0.178 ＝ 521,646円）	
		（修理費994,119円にて経済的全損）	
		過失相殺70%　（－）365,153円	
		差引	156,493円
		弁護士費用	16,000円
		損害合計	172,493円

原告車、被告車に関するデータ

原 告 車	自家用貨物軽自動車（原告甲野運転、原告甲山所有）、初度登録平成21年11月、ホンダアクティバン（SDX GBD－HH5）、原告甲山はクリーニング店経営、積荷はクリーニング品、平成23年10月24日に同車種に買い替えた。
被 告 車	営業用普通乗用自動車（被告乙山運転、被告Y交通所有）、タクシー、初度登録平成19年12月のクラウンスーパーデラックス4気筒（ABA－YXS10）、事故まで3年9か月経過、新車販売価格239万円、装備品代41万2,300円、取替費用12万8,300円

────────── 事故概要 ──────────

　被告車（タクシー）が、丁字交差点手前で転回したところ、後方から直進してきた原告車（軽トラック）と衝突し、原告車は交差点先で横転した。この事故で原告車運転の甲野が負傷し、原告車、被告車がともに大破した。

────────── 訴訟概要 ──────────

　原告甲山はクリーニング店を経営し、原告甲野はクリーニング店から配達、営業業務を受託していた。原告甲山は、所有する原告車の損害と原告車が積載していたクリーニング品の損害の賠償を、また、原告甲野は、被った人損の賠償を求めて被告乙山と被告Y交通に対し本訴請求した。

　一方、被告Y交通は、本件事故によって被告車（タクシー）が大破したと主張して、その修理費の賠償を求めて、原告らに対し反訴請求した。

────────── **原告甲山の原告車損害要求** ──────────

　原告甲山は、原告車（軽トラック）が全損になったと主張し、車両時価と代車料、登録関係費のほかクリーニング品の損害を請求した。

（原告甲野の損害は人損につき省略）

────────── **被告Y交通の被告車損害要求** ──────────

　被告Y交通は、被告車（タクシー）損害として修理費99万4,119円を請求した。その一方で、タクシーの時価は79万2,445円を下らないとも主張した。時価79万2,445円の根拠は、新車価格239万円に装備品価格合計41万2,300円を加え、事故当時の残存率0.237（耐用年数6年、経過月数3年9か月）として、減価償却方式による車両本体価格を算定し、これに装備品取付・取外費用12万8,300円を加えると79万2,445円となると主張した。

> 計算式：新車価格239万円＋装備品価格41万2,300円＝280万2,300円
> 　　（280万2,300円×0.237）＋取付取外費用12万8,300円＝79万2,445円

────────── **被告Y交通の主張に対する原告らの反論** ──────────

　原告らは、被告車（タクシー）の時価は47万8,000円を超えるものではないと反論した。また、減価償却における運送事業用自動車の耐用年数は3年であるから、被告主張の6年とするのは誤りであると反論した。さらに、装備品価格合計41万2,300円は、取外して再利用できるから、装備品の価格を加えて車両時価を算定するのは、不適当であるとも反論した。

────────── **判決理由** ──────────

　判決は、過失割合を原告30％、被告Y交通70％と認定した。原告甲山の損害として、原告車（軽トラック）の損害は全損による時価であるとし、時価はレッドブックにより同車種の中古車小売価格77万円と認定した。その他の損害としては、帰宅費用2,600円を裏付ける資料がないと否認した以外、すべて原告甲山の要求どおり認めた。

　判決は、被告Y交通の損害について、被告車がタクシーであるためレッドブックには中古車価格の表示がないので、減価償却方式を採用するとした。法定耐用年数5年の減価償却方式によって、残存率0.178として、時価額52万1,646円と算定した。

> 計算式：新車価格239万円＋装備品価格41万2,300円＋取付取外費用12万8,300円＝
> 　　293万0,600円
> 　　293万0,600円×0.178＝52万1,646円

（原告甲山のその他の物損、原告甲野の人損については省略）

──────────── 解　説 ────────────

　　原告、被告ともタクシー時価額を減価償却法により算出することに異議はなかった。問題は、耐用年数を本件タクシーの場合、何年とみるかで争いとなった。請求者である被告Y交通は、自家用乗用車の法定耐用年数6年を採り、賠償義務者である原告らは、3年を採るべきだと反論した。

　　判決は、5年を採用して残存率0.178にて時価額を算出したが、法定耐用年数を採用するなら、タクシーの排気量によって法定耐用年数3年（2000cc以下）、4年（2000cc超3000cc未満）、5年（3000cc以上）となっている。本件タクシーは、クラウンスーパーデラックス4気筒とまでわかっているが、排気量の記載がない。法定耐用年数5年を採用したことから3000cc以上のクラウンであったか。

④ 東京地判平成27年2月25日

裁判所・判決日	東京地判平27.2.25.	出　典	未公表
事件番号	平26(ワ)第1513号		
原　告	X社	被　告	Y社、乙山
事故日	平24.11.20.　午前4:25ころ		
事故場所	東京都新宿区		
事　故状　況	被告車（乗用車）が、停車していた原告車（タクシー）の後方から追突した。		

原告要求	被告答弁	判　決
「被告らは、原告に対し、連帯して349万5,669円及びこれに対する平24.11.20.から支払済みまで年5分の割合による金員を支払え。」		「被告らは、原告に対し、連帯して177万1,622円及びこれに対する平24.11.20.から支払済みまで年5分の割合による金員を支払え。」
乙山は口頭弁論期日に出頭しなかった。		被告乙山は事故当時、無免許であった
原告X社の損害	原告X社の損害について	原告X社の損害

原告車損害　2,457,881円	原告の損害　　　否認	原告車損害　1,269,047円
（車両、装備品、登録諸費用の合計）		（全損である。新車価格195万2,381円×65％）
休車損　　　　　 720,000円		装備品損害　 302,575円
（日額8,000円×90日）		（46万5,500円×65％）
小計　　　　　 3,177,881円		登録諸費用　　 40,000円
弁護士費用　　　 317,788円		休車損　　　　　　 0円
損害合計　 3,495,669円		小計　　　　 1,611,622円
		弁護士費用　 160,000円
		損害合計　 1,771,622円

原告車、被告車に関するデータ

原告車	事業用普通乗用自動車（原告X社所有、訴外甲野運転）、タクシー、初度登録平成23年9月7日、事故まで約1年2か月経過、トヨタプリウス1.8リットルLグレート、リース車、リース期間（平23.9.7.～平27.9.6.、48か月間）、走行距離83,200km（初度登録から約1年経過の平24.8.20時点）、新車本体価格195万2,381円、装備品調達費用46万5,500円
被告車	自家用普通乗用自動車（被告Y社所有、被告乙山運転）

――――――――――― 事故概要 ―――――――――――

被告車（乗用車）が、停車していた原告車（タクシー）の後方から追突した。

――――――――――― 訴訟概要 ―――――――――――

　原告X社は、本件事故により損傷した原告車（タクシー）の損害を求めて被告Y社と被告車運転の被告乙山に対し訴訟提起した。なお、被告乙山は、答弁書を提出したが口頭弁論期日に出頭しなかった。

――――――――― 原告X社の原告車損害要求 ―――――――――

　原告X社は、本件事故により原告車（タクシー）の後部が大破し、全損になったと主張し、車両本体とタクシー用の装備品、登録諸費用の損害として合計245万7,881円を要求した。そのほか、休車損害72万円を要求した。

――――――――――― 被告らの反論 ―――――――――――

被告らは、原告の損害をいずれも否認した。

─────────────── 判決理由 ───────────────

判決は、

「ア　前記前提事実等、証拠（甲1、8、13）及び弁論の全趣旨によれば、次の事実が認められる。

(ア)　原告車は、初度登録が平成23年9月7日の普通乗用自動車（トヨタプリウス1.8リットルLグレード）である。

(イ)　原告は、平成23年7月26日、トヨタレンタリースとの間で、原告車について、リース期間を同年9月7日から平成27年9月6日までの48か月間、リース料を月額5万1,975円、総額249万4,800円（いずれも消費税込み。）とするファイナンスリース契約を締結した。

(ウ)　原告車には、タクシー用の装備品として、車両接近通報装置、コーナーセンサー、除菌イオン空気清浄機、ガソリンコーションプレート、IRカットフィルム、サイドバイザー、レインクリアリングミラー、シート固定及びタクシー用架装一式が装備されていた（以下、これらの各装備品を併せて『本件装備品』という。）。

(エ)　原告車の走行距離は、初度登録から約1年が経過した平成24年8月20日の時点（事故日は平成24年11月20日であるから、事故日の3か月前：筆者注）で8万3,200キロメートルであった。

(オ)　原告が、原告車と同種・同程度のタクシー用車両を新たに調達するには、車両本体の購入費用（新車価格）として195万2,381円、本件装備品を新たに調達する費用として合計46万5,500円、登録諸費用として4万円を要する。

イ　原告車は本件事故により全損となったのであるから、本件事故当時の原告車の価格が損害となる。そして、原告車は、タクシーとして使用されていたものであるが、市販されている車両にタクシーとして使用するための架装等を施したものであって、いわゆるタクシー専用車ではないから、原告車と同一の車種・年式・型、同程度の使用状態・走行距離等の車両を中古車市場において取得するのに要する費用を基準として、本件事故当時の車両価格を算定するのが相当である。

　これを前提に検討すると、原告車と同一車種の新車価格は195万2,381円であるが、①原告車の初度登録は平成23年9月7日であり、本件事故の時点で初度登録から約1年2か月が経過していたこと、②原告車の走行距離は、初度登録から約1年が経過した平成24年8月20日の時点で8万3,200キロメートルに達しており、1か月当たりの走行距離は約7,000キロメートルに及ぶから、同日から更に3か月後である本件事故の時点での走行距離は10万キロメートルに達していたものと考えられること、③原告車はタクシーとして使用されており、短期間に長距離を走行し、かつ、不特定多数の乗客等が利用するなどの事情により、一般に市場性が劣ると考えられることを併せ考慮すれば、原告車の本件事故当時の車両価格は、新車価格である195

万2,381円の65パーセントである126万9,047円（小数点以下切り捨て。）と認めるのが相当である。

ウ　また、本件装備品を新たに調達する場合の費用は合計46万5,500円であるが、①原告車は、本件事故時点で約1年2か月にわたってタクシーとして使用されており、本件装備品についても一定の価値の減耗があったものと認めるのが相当であること、②原告車は、本件事故により後部が大破し、全損となったが、その損傷個所は後部に集中しており、本件装備品の中には損傷しなかったものもあった可能性は否定できないことを考慮すれば、本件装備品に係る損害は、上記の46万5,500円の65パーセントである30万2,575円の限度で認めるのが相当である。

エ　なお、原告車と同種・同程度の車両を新たに調達するには、登録諸費用として4万円を要するところ、この費用については、全損となった原告車の買替えに伴って必要となる費用であるから、その全額を損害と認めるのが相当である。

オ　以上によれば、本件装備品を含めた車両価格は157万1,622円（126万9,047円＋30万2,575円）と認めるのが相当であり、登録諸費用の4万円を併せた車両損害は161万1,622円となる。」

（休車損については省略）

────── 解　説 ──────

判決は損害を「全損」とするだけで、物理的全損か、経済的全損かを明らかにしていない。修理費についての記述もない。

タクシーの時価として、原告車はLPガス車でなく、ガソリン使用のハイブリット車であるから、市場価格を基準にしたことは理解できるが、それを新車購入価格の65％とした理由が不明である。タクシー特有の事情によって市場性が劣るとしているが、下記各残存率に比較して、65％が市場性の劣る数値とも思えない。

定率減価償却の残存率は、次のようになる。

> 耐用年数6年の1年2か月経過の残存率＝63.9％
> 耐用年数5年の1年2か月経過の残存率＝58.4％
> 耐用年数4年の1年2か月経過の残存率＝51.1％
> 耐用年数3年の1年2か月経過の残存率＝40.8％

どの法定耐用年数を採っても、本件採用の残存率65％を下回る。これでは「市場性は劣る」どころか優遇したことになる。

> 本件の時価額：新車価格1,952,381円×65％＝1,269,047円
> 耐用年数6年の時価額：新車価格1,952,381円×63.9％＝1,247,571円
> 差額21,476円の優遇となる。

● *Column* ❺

弁護士費用認容の変遷

　不法行為による損害賠償請求訴訟では、弁護士費用が損害として判決のなかで認められる。ただし、認められる弁護士費用は、弁護士に実際に支払った費用全額ではなく、認容損害額の10%程度の金額と決まっている。その10%程度の認定方法にも時代の流れというものがある。

1　万円単位の丸め方式

　この方式は、最も多いもので、ほとんどの裁判例では、この方式に従っている。認容損10%に当たる弁護士費用を万円単位の丸い数字にして認定するやり方である。

　たとえば、

物損認容額	3,027,456円
弁護士費用（認容損害額のほぼ10%）	300,000円
損害合計	3,327,456円

という方式である（東京地判平成26年3月12日交通民集47巻2号308頁）。

2　端数付き方式

　弁護士費用を認容損害額のキッチリ10%とする方式である。

　たとえば、

物損認容額	942,000円
過失20%控除後の損害額	753,600円
弁護士費用	75,360円
最終損害額	828,960円

という方式である（東京地判平成27年1月30日判例集未登載）。

3　総計額丸め方式

　認容する弁護士費用に端数を付けて、認容損害額と弁護士費用の合計額が丸い数字になるようにする方式である。この方式が最近見られるようになった。

　たとえば、

物損認容額	6,227,028円
弁護士費用（認容損害額のほぼ10%）	622,972円
損害合計	6,850,000円

という方式である（東京地判平成23年2月14日自ジャ1854号79頁）。

第5部

トラック全損の場合

第1章　トラックの種類と名称

① トラックの種類

　トラックが全損になった場合、その損害は乗用車と同様に車両時価となる。

　では、トラックの車両時価は、どのように、何によって算出されるか。車両時価の算出法をトラックについて探るのがここでの目的である。

　「トラック」と総称しているが、実際には、多様な用途別車種がある（表1および表2参照）。

【表1】 トラックの種類

トラックの種類	一般名称 積 載 量		主な車両
小型トラック	2t、3tトラック （3t未満）		平ボディ、バンボディ（箱車）、保冷車、冷凍冷蔵車
中型トラック	4tトラック （3t以上、6.5t未満）		平ボディ、バンボディ（箱車）、冷凍冷蔵車、ウィングボディ、幌ボディ、
大型トラック	10tトラック （6.5t以上、11t未満）		平ボディ、バンボディ（箱車）、冷凍冷蔵車、ウィングボディ、幌ボディ、
特殊な形状・仕様トラック			ダンプカー、タンクローリー、液糖タンクローリー、バルクカー、ミキサーカー、塵芥車、鉄道コンテナカー（鉄道コンテナ用）
トラクタ（牽引車）			ヘッドともいう
トレーラ（被牽引車）	セミトレーラ		重量をトレーラだけではなく、一部をトラクタが支える車種
	フルトレーラ		全重量をトレーラ自体が支える車種
	特種トレーラ		キャリアカー、タンクトレーラ、バルクトレーラ、コンテナトレーラ（海上コンテナ用）

【表2】トラクタとトレーラの名称と意味

トラクタとトレーラの名称^(注)	意　　味
キャブ（キャブボディ）	トラクタの運転席、人の乗る部分。キャブオーバー型とボンネット型がある。キャブオーバーとはエンジンの上に運転席があるタイプ。
キャブ付シャシ	製造過程自動車のことで、キャブとシャシだけのもの。これにバンボディを付けたり、タンクローリーを付けたりして完成させる。
トレーラのシャシ	車台、タイヤを支える部分。
トレーラのボディ	シャシの上に乗り、キャブ以外の荷台や荷室といった荷役用部分。
ライトバン	主に貨物の運搬を目的とした商用車。
ステーションワゴン	主に人の運搬を目的とした商用車。

(注)「トレーラ」と「トレーラー」、「トラクタ」と「トラクター」の2つの表記法がある。

② 裁判例に出てくるトラック構成部の名称

　トラックの主な構成部の名称を理解しておかないと、裁判例に出てくる車両全損の判定や時価算出の意味が正確に理解できない。

　ここに、用途別車種や構成部の名称を列記し、簡単な説明をしておく（**表3**および**表4**参照）。

【表3】裁判例でみられるトラック部品名

部品名	説　　明	裁判例
エアサス（エアサスペンションの略）	空気ばね（エアスプリング）を用いた懸架装置。精密機器輸送に適する。	東京地判平21.1.21.交通民集42巻1号31頁（平20ワ第11145号）
ガウジ痕	車両の金属などの硬い部分が路面をえぐる痕跡のこと。ガウジ痕によって事故状況を推測できる。	さいたま地判平23.3.18.自ジャ1854号88頁（平18ワ第213号、第293号、第1193号、平19ワ第563号）
コルゲートパネル	バンボディトラックのサイドパネルとして使用されるアルミ板。側面のアルミは波状（アルミコルゲート）、平面（アルミパネル）がある。	東京地判平27.1.28.判例集未登載（平25ワ第32740号）

部 品 名	説　　明	裁 判 例
ストランド	ワイヤーロープを構成する子綱。	京都地判平25. 4 .25. 自ジャ1904号171頁 （平23ワ第3080号）
積荷機	ジョルダーまたはジョロダ。アルミバンにパレットをフォークリフトで積んだ後、トラック床板のジョルダー用レールにジョルダーを設置、テコの原理でパレットを持ち上げ所定位置に移動させる機械。	大阪地判 平13.12.19. 交通民集34巻 6 号1642頁 （平12ワ第13638号、 　平13ワ第2707号）
セルフローダー	重機や車両を積み込むための積載機。トラックの前部を持ち上げ、トラック後部と地面の間に「アユミ板」を設置する。自動式と非自動式がある。	東京地判平26. 2 .28.ab 判例集未登載 （平25ワ第23950号）
タコメーター	エンジンの軸回転数を指示する計器。タコグラフ（運行記録計）と混同される。	大阪地判平24. 3 .23.(1) 自ジャ1879号101頁 （平22ワ第5177号、 　平23ワ第6982号）
低床ボディのウィング車	タイヤを小さくして低床にするため、タイヤの許容荷重の関係で 4 軸となる。床を低くすることで背の高い荷物に対応できる。	東京地判平21. 1 .21. 交通民集42巻 1 号31頁 （平20ワ第11145号）
パワーゲート	荷役省力化装置。車両後部に装着して使用するエレベーターの一種。「パワーゲート」の名称は極東開発工業の商標。一般にはテールゲート昇降装置、テールゲートリフター、テールリフトという。	東京地判平21. 1 .27. 判例集未登載 （平19ワ第25777号）、 京都地判平20. 9 .26. 自ジャ1803号13頁 （平19ワ第317号）
ベッショ PT-41S	トレーラの一種、別所自動車工業製のポールトレーラ、PT-41S は型式。	東京地判平24. 9 .18.(2) 判例集未登載 （平23ワ第40769号）
ラフター クレーン	荒れた地形などの不整地を走行することができるクレーン車。「ラフター」は加藤製作所の商標。一般に「ラフテレーンクレーン」という。	京都地判平25. 4 .25. 自ジャ1904号171頁 （平23ワ第3080号）、 東京地判平15. 9 . 8 . 交通民集36巻 5 号1244頁 （平13ワ第9852号、 　第21316号）

リーフ スプリング	車軸と車台をつなぐ重ね板バネ。自動車の懸架装置リーフサスペンションに用いる。	さいたま地判平23. 3 .18. 自ジャ1854号88頁 （平18ワ第213号、 　第293号、第1193号、 　平19ワ第563号）
リミッター	トラックにおいて、ある設定速度や回転数を超えると自動的にエンジン出力を抑える装置。	大阪地判平24. 3 .23.(1) 自ジャ1879号101頁 （平22ワ第5177号、 　平23ワ第6982号）
ルーフキャリア	車両の屋根に荷物を載せるためのアルミ素材、スチール素材の荷台。トラックでは、運転席(キャブ)に付けることが多い。	京都地判平24. 8 .2 交通民集45巻 4 号1039頁 （平23ワ第1557号）
レールサイド ロアー	トラックのアルミバンのサイド面体の下部材。	東京地判平27. 1 .28. 判例集未登載 （平25ワ第32740号）

【表4】裁判例でみられるトラック特有の現象名

現 象 名	説　明	裁 判 例
オフセット衝突	ぴったり正面衝突するのではなく、少しずれて車体前面の一部が衝突する状態。これに対するフルラップ衝突は、ぴったり正面衝突する状態。	東京地判平27. 1 .26. 交通民集48巻 1 号159頁 （平24ワ第34965号、 　平25ワ第2767号、 　第26519号）
オーバーハング 現象	大型車が左折する際、後部が右に膨らむ現象。隣のレーンを走行の車両が衝突する事故が発生する。	東京地判平22. 8 .27. 判例集未登載 （平21ワ第25603号）
帯広型事故	見通しがよいにもかかわらず出合頭に衝突する事故形態（相手方車両についての視角が一定角度に固定されるために、相手方車両が背景に溶け込み、発見が困難になり、事故が発生ものと言われている。北海道帯広地方で多いため、名付けられた）。	東京地判平17. 7 .11. 判例集未登載 （平16ワ第11166号、 　第23180号）
ジャックナイフ 現象	急ブレーキや急ハンドルによりトラクタ・トレーラ接合部を中心に「く」字に折れ曲がり運転不能となる現象。	名古屋地判平26. 4 .25. 交通民集47巻 2 号551頁 （平24ワ第1013号、 　第2761号、第2977号）

第2章　車両時価(トラック)

① 車両全損の認容・否認件数と認容の種類区分

　トラック全損の請求に対応した裁判例は72件あった。

　この72件を基にトラック全損の実態を分析した。72件については、**裁判例一覧表12**「時価認定根拠と修理費（トラック）」（259頁）を参照。

　トラックの裁判例では、トラック全損を主張してトラック時価を請求したものは、すべて認められ、否認されたものが1件もなかった（**表5**参照）。

　トラック全損を言い渡した72件のうち、最高裁昭和49年4月15日判決によって確定した車両全損として請求できる条件である「物理的全損」、「経済的全損」、「社会通念上相当」の件数は、それぞれ5件、37件、0件であった（**表6**参照）。

【表5】 トラック全損の認容・否認件数

車両全損認否の別	件　　数	
車両全損認容件数	72	トラック時価額を認容
車両全損否認件数	0	
合　　計	72	

【表6】 車両全損を認容した裁判例の全損の種類区分

車両全損の種類区分	件　　数	割　　合(%)
物理的全損	5	6.94
経済的全損	37	51.39
社会通念上相当	0	0
全損（物理的、経済的の区別なし）	14	19.44
車両本体は物理的全損、冷凍機は経済的全損	1	1.39
全損に争いなし（加害者認容）	3	4.17
全損の明示なし	12	16.67
合　　計	72	100.00

【表 7】 経済的全損言渡しの裁判例分析

経済的全損	件　　数	割　　合（％）
修理費明示し時価額認定	26	70.27
修理費明示せず時価額認定	8	21.62
修理費が時価を上回ると認定	3	8.11
合　　計	37	100.00

　トラックのなかでも、トラクタ・トレーラ特有の形態によるのであろう「車両本体は物理的全損、冷凍機は経済的全損」というものが 1 件あった。

　「経済的全損」は、乗用車と同様、トラックの場合でも多く、半分以上を占めている。

　判決が、トラック損害を経済的全損と認定し、車両時価を言い渡した裁判例は37件あったが、経済的全損と認定するには、トラックの修理費を確認する必要がある。その修理費の扱いを調べたのが**表 7**である。

　経済的全損と認定した裁判例37件のうち、経済的全損成立の根拠となる修理費を明示している裁判例が26件（70.27％）、修理費を明示しないまま、経済的全損として車両時価を認定していた裁判例が 8 件（21.62％）、修理費を明らかにしないで、修理費が時価を上回ると宣言して車両時価を認定した裁判例が 3 件（8.11％）であった。

　経済的全損とは、修理費が車両時価を上回る場合に認定される全損である。当然、修理費と車両時価を比較する必要があるのに、修理費を検討しないで、あるいは明示しないで経済的全損と認定している裁判例が少なからずある。

②　車両時価を認定した裁判例の初度登録日と走行距離

　車両時価を認定するには、最高裁昭和49年 4 月15日判決によると、「事故当時における取引価格は、原則として、これと同一の車種・年式・型、同程度の使用状態・走行距離等の自動車を中古車市場において取得しうるに要する価額によって定めるべきであり、……」とある。同程度の使用状態・走行距離は、被害トラックと中古車の同一性を判断する重要な要素である。同程度の使用状態では、特に、初度登録日から事故日までの経過年月が使用期間を表し、重要な要素になっている。

　もう一方の同程度の走行距離は、被害トラックと中古車の同一性を判断する絶対的な要素になっている。

　ところが、トラックの全損裁判例72件中、初度登録日を明示した裁判例は、25件（34.72％）、初度登録日を明示しなかった裁判例は、47件（65.28％）である（次頁**表 8**参照）。

　一方、走行距離では、それを明示した裁判例は、13件（18.06％）、明示しなかった裁判例が、59件（81.94％）である（**表 8**参照）。

【表8】車両時価を認定した裁判例の初度登録日、走行距離の記載

車両時価額認定	件　数	割　合(%)
初度登録日明示のもの	25	34.72
初度登録日明示のないもの	47	65.28
合　　計	72	100.00
走行距離数明示のもの	13	18.06
走行距離数明示のないもの	59	81.94
合　　計	72	100.00

　初度登録日や走行距離を明示しない裁判例が、非常に多い。これらを確認せずに、被害トラックと同一の中古車をどのように探すのか。そして、同一だと確信できる中古車の価格をもって被害トラックの時価として認定できるのであろうか。

③　車両時価算出の根拠

　車両時価とは、中古車市場における小売価格である。全損を言い渡した裁判例73件において、認容した車両時価について何を根拠に算出したか。これを分析したのが表9である。

　件数第1位は、「証拠（原告または被告提出）によるもの」とした裁判例であり26件（36.11%）あった。判決文に「車両時価○○万円（証拠、番号）を認める」とだけ書いて車両時価○○万円を認容している裁判例である。証拠には原告側提出のもの、被告

【表9】車両時価算出の根拠

順　位	車両時価認定の根拠	件　数	割　合(%)
1位	証拠（原告または被告提出）によるもの	26	36.11
2位	明示のないもの	12	16.67
3位	減価償却法によるもの	10	13.89
4位	当事者間に争いのないもの	9	12.50
5位	その他	7	9.72
6位	レッドブックによる、または参考にしたもの	6	8.33
7位	インターネットによるもの	2	2.78
	合　　計	72	100.00

側提出のものを含んでいるが、これでは、車両時価を何によって○○万円と認めたのかはわからない。証拠の中身を知りたいのである。知りたければ、訴訟記録原本を調べよ、という姿勢は、非常な困難を強制するものである。

件数第2位は、「明示のないもの」で12件（13.70％）あった。「明示のないもの」は、車両時価算出の過程や根拠を示さず、車両時価額を提示するやり方である。

件数第3位は、「減価償却法によるもの」で10件（13.89％）あった。トラックの耐用年数として、法定耐用年数を採用するか、また、独自の耐用年数を定めて、トラックの使用年数による残存率を新車価格に乗じて算出する方法である。この分類には、耐用年数を超過して使用しているために新車価格の10％とするものも含んでいる。

件数第4位は、「当事者間に争いのないもの」とした裁判例で9件（12.50％）である。被害者の請求する車両時価に対して、加害者が認めて争わなかったものである。

件数第5位は、「その他」に分類される裁判例で7件（9.72％）あった。車両時価算出を、簿価を基礎にしたり、リース契約中途解約費用をもって決定したり、業者見積額の80％するなどさまざまな方法があり、1つにまとめられないので「その他」に分類した。

件数第6位は、「レッドブックによる、または参考にしたもの」の裁判例で6件（8.33％）である。レッドブック掲載の価格を車両時価とする場合のほか、レッドブックによって車両本体価格を算出し、それにトラック特有の装備品価格を加算する方法を採る裁判例である。

件数第7位は、「インターネットによるもの」の裁判例で、2件（2.78％）である。トラック全損裁判例では、インターネットによる価格の客観的時価としての信ぴょう性は問題になっていない。

④ 初度登録、走行距離の明示と車両時価算出根拠の関係

被害トラックの時価を探るには、被害トラックと同一の中古車の価格を調べることである。そのためには、被害トラックの初度登録日（初度登録日がわかれば事故日によって自動的に使用期間がわかる）や走行距離のキロ数を確認することが必要である。

裁判例を見ると、初度登録日や事故時点、あるいは事故後の一時点における走行距離が明示されているものと、明示されていないものがある。そこで、初度登録日や走行距離の明示と、車両時価算出根拠の関係を探ってみたのが次頁表10である。

「証拠（原告または被告提出）によるもの」、「明示のないもの」は、車両時価の根拠を積極的に開示しようとしない裁判例だけに、初度登録日や走行距離を明らかにしない傾向が強い。

それとは逆に、「減価償却法によるもの」、「レッドブックによる、または参考にしたもの」や「インターネットによるもの」では、初度登録日や走行距離を明らかにする

【表10】初度登録、走行距離の明示と車両時価算出根拠の関係

車両時価認定の方法	初度登録、走行距離の両方か、一方に明示のある件数	初度登録、走行距離の両方に明示がない件数	合　計
証拠（原告または被告提出）によるもの	3	23	26
明示のないもの	3	9	12
減価償却法によるもの	10	0	10
当事者間に争いのないもの	1	8	9
その他	4	3	7
レッドブックによる、または参考にしたもの	5	1	6
インターネットによるもの	2	0	2
合　計	28	44	72

ものが圧倒的に多い。これは当然の傾向で、初度登録日や走行距離を明らかにしないと、時価算出の手掛かりを失うからである。

　「当事者間に争いのないもの」では、初度登録日や走行距離の両方とも明示されていないものが多い。これは、訴訟の相手方が、請求額を認めて争わないのであるから、初度登録日や走行距離を明示する必要がないのであろう。

　それにしても、もう少し、初度登録日や走行距離を明らかにする裁判例の増加を願うのである。

調査期間：平成13年〜平成27年

番号	裁判所	判決日	事件番号	出　典	被害車両	初度登録年　月	初度登録から経過年　数	事故時走行距離	被害車両情報	全損種類	修理費（円）	認定車両時　価（円）	時価の根拠
1	東京簡裁	平13.2.14.	平11ハ16881	未公表	軽四輪貨物	明示なし	明示なし	明示なし	平10.5.31車検取得、事故は取得後13日目	全損（物理的、経済的の区分なし）	明示なし	230,000	明示なし
2	水戸a	平13.2.15.	平11ワ173、平12ワ252	交通民集34巻1号212頁	普通トラック	明示なし	明示なし	明示なし		明示なし	明示なし	50,000	時価に争いなし
3	水戸b	平13.2.15.	平11ワ173、平12ワ252	交通民集34巻1号212頁	普通トラック	明示なし	明示なし	明示なし		経済的全損	明示なし	4,150,000	証拠（乙4、証人）
4	東京(2)	平13.4.19.	平12レ79	交通民集34巻2号535頁	普通トラック	平2.10.	8年6か月	89,658km	新車価格92.7万円	経済的全損	明示なし	100,000	耐用年数6年により新車価格の10％を参考
5	東京	平13.6.29.	平12ワ23789	未公表	普通トラック（カローラバン）	平4.9.	7年8か月	明示なし		全損（物理的、経済的の区分なし）	明示なし	400,000	争いなし。原告・被告の準備書面
6	大阪a	平13.12.19.	平12ワ13638、平13ワ2707	交通民集34巻6号1642頁、自ジャ1449号13頁	普通トラック	平8.5.	3年8か月	明示なし	検針票（芯のないロール状）を積載	経済的全損	3,744,174	2,350,000	証拠（甲4、車台部分190万円、アルミバン部分45万円）
7	名古屋	平14.3.1.	平13ワ721、2900	交通民集35巻2号336頁	トラクタトレーラ	トラクタ：平6.7.	トラクタ：5年1か月	明示なし		トラクタ：全損（物理的、経済的の区分なし）	明示なし	3,470,000	5年経過のメーカー標準価格
8	東京(1)	平14.10.23.	平13ワ10852	自ジャ1483号15頁	普通トラック	明示なし	明示なし	明示なし		明示なし	明示なし	600,000	明示なし
9	東京(2)※	平14.11.26.	平13ワ20174	未公表	普通トラック	明示なし	明示なし	明示なし	X保険に車両、対物保険付保	経済的全損	2,921,600	1,850,000	時価に争いなし
10	東京高裁	平14.12.5.	平14ネ2976	自ジャ1476号5頁	普通トラック（冷凍車）	明示なし	明示なし	明示なし		明示なし	明示なし	1,490,000	証拠（略）

番号	裁判所	判決日	事件番号	出典	被害車両	初度登録年月	初度登録から経過年数	事故時走行距離	被害車両情報	全損種類	修理費（円）	認定車両時価（円）	時価の根拠
11	京都	平15.4.18.	平14ワ872	自ジャ1526号13頁	営業用普通トラック	明示なし	明示なし	明示なし	事故の18日前の平11.11.22.に車検受けた。新車価格475万円	経済的全損	6,918,555	2,500,000	明示ないながら時価230万円に直前の車検実施を考慮
12	名古屋(2)	平15.5.16.	平14ワ57	自ジャ1526号16頁	普通トラック	平11.2.17.	2年5か月	明示なし	平11.2.18.C社から433万円＋割賦手数料476,403円＋消費税216,500円、合計5,022,903円で購入	全損（物理的、経済的の区分なし）	明示なし	1,989,069	車両時価は耐用年数6年、売買価格5,022,903円×残存率0.396＝1,989,069円とした
13	静岡・浜松	平15.5.28.	平14ワ370	自ジャ1522号20頁	箱型トラック、2t	明示なし	明示なし	明示なし		経済的全損	2,670,000	2,000,000	明示なし。原告請求額と同じ
14	名古屋	平15.7.11.	平14ワ4579	自ジャ1526号18頁	保冷車（牛乳積載）	平2.5.	10年2か月	明示なし	新車価格241.4万＋冷凍整備350万、合計591.4万円	経済的全損	3,997,140	591,400	新車本体＋冷凍装備の合計591.4万円の10％
15	東京(2)a	平15.9.8.	平13ワ9852、21316	交通民集36巻5号1244頁、自ジャ1535号10頁	タンクローリー	タンク製造平8.8.	15年間使用可能中4年使用	明示なし	タンク全損、液化炭酸ガス運搬用、タンク取得価格1,478万円	物理的全損	―	7,995,980	耐用年数15年、減価償却法の4年の54.1％
16	東京(1)※	平15.11.19.	平14ワ14619、平15ワ5034	未公表	事業用普通トラック	明示なし	明示なし	明示なし	交通共済に車両共済付保	経済的全損	8,126,335	7,900,000	明示なし。支払済車両共済金と同額
17	東京b	平16.9.28.	平15ワ22676、平16ワ2358	未公表	大型トラック	明示なし	明示なし	明示なし	海産物積載	全損（物理的、経済的の区分なし）	明示なし	1,700,000	証拠（甲16の4、乙1）
18	東京(2)b※	平16.12.15.	平16ワ4066、8296	未公表	普通トラック・被告車	明示なし	明示なし	明示なし	Y共済に車両共済付保	経済的全損	803,408	530,000	証拠（乙7、11）
19	東京(2)	平17.2.14.	平16ワ18724	未公表	普通トラック	明示なし	明示なし	明示なし		全損（物理的、経済的の区分なし）	明示なし	1,650,000	証拠（甲4ないし9）
20	東京a	平17.7.11.	平16ワ11166、23180	未公表	普通トラック・原告車	明示なし	明示なし	明示なし		物理的全損（焼失）	―	100,000	明示なし

No.	裁判所	判決日	出典	車種	初度登録	経過期間	走行距離	備考	全損区分	修理費等	認定額	根拠
21	大阪	平18.4.25.	平16ワ12724	普通トラック	平4.1.	12年6か月	明示なし	排ガス規制対象車で10か月後廃車予定	経済的全損	約1,200,000	100,000	明示なし
22	東京(1)b	平18.8.28.	平17ワ12826、27328 交通民集39巻4号1160頁	清掃車	明示なし	明示なし	明示なし		明示なし	明示なし	1,440,000	証拠（乙7、8）
23	名古屋	平19.7.31.	平17ワ1563 交通民集40巻4号1064頁	普通トラック	明示なし	明示なし	明示なし		物理的全損（焼失）	―	723,527	証拠（甲176の1・2）
24 ※	東京(1)b	平20.5.13.	平18ワ26017、平19ワ21751	普通トラック	明示なし	明示なし	明示なし	Y保険に車両保険付保	経済的全損	明示なし	200,000	証拠（乙11ないし15）時価は支払保険金と同額
25	京都	平20.9.26.	平19ワ317 白ジャ1803号13頁	いすゞエルフ1ド機械式冷凍車、パワーゲート付	平11.3	7年2か月	474,030km	最大積載量3,500kg	車両本体＝物理的全損、冷凍装置＝経済的全損	明示なし	2,300,000	インターネットの222万円を参考に認定
26	東京(2)b	平20.11.5.	平20ワ12638、22787 未公表	普通トラック	明示なし	明示なし	明示なし		経済的全損	893,204	880,000	証拠（乙6の1ないし3、乙7の1・2）
27	横浜	平20.12.4.	平18ワ4107、平19ワ2967 白ジャ1769号2頁	営業用大型トラック（リース車）	明示なし	明示なし	明示なし	運転席奥にベッドあり	経済的全損	明示なし	2,800,000	レッドブックの280万円~305万円を認定
28 ※	東京(1)b	平21.1.13.	平19ワ26232、27459 未公表	普通トラック	明示なし	明示なし	明示なし	X保険に車両保険付保	物理的全損	明示なし	1,259,000	時価に争いなし
29	仙台	平22.2.10.	平20ワ248 白ジャ1835号126頁	トラクタ・セミトレーラ	セミトレーラ＝平7.7	セミトレーラ＝9年10か月	明示なし	トラクタ新車価格1,189万円、セミトレーラ新車価格680.4万円	物理的全損（炎上）	セミトレーラ修理費8,803,083、トラクタ修理の可否不明	セミトレーラ808,315、トラクタ1,284,120	セミトレーラ・新車価格680.4万円×1.1×0.108＝808,315円　トラクタ・新車価格1,189万円×0.108（法定耐用年数10年）＝1,284,120円
30	東京(1)	平22.2.10.	平21ワ14345 白ジャ1847号175頁	軽四トラック（特装架台付き）	平12.3.	7年	341,554km	平12.2.5.の購入価格168万円（特装架台、ステッカー代を含む）	経済的全損	664,650	210,000	特装架台込み新車価格168万円の約10%＝17万円+エンジン交換費4万円
31 ※	京都	平22.3.30.	平20ワ3487、平21ワ308 白ジャ1831号37頁	普通トラック	明示なし	明示なし	明示なし	甲保険に車両保険付保	明示なし	明示なし	2,700,000	明示なし。時価と車両保険金額が同額

番号	裁判所	判決日	事件番号	出典	被害車両	初度登録年月	初度登録から経過年数	事故時走行距離	被害車両情報	全損種類	修理費（円）	認定車両時価（円）	時価の根拠
32	大阪※	平22.4.22.	平21ワ14809	交通民集43巻2号539頁	普通トラック（リース車）	明示なし	明示なし	明示なし	X保険に車両保険付保	経済的全損	1,229,435	910,000	甲7（リース中途解約弁済金109万9,325円支払済）
33	神戸(1)※	平22.5.11.	平21ワ249	交通民集43巻3号555頁	トラック	明示なし	明示なし	明示なし	X保険に車両保険付保	経済的全損	明示なし	272,000	証拠（甲4）
34	名古屋	平22.7.9.	平21ワ1159	自ジャ1841号153頁	トレーラキャリアカー	平7.	約12年	明示なし	平19.5.の購入価格380万円＋39万7,068円	経済的全損	6,123,075	3,357,654	平19.5.時購入価格419万7,068円の約2割減
35	大阪	平22.7.29.	平20ワ4593、平21ワ4667	交通民集43巻4号949頁、自ジャ1860号152頁	普通トラック	平18.6.15.	約6か月	明示なし	購入価格750万円	明示なし	明示なし	6,566,000	購入価格から減価償却する方法を採用（甲4）750万円×0.875≒656.6万円
36	横浜a※	平22.8.9.	平21ワ2450、3796	自ジャ1838号74頁	高所作業車	明示なし	明示なし	明示なし	X保険に車両保険付保	全損（物理的、経済的の区分なし）	明示なし	6,143,630	明治なし。時価は保険会社が支払った金額と同額
37	東京(1)a	平23.2.24.	平22ワ6600、44460	未公表	普通トラック・マツダタイタン	平9.2.	約11年4か月	約20万km	新車価格241万3000円	経済的全損	542,010	287,000	平13.12.時点の時価70万円が根拠の1つ
38	さいたま	平23.3.18.	平18ワ213、293、1193、平19ワ563	自ジャ1854号88頁	大型トラック	平7.8.	9年2か月	明示なし		経済的全損	5,634,153	500,000	明示なし、初度登録などを勘案
39	名古屋b	平23.5.27.	平22ワ297、2786	自ジャ1853号106頁	10tトラック	明示なし	明示なし	明示なし		経済的全損	996,051	900,000	明示なし。証拠（略）では928,000円と評価されているにもかかわらず
40	東京(2)c※	平23.7.26.	平22ワ20525、23574	未公表	日野レンジャー	明示なし	明示なし	明示なし	X共済に車両共済付保	経済的全損	8,916,369	3,094,233	証拠（乙7、8）スクラップ546,041円控除済
41	東京(2)b	平24.1.18.	平23ワ9833、37772	未公表	大型特種冷蔵冷凍車・キャブ付シャシとリヤボデー	明示なし	明示なし	明示なし		経済的全損	4,839,251	3,575,934	証拠（甲2、乙4の1、5、8の1・2、9、10、11）時価と売却代金の差

番号	裁判所	日付	事件番号	出典	車種	初度登録	経過年数	走行距離	保険	損害		証拠
42	東京(5)b※	平24.1.27.	平23ワ9993,18852	交通民集45巻1号85頁	ニッサンADバン（トラック）	平16.6.	6年6か月	4万km	X保険に車両保険付保		1,532,643	440,000	証拠（丙1～4）前記証拠によるが、「前記証拠」不明。定率法による算定とインターネットの中古車サイト価格を否定
43	大阪(1)a	平24.3.23.	平22ワ5177,平23ワ6982	自ジャ1879号101頁	中型トラック	明示なし	明示なし	明示なし		経済的全損	3,517,500	2,800,000（車両本体255万円、幌ウイング25万円）	
44	大阪a※	平24.3.27.	平22ワ7883,8299,11785,平23ワ6193	自ジャ1877号61頁	普通トラック（乙山車）	平11.12.	8年6か月	明示なし	新車価格380万円 X保険に車両保険付保	経済的全損	919,947	700,000（支払保険金）(83万円時価)	83万円の根拠明示なし、保険会社の車両保険金70万円
45	大阪c※	平24.3.27.	平22ワ7883,8299,11785,平23ワ6193	自ジャ1877号61頁	大型トラック（戌田車）	明示なし	明示なし	明示なし	W保険に車両保険付保	明示なし	明示なし	2,820,000	証拠（略）
46	京都	平24.8.29.	平23ワ1557	交通民集45巻4号1039頁、自ジャ1886号109頁	普通トラック・ハイエーススパン	明示なし	明示なし	350,000km		全損に争いなし	明示なし	593,000	インターネット価格52.6万円と66万円の平均価格59.3万円
47	東京(2)	平24.9.18.	平23ワ40769	未公表	大型トラック・いすゞフォワード	明示なし	明示なし	明示なし		経済的全損	5,071,578	3,760,000	証拠（甲3）
48	東京(1)	平24.12.19.	平23ワ32137	未公表	コンクリートミキサー車3t	明示なし	明示なし	明示なし		経済的全損	4,446,425	800,000	証拠（甲2ないし5）
49	横浜(3)	平25.1.31.	平24ワ92	交通民集46巻1号188頁、自ジャ1893号171頁	普通トラック	明示なし	明示なし	94,400km		経済的全損	明示なし	260,000	レッドブックの29万円から標準走行距離上回り3万円減額
50	岡山	平25.2.21.	平24ワ318	交通民集46巻1号289頁	トレーラー	明示なし	明示なし	明示なし	事故直前にエンジン修理を終え、載せ替えている	明示なし	明示なし	3,558,761	期末簿価299,603円（甲15）＋載替費3,259,158円の合計

番号	裁判所	判決日	事件番号	出典	被害車両	初度登録年月	初度登録から経過年数	事故時走行距離	被害車両情報	全損種類	修理費（円）	認定車両時価（円）	時価の根拠
51	大阪a	平25.5.30.	平23ワ10062、13552、13551	交通民集46巻3号698頁	冷凍冷蔵車	平17.7.	5年8か月	384,800km	最大積載量3,000kg　取得価格596万1,890円	全損（物理的・経済的の区分なし）	明示なし	4,918,559	償却期間6年の6か月経過の定率法0.825×取得価格
52	名古屋	平25.6.28.	平23ワ5814	自ジャ1904号166頁	クレーン付キャリアカー	平16.	7年	明示なし	新車購入額1,064万0,290円	全損（物理的・経済的の区分なし）	明示なし	4,500,000	減価償却法否定。2業者の見積り5,537,860円と530万円の8割程度を認定
53	神戸	平25.7.25.	平23ワ2828	交通民集46巻4号1010頁	中型トラック4t	明示なし	明示なし	明示なし	最大積載量2,650kg、仮設住宅部材3,104.3kg積載	経済的全損	明示なし	3,693,240	事故の5日前に買替えのため取った見積りによる
54	東京(1)a	平25.8.5.	平24ワ20243、28694	未公表	トラック	明示なし	明示なし	明示なし		全損（物理的・経済的の区分なし）	明示なし	2,048,000	時価に争いなし
55	東京(1)b ※	平25.8.5.	平24ワ20243、28694	未公表	トラック	明示なし	明示なし	明示なし	Y保険に車両保険付保	全損（物理的・経済的の区分なし）	明示なし	7,142,000	時価に争いなし
56	東京(3)b	平25.8.6.	平25レ215	未公表	トラック・三菱ミニキャブバン	平7.8.	16年	6,785km	車検有効平23.10.4.、新車価格96.7万円	全損（物理的、経済的の区分なし）	明示なし	100,000	レッドブックとインターネットを参考に決定
57	東京b	平25.9.11.	平23ワ41267、平24ワ29934	未公表	トラック	明示なし	明示なし	明示なし		経済的全損	修理費が時価を上回ることを認める	90,000	証拠（甲5、6）
58	東京(3)b	平25.9.30.	平24ワ17649、25183	自ジャ1911号119頁	普通トラック	明示なし	明示なし	明示なし		全損（物理的、経済的の区分なし）	明示なし	160,000	時価に争いなし
59	東京(1)a	平25.11.6.	平24ワ22316、30518	未公表	軽トラック・ホンダアクティバンSDX	平21.11.	1年11か月	明示なし		経済的全損	明示なし	770,000	レッドブックによる

No.	裁判所	判決日	事件番号	出典	車種	初度登録	経過年数	走行距離	備考	全損の区分	修理費	認定額	証拠
60	東京b	平25.11.19.	平23ワ32379、平24ワ33027	未公表	廃棄車	明示なし	明示なし	明示なし		全損に争いなし（経済的全損）	明示なし	1,130,000	甲7、甲B1
61	徳島	平25.11.20.	平24ワ56	自ジャ1914号115頁	事業用トラック、ワイドボディ	明示なし	明示なし	明示なし		明示なし	明示なし	5,040,000	時価に争いなし
62	東京b※	平25.11.28.	平24ワ15589、36859	自ジャ1916号140頁	普通トラック	明示なし	明示なし	明示なし	X保険に車両保険付保	経済的全損	264,506	224,992	リース契約中途解約費用が時価となる
63	東京(1)	平26.2.21.	平24ワ32232	未公表	冷凍車	平20.5.	3年6か月	288,400km	平23.5.に車検を受けた	経済的全損	14,552,265	5,000,000	レッドブックによる
64	東京a	平26.2.28.	平25ワ23950	未公表	トラック・トヨタトヨエース	平8.11.	15年	244,365km	乗用車を積載	経済的全損	2,325,446	1,110,000	レッドブックによる
65	東京※	平26.3.24.	平25ワ23160	未公表	中型トラック	明示なし	明示なし	明示なし	X保険に車両保険付保	明示なし	明示なし	3,850,000	時価に争いなし
66	名古屋a※	平26.4.25.	平24ワ1013、2761、2977	交通民集47巻2号551頁、自ジャ1930号101頁	大型トラック（丙川車）	明示なし	明示なし	明示なし	A保険に車両保険付保	全損（物理的、経済的の区分なし）	明示なし	4,750,000	甲9、10
67	名古屋b	平26.4.25.	平24ワ1013、2761、2977	交通民集47巻2号551頁、自ジャ1930号101頁	大型トラック（乙山車）	平12.3.	約11年	明示なし	NOxPM法基準非該当車	経済的全損	明示なし	2,500,000	乙11の1～3、乙12の1～4
68	東京	平26.6.17.	平25ワ17459	交通民集47巻3号721頁	トラクタ	明示なし	10年2か月	1,395,799km	購入価格1,296万円	全損に争いなし（経済的全損）	9,738,845	2,786,400	耐用年数15年採用、購入価格×0.215
69	東京b※	平27.1.26.	平24ワ34965、平25ワ2767、26519	交通民集48巻1号159頁、自ジャ1944号135頁	大型ダンプ（甲野車）	明示なし	明示なし	明示なし	第3事故の加害者・G保険に車両・対物保険付保	経済的全損	修理費は時価を上回る	15,000,000	乙5、8
70	東京c※	平27.1.26.	平24ワ34965、平25ワ2767、26519	交通民集48巻1号159頁、自ジャ1944号135頁	タウンエース（丁田車）	明示なし	明示なし	明示なし	第2事故、第3事故の被害者丙川車契約日保険が対物保険にて支払済	経済的全損	修理費は時価を上回る	430,000	丙4、11、12

番号	裁判所	判決日	事件番号	出典	被害車両	初度登録年月	初度登録から経過年数	事故時走行距離	被害車両情報	全損種類	修理費（円）	認定車両時価（円）	時価の根拠
71	名古屋	平27.7.13.	平25ワ3385、4360	自ジャ1957号119頁	事業用中型トラック（リース車）	明示なし	明示なし	明示なし		物理的全損	—	7,310,000	証拠（略）と被告の主張
72	旭川	平27.9.29.	平27レ7	自ジャ1960号131頁	トヨタランドクルーザーバン（ディーゼル車）	平7.7.	18年6か月	268,200km（平25.4.16.時点）	新車価格389.7万円	経済的全損	1,352,117	900,000	中古車業者6社の価格とインターネットの価格を参考

第3章　車両買替諸費用（トラック）

① 車両買替諸費用の請求の有無

　トラックの全損事故においても、乗用車などと同様に車両買替諸費用の損害は発生する。

　ただ、乗用車に比べると、トラックの車両買替諸費用を請求する裁判例は非常に少ない。その少ない裁判例を材料にして検討をしていく。

　トラックの場合にも、損害としての自動車重量税の位置付けが曖昧なものが見受けられる。

　それは、代替車を購入する際に発生する自動車重量税と、被害トラックが事故前に受けた車検時の自動車重量税が混同して請求されているためであろう。

　車両買替諸費用に属する費用について、**裁判例一覧表13**「車両買替諸費用（トラック）」（274頁）を参照。

　トラックが全損となったと主張して、トラック時価を請求した裁判例は72件あった。その中から保険会社（共済）が行う保険代位請求の裁判例18件（前記**裁判例一覧表12**「時価認定根拠と修理費（トラック）」の裁判所欄に※印を付した）を除く54件に対して、車両買替諸費用請求の有無を調べたのが**表11**である。

　損害として車両時価と併せて車両買替諸費用を請求した裁判例は13件（24.07%）であり、残り41件（75.93%）は、トラック時価を請求するが車両買替諸費用を請求していない裁判例である。乗用車の場合の車両買替諸費用請求の裁判例は31.13%であり、4%ほど少ない。

　保険会社（共済）の保険代位請求を72件から除いた理由は、保険会社が保険金支払いの対象としない車両買替諸費用を加害者に代位請求できないので、保険代位請求の裁判例には、元から車両買替諸費用の請求はないためである。

【表11】 トラック全損請求のうち、車両買替諸費用の請求の有無

車両全損請求	件　数	割　合(%)
車両買替諸費用の請求あり	13	24.07
車両買替諸費用の請求なし	41	75.93
合　計	54	100.00

【表12】「車両買替諸費用の請求あり」に対する裁判例の認否

車両買替諸費用請求に対する認否	件　　数	割　合（%）
車両買替諸費用を認容した裁判例	12	92.31
車両買替諸費用を否認した裁判例	1	7.69
合　　　計	13	100.00

② 車両買替諸費用自体が損害となるのか

　車両買替諸費用の請求裁判例13件に対し、判決が認容したものが12件（92.31%）、否認したのが１件（7.69%）であった（**表12**参照）。否認した裁判例の否認理由は、下記裁判例の引用のところで評論したが、車両買替諸費用の請求の仕方に問題があったためで、本来は認められるはずのもののように思われる。

否認理由（横浜地判平成25年１月31日(3)交通民集46巻１号188頁）

原告請求	普通トラックの車両買替諸費用20万円を請求した。
被告反論	「具体的にどのような理由で20万円という金額が必要であるのかが全く不明である。」（189頁）
判決判断	「原告の主張する費用20万円の内訳は、具体的に主張立証されていない。また、原告代表者供述によっても、上記20万円が諸費用として記載されている請求書（甲７）は、原告車両を購入した際の請求書を本件事故後に改めて発行してもらったものだというのであり、およそ的確な証拠とはいえない。 　よって、車両買換費用を損害と認定することはできない。」（191頁）
コメント	原告は、代替車を購入した時の諸費用を証拠として提出しなかったために認められなかった。

　上記の車両買替費用否認裁判例は、損害として車両買替費用それ自体を否定しているものではない。暗に満足のいく証拠があれば認めることを示唆している。

③ 車両買替諸費用で要した費用全部を請求できるか

　車両買替諸費用を認容した裁判例12件の車両買替諸費用の扱いには、車両買替諸費用を構成する費目と金額を個別に計上するものと、費目を一括して車両買替諸費用の

【表13】 車両買替諸費用の費目・金額

車両買替諸費用を認容した裁判例	件　　数	割　合（%）
車両買替諸費用を一括計上した件数	2	16.67
車両買替諸費用の費目を個別に計上した件数	10	83.33
合　　計	12	100.00

合計額だけを計上するものがある。それを示したのが**表13**である。

　車両買替諸費用の内訳を示さず、費目・金額ともに一括計上する裁判例が2件（16.67%）であり、車両買替諸費用を構成する費目ごとに金額を示している裁判例が10件（83.33%）であった。

④　車両買替諸費用の費目別認否状況

(1)　裁判例が否認する費目と理由

①　自動車税、自賠責保険料

否認理由❶（東京地判平成13年4月19日(2)交通民集34巻2号535頁）

控訴人請求	車両買替費用として、総額8万6,961円を請求した。そのなかに自動車税9,500円、自賠責保険料1万6,100円が含まれていた。
被控訴人反論	「(2)　買替諸費用について 　不法行為の損害論についての通説的見解である差額説の立場からすれば、一般に、事故により車両が全損となっても、加害者は被害者に対し同等の車両を現実に再取得させる義務まで負うわけではなく、事故時の車両の価値に相当する金員の賠償義務を負うのみである。したがって、控訴人主張の買換諸費用は、すべて本件事故との相当因果関係を欠き、本件事故による損害とは認められない。」（538頁）
判決判断	「本件事故のように被害車両が全損と評価される場合には、被害者は、被害車両を修理してこれを再び使用することはできず、元の利益状態を回復するには同種同等の車両を購入するほかはない。したがって、この新たな車両の購入に伴って生ずるいわゆる買換諸費用は、車両の取得行為に付随して通常必要とされる費用の範囲内において、事故による損害と認められるべきものであり、……。」（538頁） 　「自動車税及び自賠責保険料は、車両の取得行為に付随して必要となる費用ではなく、車両を現に所有していること等に伴って生ず

判決判断	る費用であって、いずれも、事故によって車両が全損となった場合には、所定の手続を執ることにより未経過分の還付を受けることができるものであるから、これらは本件事故と相当因果関係を有する損害とは認められない。」(539頁)(下線筆者)

否認理由❷（大阪地判平成13年12月19日交通民集34巻6号1642頁）

原告請求	新車購入諸費用として25万1,005円を請求した。そのなかに自動車税1万1,200円が含まれていた。
被告反論	引用判決文には、反論が記載されていない。
判決判断	自動車税を0万円とした。その理由は「所定の手続により還付を受けることができるから、損害とはいえない。」(1649頁)
コメント	この2件の裁判例から、自動車税、自賠責保険料は事故による損害として請求できないことがわかる。請求できない正当な理由は、これらが車両を取得するに必要な費用ではなく、車両を所有していることによって生ずる費用であるからである。

(2)　裁判例が認容する費目と理由

①　自動車取得税

認容理由❶（京都地判平成15年4月18日自ジャ1526号13頁）

判決判断	(3)　自動車取得税について、「上記のとおり、原告トラックの代替車両の価格は250万円と認められるので、その調達の際の自動車取得税（税率3％）の金額として7万5,000円（＝250万円×0.03）の損害の発生を認める。なお、前記のとおり、原告は『自動車税』と主張するが、その主張の税率に照らし、『自動車税』というのは『自動車取得税』の誤記と認める。」(14頁)(下線筆者)

認容理由❷（大阪地判平成22年7月29日交通民集43巻4号949頁）

判決判断	「買替えのために必要となった登録や手続に要した費用、自動車取得税は、本件事故と相当因果関係のある損害と認めるのが相当である。 　そうすると、自動車取得税（21万円）、検査登録諸費用（3万0,450円―税込み）、検査登録預かり法定費用（3,640円）及び納車費用（1

判決判断	万3,650円－税込み）の合計25万7,740円（甲13）が本件事故と相当因果関係のある損害と認められる。」（956頁）（下線筆者）

認容理由❸（東京地判平成26年2月28日判例集未登載）

原告請求	登録手続関係費合計15万0,705円を請求した。その内訳は、自動車取得税11万0,100円、検査登録費4,320円、納車費用7,392円、検査登録代行費用1万9,583円、リサイクル法関連費用9,310円であった。
被告反論	「ウ（登録手続関係費用：筆者注）否認する。登録手続関係費は事故がなくても車を買い替える時期が到来すれば出費を余儀なくされることから、事故と相当因果関係のある損害に当たらない。」
判決判断	「本件事故と相当因果関係のある登録手続関係費用相当額は、原告会社車と同一の車種、年式、型、同程度の使用状態、走行距離等の中古車両を取得するのに必要な費用であるところ、証拠（乙8の2）及び弁論の全趣旨によれば、原告会社が、原告会社車とほぼ同程度の新車（ママ）を購入した場合における自動車取得税、検査登録費用、納車費用、検査登録代行費用及びリサイクル法関連費用の合計額が15万0,705円であることが認められることに鑑み、本件事故と相当因果関係のある費用を10万円と認める。」と、請求額15万0,705円ではなく、10万円とした（下線筆者）。
コメント	判決が、15万0,705円を10万円に減額した理由が明示されていない。 　10万円には、登録手続関係費用として自動車取得税、検査登録費用、納車費用、検査登録代行費用およびリサイクル法関連費用の全部が含まれるように思われるが、明確ではない。 　なお、被告反論に対し、判決は、「事故がなければ直ちに負担する必要がなかったものであるから、事故と相当因果関係のある損害と認められる。」としている。

②　自動車重量税
認容理由（東京地判平成22年2月10日(1)自ジャ1847号175頁）

原告請求	「買い換えを余儀なくされたため、自動車取得税相当額2万0,200円、自動車重量税相当額5,600円、新車両登録費用5万5,460円の支出を余儀なくされ、原告車の車検費用未経過分3万4,460円が無駄

原告請求	となった。」（179頁）と11万5,720円を主張した。
判決判断	「証拠（略）によれば、新車購入のため、自動車取得税相当額 2 万0,200円、自動車重量税相当額5,600円、登録手数料 5 万2,500円、営業ナンバープレート取得費用2,960円を要したことが認められるところ、原告の営業形態上、新規車両に買い替える必要があったことが認められるから、同額が損害となる。車検費用未経過分は、同等車両を取得し得る時価賠償で填補されていると認められる。」（179頁）と 8 万1,260円を認めた（下線筆者）。
コメント	本件裁判例では、車両買替諸費用としての自動車重量税を認めている。

③　検査登録手続代行費用

認容理由（京都地判平成24年 8 月29日交通民集45巻 4 号1039頁）

原告請求	原告が求める商品以外の損害は、別紙 4 「原告の主張」欄記載のとおりとあるが、引用判決文では別表が省略されていて不明。
被告ら反論	被告らの主張は、別表 4 「被告らの主張」欄記載のとおりとあるが、引用判決文では別表が省略されている。
判決判断	「本件事故により、原告車が全損となったことは争いがないところ、被告らが賠償すべきは、原告車の本件事故時の時価相当額及び諸手続費用と認めるのが相当である。……68万7,000円を原告車の車両時価額と見るのが相当である。これに、証拠（甲 4 ）及び弁論の全趣旨から相当因果関係の認められる手続諸費用である登録手続手数料 4 万5,000円、自動車取得税3,800円及び廃車費用8,630円を加算すると74万4,430円となる。」（1050頁）と74万4,430円を認めた。
コメント	登録手続手数料 4 万5,000円を損害と認めている。

④　納車費用

認容理由（東京地判平成25年11月 6 日(1) a 判例集未登載）

原告請求	原告車は、本件事故により全損となったとして、登録手続関係費 4 万5,150円を請求した。
被告反論	原告の損害については、いずれも知らない。

判決判断	「原告某は、登録手続関係費として、手続代行費用 2 万9,400円及び納車費用 1 万5,750円の合計 4 万5,150円を主張し、前記ア（原告車時価77万円：筆者注）の認定、判断に加え、証拠（甲 8 ）及び弁論の全趣旨によれば、原告某は、原告車を買い替えるに当たり、これらの費用を支出したことが認められ、これらは、本件事故と相当因果関係のある登録手続関係費であると認められる。」（下線筆者）
コメント	登録手続関係費合計 4 万5,150円を損害と認めている。そのなかに、納車費用 1 万5,750円も含まれている。

⑤　資金管理料金、リサイクル預託金

認容理由（東京地判平成24年 9 月18日⑵判例集未登載）

原告請求	原告は、本件事故により、次のとおり損害を被ったと、ア 車両時価額376万円、イ 登録手続関係費等55万2,002円、㋐自動車取得税17万7,700円、㋑検査登録手続代行費用 2 万7,780円、㋒納車費用 1 万3,000円、㋓資金管理費用362円、㋔検査登録費用4,240円、㋕リサイクル預託金 1 万2,560円、㋖消費税29万8,360円、㋗自動車重量税未経過分 1 万8,000円を請求した。
被告反論	「損害はすべて争う。車両の買換えに伴う諸費用が損害になるとしても、同種・同等の車両の購入に伴う諸費用が相当因果関係がある損害とされるのであって、少なくとも、自動車取得税及び所得税（消費税の誤り：筆者注）は、376万円の中古車両を購入することを前提として算出されるべきである。」
判決判断	「車両の買換えに伴って、検査登録手続代行費用 2 万7,780円、納車費用 1 万3,000円、資金管理費用362円、検査登録費用4,240円及びリサイクル預託金 1 万2,560円を要するから（甲 4 ）、これらは本件事故による損害と認める。原告車の自動車取得税（ママ）は、 2 万1,600円であり、これを平成21年 9 月17日に納付しているから、本件事故時に自動車重量税未経過分は 1 万8,000円となる（甲 3 ）。さらに、自動車取得税は、時価相当額376万円の 3 ％相当額である11万2,800円、消費税は、時価相当額376万円の 5 ％相当額である18万8,000円である。したがって、37万6,742円が登録手続関係費等となり、これらが本件事故による損害となる。」（下線筆者）
コメント	資金管理費用362円、リサイクル預託金 1 万2,560円を認めている。

裁判例一覧表13　車両買替諸費用（トラック）

調査期間：平成13年～平成27年

番号	裁判所	判決日	事件番号	出典	被害車両	車両購入諸費用関係（円）															
						購入諸費用合計・内訳不明	自動車税	自動車取得税	自動車重量税	自賠責保険料	検査登録法定費用	車庫証明法定費用	検査手続代行費用	車庫手続代行費用	リサイクル法関連費	登録事務所持込代行	プレート実費	納車費用	各種消費税	資金管理料金	リサイクル預託金
1	東京簡裁	平13.2.14.	平11ハ16881	未公表	軽四輪貨物						3,600	2,500	20,000	10,000		10,000		10,000			
2	東京(2)	平13.4.19.	平12レ79	交通民集34巻2号535頁	普通トラック		0			0	1,940	2,500	23,430	14,200				8,200	2,291		
3	大阪a	平13.12.19.	平12ワ13638、平13ワ2707	交通民集34巻6号1642頁、自ジャ1449号13頁	普通トラック		0	70,500			(注)	(注)	45,005	(注)				(注)	(注)		
4	京都	平15.4.18.	平14ワ872	自ジャ1526号13頁	営業用普通トラック			75,000									25,000				
5	東京(1)	平22.2.10.	平21ワ14345	自ジャ1847号175頁	軽四トラック（特装架台付き）			20,200	5,600				52,500				2,960				
6	大阪	平22.7.29.	平20ワ4593、平21ワ4667	交通民集43巻4号949頁、自ジャ1860号152頁	普通トラック（乙山車）			210,000			3,640		30,450					13,650			
7	さいたま	平23.3.18.	平18ワ213、293、1193、平19ワ563	自ジャ1854号88頁	大型トラック			390,000			6,780										
8	京都	平24.8.29.	平23ワ1557	交通民集45巻4号1039頁、自ジャ1886号109頁	普通トラック・ハイエースバン			3,800					45,000								
9	東京(2)	平24.9.18.	平23ワ40769	未公表	大型トラック・いすゞフォワード			112,800			4,240		27,780					13,000		362	12,560
10	横浜(3)	平25.1.31.	平24ワ92	交通民集46巻1号188頁、自ジャ1893号171頁	普通トラック	0															
11	神戸	平25.7.25.	平23ワ2828	交通民集46巻4号1010頁	中型トラック 4t	70,000															
12	東京(1)a	平25.11.6.	平24ワ22316、30518	未公表	軽トラック・ホンダアクティバンSDX								29,400					15,750			
13	東京a	平26.2.28.	平25ワ23950	未公表	トラック・トヨタトヨエース	100,000		(注)			(注)		(注)	(注)				(注)			

（注）項目の金額が不明のもの。

第4章　残存車検費用(トラック)

① 残存車検費用の請求の有無

　車検時に支払った車検費用は、車検を受けた日から車検満了日までの期間、トラックの使用を有効にするために必要な費用である。

　ところが、トラックが期間の途中で事故により全損となり、トラックとして使用できなくなると、車検を受けた日から車検満了日までの期間のうち、事故日から車検満了日の期間に対応する支払済みの車検費用が無駄になる。この無駄になる車検諸費用を残存車検費用という。

　トラック所有者は、トラックが全損になると、事故による損害の1つとして、残存車検費用を請求する。その請求が可能なのか、裁判例は認めるのか、これを残存車検費用に関する裁判例についてみていくことにする。

　表14は、事故の被害者が車両全損であると主張する裁判例のうち、被害者が車両全損時価額と同時に残存車検費用を請求しているか、どうかを調べたものである。

　被害者が車両全損と主張する72件(**裁判例一覧表12**「時価認定根拠と修理費(トラック)」(259頁)参照)から、保険代位請求の裁判例18件を除いた54件のうち、車両全損時価と一緒に残存車検費用を請求したものは5件(9.26%)、残り49件(90.74%)は、車両全損時価を請求しているが、残存車検費用を請求していない裁判例である。トラックの全損事故では、残存車検費用を請求する裁判例は、非常に少ない。

② 事故日と残存車検費用の関係

　平成17年1月1日に施行された自動車リサイクル法と同時に、残存車検費用に属する自動車重量税の未経過分が還付されるようになった。

　したがって、平成17年1月1日以前と以降の事故日で残存車検費用に属する自動車

【表14】トラック全損請求のうち、残存車検費用の請求の有無

車両全損請求	件　　数	割　合(%)
残存車検費用の請求あり	5	9.26
残存車検費用の請求なし	49	90.74
合　　計	54	100.00

【表15】 残存車検費用請求の内容

車両全損請求費目	件　　数
自動車重量税を含むその他費用を請求のもの	1
自動車重量税のみを請求のもの	4
合　　　計	5

重量税の取扱いが異なる結果となる。残存車検費用に属する自動車重量税とその他の諸費用を区別しながら、裁判例をみていく。

表15は、残存車検費用として事故の被害者がどのような損害費目を請求しているかを見たものである。残存車検費用請求裁判例5件のうち、1件は自動車重量税のほか、車検印紙代、整備費用、登録等代行料などを請求しているが、あとの4件は、自動車重量税だけを残存車検費用として請求しているものであった。

残存車検費用請求の詳細は、**裁判例一覧表14**「残存車検費用（トラック）」（280頁）参照。

③ 裁判例の認容理由──残存車検費用は認められる

認容理由❶（東京簡判平成13年2月14日判例集未登載）

原告請求	本件事故により、原告車は、廃車になったが、当該車両は事故直前の5月31日に24か月の車検を受けたばかりで、13日間使用したのみである。車検に要した費用を本件事故による損害として下記費用を請求した。 (1)自動車重量税　　8,810円 (2)車検に必要な印紙代　　1,400円 (3)24か月法定点検　　2万8,500円 (4)車検登録手続代行手数料　　1万8,000円 (5)持込み代行料　　8,600円 (6)納車引取料　　4,000円
被告反論	「車検の残存期間の長短は、その自動車の時価評価額に影響を及ぼさない。仮に、及ぼすとしても、その額は、オートガイド自動車価格月報の車検残存月数による評価によれば、評価額の上限である2万7,000円が限度である。」
判決判断	「オートガイド自動車価格月報の車検残存月数による評価（小売用）参考値（被告第4準備書面添付資料）によれば、中古車の車検

判決判断	残存期間は24か月のうち13か月を標準にしており、原告車の損害額として認定された23万円の評価額の中には、前記の車検残存期間が含まれているのであるから、原告の損害額は、その車検の残存期間を控除した11か月分、下記(a)ないし(d)の合計額 5 万3,710円を24か月で除した額に11か月を掛けた 2 万4,617円が原告の損害額となる。」 | (a)自動車重量税	8,810円 | | (b)車検に必要な印紙代 | 1,400円 | | (c)車検登録手続代行手数料 | 1 万5,000円 | | (d)24か月法定点検 | 2 万8,500円 | | (e)持込み代行料、納車引き取り費用 | 0円 | | | （上記車検登録手続代行手数料に包含されている。） | 計算式：(a)〜(d)合計53,710円÷24か月×11か月≒24,617円
コメント	本件裁判例は、自動車重量税の還付制度導入前のものであり、自動車重量税を認めているが、現在では、認められない。 　本件裁判例で重要なことは、自動車重量税以外の「残存車検費用に属する印紙代」、「車検登録手続代行手数料」、「24か月法定点検費用」が認められ、「持込み代行料、納車引き取り費用」が認められなかった事実である。

認容理由❷ （東京地判平成24年 9 月18日⑵判例集未登載）

原告請求	登録手続関係費等として、自動車取得税などと一緒に自動車重量税未経過分 1 万8,000円を請求した。
被告反論	「損害はすべて争う。」
判決判断	「車両の買換えに伴って、検査登手続代行録費用 2 万7,780円、納車費用 1 万3,000円、資金管理費用362円、検査登録費用4,240円及びリサイクル預託金 1 万2,560円を要するから（甲 4 ）、これらは本件事故による損害と認める。原告車の自動車取得税（自動車重量税の誤り：筆者注）は、 2 万1,600円であり、これを平成21年 9 月17日（事故日平成23年 1 月12日、事故の 1 年 4 か月前：筆者注）に納付しているから、本件事故時に自動車重量税未経過分は 1 万8,000円となる（甲 3 ）。さらに、自動車取得税は、時価相当額376万円の 3 ％相当額である11万2,800円、消費税は、時価相当額376万円の 5 ％相当

判決判断	額である18万8,000円である。したがって、37万6,742円が登録手続関係費等となり、これらが本件事故による損害となる。」（下線筆者）
コメント	原告が請求した自動車重量税は、全額の2万1,600円ではなく、未経過分の1万8,000円である。このことから、原告の請求は、残存車検費用としての自動車重量税であるとみられる。そして、判決も同額を認容した。 　ところが、原告が請求し、判決が認めた未経過分1万8,000円は、どのような計算過程で算出されたのかはわからない。2年車検、3年車検を想定して計算したが、下記のとおり合致することはなかった。 　本件裁判例は、自動車重量税未経過分の還付制度が始まった以降の裁判例である（事故日：平成23年1月12日）。それにもかかわらず、還付制度に触れず、自動車重量税未経過分を認容している。 　　　自動車重量税納付日：平成21年9月17日、納付額：2万1,600円 　　　事故日：平成23年1月12日 　　　納付日〜事故日の期間：1年4か月（16か月） (1)　2年車検の場合 　　　事故満了日（推測）：平成23年9月16日 　　　納付日〜車検満了日の期間：2年（24か月） 　　　事故日〜車検満了日の期間（未経過分）＝24か月−16か月＝8か月 　　　自動車重量税未経過分計算：21,600÷24か月×8か月＝7,200円 (2)　3年車検の場合 　　　事故満了日（推測）：平成24年9月16日 　　　納付日〜車検満了日の期間：3年（36か月） 　　　事故日〜車検満了日の期間（未経過分）＝36か月−16か月＝20か月 　　　自動車重量税未経過分計算：21,600÷36か月×20か月＝12,000円 (3)　2年車検でも3年車検でも、判決認容の1万8,000円にならない。

認容理由❸（東京地判平成26年2月21日(1)判例集未登載）

原告請求	「原告は、原告車について、平成23年5月に車検のため整備を行い、同月から平成24年5月までの期間の分の費用として自動車重量税1万0,800円を支出した。しかし、原告は、平成23年11月11日に発生した本件事故により、原告車を廃車することになったため、上記の

原告請求	自動車重量税の未経過分5,040円相当の損害を被った。 　なお、原告は、自動車重量税の未経過分の還付を受けていない。」と主張した。
被告反論	「使用済自動車の再資源化等に関する法律により、自動車が適正に解体され永久抹消登録された場合は、自動車重量税の未経過分は還付されるから、自動車重量税の未経過分は損害には当たらない。」
判決判断	「(2)残存車検費用　　認められない。 事故車両の自動車重量税の未経過分は、使用済自動車の再資源化等に関する法律により適正に解体され、永久抹消登録すれば、還付されるものである。原告が原告車を廃車にした際に自動車重量税の未経過分の還付を受けたかどうかは明らかではないが、還付を受けることができない合理的な理由も認められないから、自動車重量税の未経過分は、本件事故と相当因果関係のある損害とは認められない。」
コメント	本件裁判例の原告は、残存車検費用として、自動車重量税だけを請求し、その他の諸費用を請求していない事案である。 　自動車重量税の還付制度が始まった以降の裁判例であり、明確に、自動車重量税の未経過分を損害として認めなかった。自動車重量税の還付を受けていなくても、認められることはない。

裁判例一覧表14　残存車検費用（トラック）

調査期間：平成13年～平成27年

番号	裁判所	判決日	事件番号	出典	被害車両	認容残存車検費用（円）	計算式	残存車検費用合計（円）	残存車検費用内訳（円）				
									車検用印紙代	法定整備費	自動車重量税	登録等代行料	納車引取料
1	東京簡裁	平13.2.14.	平11ハ16881	未公表	軽四輪貨物	24,617	53,710÷24×11 =24,617	53,710	1,400	28,500	8,810	15,000	0
2	東京(2)	平13.4.19.	平12レ79	交通民集34巻2号535頁	普通トラック	3,666	8,800÷12×5 =3,666	8,800			8,800		
3	大阪a	平13.12.19.	平12ワ13638、平13ワ2707	交通民集34巻6号1642頁、自ジャ1449号13頁	普通トラック	9,333	44,800÷24×5 =9,333	44,800			44,800		
4	東京(2)	平24.9.18.	平23ワ40769	未公表	大型トラック・いすゞフォワード	18,000	不明、明示なし	21,600			21,600		
5	東京(1)	平26.2.21.	平24ワ32232	未公表	冷凍車	0		0			0		

第5章　廃車解体費用(トラック)

① 廃車解体費用の請求の有無

　廃車解体費用は、車両が全損になり修理ができなくなったため、廃車解体手続をする際、発生する費用のことである。廃車処分をしないで放置しておくことは許されず、毎年自動車税もかかる。

　廃車処分とは、法的には道路運送車両法による「抹消登録」のことである。抹消登録には「永久抹消登録」(15条抹消登録)、「一時抹消登録」(16条抹消登録)」、「輸出抹消登録」(15条の2抹消登録)の3つがある。全損車両を廃車処分するというのは、「永久抹消登録」をすることになる。

　トラック廃車処分の費用総額は、おおよそ、次のとおりである。

●トラックの所有者自身が行う場合：抹消登録費用（法定費用）		
	登録申請手数料	350円
	申請書代	100円
	合計	450円
●トラックを業者に依頼する場合：		
	解体処分費用	0円〜10,000円
	廃車登録手続代行費用（業者報酬）	10,000円〜20,000円
	廃車引取り費用	5,000円〜20,000円
	抹消登録費用（法定費用）：登録申請手数料	350円
	：申請書代	100円
合　　計		25,450円〜50,450円

　被害者が、トラックは全損になったと主張してトラックの時価を請求した裁判例72件（前記裁判例一覧表12「時価認定根拠と修理費（トラック）」参照）から、保険（共済）による代位請求の裁判例18件を除いた54件について、廃車解体費用請求の有無を調べたのが表16（次頁）である。

　「廃車解体費用の請求あり」裁判例は、8件（14.81%）であり、残り46件（85.19%）はトラックが全損でありながら廃車解体費用の請求を行わなかった「廃車解体費用の請求なし」裁判例である。

　廃車解体費用の請求あり、なしの割合は、国産乗用車の場合の請求ありが13.33%、請求なしが86.67%、外国産乗用車の場合の請求ありが、12.12%、請求なしが87.88%

【表16】 トラック全損認容裁判例のうち、廃車解体費用の請求の有無

全損請求裁判例	件　　数	割　　合（%）
廃車解体費用の請求あり	8	14.81
廃車解体費用の請求なし	46	85.19
合　　計	54	100.00

【表17】 廃車解体費用の費目・金額

廃車解体費用を認容した裁判例	件　　数	割　　合（%）
廃車解体費用を一括認容した件数	1	12.5
廃車解体費用を個別に認容した件数	7	87.5
合　　計	8	100.00

と似たような割合を示している。

　裁判所が廃車解体費用を認容した8件のうち、裁判所が廃車解体費用の内訳を示さずに、廃車解体費用として一括で認容した裁判例は1件（12.5%）、廃車解体費用の個々の費目と金額を示した裁判例は7件（87.5%）であった（表17参照）。

② 裁判例の認容理由 ── 廃車解体費用は認められる

　廃車解体費用について、請求のあった8件全件が裁判例では認められている。廃車解体費用は事故と相当因果関係のある損害である。

認容理由❶（東京簡判平成13年2月14日判例集未登載）

被害者請求	車両抹消登録手続手数料1万8,000円、解体処理料2万円の合計3万8,000円を請求した。
加害者反論	「上記各金額を請求するためには、その前提として原告車両が抹消登録されたことが抹消登録証明書によって立証される必要がある。」
判決判断	原告車を廃車にするため、当該車両のナンバープレートを川口工場まで取りに行き、その後、軽自動車検査登録事務所において書類を作成するために要した費用である車両抹消登録手続手数料1万5,000円、（修理工場）の下請業者により解体処理を依頼した費用1万5,000円を認めた。

コメント	本件裁判例の「第3　争点に対する判断」の(3)「損害額について」において、イ「購入時諸費用」として、(g)車両抹消登録手続手数料と(h)解体処理料が認められている。

認容理由❷　（東京地判平成13年6月29日判例集未登載）

原告請求	原告会社分として、車両損害が少なくとも40万円、その他レッカー代4万4,310円、廃車手数料1,850円の合計額44万6,160円の損害が生じている。
被告反論	引用判決文には、被告反論が明確に書かれていない。
判決判断	原告会社の損害額として、車両損害40万円、レッカー代4万4,310円、廃車手数料1,850円を認めるとしている。
コメント	廃車手数料は、争いもなく認められたようである。 　もっとも、判決文は、廃車手数料を認めたのかどうか、一読では理解しにくい書き方ではある。

認容理由❸　（大阪地判平成13年12月19日 a 交通民集34巻6号1642頁）

判決判断	「㈤　廃車手数料　　2万9,400円（請求額認容） 　(株)Mは、(株)M車の廃車手続をK自動車工作所に依頼し、廃車手数料として2万9,400円を支払っており、これは本件事故と相当因果関係を有する損害と認められる（甲10）。」（1648頁）

認容理由❹　（名古屋地判平成14年3月1日交通民集35巻2号336頁）

原告請求	トラクタ処分費用　　39万2,543円（338頁）
被告反論	不知
判決判断	「(6)　トラクタ処分費用　　39万2,543円 　証拠（甲4、10）によれば、第二車両のトラクタ部分の処分費用として上記の額を要したことが認められる。したがって、上記価格を損害として認めることができる。」（343頁）

認容理由❺（京都地判平成24年8月29日交通民集45巻4号1039頁）

原告請求	引用判決文では、原告の主張する損害は、別表4にあるようだが、別表4が省略されている。
被告反論	被告反論も、別表4に記載されているようだが、省略されている。
判決判断	「これに、証拠（甲4）及び弁論の全趣旨から相当因果関係の認められる手続諸費用である登録手続手数料4万5,000円、自動車取得税3,800円及び廃車費用8,630円を加算すると74万4,430円となる。」と廃車費用8,630円を事故と相当因果関係のある損害と認めた。

認容理由❻（大阪地判平成25年5月30日a交通民集46巻3号698頁）

原告請求	原告は、原告車解体処分費用39万9,000円を請求した。
被告反論	引用判決文には、被告反論は記載されていない。
判決判断	「原告車解体処分費用　39万9,000円 証拠（甲7）及び弁論の全趣旨により、認める。」

認容理由❼（神戸地判平成25年7月25日交通民集46巻4号1010頁）

原告請求	原告は、車両処分料（レッカー代を含む）、車両抹消登録手数料、保管料として、83万8,950円を請求した。
被告反論	「いずれも否認ないし争う。」
判決判断	「(4)　車両処分料（レッカー代を含む）、車両抹消登録手数料、保管料について　　66万円 　証拠（甲13、証人丙川）及び弁論の全趣旨によれば、本件事故により、原告は、①原告車の車両処分料（レッカー代を含む）として66万円を要したこと、②車両抹消登録手数料（抹消登録手続費用）として1万円を要したこと、しかし、上記(3)のとおり、同手数料は既に車両時価額に含めて考慮されていること、③原告車を処分するまで、本件事故日である平成23年7月6日から同年8月31日まで処分先で保管してもらったところ、14日目以降の保管からは1日当たり3,000円の保管料を要したこと、しかし、通常は処分までにそのような長期間を要することはなく、本件において、本件事故日から13日以内に処分できなかった特別な事情は見当たらないことが認めら

判決判断	れ、結局、上記のうち、車両処分料（レッカー代を含む）66万円に限り、本件事故と相当因果関係のある損害と認めるのが相当である。」（1018頁）

認容理由❽ （東京地判平成25年8月6日⑶判例集未登載）

控訴人請求	控訴人は、レッカー代および解体・抹消登録手数料として、3万6,750円を請求した。
被控訴人反論	「レッカー代及び解体・抹消登録手数料は、その内容が不明であり、また、控訴人車が初度登録から16年が経過しており、控訴人が高齢であり他に運転する者がいない事情等からすると、解体・抹消登録手数料と本件事故との間に相当因果関係はない。」
判決判断	⑵　レッカー代及び解体・末梢登録手数料 　「証拠（甲9、乙7）及び弁論の全趣旨によれば、控訴人は、本件事故発生場所から控訴人車を移動するためのレッカー代及び本件事故により全損となった控訴人車の解体・抹消登録手数料として、合計3万6,750円を支払ったことが認められる。控訴人は、本件事故により控訴人車が全損となったため、控訴人車を廃車処分にせざるを得なかったものであるから、解体・抹消登録手数料についても、本件事故との相当因果関係が認められる。」とレッカー代および解体・抹消登録手数料3万6,750円を認めた。

裁判例一覧表15　廃車解体費用（トラック）

調査期間：平成13年～平成27年

番号	裁判所	判決日	事件番号	出典	被害車両	被害車両情報	廃車・解体費用内訳（円）					
							廃車解体費用合計	廃車解体法定費用	解体処分料	廃車手続代行費用	代行費用の消費税	抹消登録費用
1	東京簡裁	平13.2.14.	平11ハ16881	未公表	軽四輪貨物	平10.5.31.車検取得、事故は取得後13日目	30,000		15,000			15,000
2	東京	平13.6.29.	平12ワ23789	未公表	普通トラック（カローラバン）		1,850			1,850		
3	大阪a	平13.12.19.	平12ワ13638、平13ワ2707	交通民集34巻6号1642頁	普通トラック	検針票（芯のないロール状）を積載	29,400			29,400		
4	名古屋	平14.3.1.	平13ワ721、2900	交通民集35巻2号336頁	トラクタトレーラ	トラクタ部分全損	392,543		392,543			
5	京都	平24.8.29.	平23ワ1557	交通民集45巻4号1039頁、自ジャ1886号109頁	普通トラック・ハイエースバン		8,630	8,630（注1）				
6	大阪a	平25.5.30.	平23ワ10062、13552、13551	交通民集46巻3号698頁	冷凍冷蔵車	最大積載量3,000kg	399,000		399,000			
7	神戸	平25.7.25.	平23ワ2828	交通民集46巻4号1010頁	中型トラック4t	最大積載量2,650kg、仮設住宅部材3,104.3kg積載	660,000		660,000（注2）			0（注3）
8	東京(3)b	平25.8.6.	平25レ215	未公表	トラック・三菱ミニキャブ	車検有効満了日平23.10.4.、新車価格96.7万円	36,750（注4）		（注5）			（注5）

（注1）判決文では「廃車費用8,630円」とあり、これが法定費用か、手続代行費用なのか不明。
（注2）解体処分料（判決文では車両処分料）66万円には、レッカー代を含む。
（注3）抹消登録費用0円の理由は、認容した車両時価369万3,240円に消費税、名義変更または抹消登録手続費用を含んでいるため。
（注4）廃車解体費用合計36,750円にはレッカー代も含むが、内訳不明。レッカー代および解体・抹消登録手数料、合計3万6,750円とある。
（注5）全額、内訳不明なるが、合計額に解体処分料と抹消登録費用が含まれている。

第6章　個別裁判例図（トラック）

① 東京簡判平成13年 2 月14日

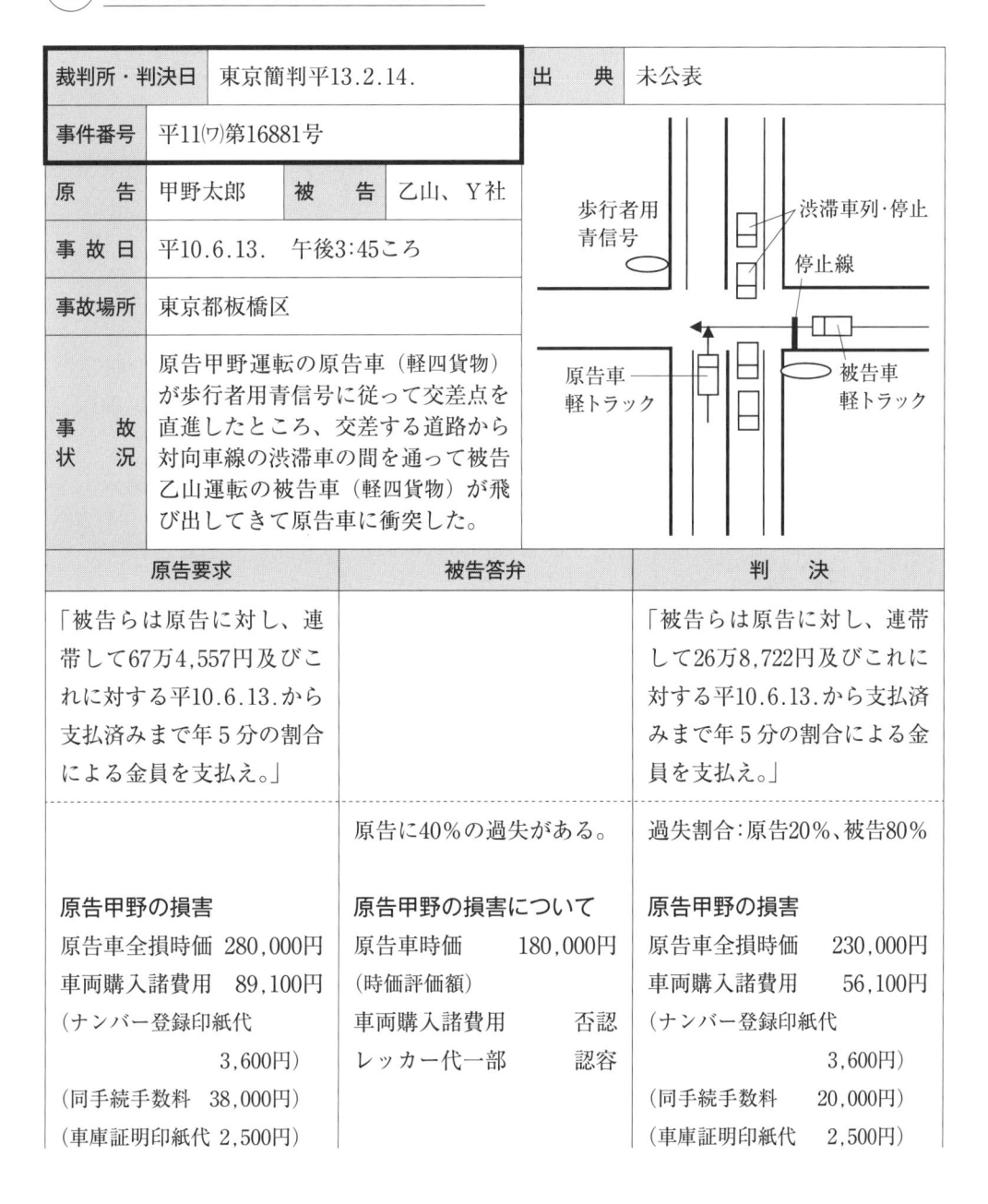

裁判所・判決日	東京簡判平13.2.14.	出　典	未公表
事件番号	平11⑺第16881号		
原　告	甲野太郎　　被　告		乙山、Y社
事故日	平10.6.13.　午後3:45ころ		
事故場所	東京都板橋区		
事故状況	原告甲野運転の原告車（軽四貨物）が歩行者用青信号に従って交差点を直進したところ、交差する道路から対向車線の渋滞車の間を通って被告乙山運転の被告車（軽四貨物）が飛び出してきて原告車に衝突した。		

原告要求	被告答弁	判　　決
「被告らは原告に対し、連帯して67万4,557円及びこれに対する平10.6.13.から支払済みまで年 5 分の割合による金員を支払え。」		「被告らは原告に対し、連帯して26万8,722円及びこれに対する平10.6.13.から支払済みまで年 5 分の割合による金員を支払え。」
	原告に40％の過失がある。	過失割合：原告20％、被告80％
原告甲野の損害 原告車全損時価　280,000円 車両購入諸費用　89,100円 （ナンバー登録印紙代 　　　　　3,600円） （同手続手数料　38,000円） （車庫証明印紙代 2,500円）	**原告甲野の損害について** 原告車時価　　　180,000円 （時価評価額） 車両購入諸費用　　否認 レッカー代一部　　認容	**原告甲野の損害** 原告車全損時価　　230,000円 車両購入諸費用　　56,100円 （ナンバー登録印紙代 　　　　　3,600円） （同手続手数料　20,000円） （車庫証明印紙代　2,500円）

（同手続手数料　18,000円）	（下請業者請求金額に限定）	（車庫証明手続手数料
（登録事務所持込代行料	代車料　　　　　　　否認	10,000円）
15,000円）	抹消登録手続費用　　否認	（登録事務所持込代行料
（納車・運搬費用	解体費用　　　　　　否認	10,000円）
12,000円）	残存車検費用　　27,000円	（納車・運搬費用　10,000円）
レッカー代　　　45,000円	追加損害　　　　　　否認	レッカー代　　　30,000円
代車料　　　　　104,000円		代車料　　　　　65,000円
（13日×8,000円）	一部弁済金　（−）100,000円	（13日×5,000円）
車両抹消登録手続手数料	（支払日：平10.7.1）	車両抹消登録手続手数料
18,000円		15,000円
解体処理料　　　20,000円		解体処理料　　　15,000円
残存車検費用　　69,310円		残存車検費用　　24,617円
（重量税　　　　8,810円）		（重量税　　　　8,810円）
（車検印紙代　　1,400円）		（車検印紙代　　1,400円）
（車検登録手続代行手数料		（車検登録手続代行手数料
18,000円）		15,000円）
（24か月法定点検		（24か月法定点検　28,500円）
28,500円）		（持込み・納車引取費用　0円）
（持込み代行料　8,600円）		（上記合計53,710円÷24か月
（納車引取料　　4,000円）		分×11か月分＝24,617円）
追加損害（カメラ代、交通費、		追加損害　　　　3,752円
現像プリント代）　18,692円		（カメラ代、交通費、現像プリン
小計　　　　　　644,102円		ト代）
不明損害（消費税？）		小計　　　　　439,469円
30,455円		上記消費税　　　21,434円
原告損害合計　674,557円		小計　　　　　460,903円
		原告過失 20%　（−）92,181円
		差引　　　　　368,722円
		被告弁済金　（−）100,000円
		原告損害合計　268,722円

原告車、被告車に関するデータ

原告車	軽四輪貨物自動車（原告甲野太郎所有、訴外東田運転）、平成10年5月31日車検取得、本件事故は車検取得後13日
被告車	軽四輪貨物自動車（被告乙山運転、被告Y社所有）、乙山はY社の従業員

─────────────── 事故概要 ───────────────

　訴外東田運転の原告車（軽四トラック）が前方の青信号に従って交差点を直進しよう
としたところ、交差道路から対向車線の渋滞する車列の間を通って交差点に進出して
きた被告乙山運転の被告車（軽四トラック）と出合頭に衝突した。信号機は歩行者用信
号の車両用のものであった。

─────────────── 訴訟概要 ───────────────

　原告は、原告車の時価と、替わりの車両を購入する諸費用、原告車の残存車検費用、
車両抹消登録手続手数料、代車料などを請求した。被告は原告の過失を主張し、諸費
用や代車料などを認めなかった。そこで、原告が簡易裁判所に提訴した。

─────────────── 原告甲野の車両全損要求 ───────────────

　原告甲野は、原告車の小売価格が28万円であり、同額の損害を被ったと主張するが、
その根拠は明らかではない。そのほか、車両購入諸費用、レッカー代、代車料、車両
抹消登録手続手数料、解体処理料、残存車検費用と訴訟準備に要した費用を追加損害
として要求した。

─────────────── 被告らの反論 ───────────────

　被告らは、本件交差点は「信号機による交通整理が行われていない交差点」である
のに、原告は、交通整理のために設置されている信号機と誤認して、40km 以上の速度
で原告車を交差点に進入させた過失があり、その割合は40％であると反論した。

　原告車時価について、被告らは、本件事故当時の取引価格は、これと同一車種、年
式、型、同程度の使用状態、走行距離等の自動車を中古車市場において取得しうるに
要する価格によって定めるとする基準があるところ、同基準によれば、原告車の本件
事故当時における時価評価額は18万円を超えることはないと反論したが、18万円の根
拠が示されていない。

　レッカー代は、下請業者が請求したレッカー代金に限定し、元請業者の加算した利
益分は、被告らが負担すべき本件事故と相当因果関係がないと反論した。

　車両購入諸費用は、新たに購入したことが抹消登録証明書と自動車検査証によって
立証される必要があり、車両抹消登録手続費用と解体処理料は、原告車が抹消登録さ
れたことが抹消登録証明書によって立証される必要があると反論し、いずれの支払い
も拒否した。

　残存車検費用は、オートガイド自動車価格月報の車検残存月数による評価によれば、
評価額の上限である2万7,000円が限度であると同額を認めた。

　追加損害額は、いずれも本件事故と相当因果関係のある損害とは言えないと支払い

を拒否した。

（代車料については省略）

---------------- **判決理由** ----------------

　判決は、被告らの反論どおり、事故現場の交差点が「信号機による交通整理が行われていない交差点」であることを認め、原告に20％の過失を認定した。原告車の損害について、判決は、原告車が全損になったことを認め、その損害額は、事故当時の取引価格が基準になるとの判断を示し、その価格は、同一車種、年式、型、同程度の使用状態、走行距離等の自動車を中古車市場において取得するに要する価格によるとする基準があるので、同基準によれば、原告車の本件事故当時の時価評価額は23万円と認められると認定した。

　車両購入諸費用について、判決は、抹消登録されたこと、（株）甲野名義で新たに車両が購入されたことは証拠により認められると認定して、車両購入諸費用5万6,100円を認めた。その他、修理工場の下請業者が行った事故現場から川口市の工場までのレッカーの料金3万円を認め、廃車のため原告車のナンバープレートを川口市の工場まで取りに行き、その後、軽自動車検査登録事務所において書類を作成した車両抹消登録手続手数料1万5,000円、解体処理料1万5,000円を認めた。

　判決は、原告が原告車を本件事故直前の5月31日に24か月車検を受けた後、13日間使用して本件事故に遭い、廃車にしたことを認めた。その損害について、「オートガイド自動車価格月報」の車検残存月数による評価（小売用）参考値によれば、中古車の車検残存期間は24か月のうち13か月を標準としており、原告車の残存車検費用は、24か月から13か月を控除した11か月分が損害となると判断して、5万3,710円[注]÷24か月×11か月＝2万4,617円を認容した。

　追加損害額について、原告は、法律相談の費用や証拠資料確保の費用と主張するが、本件事故と相当因果関係のある損害は、そのうちのインスタント・カメラ代、交通費および現像・プリント代の3,752円だけを認めた。

（代車料については省略）

┌──**【注】** 5万3,710円の内訳──────────────────
│　5万3,710円の内訳は以下のとおり。

自動車重量税	8,810円
車検に必要な印紙代	1,400円
車検登録手続代行手数料	15,000円
24か月法定点検	28,500円
持ち込み代行料、納車引取り費用	0円
合　　計	53,710円

—————— 解　説 ——————

本件は、簡易裁判所の判決だからこそ、車両全損の場合の各種損害に関して、非常に丁寧に個々の判断を示している。ただ、もう少し、個々の判断の根拠を明確に示してほしかった。

たとえば、原告車を全損と認めたが、おそらく、経済的全損であろうから、修理費用の金額を明示してほしかった。また、原告車時価額を原告要求の28万円でも、被告反論の18万円でもない23万円と認定したのであるから、その根拠は是非明確にしてほしかった。

車両購入諸費用や残存車検費用のなかの各種手数料が、原告要求額を少しずつ下回っている。この理由を明らかにしないまま、金額を示すだけにとどめている。

追加損害とは、本訴訟において原告が弁護士に委嘱せず、本人訴訟としたので、弁護士事務所に相談し、現場を撮影するためインスタント・カメラを買い、それを現像・プリントした費用と7月から12月までの期間における交通費であった。そのなかから、どの費用を否認したのか、明確ではない。推測するに、否認された項目は、駐車場代1,500円、法律相談料1万円であり、バス、私鉄、JR、地下鉄の交通費合計4,580円のうち1,140円だけが認められたようだ。

なお、代車料に関する部分は、すべて省略したが、詳細は、弊著『代車料　第2集4』420頁を参照されたい。

② 東京地判平成13年4月19日⑵

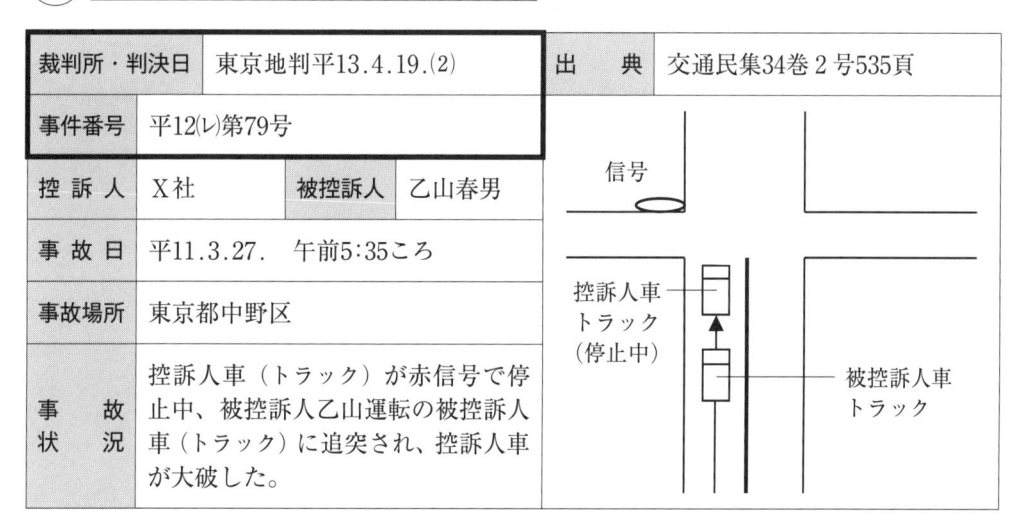

裁判所・判決日	東京地判平13.4.19.⑵	出　典	交通民集34巻2号535頁
事件番号	平12(レ)第79号		
控訴人	X社	被控訴人	乙山春男
事故日	平11.3.27.　午前5:35ころ		
事故場所	東京都中野区		
事故状況	控訴人車（トラック）が赤信号で停止中、被控訴人乙山運転の被控訴人車（トラック）に追突され、控訴人車が大破した。		

控訴人要求	被控訴人答弁	判　　決
「1　原判決を次のとおり変更する。 2　被控訴人は、控訴人に対し、54万6,461円及びこれに対する平11.3.27.から支払済みまで年5分の割合による金員を支払え。」	「本件控訴を棄却する。」	「1　原判決を次のとおり変更する。 2　被控訴人は、控訴人に対し、18万6,227円及びこれに対する平11.3.27.から支払済みまで年5分の割合による金員を支払え。」
控訴人X社の損害 控訴人車時価　　390,000円 消費税5％　　　19,500円 控訴人車損害　　409,500円 車両買換諸費用　86,961円 （自動車税　　　9,500円） （自動車重量税　8,800円） （自賠責保険料　16,100円） （検査登録費用　1,940円） （車庫証明費用　2,500円） （検査登録手続代行費用 　　　　　　　23,430円） （車庫証明手続代行費用 　　　　　　　14,200円） （納車費用　　　8,200円） （上記の消費税　2,291円） 小計　　　　　496,461円 弁護士費用　　　50,000円 控訴人損害合計 546,461円	**控訴人X社の損害について** 控訴人請求　　　全部否認 控訴人車時価　　90,000円 （レッドブックによる） 車両買換諸費用　　　否認 （自動車税　　　　　否認） （自動車重量税　　　否認） （自賠責保険料　　　否認） （検査登録費用　　　否認） （車庫証明費用　　　否認） （検査登録手続代行費用 　　　　　　　　　　否認） （車庫証明手続代行費用 　　　　　　　　　　否認） （納車費用　　　　　否認）	**控訴人X社の損害** 控訴人車時価　　100,000円 （レッドブックによる） 車両買換諸費用　56,227円 （自動車税　　　　　否認） （自動車重量税　3,666円） （自賠責保険料　　　否認） （検査登録費用　1,940円） （車庫証明費用　2,500円） （検査登録手続代行費用 　　　　　　　23,430円） （車庫証明手続代行費用 　　　　　　　14,200円） （納車費用　　　8,200円） （上記の消費税　2,291円） 小計　　　　　156,227円 弁護士費用　　　30,000円 控訴人損害合計 186,227円

控訴人車、被控訴人車に関するデータ

控訴人車	普通貨物自動車（控訴人X社所有）、初度登録平成2年10月、初度登録から本件事故まで8年6か月経過、走行距離89,658km、平成5年8月購入、購入本体価格36万円、新車価格92万7,000円
被控訴人車	普通貨物自動車（被控訴人乙山春男運転）

━━━━━━━━━━━━━━━━ 事故概要 ━━━━━━━━━━━━━━━━

　控訴人車（トラック）が赤信号で停止中、被控訴人乙山春男運転の被控訴人車（トラック）に追突され、控訴人車は大破した。

━━━━━━━━━━━━━━━━ 訴訟概要 ━━━━━━━━━━━━━━━━

　控訴人Ｘ社は、控訴人車の修理費用等が、本件事故時における控訴人車の時価額を上回るので、経済的全損に該当すると主張し、控訴人Ｘ社に生じた損害につき、被控訴人乙山春男に対し、民法709条に基づき損害賠償を求めて提訴した。

━━━━━━━━━━━ 控訴人Ｘ社の車両全損要求 ━━━━━━━━━━━

　控訴人は、「本件車両の時価額の算定に当たっては、本件車両と同種同等の車両を中古車市場から再取得する際の価格を基準とすべきところ、本件車両の車種、初年度登録年月日、本件事故までの走行距離等からすると、その流通性が低下しているため、これと同種同等の車両を控訴人が中古車市場から取得することは事実上困難である。」と述べて、中古車業者から本件車両に近い条件の車両の見積りを求め、車両本体価格39万円、消費税1万9,500円の合計40万9,500円の見積を得た。この金額が控訴人車の時価額であると主張した。

　車両買換諸費用について、控訴人は、「被害者が事故がなかった場合と同じ利益状態を回復するためには別の車両を調達する必要があるので、事故車両の時価額のみならず、車両買換えのための費用（買換諸費用）も、当該事故と相当因果関係を有する損害というべきである。」と主張して、自動車税など買換諸費用を要求した。

━━━━━━━━━━━━━━ 被控訴人の反論 ━━━━━━━━━━━━━━

　被控訴人は、控訴人が中古車業者に対して求めた車両は、初年度登録年月日、走行距離、総排気量等、本件車両よりはるかに条件の良い車両のもので、本件車両と同種同等の車両とは言えない。このような車両の見積額を本件車両の時価額とすることはできないと反論し、本件車両は、初年度登録が平成2年10月であり、「オートガイド自動車価格月報」（通称レッドブック）には、平成6年11月～12月版を最後にその記載がない。他に本件車両の時価額を推認させる証拠は存しないので、本件車両の時価額の算定に当たっては、税法上の減価償却の基準が最も客観的かつ信用するに足る基準であると主張した。

　自家用乗用車（新車）の耐用年数は6年であること、定率法により減価償却した6年後の残存率は10％であること、本件車両の初年度登録が平成2年10月であって、本件事故時までには約8年半が経過していること、本件車両の新車価格が92万7,000円であること等を勘案すると、本件車両の時価額は約9万円と算定すべきであると反論し

た。

　さらに、車両買替諸費用について、被控訴人は、事故により車両が全損となっても、加害者は被害者に対し同等の車両を現実に再取得させる義務まで負うわけではなく、事故時の車両の価値に相当する金員の賠償義務を負うのみであると主張し、控訴人主張の車両買換諸費用は、本件事故と相当因果関係を欠き、本件事故による損害とは認められないと賠償を拒否した。

────────────── 判決理由 ──────────────

　判決は、控訴人車両の時価を10万円と認定し、その理由を次のように説明した。

　「本件車両は平成2年初年度登録で、本件事故時の走行距離は8万9,658キロメートルであり、控訴人が購入した時（平成5年8月）の車両本体価格は36万円であったのに対し、控訴人が見積りを求めた車両は平成5年初年度登録で、走行距離2万9,100キロメートル、車両本体価格は39万円であることが認められるのであって、本件車両よりはるかに条件の良い車両の価格をもって本件車両の時価額と評価すべきであるとする控訴人の前記主張は、理由がない」と説述した。

　「そして、他に、本件車両と同種同等の車両の中古車市場における価格を認定すべき資料の存しない本件においては、減価償却の方法を参考として本件車両の時価額を認定することも、必ずしも不合理とはいえない。」と説述した。

　「証拠（甲4，5，乙10の1及び2）によれば、平成2年当時の本件車両の新車価格は92万7,000円であり、本件車両は本件事故時において初年度登録から約8年半が経過しているものと認められるところ、減価償却資産の耐用年数等に関する省令1条1号別表による自家用乗用車（新車）の耐用年数は6年であること、定率法により減価償却をした6年後の残存率は10パーセントであることを考慮すると、本件事故当時の本件車両の時価額は10万円と認定するのが相当である。」と10万円を認定した。

　買替諸費用について、判決は、「本件事故のように……被害車両が全損と評価される場合には、被害者は、被害車両を修理してこれを再び使用することはできず、元の利益状態を回復するには同種同等の車両を購入するほかはない。したがって、この新たな車両の購入に伴って生ずるいわゆる買換諸費用は、車両の取得行為に付随して通常必要とされる費用の範囲内において、事故による損害と認められるべきものであり、その必要性の有無は、当該費用の性質・内容、取引の実情等を総合的に考慮して決するのが相当である。」と認定し、「自動車税及び自賠責保険料は本件事故による損害とは認められないが、自動車重量税については3,666円を、その他の諸費用については控訴人の請求どおり全額を、本件事故による損害と認める。」とした。

─────── 解　説 ───────

　全損になった車両の損害は、事故当時の時価額であるが、当該車両が古くて中古車市場において流通しておらず、中古車価格を把握できないうえ、レッドブックに当該車両の掲載が終わっていて小売価格がわからない。こうした場合、時価額をどのようにして把握するかが課題となっている。それを解決したのが本判決である。

　時価額算定方法が、もはやほかにない場合には、定率法による減価償却方法によるのがやむを得ないとした。本件車両では、初度登録から事故まで8年6か月経過していることから、新車価格92万7,000円の10%を参考に10万円と認定した。

　被害車が全損となった場合に、新しい車両を購入するに要する諸費用も事故による損害になるという理由も参考になる。

③ 東京地判平成15年9月8日⑵ab

裁判所・判決日	東京地判平15.9.8.⑵ab	出　典	交通民集36巻5号1244頁、自ジャ1535号10頁
事件番号	平13㈠第9852号、第21316号		
原　告	X産業	被　告	Y興業、乙山
事故日	平12.8.31.　午前7:24ころ		
事故場所	川崎市川崎区塩浜		
事故状況	信号のある変形丁字交差点において、原告車（タンクローリー）が右折しようとしたところ、対向車線を直進してきた被告車（クレーン車）に衝突された。		

原告要求	被告答弁	判　決
「本訴 被告らは、原告に対し、連帯して金2,108万3,336円及びこれに対する平12.8.31.から支払済みまで年5分の割合による金員を支払え。」	「反訴 原告は、被告に対し、金95万5,152円及びこれに対する平12.8.31.から支払済みまで年5分の割合による金員を支払え。」	「1　被告らは、原告に対し、連帯して金1,340万9,705円及びこれに対する平12.8.31.から支払済みまで年5分の割合による金員を支払え。 2　原告は、被告に対し、金19万3,664円及びこれに対する平12.8.31.から支払済みまで年5分の割合による金員を

		支払え。」
被告乙山の一方的過失による。	訴外甲野は被告車に対する注視を怠った。	過失割合：原告20％、被告80％

原告X産業の損害

原告車修理費　3,460,821円
（修理業者見積額）

レッカー費用　196,515円

タンク時価　10,956,000円
（使用許可権者・神奈川県が再使用不可能とした）

タンク廃棄処理費
　　　　　　　300,000円

新タンク製作経費
　　　　　　　570,000円

休車損害　3,600,000円

小計　19,083,336円

弁護士費用　2,000,000円

原告損害合計
　　　　　　21,083,336円

原告X産業の損害について

原告車修理費　2,005,120円
（被告側保険会社見積額）

レッカー費用　196,515円

タンク時価　2,370,000円

タンク廃棄処理費　否認

新タンク製作経費　否認

休車損害　否認

被告Y興業の損害

被告車修理費　710,976円

休車損害　157,344円

小計　868,320円

弁護士費用　86,832円

被告損害合計　955,152円

原告X産業の損害

原告車修理費　3,460,821円

レッカー費用　196,515円
（争いなし）

タンク時価　7,995,980円
（定率法減価償却による）

タンク廃棄処理費　300,000円

新タンク製作経費　570,000円

休車損害　3,288,816円

小計　15,812,132円

過失20％　（−）3,162,427円

差引　12,649,705円

原告車未修理売却
　　　　　　（−）450,000円

差引　12,199,705円

弁護士費用　1,210,000円

原告損害合計　13,409,705円

被告Y興業の損害

被告車修理費　710,976円

休車損害　157,344円

小計　868,320円

過失80％　（−）694,656円

差引　173,664円

弁護士費用　20,000円

被告損害合計　193,664円

原告車、被告車に関するデータ

原告車	事業用大型貨物自動車（原告X産業所有、訴外甲野運転）、液化炭酸ガス運搬用タンクローリー車、タンク部分は訴外B酸素会社の所有、原告X産業が借りて使用、タンク製作平成8年8月、タンク製作から本件事故まで約4年経過、取得価格1,494万円、訴外甲野は原告X産業の従業員
被告車	自家用大型特殊自動車（被告Y興業所有、被告乙山運転）、ラフタークレーン車[注]

（注）ラクタークレーン車とは、ブームが運転席の位置から約7.2m前方に突出しているクレーン車。

─────────────── 事故概要 ───────────────

　８月朝、訴外甲野運転の原告車（タンクローリー車）が、信号のある変形丁字交差点を右折しようとしたところ、対向車線を直進してきた被告乙山運転の被告車（クレーン車）に衝突され、原告車と被告車双方が損傷した。

─────────────── 訴訟概要 ───────────────

　原告車（タンクローリー車）の所有者であるＸ産業が原告となって、被告車（クレーン車）の運転者・被告乙山とその雇用主であるＹ興業に対して、民法709条と民法715条に基づき物的損害の賠償を求めて本訴請求した。それに対し、被告車（クレーン車）の所有者であるＹ興業がＸ産業に対して、民法715条に基づき物的損害の賠償を求めて反訴請求した。

────────── 原告Ｘ産業のタンク全損要求 ──────────

　原告Ｘ産業は、原告車に装備されているタンクについて、使用許可権者である神奈川県が修理によって再使用することが不可能と判断したため、損傷タンクを破棄し、新たにタンクを作成することにした。

　原告Ｘ産業は、タンクの損害を事故当時の時価であると主張して、本件タンクは通常15年間使用されるものであるところ、平成８年に製作されたものであるから、本件事故当時４年経過しており、残りの使用年数は11年であった。本件タンクの取得価格は1,494万円であるから、時価額算定は、定額法による減価償却により、1,095万6,000円を算出し、同額を要求した。

┌───┐
│ 計算式：14,940,000円÷15×11＝10,956,000円 │
└───┘

　原告Ｘ産業は、その他原告車修理費用、レッカー費用、タンク廃棄処理費、新タンク製作経費と休車損害を要求した。

─────────────── 被告らの反論 ───────────────

　被告らは、タンク時価額について、タンク取得価格が1,100万円であり、損傷を受けなかったバルブ、ポンプ、配管等の製作費用350万円を控除すべきであると反論した。

　次に、タンクの時価額は、本件タンクの使用期間は８年間であり、タンク取得から４年経過しているので、本件事故当時の未償却残価率は、定率法によれば31.6％、定額法によったとしても50％にとどまると反論した。

┌───┐
│ 計算式：（11,000,000円－3,500,000）×31.6％＝2,370,000円 │
│ 　　　：（11,000,000円－3,500,000）×50％＝3,750,000円 │
└───┘

　被告らは、タンク廃棄処理費や新タンク製作経費について、原告車が本件事故に遭遇しなくても、将来の一定時点で、タンク所有者である訴外B酸素会社が負担を強いられるものである。また、訴外会社と原告との間の受託契約に基づき取得する費用に含まれているから、これらを本件事故による損害として請求することは、相当性・合理性を欠くものであると反論して否認した。

（休車損害については省略）

判決理由

　判決は、過失割合を原告20％、被告80％と認定したうえ、タンク損害について、物理的全損状態になったことは当事者間に争いがないことを確認した。また、本件タンクは訴外B酸素会社の所有であるが、原告が専用に使用しており、タンク損傷について、訴外B酸素会社に対し損害賠償義務を負うことになるから、原告は、被告らに対し、タンクの損傷について賠償を求めることができると判定した。

　判決は、証拠によって、取得価格が1,478万円であったこと、この種タンクは約15年間使用されること、タンクが完成したのは平成8年8月であり、本件事故まで約4年間経過したことを認めた。

　そこで、本タンクの時価額を算定する方法として減価償却によることは当事者間に争いがないところ、車両と同様、定額法ではなく、定率法を用いるのが相当であるとし、耐用年数15年間である場合における4年間が経過した時点での現価率は、54.1％である。したがって、時価額は、799万5,980円となると認定した。

> 計算式：1,478万円×0.541＝799万5,980円

　なお、被告側保険会社が提出した「タンク時価額」では、取得価格を1,000万円とするが、論拠が明らかではなく、信用できず、被告らの主張を採用しないと判断した。

　判決は、タンク廃棄処理費やタンク作製経費について、原告は、本件事故に遭わなければ、タンクを使用し続けることができ、廃棄処理することや新たなタンクの製作を依頼することはなかったから、これらに要する費用は、本件事故と相当因果関係があると認定して、廃棄処理費30万円、製作経費57万円を認定した。

（休車損害については省略）

解　説

　大型トラックに設置された液化炭酸ガス運搬用タンクのような特殊物件の時価額算定には、どのような方法が採られるのか非常に関心の高いテーマである。

　時価額算定方法は減価償却法である。それも定額法ではなく定率法による減価償却法とした。なお、被告らは、4年の残価率を31.6％として計算しているが、これは耐

用年数8年の4年経過の場合の残価率である。判決は、耐用年数15年に対する4年経過の残価率を採用している。

　そのほか、タンク廃棄処理費やタンク作製経費を事故と相当因果関係にある損害と認定したことも参考になる。

④　大阪地判平成22年7月29日

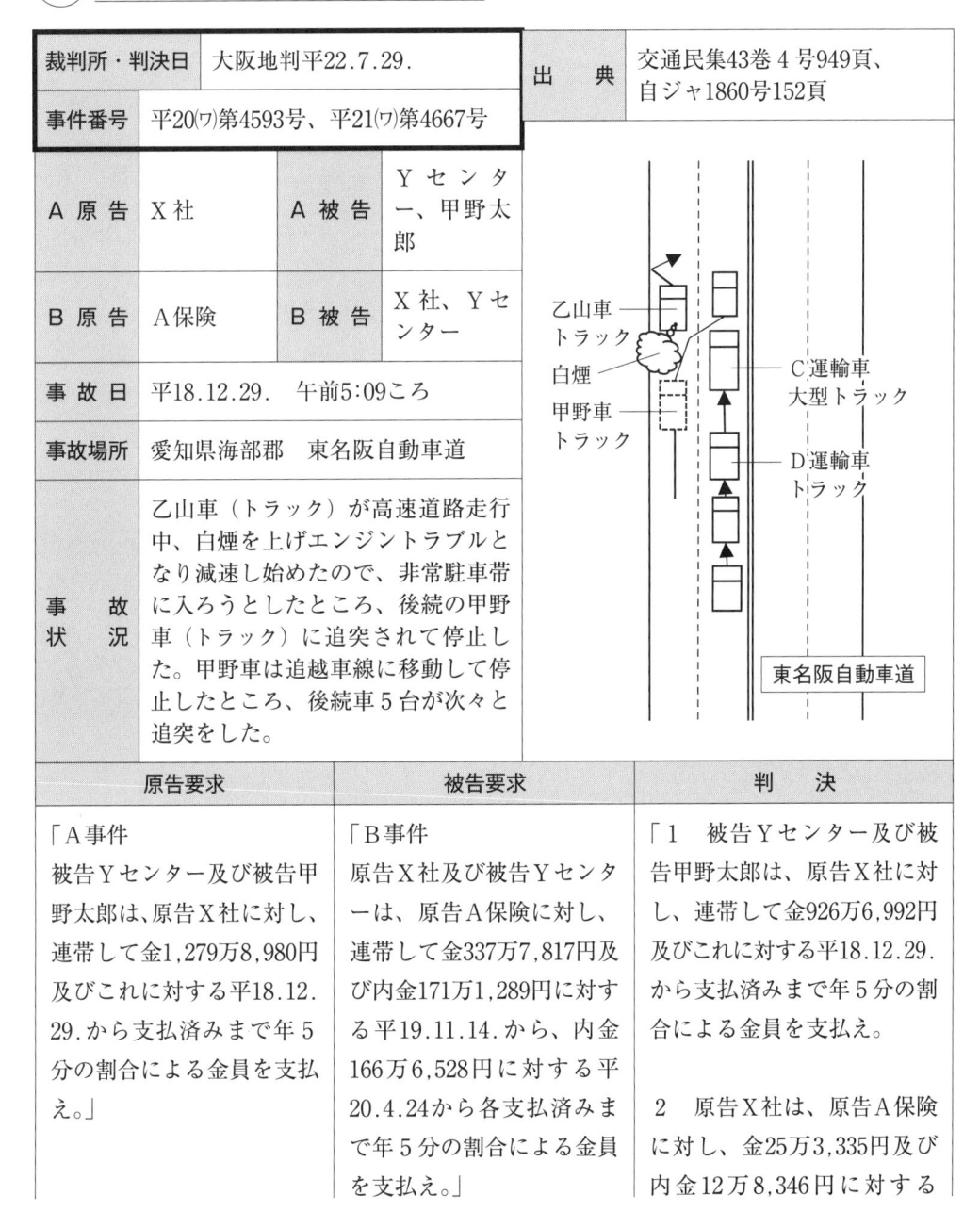

裁判所・判決日	大阪地判平22.7.29.	出　典	交通民集43巻4号949頁、自ジャ1860号152頁
事件番号	平20(ワ)第4593号、平21(ワ)第4667号		

A 原 告	X社	A 被 告	Yセンター、甲野太郎
B 原 告	A保険	B 被 告	X社、Yセンター

事 故 日	平18.12.29.　午前5:09ころ
事故場所	愛知県海部郡　東名阪自動車道
事 故 状 況	乙山車（トラック）が高速道路走行中、白煙を上げエンジントラブルとなり減速し始めたので、非常駐車帯に入ろうとしたところ、後続の甲野車（トラック）に追突されて停止した。甲野車は追越車線に移動して停止したところ、後続車5台が次々と追突をした。

原告要求	被告要求	判　決
「A事件 被告Yセンター及び被告甲野太郎は、原告X社に対し、連帯して金1,279万8,980円及びこれに対する平18.12.29.から支払済みまで年5分の割合による金員を支払え。」	「B事件 原告X社及び被告Yセンターは、原告A保険に対し、連帯して金337万7,817円及び内金171万1,289円に対する平19.11.14.から、内金166万6,528円に対する平20.4.24から各支払済みまで年5分の割合による金員を支払え。」	「1　被告Yセンター及び被告甲野太郎は、原告X社に対し、連帯して金926万6,992円及びこれに対する平18.12.29.から支払済みまで年5分の割合による金員を支払え。 2　原告X社は、原告A保険に対し、金25万3,335円及び内金12万8,346円に対する

平19.11.14.から、内金12万
4,989円に対する平20.4.24か
ら各支払済みまで年5分の割
合による金員を支払え。

3　被告Yセンターは、原告A
保険に対し、金101万3,344円
及び内金51万3,386円に対す
る平19.11.14から、内金49万
9,958円に対する平20.4.24.
から各支払済みまで年5分の
割合による金員を支払え。」

訴外乙山次郎には過失がな
い。甲野太郎に全面的な責
任がある。

原告X社の損害

乙山車時価　　6,566,000円

休車損害　　4,575,240円

自動車取得税　　210,000円

検査登録諸費用　30,450円

預かり法定費用　3,640円

納車費用　　13,650円

側壁損害　　200,000円

小計　　11,598,980円

弁護士費用?　1,200,000円

損害合計　| 12,798,980円 |

A保険の損害

C運輸車修理費

　　　4,222,271円

過失20%?　（−）844,454円

損害合計　| 3,377,817円 |

過失割合：乙山20%、甲野80%

原告X社の損害

乙山車時価　　6,566,000円

休車損害　　4,560,000円

自動車取得税　　210,000円

検査登録諸費用　30,450円

預かり法定費用　3,640円

納車費用　　13,650円

側壁損害　　200,000円

小計　　11,583,740円

過失20%　（−）2,316,748円

差引　| 9,266,992円 |

A保険の損害

C運輸車損害　　4,222,271円

X社負担分6%（30%×20%）

| 253,335円 |

Yセンター負担分24%（30%
×80%）　| 1,013,344円 |

A保険負担分70%

　　　2,955,592円

関係車に関するデータ

乙山車	普通貨物自動車（訴外乙山次郎運転、原告Ｘ社所有）、初度登録平18.6.15.（事故の約6か月前）、購入価格750万円
甲野車	普通貨物自動車（被告甲野太郎運転、被告Ｙセンター所有）
丙川車	普通乗用自動車（訴外丙川三郎運転、所有）
丁原車	普通貨物自動車（訴外丁原四郎運転、所有）
Ｃ運輸車	大型貨物自動車（訴外戊田五郎運転、Ｃ運輸所有）
Ｄ運輸車	普通貨物自動車（訴外甲山一美運転、Ｄ運輸所有）、Ａ保険に対物保険付保
乙川車	普通貨物自動車（訴外乙川六郎運転）

─────────── 事故概要 ───────────

　乙山次郎運転の乙山車（トラック）が高速道路を走行中、マフラーから白煙を噴き上げ、減速し始めた。乙山は、退避場所を探しながら走行し、非常駐車帯にきてそこに入ろうとしたとき、後方から甲野太郎運転の甲野車（トラック）に追突され、側壁に押し付けられた。甲野太郎は前方白煙のため、乙山車のブレーキランプも見えず、追越車線に変更しようとしたとき乙山車に追突した。追突後、甲野太郎は、甲野車を追越車線上に止め、車外に出て乙山と話していたところ、約1分後に後続走行車が次々追突する7台の多重衝突事故となった。

─────────── 訴訟概要 ───────────

　原告車を所有する原告Ｘ社は、追突した甲野太郎に全面的に責任があると主張して、原告車の損害と休車損害、代替車買替諸費用を求めて、甲野太郎とその使用者Ｙセンターに対し損害賠償請求を提訴した（Ａ事件）。

　一方、多重衝突のなかの1台、Ｄ運輸と自動車保険契約を締結していたＡ保険が、追越車線上に停車した甲野車との追突を辛うじて回避したＣ運輸車にＤ運輸車が追突したが、この原因は、Ａ事件を起こした乙山と甲野にも責任があると主張して、Ｃ運輸車の損害を対物保険で支払った後、乙山、甲野の使用者であるＸ社とＹセンターに対し、保険代位の請求をして提訴した（Ｂ事件）。

─────────── 原告Ｘ社の車両全損要求 ───────────

　原告Ｘ社は、乙山車の損害が全損になったと主張して時価額656万6,000円を要求した。これは、本件事故が初度登録後約6か月経過したものであり、購入価格750万円か

ら減価償却する方法で算出したものであった。そのほか、休車損害457万5,240円、代替車買替諸費用25万7,740円と側壁損害20万円を要求した。

—————————— 被告Yセンターの反論 ——————————

被告Yセンターは、乙山車の白煙で前方が見えず、甲野車を乙山車に衝突させた。しかし、乙山車は白煙で前が見えず、左側壁に衝突し、そのはずみで右に跳ね返って甲野車（Yセンター所有）に衝突したものである。乙山車がぶつかってきたような状態であり、甲野には、乙山車との衝突を避けることができなかったと主張した。したがって、甲野とYセンターには過失がないと反論した。

—————————— 判決理由 ——————————

判決は、甲野の過失を認め、過失割合を乙山20％、甲野80％と認定した。また、A保険との関係では、多重事故の原因に乙山と甲野の追突事故も関係していたと認定して、A保険対乙山・甲野の過失割合を70％対30％とし、さらに乙山と甲野の間では、乙山30％×20％＝6％、甲野30％×80％＝24％と認定した。

判決は、乙山車の全損時価額として請求額と同額を認容した。その根拠は、「原告X車両（乙山車のこと：筆者注）は、平成18年6月15日付け（本件事故の約6か月前）で初度登録されたものであり、その購入価額は750万円であったと認められる（甲4、弁論の全趣旨）。本件事故時点の原告X車両の時価相当額の認定方法については、いろいろ手法が考えられ、それぞれに一長一短があるところ、本件事故が初年度登録日から半年後に発生していること等の諸事情も考慮すると、購入価格から減価償却する手法も不合理ではない。そうすると、原告X主張額（656万6,000円−甲4）を採用するのが相当である。」と説述した。

代替車両の買替諸費用について、「買替えのために必要になった登録や手続に要した費用、自動車取得税は、本件事故と相当因果関係のある損害と認めるのが相当である。

そうすると、自動車取得税（21万円）、検査登録諸費用（3万0,450円−税込み）、検査登録預かり法定費用（3,640円）及び納車費用（1万3,650円−税込み）の合計25万7,740円（甲13）が本件事故と相当因果関係のある損害と認められる。」

そのほか、休車損害は1万5,240円を減額して456万円を認容し、側壁損害は、請求額20万円を認容した。

（A保険の損害は省略）

—————————— 解　説 ——————————

最初の追突事故における乙山車の損害について、初めから全損を前提に論議が進め

られ、物理的全損なのか、経済的全損なのかの認定もなく、また乙山車の修理費にも触れていない。乙山車の車両損害は事故時点の時価相当額とされ、その認定方法にいろいろあるなかで、本件事故が初度登録日から半年後に発生していること等の諸事情を考慮すると、購入価格から減価償却する手法も不合理ではないとして、原告X社の主張額656万6,000円を採用した。しかし、これについても、耐用年数や残存率を明らかにしていない。自動車取得税を含む代替車両の買替諸費用を、明確に本件事故と相当因果関係のある損害と認めたのは参考になる。

　そこで、乙山車の減価償却による時価額認定手法を探ると、初度登録後約6か月後に本件事故に遭遇したこと、購入価額750万円であること、時価額を656万6,000円と算定したこと、これらから、時価額656万6,000円は、750万円の87.5466％に相当する。

　この残存率0.875は何か。

　定率法減価償却残存率でみると、耐用年数と経過月数の関係は以下のとおりである。

耐用年数	5か月	6か月	7か月
9年	0.899	0.880	0.861
8年	0.887	0.866	0.845
7年	0.872	0.848	0.826
6年	0.852	0.825	0.800

　本件の残存率0.875に近いものは、耐用年数7年の場合の5か月経過の残存率であり、経過月数を6か月に限定すれば、耐用年数9年の場合の6か月である。

⑤　京都地判平成24年8月29日

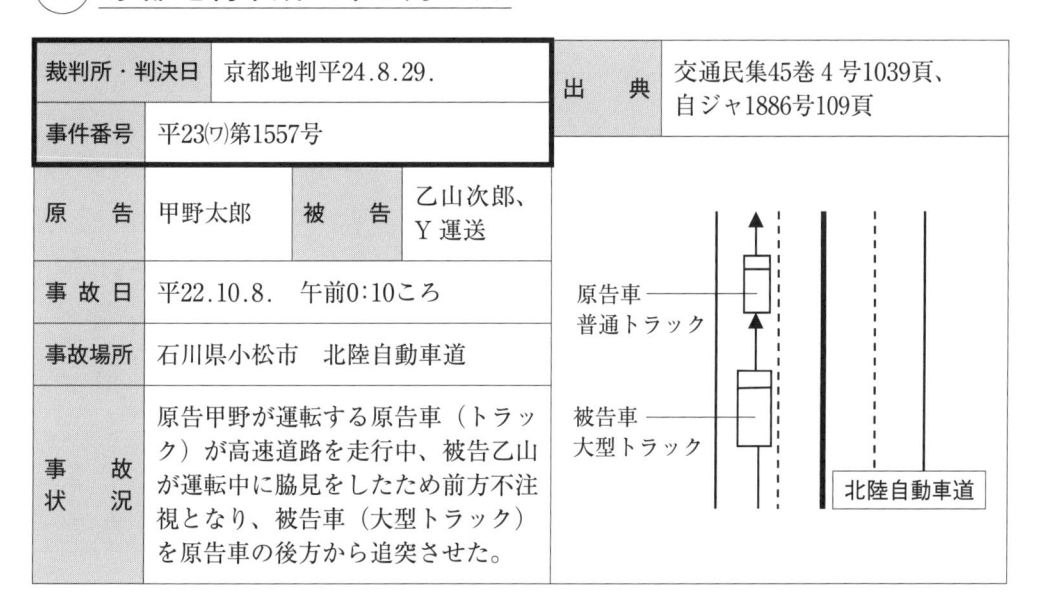

裁判所・判決日	京都地判平24.8.29.	出　典	交通民集45巻4号1039頁、自ジャ1886号109頁
事件番号	平23(ワ)第1557号		

原　　告	甲野太郎	被　　告	乙山次郎、Y運送

事 故 日	平22.10.8.　午前0:10ころ
事故場所	石川県小松市　北陸自動車道
事 故 状 況	原告甲野が運転する原告車（トラック）が高速道路を走行中、被告乙山が運転中に脇見をしたため前方不注視となり、被告車（大型トラック）を原告車の後方から追突させた。

原告車
普通トラック

被告車
大型トラック

北陸自動車道

原告要求	被告答弁	判　決
「被告らは、原告に対し、各自960万0,003円及び内金873万0,003円に対する平22.10.8.から支払済みまで年5分の割合による金員を支払え。」		「被告らは、原告に対し、各自273万6,776円及び内金248万6,776円に対する平22.10.8.から支払済みまで年5分の割合による金員を支払え。」
原告甲野の損害 原告所有商品　6,162,000円 委託販売商品　3,230,000円 原告私物　　　　230,800円 原告車全損時価　880,000円 （カーナビ付き） 付属品・手続費用 　　　　　　　282,590円 ルーフキャリア・ETC取付け費用　　　　94,000円 不明の物損　　　850,613円 小計　　　　11,730,003円 損害填補金 　　　　（−）3,000,000円 差引　　　　　8,730,003円 弁護士費用　　　870,000円 損害合計　　9,600,003円 別表四が引用判決文に掲載されていないため詳細不明。	原告甲野の損害について 原告車全損時価　526,000円 （カーナビ付き） ルーフキャリア・ETC取付け費用　　　　94,000円	原告甲野の損害 原告所有商品　　2,786,800円 委託販売商品　　1,856,600円 原告私物　　　　　53,800円 原告車全損時価　593,000円 （カーナビ付き） ETC等取付費（争いなし） 　　　　　　　　94,000円 登録手続手数料　45,000円 自動車取得税　　3,800円 廃車費用　　　　8,630円 不明の物損　　　102,896円 小計　　　　　5,544,526円 損害填補金　（−）3,057,750円 差引　　　　　2,486,776円 弁護士費用　　　250,000円 損害合計　　2,736,776円

原告車、被告車に関するデータ

原 告 車	普通貨物自動車（原告甲野運転、所有）、ハイエースバン、走行距離35万km、原告職業：古美術品販売業
被 告 車	大型貨物自動車（被告乙山運転、被告Y運送所有）、乙山はY運送の従業員

───────── 事故概要 ─────────

深夜、北陸自動車道を原告甲野運転の原告車（普通トラック）が走行し、その後方を

被告乙山運転の被告車（大型トラック）が走行していた。被告乙山が運転中、お菓子を取ろうと脇見したため前方不注視となり原告車に後方から追突した。原告車は200mも進んで左前部をガードレールに衝突させて停止した。

──────────── 訴訟概要 ────────────

原告甲野は、古美術品を仕入れて露店等で販売する商いを営んでいた。今回、富山県高岡市にあるオークション会場で販売するため、原告車に多くの商品を積んでいた。本件事故によって、それら商品が破損し、原告車は大破したため損害賠償を請求して被告車運転の乙山と乙山の使用者Y運送に対し提訴した。

──────────── 原告車両全損要求 ────────────

原告甲野は、原告車が全損になったと主張して、車両時価88万円を要求した。88万円の根拠は、原告甲野が原告車と同じカーナビ付きハイエースバンをインターネットで調べたところ、88万円のものが2台あったことによる。

原告甲野は、車両時価のほかに、原告私物や原告車全損になったことから、車両買替諸費用として登録手続手数料、自動車取得税、廃車費用と、買い替えた車両にルーフキャリアとETC設備を取り付ける費用を請求した。

そのほか、原告は、商品の損害を請求しているが、ここでは省略した。

──────────── 被告反論 ────────────

被告は、原告車の全損を認め、その時価額を52万6,000円であると主張した。その根拠は、被告も同様にインターネットで調べ、平成9年と11年を初年度登録とする原告車と同様のハイエースバン2台の平均市場価格を求め、ここから、原告車の走行距離35万kmを考慮して12万円の減価をした41万1,000円とし、これにカーナビ価格11万5,000円を加算して52万6,000円としたものであった。

車両買替諸費用についての反論は引用判決文にはなく不明だが、ルーフキャリア・ETC設備の取付費用9万4,000円は争っていない。なお、商品の損害額に関する被告の反論は省略する。

──────────── 判決理由 ────────────

裁判所は、原告車が全損になったことは争いがないとして、「被告らが賠償すべきは、原告車の本件事故時の時価相当額及び諸手続費用と認めるのが相当である。」とした。

原告車の時価額について以下のように検討した。

裁判所は、原告が調査した2台の車両の走行距離が約12万と15万kmであるから、原告主張の88万円から走行距離による減価表を参照して12万円の減価をして時価額は

66万円（原文ママ、88万円から12万円減価すると、76万円である：筆者注）になるとした。そして、この66万円と被告主張の52万6,000円の平均値59万3,000円を原告車の時価額と認定した。原告私物5万3,800円、車両買替諸費用については、登録手続手数料4万5,000円、自動車取得税3,800円、廃車費用8,630円を認めた。
（商品の損害については省略）

―――――――――――――――――――――― 解　説 ――――――――――――――――――――――

　本判決は、原告車積載の古美術品の損害解明がメインであったため、車両関係の損害明細が大幅に省略されている。引用判決文でも同じ傾向で本判決に付帯する別表の掲載が省略され、車両関係の要求項目や金額について正確なところがわからない状況である。本件では、車両時価額を調べる手段として、原告も被告もインターネットを利用している。裁判所もインターネットの結果を利用して数ある車両価格の平均値を時価額とする手法を採用した。これは裁判所の新しい傾向を示している。

　車両買替諸費用について、原告が、今回認められた項目と金額以外にどのようなものを要求し、それらが否認されたのかはわからない。

　走行距離による減価表とは、レッドブック（トラック）にある「走行キロ　加減評価（小売用）参考値」のことと思われる。本件原告車は走行距離35万kmとあるが、使用経過月数が示されていないため、減価12万円の真偽はわからない。減価12万円が正しいとすれば、時価額66万円ではなく、76万円であり、被告主張の52万6,000円の平均値は64万3,000円となる。

⑥　岡山地判平成25年2月21日

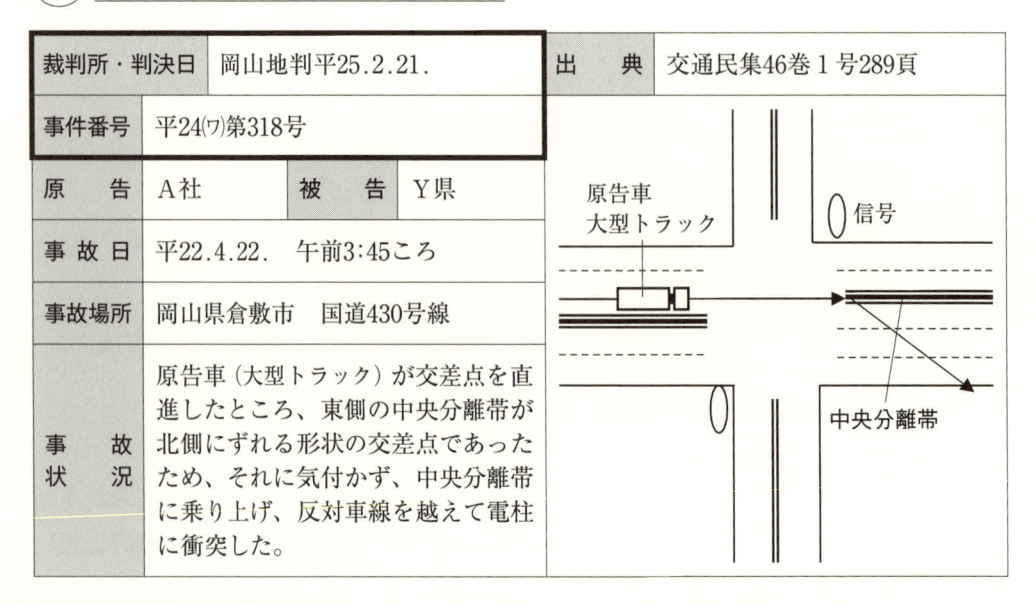

裁判所・判決日	岡山地判平25.2.21.		出　典	交通民集46巻1号289頁
事件番号	平24(ワ)第318号			
原　告	A社	被　告	Y県	
事 故 日	平22.4.22.　午前3:45ころ			
事故場所	岡山県倉敷市　国道430号線			
事 故状 況	原告車（大型トラック）が交差点を直進したところ、東側の中央分離帯が北側にずれる形状の交差点であったため、それに気付かず、中央分離帯に乗り上げ、反対車線を越えて電柱に衝突した。			

原告要求	被告答弁	判　決
「被告は、原告に対し、560万1,266円及びこれに対する平22.4.22.から支払済みまで年5分の割合による金員を支払え。」		「被告は、原告に対し、85万8,773円及びこれに対する平22.4.22.から支払済みまで年5分の割合による金員を支払え。」
原告A社の損害 原告車全損時価 　　　　　4,757,158円 （エンジン載替前時価 　　　　　1,498,000円） （エンジン載替費用 　　　　　3,259,158円） 牽引費用等　　335,108円 小計　　　　5,092,266円 弁護士費用　　509,000円 損害合計　<u>5,601,266円</u>	被告Y県の答弁 道路の設置または管理に瑕疵はなかった。 原告車は特殊車両通行許可条件に違反している。	本件道路には設置または管理の瑕疵があったと認められる。 原告の過失：80% 原告A社の損害 原告車全損時価　3,558,761円 （車両帳簿価額　299,603円） （エンジン載替費用 　　　　　3,259,158円） 牽引費用等　　　335,108円 小計　　　　　3,893,869円 過失80%　（−）3,115,096円 差引　　　　　778,773円 弁護士費用　　　80,000円 損害合計　<u>858,773円</u>

原告車に関するデータ

原 告 車	事業用大型貨物自動車（原告A社所有、丙川運転）、キャビンとトレーラー（全幅249cm、全長1,629cm、車両重量20,440kg、最大積載量24,500kg、車両総重量41,180kg、車両制限令の制限を超える特殊車両）

―――――――――――― 事故概要 ――――――――――――

　深夜、原告A社従業員丙川が原告車（大型トラック）を運転し、信号のある交差点を直進通過しようとしたところ、交差点東側の中央分離帯が北側にずれていたため、それに気付かず中央分離帯に衝突し、対向車線に跳ね飛ばされて電柱に衝突して停止した。

―――――――――――― 訴訟概要 ――――――――――――

　本件交差点は、従来、東行き道路は、交差点の前後ともに片側二車線であった。そ

の後、交差点東側の西行き車線にのみ右折車線が増設されたため、幅1mの中央分離帯が北方向にずれ、東行き道路の第二車線を交差点に直進すると、東側中央分離帯に衝突する形状になった。

その状態に対し、国道を管理するY県には、誘導ラインやゼブラルゾーンの設定もなく、照明も不十分であり、本件道路の設置または管理に瑕疵があったと、原告車の所有者であるA社は主張して、Y県を相手に国家賠償法に基づき訴訟を起こした。

───────────── 原告A社の車両全損要求 ─────────────

原告A社は、原告車の損害をエンジン載替前の車両時価額149万8,000円とエンジン載替費用325万9,158円の合計475万7,158円を請求した。

───────────── 被告Y県の反論 ─────────────

被告Y県は、本件道路には、一般的技術的基準に違反するところはない。法令上、ゼブラゾーンや反射板の設置は義務付けられていない。原告車は、走行する経路に特殊車両通行許可を得ずに通行した。特殊車両通行許可において、交差点を通行するときは徐行すること、左側端から数えて1番目の車両通行帯を通行することという条件が付されている。原告車は、第二車線を制限速度10km超えて進行したと反論して、原告A社の請求を拒絶した。

───────────── 判決理由 ─────────────

判決は、「本件道路は、通常有すべき安全性を欠いていたというべきであり、本件道路には設置又は管理の瑕疵があったと認められる。」、「瑕疵の有無は諸般の事情を総合的に考慮し、個別・具体的に判断するものであるから、法令の遵守に問題がないからといって、瑕疵が直ちに否定されるものではない。」と説示して、被告Y県の主張を採用せず、被告Y県に賠償責任があると認定した。

原告には、特殊車両通行許可を取っていなかったこと、第一車線走行の義務付けを守らず、第二車線を走行したこと、制限速度を約10km超えて走行していたこと、機能的に不十分ながらゼブラゾーン、ラバーポスト等や交差点マークが標示されていたこと、などから原告の過失を80%と認定した。

原告車の時価については、判決は、原告車の平成21年7月1日から平成22年6月30日までの期の期末帳簿価額は29万9,603円であること、原告車は本件事故直前にエンジンを載せ替える修理を済ませており、これに325万9,158円の費用を要したことに照らすと、原告は355万8,761円の車両損害を被ったものと認められると認定した。

牽引費用は請求額どおり認め、弁護士費用は、認定損害額のほぼ10%に相当する8万円を認めた。

─────── 解　説 ───────

　本件は、道路の安全性に欠陥があると主張して、道路管理者に対し国家賠償法に基づき請求した事案である。判決は、道路管理者であるＹ県に損害賠償を認めたが、原告にも過失があるとして80％という大幅な過失相殺をした事例である。

　原告車の損害額は、たまたま、事故直前にエンジンを載せ替える修理をしたことから、エンジン載替前の車両時価とエンジン載替費用の合計を車両時価額とした。

　エンジン載替前の車両時価は事故日が含まれる決算期間の期末帳簿価額を採用している。これは、まさに、減価償却残存価格に当たるものである。ほかに時価を求める方法がない場合に認められる例外的措置によったものである。

　一方、原告が主張したエンジン載替前の車両時価149万8,000円は判決認定時価の5倍に相当する金額である。これが何によって主張されたのか不明である。

⑦　大阪地判平成25年5月30日 ab

裁判所・判決日	大阪地判平25.5.30.ab	出　典	交通民集46巻3号698頁
事件番号	平23㈠第10062号、第13552号、第13551号		
原　告	A陸運	被　告	B運送、甲野、C保険
事 故 日	平23.3.1.　午前4:20ころ		
事故場所	広島県東広島市　山陽自動車道　サービスエリア進入路上		
事　故状　況	原告車（冷蔵冷凍車）が高速道路本線からサービスエリア進入路に入って走行中、進入路右側に駐車していた被告車（大型トラック）に追突した。		

（図：山陽自動車道／被告車 大型トラック（駐車中）／原告車 冷蔵冷凍車）

原告要求	被告答弁	判　決
「甲事件本訴 　被告甲野及び被告B運送は、原告A陸運に対し、連帯して金554万2,050円及びこれに対する平23.3.1.から支払済みまで年5分の割合による金員を支払え。」	「甲事件反訴 　原告A陸運は、被告B運送に対し、金17万6,000円及びこれに対する平23.3.1.から支払済みまで年5分割合による金員を払え。」	「1　被告甲野及び被告B運送は、原告A陸運に対し、連帯して金172万7,984円及び内金169万3,867円に対する平23.3.1.から、内金3万4,117円に対する被告B運送については平23.8.14.

「乙事件

　原告A陸運は、原告C保険に対し、金252万7,737円及びこれに対する平23.6.16.から支払済みまで年5分割合による金員を払え。」

から、被告甲野については平23.8.16.から、各支払済みまで年5分の割合による各金員を支払え。

2　原告A陸運は、被告B運送に対し、金17万6,000円及びこれに対する平23.3.1.から支払済みまで年5分割合による金員を払え。

3　原告A陸運は、原告C保険に対し、金231万9,754円及びこれに対する平23.6.17.から支払済みまで年5分割合による金員を払え。」

訴外乙山（冷蔵冷凍車）の過失は40％を超えない。	被告甲野（大型トラック）の過失は20％である。	過失割合：訴外乙山（冷蔵冷凍車）75％、被告甲野（大型トラック）25％
原告A陸運の損害	**原告A陸運の損害について**	**原告A陸運の損害**
冷蔵冷凍車時価　5,961,890円	原告車時価　2,485,000円	冷蔵冷凍車時価　4,918,559円
レッカー代　502,910円	葬儀関係費　否認	レッカー代　502,910円
事故処理作業費　315,000円	霊柩車費用　否認	事故処理作業費　315,000円
原告車解体処分費　399,000円		原告車解体処分費　399,000円
積荷損害（食品）136,471円	被告車修理費3,359,672円に対し	葬儀関係費　0円
葬儀関係費　885,865円	**被告C保険の損害**	霊柩車費用　0円
霊柩車費用　185,614円	支払保険金　3,159,672円	小計　6,135,469円
小計　8,386,750円	過失20％　（−）631,935円	過失75％　（−）4,601,602円
弁護士費用　850,000円	差引損害額　2,527,737円	差引　1,533,867円
合計　9,236,750円		弁護士費用　160,000円
過失40％（−）3,694,700円	**被告B運送の損害**	a．合計　1,693,867円
損害合計　5,542,050円	免責額　200,000円	積荷損害　136,471円
	過失20％　（−）40,000円	過失75％　（−）102,354円
	差引　160,000円	b．積荷損害　34,117円
	弁護士費用　16,000円	
	損害額　176,000円	**原告A陸運の損害合計**
		a．＋b．合計　1,727,984円

	Ｂ運送とＣ保険の損害
大型トラック修理費	3,359,672円
過失25%	（−）839,918円
損害額	2,519,754円

被告Ｃ保険の代位取得額

損害額	2,519,754円
免責額	（−）200,000円
代位取得額	2,319,754円

被告Ｂ運送の損害

Ｂ運送請求額	176,000円

Ｂ運送請求額17万6,000円は、「免責金額内のものであるから、全て理由があり、……」と認容した。

原告車、被告車に関するデータ

原 告 車	冷蔵冷凍車（原告Ａ陸運実質的所有、訴外乙山運転）、平成22年8月26日購入（現金価格596万1,890円、割賦販売価格633万9,500円で購入）、初度登録平成17年7月、走行距離384,800km（平成22年9月1日現在）、初度登録後事故まで5年8か月、購入後6か月経過、車検満了日平成23年8月31日、最大積載量3,000kg
被 告 車	大型貨物自動車（被告Ｂ運送所有、被告甲野運転）、Ｃ保険会社に車両保険付保

──────── 事故概要 ────────

　3月の午前4時20分、まだ暗い時間に原告車（冷蔵冷凍車）は、高速道路本線から減速車線を経て、サービスエリアへの進入路を走行中、進入路右側に駐車していた被告車（大型トラック）に追突し、両方の車両が破損、原告車（冷蔵冷凍車）運転の訴外乙山が死亡した。

──────── 訴訟概要 ────────

　冷蔵冷凍車所有のＡ陸運が車両損害を被告Ｂ運送に求め、Ｃ保険は、保険金として被告Ｂ運送に支払った大型トラック損害をＡ陸運に対し求め、それぞれ提訴したのが

本件訴訟である。

───────── 原告A陸運全損要求 ─────────

　原告A陸運は、被害を被った原告車（冷蔵冷凍車）が全損になったと主張して、時価額596万1,890円と、レッカー費用50万2,910円、事故処理作業費用31万5,000円、原告車解体処分費39万9,000円、積荷損害13万6,471円、それに本件事故によって死亡した乙山の社葬費用を請求した。

───────── 被告B運送反論 ─────────

　被告B運送は、原告車（冷蔵冷凍車）の時価額は、248万5,000円である。仮に、これを超えるとしても、原告車は、本件事故当時、購入後6か月経過していたものであるから、原告主張の購入価格（596万1,890円）から6か月間の割賦金相当額105万6,600円を控除した490万5,290円と解すべきである、と反論した。

　被告B運送は、A陸運が行った社葬は好意により行ったもので、B運送は賠償義務を負わないと反論した。しかし、原告車解体処分費などについての反論は、引用判決文には記載がない。

───────── 判決理由 ─────────

　判決は、過失割合を乙山（冷蔵冷凍車）75％、甲野（大型トラック）25％と認定し、「原告車は、本件事故により、全損となったこと、……が認められる」としたうえで、冷蔵冷凍車の時価額を491万8,559円であると認定した。

　その理由は、「しかし、証拠（甲3, 15, 乙13）によれば、原告が、平成22年8月26日に、現金価格596万1,890円、割賦販売価格633万9,500円で購入した事実、原告車は初度登録が平成17年7月、平成22年9月1日現在の走行距離は38万4,800km、車検満了日平成23年8月31日、最大積載量3,000kgの冷蔵冷凍車であったことが認められる。そうすると、本件事故当時までに、6か月以上が経過していたものであるから、購入当時の現金価格を時価額と解することは困難である。

　ところで、原告車が新車であった場合の減価償却期間は、被告主張の11年とするのが相当であると解されるところ、初度登録時期からすれば、原告A陸運が原告車を購入した当時、償却期間が約6年残存していたものと解され、前記現金価格についてその後6年間で償却するとすれば、6か月経過後の定率法による減価償却残存率は、0.825[注]となる。

　従って、前記現金価格596万1,890円にこれを乗じた491万8,559円（円未満切捨）を時価額と解するのが相当であり、これを原告車の車両損害額と認める。

　なお、証拠（乙13）中には、原告車の時価が、248万5,000円である旨の記載がある。

しかし、その前提とする新車価格の算出過程や、原告車が冷蔵冷凍車であることの考慮の程度に疑問があり、にわかに採用できない。」と説述した。

　レッカー代や事故処理作業費用、原告車解体処分費は、原告請求どおりの金額を認めた。社葬は、会社が遺族の葬儀と別に従業員の生前の功労に対し弔意を表するなどのために、自己の負担にて営むべきもので、社会一般において慣行となっていないため事故と相当因果関係のある損害とは認めがたいとした。

（積荷損害については省略）

―――――――――――――――――― 解　　説 ――――――――――――――――――

　判決は、冷蔵冷凍車の時価額を事故当時の減価償却残存率から算出する方法を採用した。

　減価償却残存率は特段の事情のない限り、原告車の中古車市場価格とする最高裁判決（昭和49年4月15日判決）があるにもかかわらず減価償却残存率としたのは、原告車が冷蔵冷凍車という特殊な車両であり、中古車市場で売買される事例が少ないため、特段の事情にあると認定したのであろう。

> ――【注】0.825――
> 　0.825の意味は、定率減価償却残存率によると、耐用年数6年とすると、6か月経過の残存率が0.825であることを指す。
> 　　現金価格：5,961,890円×0.825＝4,918,559円

⑧　東京地判平成26年2月28日 ab

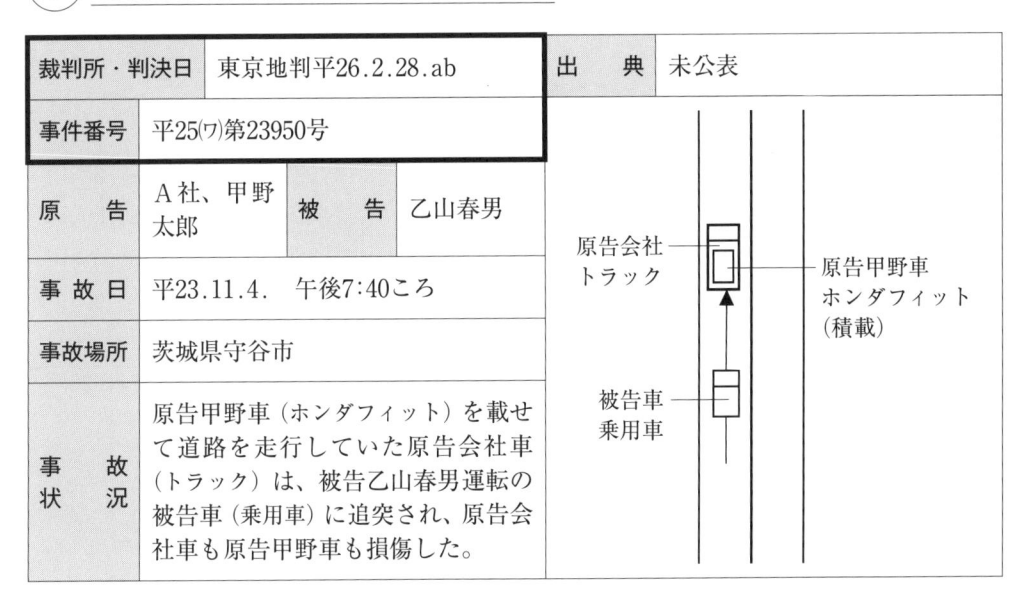

裁判所・判決日	東京地判平26.2.28.ab	出　典	未公表
事件番号	平25㈠第23950号		
原　告	A社、甲野太郎	被　告	乙山春男
事故日	平23.11.4.　午後7:40ころ		
事故場所	茨城県守谷市		
事故状況	原告甲野車（ホンダフィット）を載せて道路を走行していた原告会社車（トラック）は、被告乙山春男運転の被告車（乗用車）に追突され、原告会社車も原告甲野車も損傷した。		

原告会社トラック ― 原告甲野車ホンダフィット（積載）

被告車乗用車

原告要求	被告答弁	判　決
「1　被告は、原告A社に対し、606万0,600円及びこれに対する平23.11.4.から支払済みまで年5分の割合による金員を支払え。」 「2　被告は、原告甲野に対し、70万4,228円及びこれに対する平23.11.4.から支払済みまで年5分の割合による金員を支払え。」		「1　被告は、原告A社に対し、143万9,645円及びこれに対する平23.11.4.から支払済みまで年5分の割合による金員を支払え。」 「2　被告は、原告甲野に対し、47万1,228円及びこれに対する平23.11.4.から支払済みまで年5分の割合による金員を支払え。」
原告A社の損害 原告A社車全損時価 　　　　　　　2,000,000円 （修理費232万5,446円、経済的全損） 代車費用　　3,260,250円 登録手続関係費用 　　　　　　　150,705円 （自動車取得税 110,100円） （検査登録費用　4,320円） （納車費用　　7,392円） （検査登録代行費用 　　　　　　　19,583円） （リサイクル法関連費用 　　　　　　　9,310円） レッカー代　　99,645円 小計　　　5,510,600円 弁護士費用　550,000円 損害合計　 6,060,600円 原告甲野の損害 原告甲野車修理費 　　　　　　　365,873円	原告A社の損害について 原告A社車全損時価 　　　　　　　506,500円 （新車価格＋ボディ架装代 　5,065,000円の10%） 代車費用　　　　否認 登録手続関係費用　否認 レッカー代　　　否認 弁護士費用　　　否認 原告甲野の損害について 原告甲野車修理費 　　　　　　　281,873円 （部品・工賃認める） （ポリマーコーティング・車内清掃代否認） 代車費用　　　　否認 レッカー代　　　否認 弁護士費用　　　否認	原告A社の損害 原告A社車全損時価 　　　　　　　1,110,000円 （修理費232万5,446円、経済的全損に争いなし、レッドブックによる） 代車費用　　　　0円 登録手続関係費用 100,000円 レッカー代　　99,645円 小計　　　1,309,645円 弁護士費用　130,000円 損害合計　 1,439,645円 原告甲野の損害 原告甲野車修理費 281,873円 代車費用　　　60,000円 レッカー代　　89,355円 小計　　　　431,228円 弁護士費用　　40,000円 損害合計　 471,228円

（部品価格・工賃合計 281,873円）		
（ポリマーコーティング・車内清掃代　84,000円）		
代車費用　189,000円		
レッカー代　89,355円		
小計　644,228円		
弁護士費用　60,000円		
損害合計　704,228円		

関係車両に関するデータ

原　告 A 社 車	中型貨物自動車（原告A社所有）、トヨタエース（スーパーロングリ仕様、セルフローダー[注]）、排気量5.3L、最大積載量3t、初度登録平成8年11月、初度登録から約15年経過、走行距離約24万4,365km
原　告 甲 野 車	普通乗用自動車（原告甲野太郎所有）、原告A社車に積載、ホンダフィット5D ワゴン、初度登録平成22年3月、走行距離約1万7,128km
被 告 車	普通乗用自動車（被告乙山春男運転）

（注）セルフローダーとは、積載機ことで重機や本件のような乗用車を運搬するため、トラックの前部を持ち上げ傾斜を設けて、トラック後部と地面の間に「アユミ板」を設置して、重機や乗用車が自走してトラックに積み込むものである。セルフローダーには自動装置のあるものと非自動式のものがある。

─────── **事故概要** ───────

　原告甲野太郎所有の原告甲野車（ホンダフィット）を積載して道路走行中の原告A社所有の原告A社車（トラック）が、後続の乙山春男運転の被告車（乗用車）に追突され、原告A社車のリヤボディ等と原告甲野車のフロントバンパーフェイス等を損傷した。

─────── **訴訟概要** ───────

　原告A社車所有の原告A社は、被った原告A社車の損害を不法行為に基づき被告に対し請求して提訴した。また、原告甲野車所有の原告甲野太郎も、被った原告甲野車の損害を不法行為に基づき被告に対して請求して提訴した。

─────── **原告A社の車両全損要求** ───────

　原告A社は、原告A社車の修理見積額が232万5,446円であり、インターネットの中古車検索サイトによれば、原告A社車の時価は200万円を下らないので、原告A社車は経済的全損であるといい、原告車時価額200万円が損害であると主張した。

　原告Ａ社は、原告Ａ社車が全損になったので、替わりの車両購入に必要になる登録手続関係費用15万0,705円を要求した。その内容は、自動車取得税11万0,100円、検査登録費用4,320円、納車費用7,392円、検査登録代行費用1万9,583円、リサイクル法関連費用9,310円であった。そのほか代車費用、レッカー代、弁護士費用を請求し、総額606万0,600円を要求した。

　原告甲野太郎は、原告甲野車の修理費と代車費用、レッカー代を要求しているが、原告甲野太郎の請求は、車両全損ではなく分損につき、詳細は省略する。

―――――――――――――――― 被告乙山の反論 ――――――――――――――――

　被告乙山は、原告Ａ社車の損害が経済的全損になることを認めたが、原告Ａ社主張の原告車時価額について、原告Ａ社車が初度登録から約15年経過しているため、新車価格とボディ架装代合計506万5,000円の10％に当たる50万6,500円であると反論した。

　また、被告は、原告Ａ社が請求する代車費用と登録手続関係費用、レッカー代を否認した。そのうちの登録関係費用を否認する理由は、「登録手続関係費用は事故がなくても車を買い替える時期が到来すれば出費を余儀なくされることから、事故と相当因果関係のある損害に当たらない。仮に、自動車取得税相当額が損害として認められるとしても、中古車を取得する際に要する費用に限られる。納車費用及び検査登録代行費用は販売店の報酬であり、購入者が自ら手続を行えば出費を免れるから、本件事故と相当因果関係のある損害とはいえない。」と反論した。

（原告甲野の請求、原告Ａ社の代車費用、レッカー代については省略）

―――――――――――――――― 判決理由 ――――――――――――――――

　判決は、オートガイド自動車価格月報では、原告Ａ社車と同種車の中古車価格（小売）が111万円と査定されている。一方、原告Ａ社車の修理見積費が232万5,446円であるから、原告Ａ社車の時価額は修理見積費を下回る。したがって、原告Ａ社車は、経済的全損であり、原告Ａ社車の損害は111万円であると認定した。

　原告Ａ社が時価額200万円の根拠とする「インターネット上の中古車検索サイト（乙2の1ないし乙2の23）には相当数の中古トラックの価格が掲載されているものの、これらの車両はすべて、原告Ａ社車と車種、排気量、最大積載量及び年式のいずれか又は全部が異なり、また、それらの使用状況等も不明であるから、同サイトの記載から原告Ａ社車の時価を算出することはできない。

　他方、被告は、原告Ａ社車の時価を新車価格及び架装費用の1割とすべきである旨主張するが、上記のとおり、オートガイド自動車価格月報の中古車価格を基に算定するのが相当であるから、上記主張は採用の限りではない。」として、原告Ａ社の根拠も、被告の根拠も否認した。

　登録手続関係費用について、判決は、「本件事故と相当因果関係のある登録手続関係費用相当額は、原告A社車と同一の車種、年式、型、同程度の使用状態、走行距離等の中古車両を取得するのに必要な費用であるところ、証拠（乙8の2）及び弁論の全趣旨によれば、原告A社が、原告A社車とほぼ同程度の新車を購入した場合における自動車取得税、検査登録費用、納車費用、検査登録代行費用及びリサイクル法関連費用の合計額が15万0,705円であることが認められることに鑑み、本件事故と相当因果関係のある費用を10万円と認める。」と認定した。

　被告の反論について、「被告は、登録手続関係費は事故がなくても車を買い替える時期が到来すれば出費を余儀なくされることから、事故と相当因果関係のある損害に当たらないと主張するが、事故がなければ直ちに負担する必要がなかったものであるから、事故と相当因果関係のある損害と認められる。

　また、被告は、納車費用及び検査登録代行費は購入者が自ら手続を行えば出費を免れるから本件事故と相当因果関係のある損害とはいえないとも主張するが、購入者が自ら手続をすべきと解するのは社会的実態に反することに鑑みると、被告の主張を採用することはできない。」と被告主張を否定した。

（代車費用、レッカー代については省略）

<h2 style="text-align:center">解　　説</h2>

　本判決は、車両時価額を、インターネット検索サイトよって請求する場合の注意事項を示したということで意味がある。とくに、レッドブックに当該車両の価格が記載されているとき、その価格と異なる価格を、インターネット検索サイトを根拠に主張する場合の注意事項は重要である。

　被告が、反論する初度登録から約15年経過しているという理由で、新車価格と架装費用の合計額の10％とする算出方法は、レッドブックに価格が掲載されている以上、認めないとする判決の姿勢は、十分に理解する必要がある。

　登録手続関係費用に対する本判決は、被害に遭った車両と同じ中古車を購入する場合の費用に限られ、原告A社が行ったような新車購入の場合の登録手続関係費は認められないとしたのも重要である。

　なお、本件では、中古車購入の場合の関係費用を10万円と見積り、同額を認容したが、ほかの裁判例では、中古車に置き換えて見積るようなことをせずに、請求全額を否認することもある。

⑨　東京地判平成27年１月26日 ab

裁判所・判決日	東京地判平27.1.26.ab	出　典	交通民集48巻１号159頁、自ジャ1944号135頁
事件番号	平24⒄第34965号、平25⒄第2767号、第26519号		

第１原告	E社	第１被告	甲野
第２原告	G保険	第２被告	E社、乙山、丙川
第３原告	H保険	第３被告	E社、F社
事　故　日	平24.7.11.　午後10:27ころ		
事故場所	山梨県大月市　中央自動車道下り		

事　故　状　況

丙川車（乗用車）が登坂車線終点ガードレールに衝突、走行車線に横転した（第１事故）。そこへ丁田車（タウンエース）が丙川車に追突寸前で停止した。丁田車後続の乙山車（冷蔵冷凍車）が丁田車に追突し停止した（第２事故）。その後、乙山車の数台後の甲野車（ダンプカー）が乙山車に追突し、その衝撃で乙山車は丁田車に追突、丁田車を押し出し、丁田車が丙川車に追突、乙山車も丙川車に追突した（第３事故）。

ガードレール　←　丙川車・乗用車

中央自動車道

丁田車・タウンエース

乙山車・冷蔵冷凍車

登坂車線

甲野車・ダンプカー

原告要求	被告要求	判　決
「第一事件 被告甲野は、原告E社に対し、775万7,267円及びこれに対する平24.7.11.から支払済みまで年５パーセントの割合による金員を支払え。」	「第三事件 原告E社及び被告F社は、原告H保険に対し、連帯して17万8,012円及びこれに対する平25.4.23.から支払済みまで年５パーセントの割合による金員を支払え。	「１　被告甲野は、原告E社に対し、650万6,516円及びこれに対する平24.7.11から支払済みまで年５パーセントの割合による金員を支払え。
「第二事件 被告丙川、被告乙山及び原告E社は、原告G保険に対し、連帯して1,459万6,012	原告E社及び被告F社は、原告H保険に対し、連帯して51万6,105円及びこれに対する平24.9.22.から支払	２　被告丙川は、原告G保険に対し、437万8,803円及び内金７万3,038円に対する平24.8.14.から、内金２万6,265円に対する同年9.20.から、内金427万9,500円に対する同月

円及び内金24万3,460円に対する平24.8.14.から、内金8万7,552円に対する同年9.20.から、内金1,426万5,000円に対する同月28.から各支払済みまで年5パーセントの割合による金員を支払え。」

済みまで年5パーセントの割合による金員を支払え。」

被告F社は、原告H保険に対し、8,250円及びこれに対する平24.11.27.から支払済みまで年5パーセントの割合による金員を支払え。」

28.から各支払済みまで年5パーセントの割合による金員を支払え。

3　原告E社及び被告F社は、原告H保険に対し、連帯して11万3,927円及びこれに対する平25.4.23.から支払済みまで年5パーセントの割合による金員を支払え。

4　原告E社及び被告F社は、原告H保険に対し、連帯して33万0,307円及びこれに対する平24.9.22.から支払済みまで年5パーセントの割合による金員を支払え。

5　被告F社は、原告H保険に対し、5,280円及びこれに対する平24.11.27.から支払済みまで年5パーセントの割合による金員を支払え。」

E社の損害

乙山車修理費	5,683,000円
休車損害	1,984,716円
不明損害	89,551円
損害合計	7,757,267円

G保険の損害

甲野車時価額	15,000,000円
（修理費は時価超）	
売却金	（－）735,000円
小計	14,265,000円
レッカー代	243,460円
道路清掃費	87,552円
損害合計	14,596,012円

H保険の損害

丁田人損	178,012円
丁田車時価	430,000円
レッカー代	17,105円
代車料	69,000円
物損合計	516,105円
乙山人損	8,250円

第2事故の過失割合：丙川車60%、乙山車40%

第3事故の過失割合：甲野車70%、丙川車30%、乙山車0%

第2事故と第3事故の損害割合：損害額の20%を丙川車・乙山車の、損害額の80%を丙川車・甲野車の負担とする。

第2、第3事故による損害における過失割合：

丙川車＝36%（20%×60%）+（80%×30%）

乙山車＝8%（20%×40%）

甲野車＝56%（80%×70%）

E社の損害

乙山車修理費	5,683,000円
休車損害	1,389,301円
小計	7,072,301円
乙山車過失8％	(−)565,785円
差引	6,506,516円

G保険の損害 （第3事故のみ）

甲野車時価額	15,000,000円
（修理費は時価超）	
売却金	(−)735,000円
小計	14,265,000円
レッカー代	243,460円
道路清掃費	87,552円
損害合計	14,596,012円
甲野車過失70％	(−)10,217,209円
損害合計	4,378,803円

H保険の損害

丁田人損	178,012円
丙川車過失36％	(−)64,085円
損害合計	113,927円

丁田車時価	430,000円
レッカー代	17,105円
代車料	69,000円
物損合計	516,105円
丙川車過失36％	(−)185,798円
損害合計	330,307円

乙山人損	8,250円
丙川車過失36％	(−)2,970円
損害合計	5,280円

関係車両に関するデータ

丁田車	自家用普通貨物自動車（丁田運転、I社所有）、トヨタ・タウンエース、第2事故・第3事故の被害者
乙山車	事業用大型貨物自動車（乙山太郎運転、E社所有）、12t冷蔵冷凍車、第2事故加害者、第3事故の被害者
甲野車	事業用大型貨物自動車（甲野運転、F社所有）、ダンプカー、G保険に車両・対物保険付保、第3事故の加害者
丙川車	乗用車（丙川運転）、H保険に自動車保険対人・対物保険付保、第1事故の当事者

――――――― **事故概要** ―――――――

　登坂車線、走行車線、追越車線の三車線がある中央自動車道において、丙川車（乗用車）が登坂車線を高速走行し、走行車線の車両を次々に追い抜き、登坂車線の終わる地点のガードレールに衝突し、走行車線上に横転、停止した（第1事故）。そこへ丁田車（トヨタ・タウンエース）走行してきて丙川車に追突する寸前で停止した。丁田車の後続乙山車（冷蔵冷凍車）が丁田車に追突した（第2事故）。その後、乙山車の数台後の甲野車（ダンプカー）が乙山車に追突し、その衝撃で乙山車は丁田車に追突し、丁田車を押し出し、丁田車が丙川車に追突した（第3事故）。

――――――― **訴訟概要** ―――――――

　乙山車（冷蔵冷凍車）所有のE社が、追突してきた甲野に対し損害賠償を請求した（第1事件）。甲野車（ダンプカー）の自動車保険を引き受けていたG保険は、甲野車が乙山車に追突したのは、横転した丙川車、丁田車に追突した乙山車に責任があるとして、甲野車の損害や道路清掃費等を保険金として支払ったあと、丙川、乙山および乙山車の所有者であるE社に対し、G保険が被った損害を共同不法行為者間の求償請求権を代位取得し請求した（第2事件）。

　丙川車（乗用車）の自動車保険を引き受けていたH保険は、丁田の人身損害、丁田車修理費と乙山の人身損害等を保険金として支払ったあと、共同不法行為者間の求償請求権を代位取得し、乙山車所有のE社と甲野車所有のF社に対し請求した（第3事件）。

――――――― **甲野車の保険者G保険の車両全損要求** ―――――――

　甲野車（ダンプカー）の保険会社であるG保険は、甲野車の修理費が時価を超える経済的全損になったと主張して、甲野車の時価額1,500万円から甲野車を売却した売得金73万5,000円を控除した1,426万5,000円を要求した。そのほか、レッカー代、道路清

掃費も要求している。

────── 丙川車の保険者H保険の丁田車全損要求 ──────

第2事故、第3事故によって損傷した丁田車（トヨタ・タウンエース）の損害を保険金として支払った丙川車（乗用車）のH保険は、丁田車の修理費が時価を上回り経済的全損になるとして、時価額43万円を要求した。そのほか、レッカー代、代車料も要求した。

（E社の請求は、修理費と休車損害につき省略）

────── E社、F社の反論 ──────

本件事故の各関係者は、第1、第2、第3事故について、それぞれ相手の過失割合を主張するが、請求者の損害額について、何も反論していない。

────── 判決理由 ──────

判決は、本件多重衝突事故に関係する者には共同不法行為が成立するとし、第1、第2と第3事故に責任を負う者の過失割合として、第2事故においては丙川車（乗用車）60％、乙山車（冷蔵冷凍車）40％と認定し、第3事故においては甲野車（ダンプカー）70％、丙川車（乗用車）30％、乙山車（冷蔵冷凍車）0％と認定した。

次に、第2事故と第3事故による損害は、損害額の20％を第2事故有責者である丙川車と乙山車に、損害額の80％を第3事故有責者である丙川車と甲野車に負担させると認定した。

したがって、第2事故と第3事故による損害における過失割合は次のようになる。

丙川車＝36％	（計算式）＝20％×60％＋80％×30％	
乙山車＝8％	（計算式）＝20％×40％	
甲野車＝56％	（計算式）＝80％×70％	
	三車の合計＝100％	

判決は、乙山車（冷蔵冷凍車）の休車損害について、検討して請求金額を訂正したが、甲野車や丁田車の時価額について、請求者の請求金額をそのまま認容した。

────── 解　　説 ──────

判決は、多重衝突事故に関係する丙川、乙山、甲野の過失割合認定と第2、第3事故によって生じた各車両の損害を事故ごとに仕分け、認定するのに、多くの努力を費やした。

そのためか、乙山車（冷蔵冷凍車）の休車損害以外は、修理費、時価額、レッカー代、

代車料、道路清掃費について、簡単な記述で終わっている。甲野車（ダンプカー）や丁田車（トヨタ・タウンエース）の経済的全損認定において、修理費を明示することもなく修理費が時価額を上回ると記して、経済的全損を認容し、時価額算出根拠も明示しないで時価額を認容した。

したがって、本判決には、車両全損時価額算定について参考になるものはない。

また、Ｅ社の請求額775万7,267円とＥ社損害積算合計額766万7,716円は、一致しない。本表では、不明損害８万9,551円として計上し、金額を一致させた。

●*Column* ❻

損害一覧表を付けた判決文

判決文は、一読しただけでは意味がつかめない。読みながらメモに取り、そのメモを見返して、はじめて理解するという作業が必要だ。

そんななか、判決文末尾に損害一覧表を付けた判決が現れた。誠にありがたい判決文である。たとえば、東京地判平成26年４月23日交通民集47巻２号540頁（平成24年（ワ）第34983号）がそれだ。

今のところ、この一覧表を付けているのは、俣木泰治裁判官、お一人だけだ。

【損害一覧表】

	損害項目	原告主張額 (円)	原告の主張	認否	被告主張額 (円)	被告らの主張	裁判所認定額 (円)
1	治療費	1,439,316	原告の入退院は、すべて本件事故と……	×	31,950	H病院の治療費3万1,950円は……	1,439,316
2	入院雑費	81,000	1,500円／日、54日間	△	0		81,000
…	……	……	……	…	……	……	……
9	物　損	1,698,280	車両損害146万円、レッカー費用3万2,550円、車の買換諸費用20万5,730円	×	0	否認ないし争う	1,583,580
10	合　計	39,602,498		×	32,050		29,485,548
11	過失相殺後の損害	39,602,498	原告には過失がない	×	0	原告の過失割合8割5分以上	26,536,993
12	損益相殺的調整	5,148,609		○	5,148,609		5,148,609
13	填補的調整後の損害合計	34,453,889		×	0		21,388,384
14	弁護士費用	4,100,000		×	0		2,138,838
15	最終的な損害合計	38,553,889	ただし請求元本は、撤回された雑費1,250円、通院交通費の一部4,210円を含まれた3,855万9,349円である	×	0		23,527,222

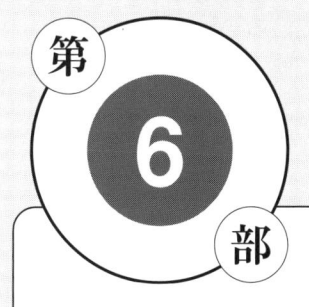

第6部

学説・文献にみる車両全損

第1章　車両全損の判断基準

　車両全損に関して、最近の学説や文献は、どのように論じているのか。何を課題としているのか。この点を学説、文献でみていくことにする。

　なお、学説、文献は、本書の項目に従い、「車両全損の判断基準」、「全損車両の賠償額」、「時価算定根拠」、「車両買替諸費用」、「残存車検費用」、「廃車解体費用」に関する部分をその項目ごとに紹介する。

① 赤い本

『赤い本』（以下、すべて日弁連交通事故相談センター東京支部）
- •《平成22年》上巻《基準編》（2010）159頁
- •《平成23年》上巻《基準編》（2011）165頁
- •《平成24年》上巻《基準編》（2012）171頁
- •《平成25年》上巻《基準編》（2013）185頁
- •《平成26年》上巻《基準編》（2014）196頁
- •《平成27年》上巻《基準編》（2015）206頁
- •《平成28年》上巻《基準編》（2016）216頁
- •《平成29年》上巻《基準編》（2017）222頁

> 　２．経済的全損の判断
> 　　修理費が、車両時価額（消費税相当額を含む）[注]に買替諸費用を加えた金額を上回る場合には、経済的全損となり買替差額が認められ、下回る場合には修理費が認められる。
> 　　（注）（消費税相当額を含む）は《平成24年》より挿入された。

② 大阪簡易裁判所における民事訴訟の運営と定型訴状モデルの解説

　「交通事故による損害賠償（物損・人損）」大阪地方裁判所簡易裁判所活性化研究会編『大阪簡易裁判所における民事訴訟の運営と定型訴状モデルの解説』別冊判例タイムズ27号（2010）157頁

> 　２　不法行為の効果
> 　⑵　交通事故における物的損害に基づく損害賠償の範囲
> 　　物的損害による賠償請求においては、修理不能（修理が著しく困難で買替えを相

当とする場合を含む。）の場合又は修理費が事故時の時価額を上回る場合は、原則として全損（前者を「物理的全損」、後者を「経済的全損」として区別する場合がある。）と評価し、事故時の時価額を損害とする。

③　Ｑ＆Ａハンドブック交通事故診療

羽成守監修・日本臨床整形外科学会編『Ｑ＆Ａハンドブック交通事故診療〔全訂新版〕』（創耕社、2015）354頁

> 3　経済的全損の判断
>
> 　赤い本では、修理可能な場合でも、「修理費が、車両時価額（消費税相当額を含む）に買替諸費用を加えた金額を上回る場合には、経済的全損となり買替差額が認められ、下回る場合には修理費が認められる」とし、経済的全損の判断基準を設けています。

④　交通事故損害額算定基準－実務運用と解説－

日弁連交通事故相談センター研究研修委員会編『交通事故損害額算定基準－実務運用と解説－〔25訂版〕』（日弁連交通事故相談センター、2016）245頁

> 基準　被害車両が修理不能もしくは修理費が時価額を上回るいわゆる全損となった場合は事故直前の交換価格をもとに賠償額を算定し、そうでない場合は修理費相当額をもとに損害算定する。

⑤　概説　交通事故賠償法

藤村和夫＝山野嘉朗『概説　交通事故賠償法〔第 3 版〕』（日本評論社、2014）209頁

> ・2－2－1　車両の損害
> (1)　車両損害
> 　……。
> 　判例は、車両の買替費用を損害として認めるに際し、「被害車両の所有者が、これを売却し、事故当時におけるその価格と売却代金との差額を損害として請求しうるのは、被害車両が事故によって物理的又は経済的に修理不能と認められる状態になったときのほか、フレーム等車体の本質的構造部分に重大な損傷の生じたことが客観的に認められ、被害車両の所有者においてその買替えをすることが社会通念上相当と認められるときをも含むと解すべき」としている（最判昭和49・4・15民事28巻 3 号385頁）。これによれば、いわゆる修理不能として取り扱われるのは次のような場合となろう。

(ア)　物理的に修理不能（車両の損傷が著しいために修理が不可能である場合）

(イ)　経済的に修理不能（技術的には修理が可能であるものの、修理見積額が当該車両の時価〔事故当時の価格〕を超える場合）

(ウ)　車体の本質的構造部分に重大損傷発生（買替えが、社会通念上相当と認められる場合）

⑥　民事交通訴訟における過失相殺率の認定基準

　東京地裁民事交通訴訟研究会編『民事交通訴訟における過失相殺率の認定基準〔全訂5版〕』別冊判例タイムズ38号（2014）17頁

> ア　修理費等
> (イ)　車両の基幹部分に重大な損傷が加わり（フレーム等車体の重要な本質的構造部分が事故によって重大な損傷を受けたなど）、修理によって回復不可能な損害が生じた場合は、物理的全損とし、事故当時の車両価格が損害と認められる。物理的全損による価格賠償を請求する場合は、当該事故によって車両の基幹部分に重大な損傷が加わり、修理が不能である事実を主張、立証する必要がある。この場合、事故車両の売却代金（スクラップ代金）は損益相殺し、事故当時の車両価格との差額が損害となる。
> 　事故による損傷が修理可能であっても、修理費が事故当時の車両価格及び買替諸費用の合計額を上回る場合は、いわゆる経済的全損として、事故当時の車両価格が損害と認められる。この場合、修理費が事故当時の車両価格及び買替諸費用の合計額を上回る事実は、被告において積極的に反証すべき事実ではある。もっとも、原告が、経済的全損としての請求をするときは、あらかじめ原告において、修理費、事故当時の車両価格及び買替諸費用を主張することが望まれる。
> 　上記以外の場合には、被害者が事故を理由として車両を買い替えたとしても、買替えを正当とする理由が認められず、買替え差額を請求することはできない。

⑦　交通関係訴訟の実務

　俣木泰治「第27講　物的損害に関する諸問題　1（車両損害等）」森冨義明＝村主隆行編著『交通関係訴訟の実務』（商事法務、2016）431頁

> Ⅳ　経済的全損について
> 1　意義
> 　前述のとおり、経済的全損の場合、すなわち、修理費が、事故時の車両価格及び買替諸費用の合計を上回る場合、被害者は、加害者に対し、その合計額の限度で請求できるに止まり、修理費の全額を請求することはできないところ、実務では、経済的全損か否かについて、事故当時の車両価格をめぐって争われることが多い。

第2章 全損車両の賠償額

① 赤い本

『赤い本』（以下、すべて日弁連交通事故相談センター東京支部）

- 《平成22年》上巻《基準編》（2010）160頁
- 《平成23年》上巻《基準編》（2011）167頁
- 《平成24年》上巻《基準編》（2012）173頁
- 《平成25年》上巻《基準編》（2013）187頁
- 《平成26年》上巻《基準編》（2014）198頁
- 《平成27年》上巻《基準編》（2015）207頁
- 《平成28年》上巻《基準編》（2016）217頁
- 《平成29年》上巻《基準編》（2017）223頁

> 3．買替差額
>
> 　物理的または経済的全損、車体の本質的構造部分が客観的に重大な損傷を受けてその買替をすることが社会通念上相当と認められる場合には、事故時の時価相当額と売却代金の差額が認められる（最判昭和49．4．15　民集28・3・385[注]　交民7・2・275参照）。
>
> 　（注）民集28・3・385は《平成26年》より挿入された。

② 交通事故の実務－物損事故－

佐瀬淳司「交通事故の実務－物損事故－」月報司法書士456号（2010）63頁

> 3　被害車両が直接被った損害について（分損・全損）
> 　(2)　修理することが相当でない場合（この様な損害を全損という）には、当該車両と同一の車種・年式・型・同程度の使用状態、走行距離等の車両を中古車市場において取得しうるに要する価額（以下、「市場価額」という）と当該事故車両の売却代金（スクラップ代金）の差額が損害額として認められることとなる（買替差額）。買替差額が損害として認められる場合として、最二小判昭和49年4月15日民集28巻3号385頁は、次の3つの基準を示している。
> 　①　適正な修理費相当額が市場価額を超える場合（いわゆる経済的全損）
> 　②　物理的に修理が不能な場合（いわゆる物理的全損）
> 　③　フレーム等車体の本質的構造部分に重大な損傷が生じた場合

③ 交通事故実務マニュアル──民事交通事件処理

交通事故実務研究会編『改訂版 交通事故実務マニュアル──民事交通事件処理』（ぎょうせい、2012）193頁～194頁

> 1　修理費用と車両の時価との関係
>
> 　物理的・技術的に事故車両の修理が可能であっても、被害の原状回復という損害賠償制度の目的から、修理費用が、事故当時における車両の時価と事故車両の売却代金との差額（いわゆる買替差額）に買替諸費用を加えた金額を上回る場合には、経済的に修理不能（いわゆる経済的全損）とされ、損害として認められるのは買替差額及び買替諸費用の限度にとどまる（東京地判平成15年8月4日交民36巻4号1028頁）。

④ Ｑ＆Ａハンドブック交通事故診療

羽成守監修・日本臨床整形外科学会編『Ｑ＆Ａハンドブック交通事故診療〔全訂新版〕』（創耕社、2015）354頁

> 4　買替差額費（原文ママ）
>
> 　修理が不能もしくは著しく困難な場合には、自動車を買い替える必要が生じます。赤い本では、「物理的または経済的全損、車体の本質的構造部分が客観的に重大な損傷を受けてその買替をすることが社会通念上相当と認められる場合には、事故時の時価相当額と売却代金の差額が認められる」としています。つまり、事故当時の価格からスクラップ代を差し引いた金額が損害として認められることになります。

⑤ 物損交通事故訴訟における要件事実と実務

加藤新太郎「物損交通事故訴訟における要件事実と実務」市民と法81号（2013）7頁

> （3）　買替え差額
>
> 　①損傷が激しく物理的に修理不能である場合（物理的全損）、②経済的に修理が不可能である場合（経済的全損）、③車体の本質的構造部分が客観的に重大な損傷を受けてその買替えをすることが社会通念上相当と認められる場合には、事故時の時価相当額と売却代金（スクラップ代等）の差額が損害として認められる（最判昭49・4・15交通事故民事裁判例集7巻2号275頁）。もっとも、スクラップ価値はゼロと評価される場合も多く、その場合には、車両の時価相当額が損害となる。

⑥ 大阪地裁における交通損害賠償の算定基準

大阪地裁民事交通訴訟研究会編著『大阪地裁における交通損害賠償の算定基準〔第3版〕』（判例タイムズ社、2013）10頁

> ア　全損の場合
> 車両が修理不能（修理が著しく困難で買替えを相当とする場合も含む。）又は修理費が事故時の時価額を上回る場合は、原則として全損と評価し、事故時の時価額を損害とする。……
> 事故車両が一定の経済的価値を有する場合は、時価相当額と事故車両の売却代金の差額が損害として認められる。

⑦ 交通事故損害額算定基準－実務運用と解説－

日弁連交通事故相談センター研究研修委員会編『交通事故損害額算定基準－実務運用と解説－〔25訂版〕』（日弁連交通事故相談センター、2016）245頁

> i　全損の場合、通常は交換価格と被害車両を処分した金額との差額（買替差額）を賠償額とすることになる。通常はスクラップ価格が処分価格となるであろうが、市場の状況によってはスクラップ価格による売却が困難なこともあるから、控除すべき処分価格については実態にあった判断が必要である。

⑧ 概説　交通事故賠償法

藤村和夫＝山野嘉朗『概説　交通事故賠償法〔第3版〕』（日本評論社、2014）209頁

> ①　修理不能の場合
> 上記のように修理不能である場合の損害は、被害車両の事故時の価格（時価、市場価格、交換価格）から売却代金（一般的にはスクラップ代金）を控除した額（買替差額）である。

第3章　時価算定根拠

① 交通事故賠償の現在⑶物損の価格賠償についての一考察

園高明「交通事故賠償の現在⑶物損の価格賠償についての一考察　21世紀賠償研究会」法律のひろば56巻10号（2003）51頁～52頁

三　中古車市場での販売価格の証明

　自動車が全損になった場合には、中古車市場での販売価格を立証する必要が生じるが、このような場合、中古車販売価格の算定に用いられてきたのがレッドブックあるいは財団法人日本自動車査定協会の発行する中古車価格ガイドブック（小売価格のみを記載したシルバーブックと小売価格・卸売価格を記載したイエローブック）である。

　レッドブック、あるいはイエローブックに載っていない古い車（注3）というのは基本的に取引が限られ、市場で容易に調達が不可能なものである。古いばかりでなく当年もの（平成15年登録の自動車（本誌発行が平成15年：筆者注））のように販売直後の自動車も取引事例が少ないことから価格が記載されていない。レッドブック、シルバーブック、イエローブックは基本的にメーカーの正規ディーラーの価格調査をベースにしており、このような正規ディーラー以外の中古車専業店の販売価格は調査の対象になっていない。従って、レッドブック等に記載がなくても中古車の専門雑誌、あるいはインターネット等による情報により中古車市場での販売価格を証明しうる場合もある。もっとも、中古車雑誌等の情報（それが広告の場合には特に）は販売店の売買希望価格であって実勢の取引価格ではないことも多いので、中古車雑誌等の金額をそのまま再調達価格とすることの当否は吟味される必要がある（注4）。

　　（注3）国産車については、平成15年6月のレッドブックには平成14年から平成8年（ポルシェなど外国車でも平成5年）までの価格しか記載がないが、イエローブック（平成15年5月）には、車種によるが平成3年ないし平成5年の価格まで記載があるので、レッドブックに記載がなくてもイエローブックには記載がある可能性がある。

　　（注4）ポルシェ944EX について専門誌の価格を参考にし、事故前年冬の価格の80パーセントを時価と算定した（東京地判平成10年11月25日交通民集31巻6号1764号：原文ママ）。

四　再調達価格不明の場合の賠償額

　原則として、中古車市場価格をもとに自動車の時価を算定すべきものとしても、納車直後のために中古車市場価格が形成されていない場合、あるいは、古すぎるため又は特殊な車のために中古車市場価格が不明の場合にどのように算定するかが問題となる。このような場合に何を基準に損害額を認めるべきかについての定説はない。自動車以外の物を含めて以下に検討する。裁判例には、減価償却法によるもの、新品の価格又は購入時の価格そのものの賠償を認めるもの、新車価格又は購入価格から適宜減額して賠償額を算定するものがある。

　言うまでもなく減価償却法は、使用及び時の経過とともに資産が減価していくごとに決算期に記帳するという税務・会計上の規則であって、中古車市場価格と結びついている概念ではない。従って、企業（事業者）の所有する自動車については、再調達価格が不明でほかに証明方法がないときには、残価をもって時価とすることも、一応の合理性は認められるが、純粋に個人使用の自動車についてこの方法を採ることの合理性は疑問である。

　……。ただし、古いために中古車市場価格が判明しない自動車については、新車の価格を賠償するのでなく、中古車市場で再調達可能な同種の自動車の価格（事故車よりは年式の新しい自動車のレッドブック等の価格）又は当該中古車の購入価格から被害者の利得を損益相殺に準じて減額するべきである。なお、この場合加害者は、事故時の価格を明らかにすることによらなくても、被害者の得た使用利益を明らかにすることで被害者の利得を主張することも可能であろう。

五　再調達価格不明の場合における具体的算定方法

　納車直後の自動車が全損になった場合について検討してみると、新車又は新車同然と評価しうる車が損傷を受けた場合（例えば新車を買っての帰途事故にあった場合）、被害者には新車の購入価格による賠償が許されるべきである（柴田保幸解説『昭和49年度最高裁判所判例解説民事編』114頁）。このような場合には自動車を購入したけれど未だ本来の目的に使用したとはいえず、損益相殺に準じて考慮すべき利得が被害者には存在しないと考えられる。従って、このような場合は新車の価格賠償が認められるべきである。

② 交通事故の実務－物損事故－

佐瀬淳司「交通事故の実務－物損事故－」月報司法書士456号（2010）63頁

　これら基準（①経済的全損、②物理的全損、③車体の本質的構造部分に重大な損傷の基準のこと：筆者注）のうち、①の基準がいうところの「市場価額」を算出する判断資料としてどの様な資料を用いるかにつき問題となるが、実務では㈲オートガイド社発行のオートガイド自動車価格月報（以下、「レッドブック」という）を用いることが多い。レッドブックには中古車の「下取価格」・「卸売価格」・「小売価格」

がそれぞれ記載されているが、損害額算出の根拠たる「市場価額」として採用するのは「小売価格」である。そして、レッドブックで掲載されている各価格の車両状態は、次の条件を標準としている。①走行距離は標準走行距離であること。②タイヤの残り山は5分山以上であること。③エンジン、足回り等の機能部分は正常であること。④機能及び外装・内装が整備された状態で、保証付きで販売される車両であること。したがって当該事故車両を確認し、右条件よりも良好な状態の車両であれば、適宜、該当する「小売価格」より市場価額が増加することとなるし、不良な状態の車両であれば減少することになる。

(3) 大阪簡易裁判所における民事訴訟の運営と定型訴状モデルの解説

「交通事故による損害賠償（物損・人損）」大阪地方裁判所簡易裁判所活性化研究会編『大阪簡易裁判所における民事訴訟の運営と定型訴状モデルの解説』別冊判例タイムズ27号（2010）158頁

> 車両時価の算定
> 車両の時価とは、同一の車種・年式・型、同程度の使用状態・走行距離等の自動車を中古車市場において取得するに要する価格をいう（前掲最判49.4.15）。
> いわゆるレッドブック（オートガイド自動車価格月報）等には古い車種や特殊な車両は出てこないので、中古車の専門雑誌やインターネット等の情報により、中古車価格を調査する必要がある（大阪地裁における算定基準67頁）。

(4) 交通事故実務マニュアル──民事交通事件処理

交通事故実務研究会編『改訂版 交通事故実務マニュアル──民事交通事件処理』（ぎょうせい、2012）194頁

> 2　事故当時における車両の時価
> 事故当時における車両の時価とは、特段の事情がない限り、事故当時の車両と同一の車種・年式・型、同程度の使用状態・走行距離等の車両を中古車市場において取得するに要する価格をいう（最判昭和49年4月15日民集28巻3号385頁・交民7巻2号275頁）。
> そして、その算定には、オートガイド社自動車価格月報（いわゆる「レッドブック）」や中古車価格ガイドブック（いわゆる「イエローブック」）等が参考とされることが多いが、上記のとおり走行距離その他の車両状態まで考慮する必要があるため、これらの資料から直ちに個別車両の時価が算定できるわけではない。事故の約2か月前に購入したばかりの中古車につき、レッドブックによらず、実際の購入価

格をもとに定率法による減価償却を行い時価を算定した裁判例（大阪地判平成14年
5月7日交民35巻3号635頁）、イエローブックによれば時価は24万5,000円程度に
とどまるとする被告の主張を、事故車両の走行距離が極めて短いことを理由に排斥
し、同種車両の販売事例や事故車両の実際の購入価格等を総合考慮して、時価は修
理費用（約57万円）を下回らないとした（修理費約57万円を認めた：筆者注）裁判
例（東京地判平成16年4月22日）など、個別事情に応じて合理的な時価算定の手法
が工夫されている。

⑤　Q&Aハンドブック交通事故診療

羽成守監修・日本臨床整形外科学会編『Q&Aハンドブック交通事故診療〔全訂新
版〕』（創耕社、2015）354頁

> 4　買替差額費（原文ママ）
> ……。
> 　買替えには、当該車両の時価（同年式、同車種を中古車市場で再取得するときの
> 価格）の算定をしなければなりません。その算定には、「自動車価格月報」、「中古車
> 価格ガイドブック」などを用いて行います。

⑥　物損交通事故訴訟における要件事実と実務

加藤新太郎「物損交通事故訴訟における要件事実と実務」市民と法81号（2013）7頁

> 　（3）　買替え差額
> ……。
> 車両の時価相当額は、いわゆるレッドブック（『自動車価格月報』オートガイド社）
> やイエローブック（『中古車価格ガイドブック』一般財団法人日本自動車査定協会）
> の記載を参考にし、立証にも用いるのが通例である。

⑦　大阪地裁における交通損害賠償の算定基準

大阪地裁民事交通訴訟研究会編著『大阪地裁における交通損害賠償の算定基準〔第
3版〕』（判例タイムズ社、2013）10頁・63頁

> ア　全損の場合
> ……時価は、原則として、同一車種、年式、型、使用状態、走行距離等の自動車を
> 中古車市場で取得しうる価格であるが、その認定に当たってはオートガイド自動車
> 価格月報（いわゆるレッドブック）等を参考資料とする。……

いわゆるレッドブック等には、古い車種や特殊な車両は掲載されていないので、中古車の専門雑誌やインターネット等の情報により、中古車価格を調査する必要がある。

⑧ 交通事故損害額算定基準―実務運用と解説―

日弁連交通事故相談センター研究研修委員会編『交通事故損害額算定基準―実務運用と解説―〔25訂版〕』（日弁連交通事故相談センター、2016）245頁

> ii　全損か否かは車両の時価の評価にかかることになるが、被害車両の時価額を評価する方法としては、裁判上の鑑定による場合のほか、オートガイド社自動車価格月報（いわゆる「レッドブック）」や中古車価格ガイドブック（いわゆる「イエローブック」）を参考にするもの、（一財）日本自動車査定協会の査定を参考にするもの、税法上の減価償却によるものなどがあり、一定した傾向があるとは言い難い。とりわけ、特殊車両で市場性のない場合やかなり古いために交換価格が推定しにくい場合などには損害算定はむずかしくなる。

⑨ 概説　交通事故賠償法

藤村和夫＝山野嘉朗『概説　交通事故賠償法〔第3版〕』（日本評論社、2014）209頁～210頁

> ①　修理不能の場合
> ……。
> 　なお、時価の算定方法につき前掲最判昭和49年4月15日は、いわゆる市場価格方式を採り、「課税又は企業会計上の減価償却の方法である定率法又は定額法によって定めることは、加害者及び被害者がこれによることに異議がない等の特段の事情がないかぎり、許されない」とした。中古車市場価格は、『自動車価格月報』（いわゆる『レッドブック』、オートガイド社）や『中古車価格ガイドブック』（いわゆる『イエローブック』、㈶日本自動車査定協会）等を参考にして求められることが多い。ただ、裁判例の中には、中古車価格の証明が困難である等の理由により、税法上の減価償却の方法（定額法あるいは定率法）を基準とするものもある。この損害（修理不能の場合の損害：筆者注）の中には、買替えに要した登録費用、車庫証明費用、納車費用、廃車費用等も含まれるとみておいてよい。なお近時は、インターネットオークションの価格を参考にする例もみられる。

⑩　民事交通訴訟における過失相殺率の認定基準

東京地裁民事交通訴訟研究会編『民事交通訴訟における過失相殺率の認定基準〔全訂 5 版〕』別冊判例タイムズ38号（2014）17頁

> ア　修理費等
>
> ……。
>
> 　事故当時の車両価格は、原則として、同一車種・年式・型、同程度の使用状態・走行距離等の車両を中古車市場において取得するに要する価格（交換価値・再調達価格）である。実務においては、一般にはオートガイド自動車価格月報（いわゆるレッドブック）を参考にしている。したがって、全損として損害を請求する場合には、事前にこれを参照し、同一ないし近似する車種の記載があれば、書証として提出することが望ましい。近時は、インターネット上の中古車販売情報における市場価格を参考とする例も見られる。

⑪　交通関係訴訟の実務

俣木泰治「第27講　物的損害に関する諸問題　1 （車両損害等）」森冨義明＝村主隆行編著『交通関係訴訟の実務』（商事法務、2016）432頁

> Ⅳ　経済的全損について
> 2 　判断方法
> ……。
>
> 　実務では、この判例（最判昭和49年 4 月15日民集28巻 3 号385頁：筆者注）により、事故当時の車両価格を、事故車両と同一の車種・年式・型の車両について、いわゆるオートガイド自動車価額月報（いわゆるレッドブック）の内容を踏まえた上で、中古車専門雑誌、インターネットの中古車関連サイト上の販売価格情報、実際の取引事例等の資料を参考に判断している。
>
> 　近年、検索機能の向上によって検索が容易になり、情報量も豊富なため、当事者双方からインターネット上の販売価格情報が多数提出されることが珍しくない。
>
> 　なお、市場において取引されておらず、現実的に取引価格を認定することが困難な中古車であっても、現実に走行可能な車両について無価値としなかった裁判例がある（東京高判昭和57年 6 月17日判時1051号95頁、大阪地判平成 2 年12月20日自保ジャーナル911号 2 頁）。

第4章　車両買替諸費用

① 赤い本

『赤い本』（以下、すべて日弁連交通事故相談センター東京支部）
- 《平成22年》上巻《基準編》（2010）163頁
- 《平成23年》上巻《基準編》（2011）169頁
- 《平成24年》上巻《基準編》（2012）176頁
- 《平成25年》上巻《基準編》（2013）190頁
- 《平成26年》上巻《基準編》（2014）200頁
- 《平成27年》上巻《基準編》（2015）210頁
- 《平成28年》上巻《基準編》（2016）220頁
- 《平成29年》上巻《基準編》（2017）227頁

4．登録手続関係費

　買替のため必要になった登録、車庫証明、廃車の法定の手数料相当分及びディーラー報酬部分（登録手数料、車庫証明手数料、納車手数料、廃車手数料）のうち相当額並びに自動車取得税については損害として認められる（本誌1989年版89頁「買替諸費用について」参照）。

　なお、事故車両の自賠責保険料、新しく取得した車両の自動車税、自動車重量税、自賠責保険料は損害とは認められないが、<u>車両本体価格に対する消費税相当額</u>(注)、<u>事故車両の自動車重量税の未経過分</u>（「使用済自動車の再資源化等に関する法律」により適正に解体され、永久抹消登録されて還付された分を除く）は、損害として認められる。（下線筆者）

　（注）下線部分は《平成24年》より削除された。削除理由は、「経済的全損の判断」のところで、「修理費が、車両時価額（消費税相当額を含む）に買替諸費用を加えた金額を上回る場合には、経済的全損となり買替差額が認められ、……」としたこととの関連である。

●「新しく取得した車両の自動車重量税は、損害とは認められないが、事故車両の自動車重量税の未経過分から還付された分を除いた自動車重量税は、損害として認められる」とは、同じ自動車重量税でありながら矛盾した扱いになっている。

　新しく取得した車両の自動車重量税は、車両取得にかかわる税金であるから認めることでよいのではないか。事故車両の自動車重量税とは、残存車検費用に属する

自動車重量税であるが、還付制度の導入によって、事故による損害が発生しなくなったことから、認める、認めないではなく、損害が発生していないと考えた方がよいのではないか。

② 交通事故の実務－物損事故－

佐瀬淳司「交通事故の実務－物損事故－」月報司法書士456号（2010）64頁

> 5　全損の場合の登録手続き関係費
>
> 　被害車両が全損となった場合は、買替のため必要になった登録、車庫証明、廃車の法定の手数料相当分及びディーラー報酬部分（登録手数料、車庫証明手数料、納車手数料、廃車手数料）のうち相当額については、損害として認められる。なお、事故車両の自賠責保険料、新しく取得した車両の自動車税、<u>自動車重量税</u>、自賠責保険料は損害として認められないが、車両本体価格に対する消費税、事故車両の自動車重量税の未経過分（「使用済自動車の再資源化等に関する法律」により適正に解体され、永久抹消登録されて還付された分を除く）は損害として認められる。（日弁連民事交通事故相談センター東京支部編『2009民事交通事故訴訟　損害賠償額算定基準　上巻』153頁）。（下線筆者）

●ここでも、「新しく取得した自動車税、自動車重量税、自賠責保険料は損害として認められないが、……」としているが、自動車税、自賠責保険料は、自動車を「保持する」ことによって掛かる税金や料金であるから、損害として認められなくてもよいが、自動車重量税は、自動車取得税と同様に、自動車を「取得する」ことによって掛かる税金であるから、損害として認められると考える。

　事故車両の自動車重量税の未経過分から還付分を控除すれば何が残るというのか。端数切捨ての日数分が残るが、これは還付制度の手続の問題であり、事故ではない通常の廃車の場合でも発生する。

　端数切捨て日数分を事故の場合だけに限って加害者に賠償させるべきではない。

③ 大阪簡易裁判所における民事訴訟の運営と定型訴状モデルの解説

「交通事故による損害賠償（物損・人損）」大阪地方裁判所簡易裁判所活性化研究会編『大阪簡易裁判所における民事訴訟の運営と定型訴状モデルの解説』別冊判例タイムズ27号（2010）158頁

> 損害の範囲
> 被害車両と同程度の中古車両を取得するのに要する自動車取得税、事故車両の自動車検査証有効期間の未経過部分に相当する自動車重量税（事故車両の自動車検査証有効期間の未経過部分に相当する自動車税及び自賠責保険料については還付される

> ので損害と認めない）、移転登録、車庫証明、廃車のための各法定費用、販売店の労
> 務に対する報酬である登録代行費用、車庫証明手続代行費用、納車費用（消費税を
> 含む）を認めた（東京地判平15.8.4交民36巻4号1028頁）。

● 東京地判平15.8.4は、自動車重量税の還付制度導入（平成17年1月1日）前の判決
であり、自動車重量税を認める判決を言い渡したのであるが、別冊判例タイムズ発
行は、平成22年3月であり、還付制度導入後である。にもかかわらず、「事故車両の
自動車検査証有効期間の未経過部分に相当する自動車重量税」は還付されないとい
う前提で引用されている。

④ 交通事故実務マニュアル――民事交通事件処理

交通事故実務研究会編『改訂版 交通事故実務マニュアル――民事交通事件処理』（ぎ
ょうせい、2012）196頁

> ### 5　買替諸費用
> 　買替諸費用とは、特段の事情がない限り、事故車両と同一の車種・年式・型、同
> 程度の使用状態・走行距離等の車両を中古車市場において取得するに要する諸費用
> 等をいう（東京地裁平成15年8月4日判決参照（交民36巻4号1028頁））。なお、事
> 故車両の廃車に要する費用や事故車両の自動車重量税等も、便宜上、買替諸費用に
> 含めて考えられている。
> 　具体的費目としては、①登録、車庫証明、廃車の法定の手数料相当分、②ディー
> ラー報酬部分（登録手数料、車庫証明手数料、納車手数料、廃車手数料）のうち相
> 当額、③自動車取得税、④車両本体価格に対する消費税相当額、⑤事故車両の自動
> 車重量税の未経過分（「使用済自動車の再資源化等に関する法律」により適正に解体
> され、永久抹消登録されて還付された分は除く）は、損害として認められる（赤い
> 本（2011年版）上巻169頁）。
> 　他方、自動車税及び自賠責保険料は事故車両について還付を受けることができる
> ため、損害とは認められない。また、新しく取得した車両の自動車重量税について
> は、経済的全損の事例で中古車の購入が可能であったにもかかわらず新車を購入し
> た場合、新車購入の際に通常課せられる自動車重量税は損害と認められないとした
> 裁判例（名古屋地判平成10年10月2日自保ジャーナル1297号2頁）などがある。

● 自動車税が損害として認められないのは、還付があるからではなく、「自動車の保持
のための税金」であるからである（大阪地判平26.1.21.交通民集47巻1号68頁）。
　それに対して、自動車重量税は「自動車の取得のための税金」であり、そのため
に従来から、新しく取得した車両の自動車重量税と、事故車両の未経過分の自動車
重量税は損害として認められてきた。ただ、事故車両の自動車重量税に還付制度が

導入され、事故による損害というものが発生しなくなったと言える。

　なお、新しく取得した車両の自動車重量税の認否について、名古屋地判平10.10.2.（自ジャ1297号2頁）を引用しているが、これは新車購入に対する自動車重量税であるから否認したものであり、中古車購入に前提を変えて自動車重量税を請求していれば、認められたはずである。

⑤　Q＆Aハンドブック交通事故診療

羽成守監修・日本臨床整形外科学会編『Q＆Aハンドブック交通事故診療〔全訂新版〕』（創耕社、2015）354頁

> 　5　登録手続関係費
> 　　物損事故により車両が全損となり買替えが必要となったときに、新車・中古車を購入した場合の各種の費用をいいます。
> 　　赤い本では、「買替えのために必要になった登録、車庫証明、廃車の法定の手数料相当分及びディーラー報酬部分（登録手数料、車庫証明手数料、納車手数料、廃車手数料）のうち、相当額並びに自動車取得税については損害として認められる。なお、事故車両の自賠責保険料、あたらしく取得した車両の自動車税、<u>自動車重量税</u>、自賠責保険料は損害として認められないが、<u>事故車両の自動車重量税の未経過分</u>（「使用済自動車の再資源化等に関する法律」により適正に解体され、永久抹消登録されて還付された分を除く）は損害として認められる」としています。（下線筆者）

●事故車両の自動車重量税の未経過分から還付された分を除けば、損害として残る自動車重量税はないのではないか。残るとすれば、永久抹消登録申請と解体届の確定日と事故日の遅延日数や、車検残存期間を1か月単位に計算されるための1か月未満の日数切捨てによって、計算上の還付税額と実際の還付税額に発生する差額である。

　この差額を加害者に求めるのは、還付制度の手続によるものであるから、無理である。

⑥　物損交通事故訴訟における要件事実と実務

加藤新太郎「物損交通事故訴訟における要件事実と実務」市民と法81号（2013）7頁

> ⑷　登録手続関係費用
> 　　買替えのために必要となった登録費、車庫証明費用、納車費用、廃車費用のうち、法定の手数料相当分、ディーラー報酬分の内相当額、自動車取得税については損害とされる。これは、被害車両が全損であることが前提となる。

⑦　大阪地裁における交通損害賠償の算定基準

　大阪地裁民事交通訴訟研究会編著『大阪地裁における交通損害賠償の算定基準〔第3版〕』（判例タイムズ社、2013）10頁

> ア　全損の場合
> ……。
> 　なお、買替えのため必要となる諸手続費用は、必要かつ相当な範囲で認められる。

⑧　交通事故損害額算定基準－実務運用と解説－

　日弁連交通事故相談センター研究研修委員会編『交通事故損害額算定基準－実務運用と解説－〔25訂版〕』（日弁連交通事故相談センター、2016）245頁～246頁

> ⅵ　全損の場合で被害者が買替えを行ったときは、買替えのために必要な登録費用、車庫証明手数料、納車費用、廃車費用のうち法定手数料及び相当額のディーラー報酬部分並びに同程度の中古車取得に要する自動車取得税、被害車の未経過期間の自動車重量税は損害と認められるが、買替後の車両の自賠責保険料、自動車重量税、及び被害車両の未経過の自動車税、自賠責保険料は損害とは認められない。（下線筆者）

●「被害車の未経過期間の自動車重量税は損害と認められるが、買替後の車両の自賠責保険料、自動車重量税、及び被害車両の未経過分の自動車税、自賠責保険料は損害とは認められない。」の文章にある2つの自動車重量税は、被害車の未経過期間の自動車重量税は損害として認められ、買替後の車両の自動車重量税は損害として認められないという矛盾した結論になっている。

⑨　概説　交通事故賠償法

　藤村和夫＝山野嘉朗『概説　交通事故賠償法〔第3版〕』（日本評論社、2014）209頁～210頁

> ①　修理不能の場合
> ……。
> 　この損害（修理不能の場合の損害：筆者注）の中には、買替えに要した登録費用、車庫証明費用、納車費用、廃車費用等も含まれるとみておいてよい。（下線筆者）

⑩ 民事交通訴訟における過失相殺率の認定基準

東京地裁民事交通訴訟研究会編『民事交通訴訟における過失相殺率の認定基準〔全訂 5 版〕』別冊判例タイムズ38号（2014）17頁

> ア　修理費等
>
> (イ)　……。
>
> 車両の買替えが認められる場合、車両を購入して使用することができる状態にするためには、車両価格だけではなく、諸費用（いわゆる買替諸費用）を要し、事故との間に相当因果関係がある範囲で損害と認められる。具体的には、自動車取得税、消費税、自動車重量税、検査・登録法定費用、車庫証明法定費用等である。なお、自動車税や自賠責保険料は、未経過分についての還付制度があり、被害者は、事故車両についてのこれらの費用の還付を受けることができるから、損害とは認められない。

●本説だけが、買替諸費用として、自動車重量税を損害として認めている。その他の認められる買替諸費用は他説と同じである。

⑪ 交通関係訴訟の実務

俣木泰治「第27講　物的損害に関する諸問題　1　（車両損害等）」森冨義明＝村主隆行編著『交通関係訴訟の実務』（商事法務、2016）433頁

> V　買替諸費用
>
> 車両を購入して使用できる状態にするために要する諸費用であり、中古車か新車か、買替えに係る車両の車種、年式等によってその内容が異なる。
>
> 自動車取得税、消費税、自動車重量税（ただし、「使用済み自動車の再資源化等に関する法律」（いわゆる自動車リサイクル法）に従い適正に解体され、永久抹消登録されて還付された分があるときは、これを除いた分）は、事故がなければ負担する必要がなかった費用として、一般に損害として認められる。検査・登録法定費用や車庫証明法定費用については見解が分かれているが、現在の実務上、これを認めるものが多いように思われる。他方、自動車税、自賠責保険料は、未経過分について還付制度があることから、損害とは認められていない。
>
> なお、被害者が契約していた車両保険の保険料が事故発生のために事故前より増額されることがあるが、その差額については事故と相当因果関係がないと考えられており、東京地裁においてもこれに従った運用がされている。

第5章　残存車検費用

① 交通事故賠償の現在(3)物損の価格賠償についての一考察

園高明「交通事故賠償の現在(3)物損の価格賠償についての一考察　21世紀賠償研究会」法律のひろば56巻10号（2003）53頁

> 六　車検費用、付属品の価格賠償
>
> 　ところで、裁判例の中には事故直前に車検のための整備費用をかけた場合についてその費用の賠償を認める考えがある（注14）。しかし、中古車市場での再調達価格は通常商品としての価値を得るべく適正な整備（12か月点検整備）されている状態での価格であり、事故車が事故前に車検を受け整備費用を支出していても、同種同程度の車であれば車検整備を同じ頃に受けているはずであるから、このような整備費用は原則として中古車の再調達価格に含まれると考えられ、別個の損害として考慮する必要はないと言えよう。通常の整備と異なる大がかりな整備をしていても基本的には異なるところはない（注15）。
>
> 　（注14）横浜地判平成6年4月14日交通民集27巻2号477頁
> 　（注15）……。大阪地判平成8年3月22日交通民集29巻2号476頁

●実務では、事故車の受けた車検日から事故日までの期間と同じ期間経過の中古車はなかなか見当たらない。

　そのため車両時価をレッドブックに求める場合、レッドブック掲載の同種同等車両の小売価格に対し、レッドブックでいうところの「車検残り月数による価値評価」をすることによって残存整備費用の損害を時価の形に置き換えて認めている。

② 交通事故損害額算定基準－実務運用と解説－

日弁連交通事故相談センター研究研修委員会編『交通事故損害額算定基準－実務運用と解説－〔25訂版〕』（日弁連交通事故相談センター、2016）246頁

> vi　全損の場合で被害者が買替えを行ったときは、買替えのために必要な登録費用、車庫証明手数料、納車費用、廃車費用のうち法定手数料及び相当額のディーラー報酬部分並びに同程度の中古車取得に要する自動車取得税、被害車の未経過期間の自動車重量税は損害と認められるが、買替後の車両の自賠責保険料、自動車重量税、及び被害車両の未経過分の自動車税、自賠責保険料は損害とは認められない。（下線筆者）

●下線部分が残存車検費用に属する自動車重量税である。しかし、残存車検費用には、そのほか、整備費用があるが、ここでは触れていない。

　本書が、自動車重量税の還付制度が始まった平成17年以降の出版であるのに、還付制度により自動車重量税の一部が還付されることを指摘していない。

● *Column* ❼

高等裁判所はクイズ・メーカー

　世にクイズは多い。クロスワードパズル、数独、……。高裁もそれらに劣らないクイズを世に送り出している。次の判決文を見てもらいたい。「高裁判決クイズ」である。

> 【東京高判平成13年11月28日交通民集34巻 6 号1493頁】
> 第二　事案の概要
> 　一　本件は、交通事故（以下「本件事故」という。）で死亡した亡○○昌子・・以……
> 　二　当事者双方の主張の詳細は、次に付加訂正するほかは原判決の『事実及び理由』の『第二　事案の概要』欄に記載のとおりである。
> 　　　原判決 7 頁 7 行目から 8 頁11行目までを削除し、
> 　　　『1　亡昌子の損害
> 　　　㈠　逸失利益　　　　　　　　　　　　　　3,106万3,488円
> 　　　　⑴　家事従事者としての逸失利益　　　　2,544万1,176円
> 　　　亡昌子については、平成 9 年度賃金センサス第一巻……』を加える。
> 　　　原判決 8 頁11行目末尾に行を改め、『5　一審被告ら主張の過失相殺　亡昌子は、本件事故の際、自転車に搭乗していたが、……』を各加える。

と、この調子で判決文は続いていく。

　このクイズに答えなければ、高裁判決の見解がわからない。ところが、原審判決を持たないため、7 頁 7 行目と言われても、判例集に引用されているフォーマットに違う原審判決では、7 頁がわからない。7 行目もわからない。原審判決から該当すると思われる箇所を探して、その部分を削除し、そのあとに高裁判決部分を加えるのだろうと推測する。まさにクイズである。

　今や、高裁でも判決文作成はパソコンであろう。だからこそ、判決文がＡ 4 判、横書きに改まったと理解している。それなら一審判決文の当該部分をスキャンし、それをパソコンに導入すればよく、原審削除部分は括弧（　）で閉じ、追加部分には下線を引いて、クイズまがいのことは止めて、堂々とした高裁判決文を作成してもらいたい。

第6章　廃車解体費用

① 赤い本

『赤い本』（以下、すべて日弁連交通事故相談センター東京支部）
- 《平成22年》上巻《基準編》（2010）163頁・170頁
- 《平成23年》上巻《基準編》（2011）169頁・177頁
- 《平成24年》上巻《基準編》（2012）176頁・184頁
- 《平成25年》上巻《基準編》（2013）190頁・198頁
- 《平成26年》上巻《基準編》（2014）200頁・210頁
- 《平成27年》上巻《基準編》（2015）210頁・220頁
- 《平成28年》上巻《基準編》（2016）220頁・229頁
- 《平成29年》上巻《基準編》（2017）227頁・236頁

4．登録手続関係費

買替のため必要になった登録、車庫証明、<u>廃車の法定の手数料相当分</u>及びディーラー報酬部分（登録手数料、車庫証明手数料、納車手数料、<u>廃車手数料</u>）のうち相当額並びに自動車取得税については損害として認められる（本誌1989年版89頁「買替諸費用について」参照）。（下線筆者）
……。

8．雑費

以下の費用等は、損害として認められる。
(1)　車両の引き揚げ費、レッカー代
(2)　保管料
(3)　時価査定料・見積費用等
(4)　<u>廃車料・車両処分費等</u>
(5)　その他
（下線筆者）

●下線部分が廃車解体費用に当たる部分である。

廃車料・車両処分費等の裁判例として、東京地判平成9.1.29.交通民集30巻1号149頁と大阪地判平成16.2.13.交通民集37巻1号192頁を紹介している。

② 交通事故の実務－物損事故－

佐瀬淳司「交通事故の実務－物損事故－」月報司法書士456号（2010）64頁

> 5　全損の場合の登録手続き関係費
> 　被害車両が全損となった場合は、買替のため必要になった登録、車庫証明、廃車の法定の手数料相当分及びディーラー報酬部分（登録手数料、車庫証明手数料、納車手数料、廃車手数料）のうち相当額については、損害として認められる。（下線筆者）

③ 大阪簡易裁判所における民事訴訟の運営と定型訴状モデルの解説

「交通事故による損害賠償（物損・人損）」大阪地方裁判所簡易裁判所活性化研究会編『大阪簡易裁判所における民事訴訟の運営と定型訴状モデルの解説』別冊判例タイムズ27号（2010）160頁

> 雑費
> 保管料、レッカー代、廃車料等について、相当の範囲で損害と認める。（下線筆者）

④ 交通事故実務マニュアル──民事交通事件処理

交通事故実務研究会編『改訂版　交通事故実務マニュアル──民事交通事件処理』（ぎょうせい、2012）196頁

> 5　買替諸費用
> 　買替諸費用とは、特段の事情がない限り、事故車両と同一の車種・年式・型、同程度の使用状態・走行距離等の車両を中古車市場において取得するに要する諸費用等をいう（東京地裁平成15年8月4日判決参照（交民36巻4号1028頁））。なお、事故車両の廃車に要する費用や事故車両の自動車重量税等も、便宜上、買替諸費用に含めて考えられている。
> 　具体的費目としては、①登録、車庫証明、廃車の法定の手数料相当分、②ディーラー報酬部分（登録手数料、車庫証明手数料、納車手数料、廃車手数料）のうち相当額、③自動車取得税、④車両本体価格に対する消費税相当額、⑤事故車両の自動車重量税の未経過分（「使用済自動車の再資源化等に関する法律」により適正に解体され、永久抹消登録されて還付された分は除く）は、損害として認められる（赤い本（2011年版）上巻169頁）。（下線筆者）

⑤　Q＆Aハンドブック交通事故診療

　羽成守監修・日本臨床整形外科学会編『Q＆Aハンドブック交通事故診療〔全訂新版〕』（創耕社、2015）355頁

> 　9　雑　費
> 　赤い本では、車両の引揚費、レッカー代、保管料、時価査定料　見積費用等、廃車料・車両処分費等、通信費用、代替車整備費、代替車エンジン調整費、代替車看板文字代、荷台・クレーンの載せ替え費用、交通事故証明交付手数料、運転手の安否確認、被害車両の状態確認・関係先への謝罪のために要した会社関係者の宿泊代、オーディオ等の買換車両への移設費用等、判例で認められたものを掲げて、「以下の費用は、雑費として認められる」としています。これ以外でも判例で認められているものがあります。

⑥　物損交通事故訴訟における要件事実と実務

　加藤新太郎「物損交通事故訴訟における要件事実と実務」市民と法81号（2013）7頁・8頁

> 　⑷　登録手続関係費用
> 　買替えのために必要となった登録費、車庫証明費用、納車費用、廃車費用のうち、法定の手数料相当分、ディーラー報酬分の内相当額、自動車取得税については損害とされる。これは、被害車両が全損であることが前提となる。……（下線筆者）
> 　⑺　雑　費
> 　保管料、車両引き揚げ費、レッカー代、時価査定料、通信費、交通事故証明交付手数料、代替車整備費、廃車料、車両処分費などは、損害として認められる（加藤新太郎（筆者注）＝馬橋隆紀（筆者注）編著前掲（『紛争類型別要件事実の基本Ⅱ』：筆者注）127頁〔清水敬文〕）。（下線筆者）

⑦　大阪地裁における交通損害賠償の算定基準

　大阪地裁民事交通訴訟研究会編著『大阪地裁における交通損害賠償の算定基準〔第3版〕』（判例タイムズ社、2013）65頁

> 　⑸　雑費等
> 　保管料、レッカー代、廃車料等について、相当の範囲で損害と認める。（下線筆者）

⑧ 交通事故損害額算定基準－実務運用と解説－

日弁連交通事故相談センター研究研修委員会編『交通事故損害額算定基準－実務運用と解説－〔25訂版〕』（日弁連交通事故相談センター、2016）246頁

> vi　全損の場合で被害者が買替えを行ったときは、買替えのために必要な登録費用、車庫証明手数料、納車費用、<u>廃車費用</u>のうち法定手数料及び相当額のディーラー報酬部分並びに同程度の中古車取得に要する自動車取得税、被害車の未経過期間の自動車重量税は損害と認められるが、買替後の車両の自賠責保険料、自動車重量税、及び被害車両の未経過分の自動車税、自賠責保険料は損害とは認められない。（下線筆者）

⑨ 概説 交通事故賠償法

藤村和夫＝山野嘉朗『概説 交通事故賠償法〔第3版〕』（日本評論社、2014）210頁

> ①　修理不能の場合
> ……。
> 　この損害（修理不能の場合の損害：筆者注）の中には、買替えに要した登録費用、車庫証明費用、納車費用、<u>廃車費用</u>等も含まれるとみておいてよい。（下線筆者）

●著者紹介●

海道　野守（かいどう・のもり）

事故情報調査会

　大手損保会社において損害調査部門の担当者、課長、部長を務め、その期間に得た豊富な実務経験を生かし、交通事故による保険請求や裁判例などをテーマに、精力的な執筆活動を続けている。

［主な著書］

　『裁判例、学説にみる交通事故物的損害　代車料第2集4』(2010)、『裁判例、学説にみる交通事故物的損害　評価損第2集3』(2002)、『裁判例、学説にみる交通事故物的損害　全損第2集1』(2002)、『裁判例、学説にみる交通事故物的損害　修理第2集2』(1999)、『裁判例、学説にみる交通事故物的損害　車両に関する損害編(1)』(1993)、『裁判例、学説にみる交通事故物的損害　車両に関する損害編(2)』(1992)、『裁判例、学説にみる交通事故物的損害　車両に関する損害編(3)』(1993)（以上、保険毎日新聞社）、『「交通事故」で泣き寝入りしない！──損保の「払い渋り」の手口、一挙公開！』（共著）別冊宝島Real046 (2003)、『困ったときにすぐわかる交通事故そのときどうする？』（共著）（オーエス出版、2002）、『自動車保険のすべてがわかる本（Rippu best mook－クルマの達人）』（共著）（立風書房、2001）、『加害者・被害者のための自動車・物損事故解決のしかた──保険と過失割合算定方法がよくわかる本』（成美堂出版、1999）、『交通事故被害者のための物損「請求基準」』（事故情報調査会、1998）等（2018年3月現在）

裁判例にみる交通事故物的損害　全損第3集

著　　　者	海道野守
発　行　日	2018年7月8日
発　行　所	株式会社保険毎日新聞社 〒101-0032 東京都千代田区岩本町1-4-7 TEL 03-3865-1401／FAX 03-3865-1431 URL http://www.homai.co.jp/
発　行　人	真鍋幸充
カバーデザイン	塚原善亮
印刷・製本	山浦印刷株式会社

ISBN978-4-89293-295-3

©2018　Nomori　KAIDO　　　　Printed in Japan